黑骏马

法律学术文丛

冀 洋 著

网络时代刑法解释原理的实践性展开

知识产权出版社

—北 京—

图书在版编目（CIP）数据

网络时代刑法解释原理的实践性展开/冀洋著 . —北京：知识产权出版社，2024. 10
ISBN 978 – 7 – 5130 – 8766 – 7

Ⅰ. ①网⋯　Ⅱ. ①冀⋯　Ⅲ. ①刑法—法律解释—中国　Ⅳ. ①D924. 05

中国国家版本馆 CIP 数据核字（2023）第 087139 号

策划编辑：庞从容　　　　　　　　　　责任校对：谷　洋

责任编辑：赵利肖　　　　　　　　　　责任印制：刘译文

网络时代刑法解释原理的实践性展开

冀　洋　著

出版发行：知识产权出版社 有限责任公司　　网　　址：http：//www. ipph. cn

社　　址：北京市海淀区气象路 50 号院　　　邮　　编：100081

责编电话：010 – 82000860 转 8725　　　　　责编邮箱：2395134928@ qq. com

发行电话：010 – 82000860 转 8101/8102　　发行传真：010 – 82000893/82005070/82000270

印　　刷：三河市国英印务有限公司　　　　经　　销：新华书店、各大网上书店及相关专业书店

开　　本：710mm × 1000mm　1/16　　　　 印　　张：21.5

版　　次：2024 年 10 月第 1 版　　　　　　印　　次：2024 年 10 月第 1 次印刷

字　　数：352 千字　　　　　　　　　　　定　　价：98.00 元

ISBN 978 – 7 –5130 – 8766 – 7

本书系国家社会科学基金青年项目

"网络时代刑法解释理念与方法研究"（18CFX042）资助成果

法之界，思无疆

修身养性、吟诗作赋、四海远游、把酒临风，常常是对古代文人的生动写照。时至今日，这依然是诸多学者的一种生活理想。在分工日益精细的当代社会，学者日渐脱离了文人生活的浪漫传统，变成了一个从事知识生产和传播的职业。也即学者只是一份谋生的工作，一种教书育人的职业选择；但这又是一份高尚的职业，难免代表着一种家国情怀，一份社会良心。因此，虽然不会有高官厚禄，也不能带来万贯家财，但还能够吸引很多人踏上学术之路，去闯荡"学术江湖"。

"学术江湖"自有它的"行规"。就其理想状态而言，一是自由性，学者可以凭自己的兴趣和判断来决定研究什么、发现什么问题、提出什么样的理论观点。二是独立性，学术研究并不受前见影响、不受立场约束，而是秉持客观、中立的独立风格。三是创新性，学术研究的成果不能是既有研究的重述或者阐释，而必须是创新的。也即要么是前人从未涉及的拓荒性研究，要么是站在"巨人肩膀"上向前推进的超越性研究。四是反思性，学术研究既有证成性的，也有反思性的，但其底色还是反思性的，是通过批判反思来构建更加理想的生活图景。五是责任性，纯粹的为研究而研究并不是没有，但带着一种情怀的研究才是主流，其实是通过知识生产和理论学说来参与国家和社会的建设过程，这也是社会分工赋予学者的一份职责。有了这份情怀，才能去寻真知讲实话，表达社会良心，促进社会进步。事实表明，从古到今，也正是学术自由才为人类创造并汇聚了一片璀璨的思想星海，推动着人类文明的不断变革发展。可以说，学术自由和创新是学术研究的本性，也是"学术江湖"的底线。

然而，学术研究在不同时代所面临的环境和条件，则是大不相同的。每遇兴盛繁荣或者社会变革时期，都会引发巨大的思想解放和社会创新，农业革命、工业革命如此，信息革命也如此。在德国哲学家雅斯贝斯眼中，人类历史在公元前 500 年前后，经历了一次理性的觉醒，从此之后，每经历一次这样的理性洗礼，都会形成一次文明的飞跃，并且影响至今，从而构成了人类历史发展的"轴心期"，中国、印度和西方等地区的文化突破也正是在这个"轴心时代"同时出现，"普世价值"便寓于其中。如今，随着信息技术革命的飞跃发展，人类社会已经迈进了网络化、数字化、智能化的数字时代，这似乎形成了一种可以与人类理性觉醒相类似的"历史界限"——从"物理时代"转向"数字时代"，人类文明实现了新的突破。这个数字化的新"轴心"，并不一定会孕育出更多的"普世价值"，但却能够实现人类文明的重大转型和颠覆性重塑，进而生成了空前的巨大创新空间。数字经济、数字社会、数字中国、数字法治　这些无疑为学术自由和创新提供了广阔的"飞地"，"法之界，思无疆"也便成为法学繁荣的时代号角。

正是基于这样的学术期待，"黑骏马法律学术文丛"面世了。她作为知识产权出版社出版的开放性法学随笔"黑骏马法学漫丛"的姊妹系列，是在庞从容编辑的组织策划下，以扶植新秀、鼓励创新、繁荣学术为宗旨：在选题上，侧重具有基石性的重大问题、新兴领域的重点问题；在作者上，关注中青年骨干学者和优秀博士、博士后；在学科上，鼓励多学科的交叉融合研究，力图让本丛书成为法学天地中一道独特的风景线，以期为新时代的法学研究做出些许贡献。

2021 年 2 月 22 日于上海

序

　　东南大学法学院冀洋副教授的著作《网络时代刑法解释原理的实践性展开》属于学科前沿，给人耳目一新的感觉，不仅视角新颖，而且观点富有创新，主要体现为观点与论证的思维逻辑颇具特色，在刑法解释原理的实践性探索方面有许多总结性概括，似乎可以说是作者试图展现网络刑法学发展的未来图景。这对国内学者系统地研究网络时代的刑法解释原理与实践的新发展、新态势、新特点、新工具等具有重要价值。

　　冀洋是我入职南京师范大学法学院后带的第一位硕士，和他很熟悉。按照我的观察，冀洋的学术之路，可以归结为"勤于笔耕、思而进取"八个字。在读研究生期间，冀洋就表现出与常人不同的刻苦努力与学术天赋，经常埋头思考与写作，并在《人民检察》等期刊发表论文多篇。其中，他的毕业论文《未遂犯之危险判断研究》写了近15万字，系统梳理了该领域的理论发展脉络，并提出了自己的独到观点，文章的部分内容后来发表在《清华法学》。2013年9月10日，当冀洋把厚厚的毕业论文初稿拿给我时，我真是眼前一亮，这才是最好的教师节礼物，真为有这样自觉、努力、奋进的学生感到自豪。我的研究偏刑法法理，对刑法规范研究关注并不多，冀洋的这篇硕士论文是纯正的规范研究，是他自己长期思考后开拓的研究领域。从南京师范大学毕业后，冀洋顺利考入东南大学法学院继续攻读博士学位，导师是我国著名刑法学家刘艳红教授，从而开启了真正的学术之路。

　　我在课堂教学中经常说，无数的人们，无限的远方，都与我们的学术研究有关。学术研究是一件用力而缓慢穿透木板的工作，它同时需要智慧和毅力。所有历史经验都表明，可能之事皆不可得，除非你执着地寻觅这个世界上的不可能之事。在这一过程中，必须要有一颗坚韧的心，必须不断地思考与写作，才能实现从法学研究"泥瓦匠"到"工程师"的转变。在我看来，作为一名青年刑法学研究者，冀洋副教授做到了。读博士至今，他已经独立在《中国法学》《政法论坛》等权威期刊发表论文20余篇，独立承担国家社科基金等项目多项，研究成果获得全国刑法学优秀博士学位论文一等奖等奖励，在同龄人中已经崭露头角，体现出超常的学术研究能力。

本书所讨论的是网络时代刑法解释原理的建构及其实践展开问题，这具有明显的创新性与前沿性。在网络时代，刑法解释理论需要在实践上健全，而不是在实践上软弱。刑法理论面临的犯罪结构出现新态势，"恶意刷单""恶意抢购""恶意注册网络账号"等以网络平台为载体的新型案件层出不穷，网络时代的刑法解释理念、方法及其逻辑，均与传统社会不同。本书强调，刑法解释的问题还需要通过刑法解释学本身的改变予以解决。书中前瞻性地讨论了网络时代刑法解释的现实基础、基本立场、权利观念、定罪态度以及程序正当，呈现出自由自在的思辨气质，展现了网络时代刑法解释论超越的一面。原理是刑法解释学的神经，实践是刑法解释学的脊梁，把全新的刑法解释原理与具体生动的解释实践结合起来，形成体系的、具有解释力的网络犯罪的基本教义，这是本书不同于其他专著的特色之处。同时,刑法解释学如何看待"双层空间说""积极刑法观""重刑轻民论""目的解释论""严格解释论""证明简化论"等理论学说，如何平衡科技创新与社会稳定，如何以"以人民为中心"的智慧服务于网络社会美好生活需要，如何以现代化的方式参与网络社会治理，如何以法治化的思维促进网络强国建设的人权司法保护等，在本书中均可找到合理的解答，且引人进一步思考。

学术是希望的灯塔，一个个新的观点，必将改变刑法理论齿轮的转动。在网络时代，正义仍是刑法解释的精神与价值取向，刑法学人的理想和不懈的追求也围绕正义而展开。正如冀洋副教授在本书中所言："刑法解释学总是穿梭于学术与实践、规范与现实、法理与政策之间，解释者的确需要'心中充满正义'。"正义是人类的一种设计，立法设计正义，司法守护正义，理论发现正义。如要使解释者心怀正义，理论研究者就需要发现正义，所谓学术就是正义之路的探求。利益法学的杰出代表耶林在《为权利而斗争》一书中指出："世界上不法之事，莫过于执法之人自己破坏法律。"如果不幸身处"实践反对理论"的现实，研究者也需保持独立的品格与精神，形成反思实践、批判实践的理论性知识，促进法律实践改善。如此一来，刑法正义的旋转门才能打开。

　　生命中的一大喜悦，就是在学术路上遇到志同道合的年轻朋友，大家"心灵契合、志趣同向"，都能够不断产生富有思想、富有启发、富有新意的研究成果，相互激励，砥砺前行。期待冀洋副教授后期有更多的研究成果问世，在广袤无垠的知识海洋中自由航行。

姜涛

2022 年 12 月 19 日

Contents 目录

绪　论

当今时代因经济体制、社会结构、科技水平、政治环境、文化价值、法律体系以及国际形势等方面的大变革而被冠以多重标签，比如数字经济时代、网络时代、信息时代、大数据时代、人工智能时代、自媒体时代、全球风险时代、新多边主义时代、后疫情时代以及依法治国时代、民法典时代、法典化时代、轻罪化时代、法定犯时代等。不同的时代标语赋予了公众的社会交往行为以不同的符号与偏向，刑法作为调整社会运行的重要部门法之一，应当选择一个最契合社会发展阶段的时代标签，以从社会客观环境上明确刑法功能发挥的准确场域和主要矛盾，在社会现实需求中框定刑法实践走向的基本规律和妥当边界。众所周知，在马克思主义法学中，"法"和"法律"被区分为两个范畴：法是"一定社会经济条件的法权要求"，它与社会经济条件的联系具有必然性；法律则是"国家意志的表现形式"，它与社会经济条件的联系取决于统治成员的认识，将把社会经济条件表现得好的法律促进社会经济发展，反之则阻碍社会经济的发展。[1]因此，当我们在选择某个时代标签作为刑法解释学研究的坐标时，就需要从经济基础和上层建筑中同时确定最具有本土代表性、最能反映法律运行张力的一对范畴，以此确证刑法发展的根本问题和根本方向。

一、网络时代与法治时代：刑法解释的宏观框架

从国家发展的宏观大局看，在所有上层建筑方略中，"法治是治国理政的基本方式"成为党的十八大以来最重要的上层建筑命题。[2]2022年10月，习近平总书记在党的二十大报告中强调："全面依法治国是国家治理的

---

〔1〕 参见公丕祥主编：《法理学》（第3版），复旦大学出版社2016年版，第30页以下。

〔2〕 参见张文显：《习近平法治思想的政理、法理和哲理》，载《政法论坛》2022年第3期，第21—22页。

一场深刻革命，关系党执政兴国，关系人民幸福安康，关系党和国家长治久安。必须更好发挥法治固根本、稳预期、利长远的保障作用，在法治轨道上全面建设社会主义现代化国家。"2021 年 11 月，党的十九届六中全会审议通过《中共中央关于党的百年奋斗重大成就和历史经验的决议》，其中也总结指出："改革开放以后，党坚持依法治国，不断推进社会主义法治建设。同时，有法不依、执法不严、司法不公、违法不究等问题严重存在，司法腐败时有发生，一些执法司法人员徇私枉法，甚至充当犯罪分子的保护伞，严重损害法治权威，严重影响社会公平正义。党深刻认识到，权力是一把'双刃剑'，依法依规行使可以造福人民，违法违规行使必然祸害国家和人民。"因而，党中央再次强调："法治兴则国家兴，法治衰则国家乱；全面依法治国是中国特色社会主义的本质要求和重要保障，是国家治理的一场深刻革命。"

早在 2014 年 10 月，党的十八届四中全会通过的《中共中央关于全面推进依法治国若干重大问题的决定》就鲜明指出："法律是治国之重器，良法是善治之前提"，"依法治国，是坚持和发展中国特色社会主义的本质要求和重要保障，是实现国家治理体系和治理能力现代化的必然要求，事关我们党执政兴国，事关人民幸福安康，事关党和国家长治久安"。2017 年 10 月，党的十九大报告更进一步强调："坚定不移走中国特色社会主义法治道路，完善以宪法为核心的中国特色社会主义法律体系，建设中国特色社会主义法治体系，建设社会主义法治国家，发展中国特色社会主义法治理论。"所以，包括刑法在内的一切法律的运行都必须自觉统摄于中国特色社会主义法治，"依法治国"是党领导人民治理国家的基本方式，这是党和国家适应中国特色社会主义经济发展条件而作出的重大战略指引。而依法治国之首要在于依宪治国，依宪治国之首要在于依法依规行使权力，约束权力这把"双刃剑"。

在所有经济基础中，当前最突出的生产力条件之一是以互联网为载体的信息网络技术。习近平总书记于 2016 年 4 月在网络安全和信息化工作座谈会上曾指出："从社会发展史看，人类经历了农业革命、工业革命，正在经历信息革命……信息革命则增强了人类脑力，带来生产力又一次质的飞跃，对国际政治、经济、文化、社会、生态、军事等领域发展产生了深刻影响。""互联网是一个社会信息大平台，亿万网民在上面获得信息、交流信息,这会对他们的求知途径、思维方式、价值观念产生重要影响,特别是会对他们对国家、对社会、对工作、对人生的看法产生重要影响。"[1]党的十九大报告在"建设现代化经济体系"中强调"科技强国""质量强国""网络强国""数字中国""智慧社会"等战略目标,信息网络技术创新成为解放和发展生产力的重要方面。2021年3月,十三届全国人大四次会议通过的《中华人民共和国国民经济和社会发展第十四个五年规划和2035年远景目标纲要》(以下简称《国民经济和社会发展第十四个五年规划和2035年远景目标纲要》)也在多处提出"加快推动数字产业化"、"建立健全数据要素市场规则"、"加强网络安全保护"、"推动构建网络空间命运共同体",以及"全面加强网络安全保障体系和能力建设,切实维护新型领域安全"等经济和社会发展规划目标。因此,为当前的社会经济发展赋予一个明确的标签,则首推"网络时代"。网络时代"万物互联"的技术特征包含信息化、大数据、人工智能、元宇宙、自媒体、数字经济、全球化、网络空间命运共同体等相关要素,以它们为中心的社会经济安全集中呈现为"网络安全"。

可以说,"网络时代"和"法治时代"正是探究新时代刑法应然走向的两个基点,前者属于社会经济条件的范畴,后者属于政治上层建筑的范畴。根据马克思主义法学的观点,网络时代的社会经济特点决定着法治化建设的法权要求,法治时代的现实法律制度及其动态运转对互联网社会经济的发展产生反作用力,符合网络时代的法治逻辑有助于提升以网络技术和网络安全为动力的现代化经济体系。网络时代、法治时代的"互联网发展水平"和"社会主义法治化水平"也因之成为衡量中国综合发展水平的一对充满活力与张力的范畴。2021年12月,中央网络安全和信息化委员会印发的《"十四五"国家信息化规划》提出,"十四五"是"建设网络强国、数字中国,提升国际话语权的重要突破期",要"进一步解放和发展数字生产力",要"破除制约数字生产力释放的体制机制障碍"。2021年12月,国务院印发的《"十四五"数字经济发展规划》也提出,"探索建立与数字经济持续健康发展相适应的治理方式,制定更加灵活有效的政策

---

[1] 习近平:《在网络安全和信息化工作座谈会上的讲话》,载《人民日报》2016年4月26日,第2版。

措施，创新协同治理模式"，以及"增强关键技术创新能力""加快培育新业态新模式""营造繁荣有序的产业创新生态"。因此，创新和发展始终是所有社会经济治理手段的锚点，"放管服"的空间与限度也必须始终基于"发展才是硬道理"这一永恒主题。这都为思考"新时代社会经济发展如何决定刑法运行方向"或"刑法该如何有效服务于新时代社会经济治理"提供了宏观立足点，也是把握刑法理论和实践方面问题意识的最可靠来源。

二、网络时代与治理时代：刑法解释的技术背景

从社会运行的中观层面看，自 1994 年 4 月全功能接入国际互联网至今[1]，我国在电子通信工程、计算机科学、软件工程等先端技术方面取得了世界领先地位，相关互联网应用越发普及化，传统物理社会逐步表现出技术迭代明显的"网络社会"。在 2000 年之前，计算机（微机）外设产品体型笨重、运行速率低下、上网速度缓慢，计算机和互联网对人们生产生活的影响仍然体现为强烈的辅助性和可替代性，信息资讯的获取方式和范围严重依赖于电视、报纸等传统媒体，人们对相关产品和设备的使用主要基于娱乐，即所谓的"网上冲浪"。在这样的 Web1.0 时期，除个别单纯的技术性行业之外，如果撤去计算机网络，制造业和大众生活仍然可以正常进行。

2000 年至 2010 年，我国网络技术由 Web1.0 进入 Web2.0 时期[2]，计算机和互联网具备多样化供给的功能，借助计算机网络，线上互动性平台（包括社交媒体、娱乐平台、电商平台等）开始迅速崛起[3]，网络对人们生

---

[1] 1994 年可谓互联网商业化浪潮的开端之年：美国 Mosaic 公司开发出 Netscape 浏览器，微软公司随后紧为 Windows95 开发创建 Web 浏览器即 IE 浏览器，斯坦福大学的杨致远和 David Filo 创建全球第一门户雅虎。

[2] 参见刘艳红：《网络犯罪的法教义学研究》，中国人民大学出版社 2021 年版，第 90—95 页。

[3] 2001 年，美国"9·11"事件发生之后，互联网开始脱离单纯的技术或商业竞争，国家政治开始全面进入互联网，如 2001 年 10 月 26 日，美国总统布什签订《美国爱国者法案》（USA PATRIOT Act），该法案以防止恐怖主义为目的扩张了美国警察机关介入互联网的权限。2003 年 2 月 14 日，美国公布《网络空间安全国家战略》（THE NATIONAL STRATEGY TO SECURE CYBERSPACE），这是在 Web2.0 时期率先将互联网安全提升至国家安全高度。我国则在 Web3.0 时期即 2016 年 12 月，由国家互联网信息办公室发布《国家网络空间安全战略》，提出"网络空间安全事关国家安全"的命题，其指导思想是总体国家安全观。

产生活的介入明显深化。如果撤去计算机网络，社会生活的很多方面会变得相当不便，某些互联网行业将直接濒临灭亡。2000 年 12 月 28 日发布的《全国人民代表大会常务委员会关于维护互联网安全的决定》（以下简称《关于维护互联网安全的决定》），引领了这 10 年间的网络安全保护策略，但该决定全部七个条文中的前五条均旨在用刑法手段应对网络失范行为，也由此开启了运用刑法严厉打击网络违法犯罪的法律惯性。《关于维护互联网安全的决定》所针对的均为以计算机或互联网为工具的侵害行为，如第 2 条规定："为了维护国家安全和社会稳定，对有下列行为之一，构成犯罪的，依照刑法有关规定追究刑事责任：（一）利用互联网造谣、诽谤……（二）通过互联网窃取、泄露国家秘密……（三）利用互联网煽动民族仇恨……（四）利用互联网组织邪教组织……"由于彼时我国刑法已经规定了罪刑法定原则，该决定中所言的"构成犯罪的，依照刑法有关规定追究刑事责任"也只是一种注意性规定，即仍然是对利用计算机网络实施侮辱诽谤、盗窃、危害国家安全等既有犯罪规定的提示性使用。

近 10 多年以来，从工业和信息化部 2013 年 12 月发放 4G 牌照到 2019 年 6 月发放 5G 牌照[1]，移动互联网的普及率飞速提升，技术创新驱动社会发展的趋势完全显现。比如，截至 2022 年 12 月，我国网民人数已达到 10.67 亿（较 2021 年 12 月增长 3549 万），手机网民规模达 10.65 亿，网民使用手机上网的比例为 99.8%。[2] 在这样的 Web3.0 时期，网络产品及其应用全面进入生产生活，姑且不论互联网科技能够带来多大的 GDP 增量，一个"无纸支付"的个例就可以证明互联网时代的革命化状态：从 2018 年 12 月至 2022 年 12 月，网络支付用户规模（使用率）从 6 亿（72.5%）增长至 9.11 亿（85.4%）。[3] 再如，通过深入掌握国际领先的网

[1] 2019 年被称为"5G 商用元年"，也是基于这种通信技术的巨大变革和全方位影响力，各国政治力量及其意识形态以前所未有的强度开始干预 5G 基础设施和技术应用领域，甚至不惜违背国际规则，通过刑罚措施对商业对手进行直接打击，以美国特朗普政府对我国华为公司的打压最为典型。

[2] 参见中国互联网络信息中心：《第 51 次中国互联网络发展状况统计报告》，https://www3.cnnic.cn/NMediaFile/2023/0807/MAIN169137187130308PEDV637M.pdf。

[3] 2018 年数据参见中国互联网络信息中心：《中国互联网络发展状况统计报告》（2019 年 2 月），https://www.cac.gov.cn/wxb pdf/0228043.pdf。2022 年数据参见中国互联网络信息中心：《第 51 次中国互联网络发展状况统计报告》，https://www3.cnnic.cn/NMediaFile/ 2023/0807/MAIN169137187130308PEDV637M.pdf。

络技术及其万物互联的社会交往特点，中国特色的应急管理模式和公共服务优势得到充分发挥，"健康码""行程码""疫苗管理""电子政务""智慧医疗"等网络技术为党和国家树立全球防疫抗疫的世界标杆发挥了决定性作用，"技术"、"政治"与"生命"第一次如此紧密且真实地结为一体。所以，在 Web3.0 时期，如果撤去移动互联网，人们的生产生活恐难以为继，人们更容易相信，除物理空间之外还存在着不受时空限定、社会影响纵深的"网络空间"，当前的社会俨然是一个须臾离不开互联网的网络社会。[1]也正因这种技术驱动和技术嵌入式的社会发展状态，中立性、精准化的互联网技术也给整个社会带来了前所未有的风险与挑战，例如数据泄露、个人信息滥用、生物信息隐蔽收集、新型电信网络诈骗、窃取虚拟财产、勒索病毒、算法歧视、无人驾驶、深度伪造、跨平台数据爬取、网络窃听与监控、网络虚假信息、网络色情与暴力、境内外网络攻击、跨境数据转移、跨境洗钱、跨境恐怖主义等，网络安全也成为关乎个人荣辱、社会稳定、国家安全以及人类命运共同体的重大战略性、现实性问题。

　　面对社会发展的新形态、新特点、新矛盾，2019 年 10 月，党的十九届四中全会通过《中共中央关于坚持和完善中国特色社会主义制度、推进国家治理体系和治理能力现代化若干重大问题的决定》，特别提出"坚持和完善共建共治共享的社会治理制度，保持社会稳定、维护国家安全"，并为网络时代社会治理体系提供了新的命题："社会治理是国家治理的重要方面。必须加强和创新社会治理，完善党委领导、政府负责、民主协商、社会协同、公众参与、法治保障、科技支撑的社会治理体系，建设人人有责、人人尽责、人人享有的社会治理共同体，确保人民安居乐业、社会安定有序，建设更高水平的平安中国。"在 2006 年 10 月，即 Web2.0 时期，党的十六届六中全会曾提出"健全党委领导、政府负责、社会协同、公众参与的社会管理格局"；随着前述"法治是治国理政的基本方式"这一上

---

[1]　人类进入"有网的时代"始于 1969 年年底美国阿帕网（ARPA，即美国国防部 Advanced Research Project Agency 的缩写）的启用，但真正网络时代的来临显然更晚，而且"网络时代"也是综合定义的结果，本书所称的"网络时代"针对的是我国的 Web3.0 时期，包括移动互联网阶段和智能物联网阶段等。"网络时代刑法解释方法与理念"在时间上涉及我国近 10 多年来的刑法解释问题，在内容上涉及网络技术创新、产业创新和制度创新与刑法解释的关系问题。

层建筑命题的全面推进，党的十八大又将"法治保障"融入其中，进而发展为"党委领导、政府负责、社会协同、公众参与、法治保障"的社会管理体制；党的十九大将"五位一体"的"社会管理体制"提升为"五位一体"的"社会治理体系"；到党的十九届四中全会又加入"民主协商""科技支撑"作为"社会治理体系"的基本要素。[1]

所以，上述"七位一体"社会治理体系的形成过程中，逐步加入的"民主协商""法治保障""科技支撑"正是基于网络社会多元化特征，即Web2.0时期已经确立的"党委领导、政府负责、社会协同、公众参与"若要在Web3.0时期继续发挥实际作用，还应当更加注重多元平等主体的共同治理而非自上而下的单向管理，更加注重科技对社会健康运行的有效支撑而非权力主导的单纯压制，更加注重"以人民为中心"即"共建共治共享"而非片面依靠某一部分人或某一类手段。2020年12月，中共中央印发的《法治社会建设实施纲要（2020—2025年）》特别将"依法治理网络空间"作为法治社会建设的中心议题，强调"网络空间不是法外之地。推动社会治理从现实社会向网络空间覆盖，建立健全网络综合治理体系，加强依法管网、依法办网、依法上网，全面推进网络空间法治化，营造清朗的网络空间"。由此，"网络时代/法治时代—社会治理法治化—网络空间法治化"成为新时代背景下贯通社会经济基础和上层制度架构的连锁工程、系统工程、动态工程，"网络空间法治化"成为网络社会治理的中观聚焦点。

三、网络时代与风险时代：刑法解释的实践动力

从刑法发展尤其是定罪实践的微观层面看，网络时代的刑法正在以更加积极的姿态介入社会生活，"网络刑法"成为"风险刑法""安全刑法""预防刑法"的倒影，涉及网络的罪名体系不断扩容、网络犯罪率不断攀升，刑法参与网络空间治理法治化的理念和方法仍有待研究，对诸多网络时代的刑事法治问题仍需要进一步思考。

早在21世纪以前的Web1.0即计算机时代，我国1997年全面修订

---

[1] 参见张文显：《新时代中国社会治理的理论、制度和实践创新》，载《法商研究》2020年第2期，第11页。

《刑法》时就已经率先规定了第 285 条"非法侵入计算机信息系统罪"、第 286 条"破坏计算机信息系统罪"两个计算机犯罪，并且第 287 条规定："利用计算机实施金融诈骗、盗窃、贪污、挪用公款、窃取国家秘密或者其他犯罪的，依照本法有关规定定罪处罚。"2000 年的《关于维护互联网安全的决定》虽然具有标志性意义，但也基本是对上述《刑法》条文的重复，且该决定第 6 条、第 7 条是对利用互联网违反治安管理处罚法、实施民事侵权的法律适用的概括提示以及对各相关机关增强网络安全防护的笼统提醒。因此，从互联网兴起的伊始，我国《刑法》对计算机与互联网安全的保护就走在了其他部门法之前。再如，2009 年 2 月 28 日公布并实施的《刑法修正案（七）》在《刑法》第 285 条继续增设"非法获取计算机信息系统数据、非法控制计算机信息系统罪"和"提供侵入、非法控制计算机信息系统程序、工具罪"的同时，在《刑法》第 253 条后增加一条设立了"出售、非法提供公民个人信息罪"和"非法获取公民个人信息罪"，后两者在我国个人信息保护法规范体系中处于绝对领先的位置。直到 2017 年 3 月 15 日，《民法总则》才在第 111 条规定了"自然人的个人信息受法律保护"等规定。在《网络安全法》通过之后，"数据安全法""个人信息保护法"仍处于长久的研究制定阶段。可见，"刑法优先介入"的立法实践也冲击了人们对刑法"事后法""保障法"属性的认知，引发了对"刑法是二次法规范"和"刑法应保持谦抑"的怀疑。[1] 即便多数学者并未否认刑法的谦抑性，但进入 Web3.0 时期前后，"风险社会"观念全面进入刑法领域[2]，刑法的谦抑性或克制性从外部频频被撼动，在某些场合甚至已经被重新解说、变相否认。

　　德国学者贝克认为，"科学关注工业发展中的风险"，"风险在今天已经是真实的"，"风险社会也是科学、媒介和信息的社会"，"风险社会对应的规范蓝图是安全"，"在风险社会中，人们不再专注于获取'好'，而是极力避免最坏"，"阶级社会的驱动力可以归结为：我饿！反之，风险社会

---

[1] 参见孙道萃：《反思刑法保障法》，载《国家检察官学院学报》2012 年第 5 期，第 86 页。

[2] 参见劳东燕：《公共政策与风险社会的刑法》，载《中国社会科学》2007 年第 3 期，第 126 页；卢建平：《风险社会的刑事政策与刑法》，载《法学论坛》2011 年第 4 期，第 21 页。

触发的运动可以表述为：我怕！共同的焦虑取代了共同的需求"。〔1〕如上所述，网络社会伴生的虚假信息、数据泄露、窃听与监控、跨境恐怖主义等侵害方式因大数据等智能化技术而呈现精准化特点，相对传统社交媒介，人们在被卷入互联网时代之后，也一并在某些方面产生了强烈的焦躁不安情绪，而回应安全感的最直观、最严厉手段便是刑法——"谁胆敢侵犯你的利益，我将把他送进监狱，直至判处死刑"，没有什么方式比这更能平复人们的内心世界。所以，"风险刑法"及其背后的"重刑思维"被赋予了高度的正当性、前瞻性、预防性立法被不断创设，刑法的规制范围开始从实害行为向抽象危险、预备行为、帮助行为蔓延，"拒不履行信息网络安全管理义务罪""非法利用信息网络罪""帮助信息网络犯罪活动罪""编造、故意传播虚假信息罪""组织参与国（境）外赌博罪""准备实施恐怖活动罪""侵犯著作权罪""为境外窃取、刺探、收买、非法提供商业秘密罪"等涉网犯罪条款被相继增设或修改。

当我国"风险刑法"的立场被逐步揭开而受到众多学者的批评之后〔2〕，作为刑法术语的"风险刑法"在我国逐渐式微，但风险刑法的理论和思维则完全被保留下来，成为"预防性刑法观""积极主义刑法观"这一新名号的全部底色。除上述预防性立法被延续之外〔3〕，风险思维、预防逻辑在司法实践中得到淋漓尽致的发挥，"入罪"成为网络疑难案件的常态，其入罪理念和解释方法获得了十分有力的学理支持。例如，有学者主张，"单纯或片面基于谦抑精神主张慎重处罚，使刑法无法作为、不能作为或完全消极应对，本质上与刑法作为社会制度的功能本性背道而驰"，应"树立刑法应当积极干预社会的治理思维，释放积极刑罚观的潜能"。〔4〕还有观点

〔1〕［德］乌尔里希·贝克：《风险社会：新的现代性之路》，张文杰、何博闻译，译林出版社2018年版，第19、第23、第43、第48页。
〔2〕参见陈兴良：《风险刑法理论的法教义学批判》，载《中外法学》2014年第1期，第103—127页；孙万怀：《风险刑法的现实风险与控制》，载《法律科学（西北政法大学学报）》2013年第6期，第130页；张明楷：《"风险社会"若干刑法理论问题反思》，载《法商研究》2011年第5期，第83页；刘艳红：《"风险刑法"理论不能动摇刑法谦抑主义》，载《法商研究》2011年第4期，第26页。
〔3〕参见刘艳红：《积极预防性刑法观的中国实践发展——以〈刑法修正案（十一）〉为视角的分析》，载《比较法研究》2021年第1期，第62页。
〔4〕高铭暄、孙道萃：《预防性刑法观及其教义学思考》，载《中国法学》2018年第1期，第185页。

认为，预防性立法的入罪化处理"并没有违法（反）刑法的谦抑性原则，从中国的现状看，其正是为了实现刑法的谦抑性原则所作的必要努力"，因为"我国刑法谦抑性的着重点主要体现在总体刑罚量配置以及个罪平均刑罚量配置的减轻上；我国刑法的谦抑主要体现在刑的谦抑而不是罪的谦抑"。"道德底线刚性化，对违法犯罪行为采取较为严厉的否定态度，即便是较为轻微的违法行为在刑法上也做否定评价。如此，较为容易引导公民养成良好的守规则意识，社会诚信体系也较为容易形成。"[1]

上述观点与当前颇为流行的积极主义刑法观如出一辙，它们都对刑法的行为规制功能（一般预防）抱有百倍信心："积极主义刑法观……不仅可以有效地伸张社会正义，加强社会伦理的力量，增强社会大众的法律认同感，形成遏制和预防犯罪的社会心理氛围，而且可以唤醒犯罪分子本人的社会伦理意识。"[2]这种预防性刑法观和积极主义刑法观所再度激起的"积极使用刑法"思维，在司法或解释学上直接体现为"解释的能动主义"：不能轻易宣告无罪，对争议案件需要积极发挥解释者的主观能动性，先入罪再寻找合适的罪名，为入罪寻找各种方案，直至榨干法条文义，将行为"解释"为犯罪为止。在入罪导向的引导下，解释者的消极不作为将造成刑法在纷繁复杂的网络社会丧失适应性，"刑法无所作为""法官无能为力"的局面被视为工作上的懈怠。

由此，在刑法方法论上，网络时代新型难办案件中各种解释方法如灵活解释、扩张解释、目的解释、体系解释甚至类推解释被更加频繁地使用，也难言其一概"没有治理效果"。这种以所谓"积极预防"为导向的解释论也被称为功能主义解释论，而它也并非没有问题。比如，在早期的"肖永灵案"中，司法者面临罪名选择难题，预防导向、功能主义成为"积极找法"的指导思想。本案中，司法者当然明知"食品干燥剂≠毒害性物质"，因而不能定《刑法》第114条投毒罪（投放危险物质罪），但被告人在"9·11"恐怖事件之后故意邮寄虚假危险物质的主观恶性和客观危害均不容忽视，法院最终通过"入罪扩张解释"适用同一重罪条文中的"兜底罪名"（以危险方法危害公共安全罪），判决被告人4年有期徒刑。

---

〔1〕　储槐植、何群：《刑法谦抑性实践理性辨析》，载《苏州大学学报（哲学社会科学版）》2016年第3期，第59、第60、第61—62页。

〔2〕　付立庆：《论积极主义刑法观》，载《政法论坛》2019年第1期，第102页。

本案是 1997 年《刑法》实施以来最能代表罪刑法定主义司法境遇的经典案例，它直接证明虽然 1997 年《刑法》第 3 条已确立"法律没有明文规定为犯罪行为的，不得定罪处刑"，但司法实践仍然难以摆脱 1979 年《刑法》第 79 条的思想束缚，即"本法分则没有明文规定的犯罪，可以比照本法分则最相类似的条文定罪判刑"。

直至今日，我们也不能否认，积极使用刑罚具有"一定的预防效果"。可它的效果究竟有多大？能够持续多久？那些并未犯罪者是否基于刑罚的威慑而不敢犯罪，抑或他们在某种情境中根本就不想犯罪？解释者对"乍看起来'法无明文'的严重或者新型危害行为"往往选择"先定罪，后找罪名"，非法经营罪、破坏生产经营罪、破坏计算机信息系统罪等构成要件中均包含了兜底表述或模糊性要素，因而这三个罪名被积极"借用"的概率极大，俨然成为网络时代的新"口袋罪"。更多案件的发生场域从现实物理社会扩展到网络空间之后，"入罪"指控更为容易而无罪辩护更加困难。

四、网络时代与立法时代：刑法解释的自身意义

有学者认为，"面对某些乍看起来'法无明文'的严重或者新型危害行为，司法一方面不得不进行处理以回应民众的呼吁，在社会治理进程中发挥刑法应有的功能，另一方面又必须直面刑法立法上轻罪设置少、规范支持不够的难题"，权衡之后司法者会"在罪刑规范不明甚至缺乏的情形下适用重罪处理'难办'案件"。"简单地指责司法机关违反罪刑法定原则，既不能抑制司法上处罚扩张的现实、不能消除司法困惑，又无助于保护被告人权利，无法使其免受更重的刑罚"，因而根本的解决办法是"增设轻罪"。[1] 言下之意，解释学上的问题仍然要回到立法上予以解决，增设更多的轻罪能够消除司法的恣意性，因为足够数量的罪名有助于避免规范供给不足及榨干法条文义的解释旧路，何乐而不为？

笔者认为，上述看法完全转移了问题的焦点。在"法律不是嘲笑的对象"这种极端法律实证主义的对面，走向了"解释（司法）不是嘲笑的对

---

[1] 周光权：《论通过增设轻罪实现妥当的处罚——积极刑法立法观的再阐释》，载《比较法研究》2020 年第 6 期，第 40 页。

象"这种完全的激进立法主义。

解释学的问题必须回到解释学的理念和方法上来，不能将解释学本身问题一律归咎于立法，不能用"立法不足"来为刑法解释上的恣意性变相开脱。具体而言：

其一，从因果关系上看，网络时代刑法入罪解释的扩张或恣意不是刑法罪名数量过少导致，若解释者总是以"除恶务尽"的姿态自居，则刑法的罪名永远不够用。在"恶意刷单""恶意抢购""恶意注册网络账号"等以网络平台为载体的新型案件中，究竟应当适用破坏生产经营罪，损害商品声誉罪，非法经营罪，侵犯公民个人信息罪，提供侵入计算机信息系统程序、工具罪，破坏计算机信息系统罪，抑或宣告无罪？在实务上确实存在很大的争议和难处，司法者确实也会抱怨立法罪名过少，任何司法者都希望在决断之前刑法便早已设立得心应手甚至一一对应的"恶意刷单罪""恶意抢购罪""恶意注册网络账号罪"。因此，刑法理论确实有必要结合实务的难处与困惑，"来具体地分析司法上对于足够数量的轻罪设置的期待和渴求"[1]。然而，这看似顺理成章，其实似是而非。

这就涉及一个基本问题：如何评价刑法解释的恣意性，它究竟如何形成？如前所述，法治是治国理政的基本方式，全面推进依法治国的一项重要任务是"完善权力运行制约和监督机制，规范立法、执法、司法机关权力行使"，这被明确写入 2021 年 1 月 10 日中共中央印发的《法治中国建设规划（2020—2025 年）》。解释的恣意性恰恰是解释权行使的非法治倾向，因而需要旗帜鲜明地予以"反对"。刑法中的首要法治原则是罪刑法定，我国刑法将之作为司法的"铁则"本就是为了限制司法的恣意，这是一种价值取舍的结果。网络时代的刑法实践中之所以频频出现背离罪刑法定原则的情况，症结在于司法首要价值目标定位错误[2]，在积极入罪理念的影响下，先认定行为"有罪"之后再寻找较为合适的罪名，在无直接可用的罪名时便借助入罪扩张解释实现定罪判刑之目的。在这一过程中，办案人员一定对罪名的数量怀有极大的渴求，因而积极增设轻罪与恣意性司法

---

〔1〕 周光权：《论通过增设轻罪实现妥当的处罚——积极刑法立法观的再阐释》，载《比较法研究》2020 年第 6 期，第 41—42 页。

〔2〕 参见刘艳红：《人性民法与物性刑法的融合发展》，载《中国社会科学》2020 年第 4 期，第119 页。

的内心独白完全一致：既然赋予了我惩戒犯罪的任务，为何不直接提供更得心应手的罪名？当通过司法智慧自我实现了打击犯罪的目标，为何又要指责违背罪刑法定？似乎，司法恣意不是司法者的过错而是立法者的疏漏所致，但这是站不住脚的。更何况，成文法的滞后性注定了"罪刑规范供给不足"的司法矛盾永恒存在，网络社会发展总会持续演变出刑法难以对应的新行为。网络时代刑法理念陈旧、依法治国精神贯彻不力才是导致刑法解释恣意的症结所在，如果解释者总是抱残守缺，那么即使增设千万个罪名，最终也会陷入同样的境遇，问题的解决之道不在于为解释者提供更多的"抓手"，而是在网络环境中督促其转变刑法解释理念和方法。

其二，如果对固有的刑法解释理念和方法不求改变，而将求解路径转向立法不断增设新罪轻罪，解释上或司法上永远会重蹈重刑主义覆辙，尤其是网络时代的失范行为类型几乎难以穷尽，寄希望于立法频繁供给也无异于缘木求鱼。以电信网络诈骗案件中的"套路贷"为例，往往有司法者将某些不符合诈骗罪构成要件的"套路贷"错误地认定为诈骗罪，这导致将无罪认定为有罪或将轻罪认定为重罪。为此，有学者建议增设重利罪，将那些不符合诈骗罪构成要件的高利贷行为明文规定为一个新的轻罪，"否则，司法机关尤其是审判机关遇到难题时没有'退路'"[1]。但是，该观点值得商榷。

首先，如果网络"套路贷"中的贷款人不是基于认识错误而被骗，那么在是否认定为诈骗罪的问题上，解释者就只有一条路——宣告不构成该罪，不管称之为"进路"还是"退路"。

其次，重利罪本身就面临立法正当性的质疑。[2]在法益侵害的本质上，重利罪是财产犯罪的抽象危险犯，它既不要求借款人实际遭受损失，

---

〔1〕 周光权：《论通过增设轻罪实现妥当的处罚——积极刑法立法观的再阐释》，载《比较法研究》2020 年第 6 期，第 44 页。

〔2〕《德国刑法典》第 291 条规定了重利罪（Wucher）：乘他人急迫、无经验、思虑浅薄或辨认能力明显不足的处境，使他人向自己或第三人就下列事项承诺或给予与对价或中介明显不相当的财产利益的，处 3 年以下有期徒刑或罚金：（1）出租供居住之所或与其相关之伴随给付；（2）提供贷款；（3）其他给付；（4）或者中介上述给付之一。我国台湾地区所谓"刑法"第 344 条也规定：乘他人急迫、轻率、无经验或难以求助之处境，贷以金钱或其他物品，而取得与原本显不相当之重利者，处 3 年以下有期徒刑、拘役或科或并科 30 万元以下罚金。

也不要求出借人采用诈骗套路，只要出借人基于谋取重利的意思即可。由于不要求借款人陷于错误认识，因而该罪也面临法益保护目的正当化的疑问。比如，若一律禁止出借人（网贷公司）在借款人紧急状态下向其出借钱款，在银行等传统渠道贷款不畅的情况下，小微企业等借款人只会陷入更加窘迫甚至倒闭破产的局面，在此情况下，重利罪是否实际保护了借款人的利益？再如，我国《民法典》第680条规定"禁止高利放贷，借款的利率不得违反国家有关规定"，即便借款人在紧急状态下签订了高额利息借款协议，民法上也提供了"超出法定部分不予保护"的救济。民事法律关系的本质是契约自由，即便借款人因网贷的高利息而承受更大的财产风险，这也是自由选择状态下的风险接受。重利罪是对契约自由的否认，属于以保护契约自由的名义限制契约自由，其保护的是一种脱离个人意思自治的"契约洁癖"，是"以干预人民财产处分自由的方式来保护财产"[1]，不适合我国《民法典》初创期的社会阶段。[2]

最后，对于互联网"套路贷"行为，即便刑法增设了重利罪，办案人员也会因"积极介入""惩罚优先"的理念将具有一定"套路""强迫"的网络套路贷行为认定为重利罪与诈骗罪、敲诈勒索罪、非法拘禁罪等重罪的想象竞合（或牵连犯）而"从一重罪论处"。因为立法上增设的罪名越多、体系越复杂，条文之间的竞合关系就越普遍。只要重刑思维本身不改变，通过立法增设新罪轻罪来缓解重刑主义、作出对被告人有利的裁决这一目的很可能就会落空。

因此，刑法解释的问题还需要通过刑法解释学本身的改变予以解

---

〔1〕　许泽天:《重利罪的结构与修正方向》，载《月旦刑事法评论》2016年第2卷，第84页。

〔2〕　网络高利贷、网络套路贷并不能通过增设重利罪而得到良好治理，因为高利贷的产生与本国国情尤其是金融管理体系紧密联系在一起。如果正规金融渠道可以顺利获取法定低息贷款，是否仍会有人选择高利贷？即便增设重利罪，借贷双方也很容易通过其他协商手段予以规避，重利罪可能成为真正的"僵尸条款""象征性立法"。所以，对任何社会失范行为的治理都不能仅寄期望于刑法，而应坚持"共建共治共享"。

决。[1]我国网络时代的社会治理法治化、网络空间法治化是中国特色社会主义社会治理体系的"良法善治","良法"的建立需要从立法上确定科学完备的法律规范,这是中国特色社会主义法治体系的首要方面,但它也只是其中的一个方面而不是法治的全部任务;"善治"是法治健康运行的另一基本任务,它首先指司法上的善治,即人权的司法保护,此外还有行政法治、法治监督等。2021年1月,《法治中国建设规划(2020—2025年)》强调:"加强人权法治保障,非因法定事由、非经法定程序不得限制、剥夺公民、法人和其他组织的财产和权利。"因此,依法治国的司法层面或司法层面的善治任务永远是不可忽视、不可替代的现实问题,它在实体法上集中体现为刑法解释的妥当性,即定罪量刑标准的合理性,这是人权司法保护需要直接面对而非通过立法转移的重大问题。刑法学的本体是刑法解释学,刑法解释的对象是刑法文本,刑法文本的表现活力是个案中刑法规范的适用,因而司法刑法学、规范刑法学、刑法释义学、判例刑法学、案

---

[1] 刑法解释学中存在一个值得重视的方法论误区:将"司法解释"、"指导性案例"甚至司法实务上的做法视为解释的对象,认为刑法解释学不能批判司法解释,要以"是否符合司法解释""是否顺应实务机关的需要"作为判断理论学说优劣的标准。比如,有学者在捍卫2013年9月6日《最高人民法院、最高人民检察院关于办理利用信息网络实施诽谤等刑事案件适用法律若干问题的解释》时,提出"司法解释也不是嘲笑的对象"。(参见杨柳:《"诽谤信息转发500次入刑"的法教义学分析——对"网络诽谤"司法解释质疑者的回应》,载《法学》2016年第7期,第137—143页。)其实,自"法律不是被嘲笑的对象"这一法谚在我国传开以来,"批判现行立法"的立场从来没有禁绝,随着刑法修正案罪刑规范的扩容、系统性民法典的编纂、行政处罚法等行政法的大幅调整,立法学的意义也不断凸显,只有对现行立法的不足采取持续批判的态度,科学完备的立法体系才会更快地形成并推动中国特色社会主义法治体系的完善和进步,包括刑法在内的法律是可以被"嘲笑"的。更何况,率先提倡该命题的张明楷教授在谈及刑法解释学的立场时,也明确承认了"批判刑法"的价值:只有将批判寓于解释中才能最大可能地通过解释弥补新增立法的缺陷。(参见张明楷:《也论刑法教义学的立场 与冯军教授商榷》,载《中外法学》2014年第2期,第357—375页。)于是,可否批判司法解释,答案就自不待言了。由于罪刑法定的存在,刑法的渊源中没有司法解释的存续之地,即便实践中司法解释具有准立法的性质(比如扩充了犯罪构成要件的范围),这也不能确立司法解释在宪法框架内的法源地位,"准立法"反而正是以宪法的国家权力分配为框架进行批判(嘲笑)的对象。所以,若司法解释、指导性案例、实务做法被证明进行了入罪类推解释,那么当然可以被批判。刑法解释学是为正确适用刑法服务而不是为司法解释服务的,最高司法机关作出的司法解释也只是刑法解释学研究的一部分,它与学理解释一样可能具有对错之分,它的特别之处仅在于法律效力,而它的法律效力是法律规定的形式性效力,法律效力不等于法律渊源,刑法解释学永远不是首先迎合办案机关需要的学问。

例刑法学均是刑法解释学的同义替换。[1]刑法学是经世致用之学，也是与大政方略联系最为紧密之学，在网络时代解决刑法解释学、司法刑法学等法律适用上的问题，需要从宏观大局和中观格局上深刻把握网络社会的主要矛盾及其对应的"七位一体"社会治理体系，法律包括刑法都是襄助社会进步的手段之一，刑法解释学也应当毫不例外地被纳入国家发展大计。

2021年公布的《国民经济和社会发展第十四个五年规划和2035年远

---

〔1〕 在刑法解释学之外，我国学界还存在"刑法教义学"（教义刑法学）之称谓，笔者认为，二者所研究的范围和指涉的内容完全一致，可以同时使用两个概念而无必要对它们的优劣进行比较，重要的不是表面的称号而是适用刑法时的实质理念和方法。在德国，刑法学的本体是"Strafrechtsdogmatik"，我国台湾地区直接翻译为"刑法释义学"，日本学者则称之为"刑法解释学"，我国大陆地区不少刑法学者尤其是年轻学者更愿意称之为"刑法教义学"。本书在同一意义上同时使用"法教义学""教义法学""法解释学""法释义学"等概念，"姓名之争"或"译法之争"是次要的，正如张明楷教授所言："刑法教义学就是刑法解释学，不要试图在刑法解释学之外再建立一门刑法教义学。不管是使用刑法教义学的概念还是使用刑法解释学的概念，解释学永远是刑法学的本体。"（张明楷：《也论刑法教义学的立场 与冯军教授商榷》，载《中外法学》2014年第2期，第357页。）其实，这还涉及一个特别的"法学鄙视链"：社科法学鄙视刑法教义学，刑法教义学鄙视刑法解释学，刑法解释学可能鄙视注释法学。详言之，学者对这些称谓或流派毫无例外地倾注了感情色彩：（1）"刑法教义学"的使用者认为，"教义刑法学对于刑法解释方法的选择体现了罪刑法定原则的人权保障机能，因而具有价值论的特征"，而且"教义刑法学作为刑法理论形态，具有超越刑法条文的特征"，"如果不是借助于刑法教义学的分析工具，而只是对刑法条文规定进行语义的和逻辑的解释，就不能形成独立于刑法规范的刑法法理"。（参见陈兴良：《注释刑法学经由刑法哲学抵达教义刑法学》，载《中外法学》2019年第3期，第565—583页。）因此，"刑法教义学"优于以解释刑法语义为任务的解释学。（2）"刑法教义学"的上述优势在社科法学看来几乎不存在，社科法学认为教义法学与概念法学、注释法学、解释法学都过于机械。例如，以苏力等为代表的社科法学家将法教义学、解释学、释义学、诠释学统统概括为法条主义。（参见苏力：《中国法学研究格局的流变》，载《法商研究》2014年第5期，第60页。）在他们看来，法条主义的视野中"唯有法律而别无其他"，"这会使法律的发展在适应新的且不断变化的社会与经济环境时蒙遭不适的限制，因为他们完全忽视了法律与社会、经济、政治乃至人之想象之间的关系"，"所研究的只是次级事实，亦即存在于法条、判例以及与现行法律系统相关法典中的一些规则而已，然而他们却忽略了这些次级事实背后的许多初级事实或首要事实"。（参见邓正来：《中国法学向何处去——建构"中国法律理想图景"时代的论纲》，商务印书馆2011年版，第77—78页。）所以，法教义学、法解释学都被视为教条主义，而"教条主义"（教条的、独断的）也恰恰是"Strafrechtsdogmatik"的核心词"Dogmatik"衍生的形容词"dogmatisch"。所以，"刑法教义学"自始就不该用鄙视的眼光看待"刑法解释学"，真正自带"教条主义"之嫌的反而恰恰是刑法教义学自己。笔者不认同刑法教义学宣称的优势，因为若刑法没有规定罪刑法定，则刑法教义学也根本不可能用罪刑法定解读法条；笔者更反对社科法学对刑法教义学、刑法解释学的很多批评，因为刑法解释学、刑法教义学都不是执念于条文而不关心社会后果，而是特别讲究通过何种法律规则、法律程序、法律方法引入社会后果，特别注重将规范外的政治判断、政策考量、经济算法等纳入犯罪构成要件分析，毕竟刑法的司法面向既不是"超越现实"，更不是"超越法条"。对此，笔者将在后文中详述。

景目标纲要》为一切领域的研究和实践确立了最根本的指导思想和发展原则："以改革创新为根本动力，以满足人民日益增长的美好生活需要为根本目的，统筹发展和安全……推进国家治理体系和治理能力现代化，实现经济行稳致远、社会安定和谐，为全面建设社会主义现代化国家开好局、起好步"；"坚持党的全面领导""坚持以人民为中心""坚持新发展理念""坚持系统观念"。刑法目的不只是维护安全，安全背后仍有更深层的目的，"统筹发展与安全"在"技术驱动型"的网络社会具有更为特殊的意义：一旦缺少网络安全，改革创新将失去有序的竞争环境和可预期的利益保障；一旦创新力被套上了过度的管制枷锁，网络社会发展将失去根本动力。可以说，刑法解释学该如何平衡科技创新与社会稳定，如何以"以人民为中心"的智慧服务于网络社会美好生活需要，如何以现代化的方式参与网络社会治理，如何以法治化的思维促进网络强国建设的人权司法保护，是我们未来 5 年乃至持续更长时间的课题。所有这些都不是抽象的逻辑，而是在法治中国的图景中认真对待每一个案件的公平正义[1]，这是网络时代刑法解释原理所致力的根本使命、所思考的根本意义。

---

[1] 由于我国网络技术发展阶段和法治发展阶段均具有完全区别于域外的特殊性或特色性，因而本研究基本属于法治中国本土问题之研究。认清我国网络时代的技术与社会变革逻辑、剖析我国刑法解释学的方法和理念定位问题，是本书的基本侧重点，不能用域外的理论或其发展标准衡量域内情状，避免盲目跟从、移植域外刑法学理论甚至抄袭一些绕口的学术概念，这也是贯彻制度自信、理论自信的一个途径。

第一章

网络时代"刑法参与社会治理"的解释学十大关系

网络时代的刑法应当参与社会治理，这是毫无疑问的选择，问题的关键在于刑法应当以何种姿态对社会生活进行干预，这便涉及刑法解释原理（理念和方法）。它们显然指向的都是人，即解释者（包括学理解释者、司法解释制定者和具体办案人员）。对于刑法解释的观察，不仅应当听他们如何说——从文献中寻找解释者如何著书立说，而且应当看他们如何做——从案例中发掘解释者如何决狱断刑。从研习刑法学的那一刻开始，我们就经常被告知"理论和实践常常脱节"，在浸淫刑法学日久之后，我们又经常发现解释者的理念和方法也会前后矛盾、顾此失彼、首尾不一。既然刑法解释学是理论上对刑法解释概念、原则、规则的体系性建构学问，它首先展现的便是学术属性，这意味着刑法解释学的发展方向不单纯依附于政策、命令，这也是它被学者表达为"刑法教义学"的根本原因，因为学术性的身份定位能赋予它独立的刑法法理（用于约束理论的教义）；同时，刑法解释学也是典型的实践性知识，它向上衔接立法实践，向下连接司法实践，即"从立法中来到司法中去"，立法赋予刑法解释特定的刑法规范（类似于宗教典籍载明的教义），刑法解释学以此中蓝本检视并引导司法适用的合理性。就此而言，它与政策、命令又有着天然的联系。因此，刑法解释学总是穿梭于学术与实践、规范与现实、法理与政策之间，解释者的确需要"心中充满正义"。但正义却有着一张普洛透斯的脸，变幻莫测并经常呈现不同的形状，在复杂的对立范畴中，刑法解释的正义观往往因各种力量的参与、各种价值的干涉而难以获得一致的认可。在网络时代研究刑法解释学，最大的便利就是任何解释者的公开论断都会留下网络痕迹，无论是理论讲授抑或是实务判例，这为我们的分析提供了明确的参照系和丰富的样本量。尤其是"'互联网＋'具有放大所加对象的好与坏的秉性"[1]，人们因交互方式的更新在更容易达成共识的同时，也更容易因

---

〔1〕 刘艳红：《网络犯罪的法教义学研究》，中国人民大学出版社 2021 年版，第 108 页。

多元的利益诉求而分崩离析，刑法解释学的难解范畴越发需要引起重视，也越发需要某个终极标准裁定分歧。

一、入罪解释与出罪解释：如何抉择解释的方向

案例 1　李某某通过创建"零距网商联盟"网站和利用语音聊天工具建立刷单炒信平台，有偿吸纳淘宝卖家注册账户成为会员。李某某通过制定刷单炒信规则与流程，组织及协助会员通过该平台发布或接受刷单炒信任务，会员在承接任务后，通过与发布任务的会员在淘宝网上进行虚假交易并给予虚假好评的方式，赚取任务点，从而有能力在该平台自行发布刷单任务，使得其他会员为自己刷单，进而提升自己淘宝店铺的销量和信誉。检察院指控李某某的行为构成非法经营罪，2017 年 6 月 20 日，法院认为被告人李某某违反国家规定，以营利为目的，明知是虚假的信息仍通过网络有偿提供发布信息等服务，扰乱市场秩序，情节特别严重，其行为已构成非法经营罪，判处被告人有期徒刑 5 年 6 个月，并处罚金人民币 90 万。[1]

入罪解释和出罪解释有两个方面的含义：一是就判断结论而言，通过对某个条文或用语的解释而在刑法个案适用中得出行为有罪或无罪的结论；二是就解释的原动力而言，在疑难个案中究竟朝着有罪还是无罪的方向进行刑法的解释和规范的适用。由于每一人在看待一个案件时，都会存在基于自身学识、经历甚至身份的"前理解"（"前见"或"偏见"），因而总是会率先形成某种判断，这种判断往往会抛开法条而直接受制于行为及其影响的冲击，而且作出的有罪（当罚）或无罪（不当罚）的判断往往也较为顽固。所以，入罪解释或无罪解释的上述两个含义常常耦合在一起：先预判行为有罪或无罪，然后通过某种解释方法强化这种先前的认知。从经验上看，"大前提—小前提—结论"的三段论倒置或错置本是无可厚非，但如果解释者在先前"预判"的支配下，不借助刑法解释原则或刑法方法论规则对这种"先有结论"不加以检验和修正，相反，总是固执己见甚至对

---

〔1〕　参见浙江省杭州市余杭区人民法院（2016）浙 0110 刑初 726 号刑事判决书。

此屡试不爽，那么所有的"前见"都将成为"偏见"。这种"偏见"在入罪解释上的危害尤甚，"先认定有罪，后寻找罪名"的办案逻辑十分常见，最终在没有"理想的罪名"时均选择了兜底条款或口袋罪名。

例如，在案例 1 "组织刷单炒信案"中，根据办案人员的公开信息，本案案发及办案流程为：2014 年年初，阿里巴巴集团通过大数据发现了"零距网商联盟"网站在淘宝上的刷单行为并报案，杭州市公安局经侦支队采取抽样取证的方式随机抽取部分会员的陈述制作询问笔录，最终将该案向检察机关移送审查起诉。由于之前的组织刷单行为只受到了工商部门的处罚，即只属行政违法，不仅李某某本人对案件定性存在疑惑，审查起诉阶段的承办检察官也存在同样的疑惑：其一，适用"非法经营罪"这一罪名是否符合罪刑法定原则；其二，刷单组织利用淘宝规则虚假交易进行好评的行为，是否具有需要动用刑法评价的社会危害性。"当时，刷单炒信行为未有获刑的相关案例，杭州市余杭区检察院办理此案时没有先例可循。遇到的第一个障碍就是罪名认定。承办人先根据案件事实排除了破坏生产经营罪、损害商业信誉、商品声誉罪及计算机方面的犯罪。对李某某的行为进行刑事归责，只能从'非法经营罪'探寻解释路径。"[1]（1）对于第一个疑惑，承办人考虑到刷单炒信实际系发布虚假评价的行为，故该案能否适用 2013 年 9 月 6 日《最高人民法院、最高人民检察院关于办理利用信息网络实施诽谤等刑事案件适用法律若干问题的解释》（以下简称《办理网络诽谤案件的司法解释》）成为定罪的关键。就此，检察官认定本案符合《办理网络诽谤案件的司法解释》第 7 条的规定，"违反国家规定，以营利为目的，通过信息网络有偿提供删除信息服务，或者明知是虚假信息，通过信息网络有偿提供发布信息等服务，扰乱市场秩序"，行为人违反的"国家规定"是《全国人民代表大会常务委员会关于维护互联网安全的决定》第 3 条。（2）对于第二个疑惑（法益侵害性），"检察机关内部也存在着'刷单炒信行为仅破坏了淘宝信用评价体系，并没有达到严重破坏市场经济秩序的程度'的声音"，最终办案人员认为刷单炒信"将严重扰乱网购市场的公平竞争秩序和正常买卖秩序，继而严重破坏以互联网经济

---

[1]　徐芬、沈艺婷：《组织刷单炒信触犯法律底线——浙江省杭州市余杭区检察院办理全国首例组织刷单炒信案纪实》，载《人民检察》2017 年第 18 期，第 67 页。

为重要组成部分的市场经济。此外，刷单炒信行为也撼动了整个网络购物的诚信体系"。[1]可见，办案机关在刑法适用过程中，已经率先形成了有罪预判，进而剩余的只是适用哪一罪名的问题，先后排除了破坏生产经营罪等罪名，选定了非法经营罪，但适用非法经营罪仍然面临着罪刑法定和法益侵害的双重障碍。[2]在有罪预判的引导下，这些连办案机关内部都存在争议的刑法适用难点，最终通过非法经营罪兜底条款即"其他严重扰乱市场秩序的非法经营行为"的填充性解释而得以化解。入罪解释既是本案的最终解释结论，也是对本案适用《刑法》第225条第1款第4项的解释方向，一旦有罪论先入为主，解释者很可能不达入罪目的不罢休。

对于本案的入罪解释，刑法解释学上存在尖锐分歧。否定者认为："从法教义学的角度来看，刷单炒信行为不宜适用非法经营罪来进行规制，因为这不但背离了该罪的规范保护目的，也将进一步恶化其'口袋罪名'的现状"[3]；"法律对刷单炒信行为并没有做规定，由此也就不存在违反国家规定构成非法经营的问题……在缺乏形式要件的情况下，基于社会危害性的考量，将组织刷单炒信行为认定为非法经营罪，与罪刑法定原则存在相悖之处"[4]。本案的辩护人也辩称：第一，不能将《互联网信息服务管理办法》中关于"是否具有经营性互联网服务资格"的规定等同于"国家规定"，组织刷单行为不属于法律明确规定的构成非法经营犯罪的情形；第二，即使网站因没有经营性互联网服务许可而经营需要被查处，亦应属于江苏省通信管理局、工商行政等部门监管的范畴，不属于《刑法》调整的范围；第三，刷单炒信扰乱的仅为淘宝网的排名秩序而非市场秩序。[5]支持者则认为，专业从事虚假交易服务的炒信平台，其发布的与虚假交易相关的信

---

[1]　徐芬、沈艺婷：《组织刷单炒信触犯法律底线——浙江省杭州市余杭区检察院办理全国首例组织刷单炒信案纪实》，载《人民检察》2017年第18期，第68页。

[2]　有媒体用"刷单炒信：不是拿你没办法"为标题报道此案，"不是拿你没办法"直接暴露两点：第一，"入罪解释"采用的是一种"除恶务尽"的姿态，惩治是第一要务；第二，多少有些无奈地承认了罪名适用上的障碍，只不过最终仍然选定了一个最不理想却最好用的罪名而已。参见于潇：《刷单炒信：不是拿你没办法》，载《检察日报》2017年6月21日，第5版。

[3]　王华伟：《刷单炒信的刑法适用与解释理念》，载《中国刑事法杂志》2018年第6期，第95页。

[4]　陈兴良：《刑法阶层理论：三阶层与四要件的对比性考察》，载《清华法学》2017年第5期，第15—16页。

[5]　参见浙江省杭州市余杭区人民法院（2016）浙0110刑初726号刑事判决书。

息与《办理网络诽谤案件的司法解释》中的"虚假信息"具有同质性，且主观方面也为"明知"，可以直接适用非法经营罪。[1] 还有学者甚至提出了"信息时代非法经营罪的重生"之呼吁，主张"只有以刑法弥补法律漏洞、保护经济秩序，发挥其后盾法、救济法的功能，方能指引电商市场秩序从'刷单乱象'之中破局突围"[2]。最终，办案人员采纳肯定论，将本案视为打击组织刷单炒信行为的标杆："该案通过判决直观而有效地为社会公众树立了组织刷单可能构成犯罪的规范意识，通过对违反规范者的定罪处罚，有效地震慑了刷单炒信等灰黑产业链行为的泛滥。"[3] 然而，在本案判决之后，实践中的一些组织刷单行为以不正当竞争处理。

> **案例 2** 简世公司通过其旗下刷单平台"傻推网"从事网络刷单炒信业务，一方面，该公司无条件吸引网络卖家注册登记，并在其平台上发布刷单任务；另一方面，该公司利用网络刷手无本起利、积少成多、方便快捷等心理需求与利益诉求，无条件吸引网络刷手在其平台上注册登记，领取刷单任务。2014 年 9 月至 2016 年 3 月，通过网络平台吸引注册的商家有 5400 家，其中注册后发布刷单任务的商家有 3001 家，发布刷单任务 324000 件，共计 50000 余单，涉及刷单金额 26398292.80 元，违法所得 360000 元。原告淘宝公司、天猫公司起诉简世公司，主张被告简世公司破坏了原告淘宝公司、天猫公司构建的评价体系，误导消费者，严重损害了原告淘宝公司、天猫公司的声誉和市场竞争力，构成不正当竞争。2017 年 10 月 17 日，浙江省杭州市西湖区人民法院判决简世公司赔偿原告经济损失 202000 元。[4]

可见，对于利用网络平台组织刷单炒信的行为，无论是在理论上还是在实务上均存在着罪与非罪的巨大争议，尤其就素有"口袋罪"之名的

---

〔1〕 参见刘仁文、杨学文：《用刑法规制电子商务失范行为》，载《检察日报》2015 年 8 月 26 日，第 3 版。

〔2〕 高艳东：《信息时代非法经营罪的重生——组织刷单案评析》，载《中国法律评论》2018 年第 2 期，第 149 页。

〔3〕 徐芬、沈艺婷：《组织刷单炒信触犯法律底线——浙江省杭州市余杭区检察院办理全国首例组织刷单炒信案纪实》，载《人民检察》2017 年第 18 期，第 69 页。

〔4〕 参见浙江省杭州市西湖区人民法院（2016）浙 0106 民初 11140 号民事判决书。

非法经营罪而言，对新型网络案件适用本罪，无疑表露出了入罪解释的无奈之举：既然要定罪，且没有更合适的罪名，那么就选该罪吧，至少说理的时候可以"牵强附会"。当办案人员将这种"全国第一案"成功入罪之后，以为树立了行业标杆、经典判例，但就连本地区的办案机关也没有继续将同样符合《办理网络诽谤案件的司法解释》第 7 条的案例 2 转入非法经营罪处理。借由本案，网络时代的刑法解释面临着第一个出入罪解释之争：对于涉及网络不正当竞争、利用他人平台"搭便车牟利"的新型行为，究竟应当按照《反不正当竞争法》等民事、行政违法处理，还是应当选择《刑法》边缘化、口袋化的罪名加以入罪处理？这既是解释方法的问题，也是解释理念和司法立场的问题。出罪还是入罪，这种预判对刑法解释方向的决定性作用、解释思路的顽固性影响不可谓不深。

二、扩大解释与类推解释：如何划定解释的边界

案例 3　2020 年 6 月，被告人王某某从朋友"阿某某"处得知租借他人支付宝账户帮他人转账能获取利益，"阿某某"承诺每介绍一个支付宝账户，向支付宝户主支付 700 元，就向被告人王某某支付 200 元作为好处费。王某某即通过微信联系被告人陈某某，两人就此事达成共识。同年 6 月 25 日，王某某伙同"阿某某"驾车到 A 市，让陈某某安排人到 A 市办理租借支付宝账户事宜，陈某某随后指使被告人汪某、张某与王某某见面，汪某、张某自愿将本人支付宝账户提供给王某某、阿某某等人使用，事后，王某某向陈某某转账 1400 元，陈某某向汪某、张某分别转账 500 元。后来，陈某某以手头紧张为由让王某某提供可以挣钱的路子，王某某从网友"D 爷"处得知倒卖电话卡、银行卡可以获取利益，电话卡一张 200 元，电话卡、银行卡、U 盾一套 800 元，王某某随即联系陈某某，陈某某表示愿意做这个业务。随后陈某某邀约被告人汪某、张某一起参与办理此事。四被告人通过租借他人支付宝账户、倒卖电话卡，分别获利 4900 元、5000 元、2600 元、1000 元，办理的其中四张电话卡涉及外省电信诈骗案件 6 起，涉案金额 140324.01 元。公诉机关认为，"被告人在知道或者应当知

道他人可能实施违法行为的情况下，仍然提供支付宝账户、电话卡、银行卡等通信和支付结算等帮助，并从中获利"，其四人的行为构成帮助信息网络犯罪活动罪。四被告人及其辩护人在庭审中均采取自愿认罪认罚的态度，法院最终判决罪名成立。[1]

网络时代不断催生新的社会危害行为，在应对措施相对滞后的情况下，刑法（刑罚）因其鲜明的严厉性而往往被视为"高度重视网络社会治理"的最直观表达方式，似乎率先将网络乱象"入罪入刑"即可直接形成安全有序的网络空间环境。例如，2015 年 11 月 1 日实施的《刑法修正案（九）》增设了拒不履行信息网络安全管理义务罪、非法利用信息网络罪、帮助信息网络犯罪活动罪等专门性的网络犯罪，其中以帮助信息网络犯罪活动罪的适用最为频繁。《刑法》第 287 条之二第 1 款规定："明知他人利用信息网络实施犯罪，为其犯罪提供互联网接入、服务器托管、网络存储、通讯传输等技术支持，或者提供广告推广、支付结算等帮助，情节严重的，处三年以下有期徒刑或者拘役，并处或者单处罚金。"本罪的案例数量经历了戏剧性的增长：《刑法修正案（九）》生效的 2015 年全国仅有 1 例，2016 年到 2019 年分别为 2 例、10 例、22 例、81 例，2020 年则猛然飙升到 2371 例，2021 年为 17299 例（约为前 6 年总和的 6.96 倍）。[2]帮助信息网络犯罪活动罪的案件数之所以如此高涨，一方面是由于近年掀起的"断卡行动"等严厉打击网络诈骗犯罪风潮，另一方面则是因为解释者对本罪构成要件中的"明知"等要素进行了泛化理解。《刑法》第 287 条之二中的"明知"属于主观构成要件要素，实践中办案机关在查证下游犯罪（如诈骗罪）时发现了大量起到客观帮助作用的上游介入行为（如提供银行卡、电话卡、支付宝账号），对"明知"的理解不同，直接决定着是否能够将这些客观帮助行为一律入罪，帮助信息网络犯罪活动罪的犯罪圈是否过度扩张，不无疑问。

如案例 3 中，公诉机关认定被告人成立帮助信息网络犯罪活动罪的理

---

[1]　参见陕西省平利县人民法院（2021）陕 0926 刑初 22 号刑事判决书。
[2]　该数据为笔者在中国裁判文书网以"帮助信息网络犯罪活动罪"（案由）、"帮助信息网络犯罪活动"（全文）、"判决书"（文书类型）三个主题要素进行检索所得，检索日期：2022 年 2 月 12 日。

由是：被告人在"知道或者应当知道"他人可能实施违法行为的情况下，仍然提供支付宝账户、电话卡、银行卡等通信和支付结算等帮助，并从中获利。换言之，公诉机关将《刑法》第287条之二中的"明知他人利用信息网络实施犯罪"解释为"知道或应当知道他人利用信息网络实施犯罪"。将"明知"解释为"知道或应当知道"，这是司法上较普遍的选择。如：在"谭某帮助信息网络犯罪活动案"中，重庆市忠县人民法院认为，谭某在知道或应当知道他人将利用网站实施犯罪的情况下，"仍按照'江南'的要求，从网上租赁服务器、获取特定源代码等交由李某搭建和修改……以10800元的价格将搭建好的网站出售给'江南'，他人利用前述网站骗取被害人万某某、韦某某、朱某某、刘某钱财共计31万余元……其行为已构成帮助信息网络犯罪活动罪"[1]。在"谈某帮助信息网络犯罪活动案"中，湖北省洪湖市人民法院认为，"被告人谈某知道或者应当知道向他人提供支付结算工具可能被用于网络犯罪活动，仍为他人提供支付结算工具等帮助，支付结算金额20万元以上，情节严重，其行为已构成帮助信息网络犯罪活动罪"[2]。从文义上看，"明知"的字面意思或核心意思即"明明知道""明确知道"，如"明知故犯"的意思是明明知道不能这样做却故意违犯。再如，我国《刑法》第14条第1款规定："明知自己的行为会发生危害社会的结果，并且希望或者放任这种结果发生，因而构成犯罪的，是故意犯罪。"本条中的"明知"是犯罪故意中的"认识因素"，对此要素的理解不存在争议，向来不需要额外解释，该要素仅被直接理解为"明知自己的行为必然会发生危害社会的结果"或者"明知自己的行为可能会发生危害社会的结果"[3]，也即"明知=认识到"或"明知=有明确的认识"[4]。

为了从实体上覆盖更多处罚范围、在程序上最大可能地降低证明标准，实务和理论中往往对"明知"存在不同于"认识到""明确知道"的解释。例如，对于《刑法》第312条中规定的"明知"，2014年4月24日通过的《全国人民代表大会常务委员会关于〈中华人民共和国刑法〉第

[1] 重庆市忠县人民法院（2021）渝0233刑初47号刑事判决书。
[2] 湖北省洪湖市人民法院（2021）鄂1083刑初136号刑事判决书。
[3] 参见王爱立主编：《中华人民共和国刑法条文说明、立法理由及相关规定》，北京大学出版社2021年版，第31页。
[4] 参见张明楷：《刑法学》（第6版 上），法律出版社2021年版，第338页。

三百四十一条、第三百一十二条的解释》规定:"知道或者应当知道是刑法第三百四十一条第二款规定的非法狩猎的野生动物而购买的,属于刑法第三百一十二条第一款规定的明知是犯罪所得而收购的行为。"换言之,《刑法》第312条中的"明知"包括"实际认识到"和"虽然实际未认识到,但根据客观情况应当知道",这种理解在帮助信息网络犯罪活动罪中也成为"通说"。例如,有学者认为,在认定帮助信息网络犯罪活动罪时,需要适当降低对"明知"的要求,法条中"明知"的含义是:"帮助者明确知道或应当知道自己的行为具有非法性,且相信自己的帮助行为能极大程度、高概率引起无意思联络的受助者借以利用信息网络实施犯罪活动。"[1]还有观点主张,帮助信息网络犯罪活动罪的"明知"应包含"知道"和"或许知道"。[2]因此,这里存在的解释学问题是:(1)"明知=知道+应当知道"或"明知=知道+或许知道",这样的解释究竟属于平义解释还是扩张解释? 如果是后者,则它又属于罪刑法定容许的扩大解释还是罪刑法定不容许的类推解释?(2)"应当知道"针对的情形是"应当知道而实际不知道",这更贴近过失犯罪的罪责逻辑——"应当认识到,但因疏忽大意而未认识到"。这是否意味着将帮助信息网络犯罪活动罪的主观罪过扩张解释为"故意+过失",从而违背《刑法》第15条第1款"过失犯罪,法律有规定的才负刑事责任"?(3)带有猜测性的"或许知道"同时也意味着"或许不知道",即猜测行为人可能知道,但实际上包括行为人并不知道。如此一来,对于完全懵懂无知的行为人而言,适用帮助信息网络犯罪活动罪是否有客观归罪之嫌? 是否其仅仅因客观上帮助、促进了他人犯罪的实施就被科处刑罚? 上述问题皆因扩大解释与类推解释之间的界限不明而引发。

三、文义解释与目的解释:如何排列方法的位阶

案例 4　张某某为牟利而委托黄某(另案处理)编写了名为"第

---

[1] 江溯:《帮助信息网络犯罪活动罪的解释方向》,载《中国刑事法杂志》2020年第5期,第93页。

[2] 参见郝川、冯刚:《帮助信息网络犯罪活动罪的"明知"应包含"或许知道"》,载《检察日报》2020年9月23日,第3版。

一名"的软件,并以南京米图公司名义经营,通过陶某等人对外销售,所得由张某某与陶某等人分成。至案发时,被告人张某某、陶某先后向某妇科医院、信息技术公司、中医药研究院、医院管理等销售"第一名"软件,违法所得 18800 元。经鉴定,该软件会干扰搜索引擎对关键字搜索结果的正常排序。法院审理后认为,被告人违反国家规定,对计算机信息系统功能进行干扰,造成计算机信息系统不能正常运行,后果严重,其行为均已构成破坏计算机信息系统罪且系共同犯罪。[1]

在法学方法论上,解释方法有很多分类,最直接的划分是传统的二元论,即文理解释和论理解释:前者是从法条用语的文字或语言意思上进行的解释,因而也叫作文义解释;后者则是从文字背后设立相关法条的道理(如立法精神)上对法条用语进行的解释。这种划分从分类的角度来说,基本是合理的,只不过文理解释、论理解释各自阵营内应当包含哪些解释方法,或者说如何将我们熟知的那些具体解释方法准确分类到这两大类别中,这是值得进一步商榷的。我国传统刑法方法论上将当然解释、扩张解释、限制解释等归入论理解释[2],当然解释即"入罪举轻以明重,出罪举重以明轻",这的确属于"讲道理"的解释方法,但扩张解释、限制解释显然是对文义通常范围的扩张、限缩,这一对解释方法只是依据某种"道理论"进行解释(论理解释)之后的"结果对比"而已。如将"明知"解释为"知道+应当知道"则可能是一种文义的扩张解释,因为"应当知道"明显区别于"明确知道",这种扩张解释的理由(道理)则是为了将可罚的危害行为纳入犯罪圈或降低证明标准,因而扩张解释本身不是论理解释的范畴而仅仅是论理解释的结果,这种解释结果与文义相关。[3]所以,"扩张"或"限缩"只是一种对文义通常范围进行扩展或限制的技术性对照而已,传统二元分类各自支配的具体解释方法可能并不具有清楚的种类

---

[1] 参见江苏省南京市秦淮区人民法院(2014)秦刑初字第 97 号刑事判决书。

[2] 参见高铭暄、马克昌主编:《刑法学》(第 10 版),北京大学出版社、高等教育出版社 2022 年版,第 20—21 页。

[3] 扩张解释、限缩解释与文理解释的阵营更近,但也并非文理解释,而是一种文理与论理二元兼具的解释方法,如根据立法目的对法条文义进行扩张(即"目的性扩张")或限缩(即"目的性限缩")。

区别。

我国有学者将常见的文理解释（文义解释）、体系解释、目的解释、当然解释、历史解释、比较解释、合宪性解释等称为"解释理由"，将平义解释、扩张解释、限缩解释、类推解释、补正解释等称为"解释技巧"，二者统归于"广义的解释方法"。[1]笔者认为，这种划分更具合理性，因为对法条用语最终解释结论的确定需要完成两个任务：一是确定该结论距离法条用语通常含义的远近，二是为该结论寻找一个具有说服力的解释根据。就此而言，"解释理由"是最为深刻的解释方法，负责对平义解释、扩张解释、限缩解释等提供道理论证。

例如，对于故意杀人罪中的"人"，我们不需要借助任何解释理由，只要对之进行平义解释即可。什么是"人"？这在法学上不存在重新定义的问题。但在人类历史的非常时期，"人"也可能被限缩解释为某一特类人群，最极端的例子便是纳粹学者对《德国民法典》第1条中"人"（Menschen）的解释。《德国民法典》第1条规定，"人的权利能力始于出生"，但德国法学方法论大师拉伦茨在1935年发表的文章《法律人格与主观权利》（Rechtsperson und subjektives Recht）中，对这里的"人"进行了新的解释：只有"民族成员"或"民族同志"（Volksgenosse）才具有权利能力，而只有那些具备德意志血统（deutsche Blut）的人才配称得上"民族同志"。据此，《德国民法典》中"人"的范围被大幅限缩，犹太人、吉卜赛人等非德意志血统者只具有派生的、间接的、受限的权利能力。"抽象的人或法律上的人（Rechtsperson）没有什么价值"，"与其使用'权利能力'（Rechtsfähigkeit），不如理解为'成员化的法律地位'（gliedschaftliche Rechtsstellung），与其使用'法律上的人'，不如称之为'法成员'或'法同志'（Rechtsgenosse）"。[2]拉伦茨之所以将"人"限制解释为"民族成员"，背后的解释理由是纳粹德国的种族主义，即"血统是对种族的终极提炼"，德意志血统是德国民族精神传统的载体[3]，德国的法律都应"向显

---

[1] 参见葛恒浩：《刑法解释基础理论研究》，法律出版社2020年版，第7—13页。

[2] Karl Larenz, Rechtsperson und subjektives Recht—Zur Wandlung der Rechtsgrundbegriffe, in: Georg Dahm u.a.（Hrsg.），Grundfragen der neuen Rechtswissenschaft, 1935, S. 225 ff.

[3] See Samuel Rosenberg, "Three Concepts in Nazi Political Theory", 1 *Science & Society* 221, 222（1937）.

在的民族共同体生活中的'具体秩序'（konkreten Ordnungen）挺进"[1]。因此，纳粹法学"过度强调民族共同体思想"[2]，在这种贯彻民族精神的限缩解释技巧中，拉伦茨等人主要采用了"目的解释"这一解释理由。从"人"到"民族（种族）成员"，平义解释被抛弃、限制解释被启用，"人"的含义越来越脱离通常的文义，"文义解释"让位于"目的解释"、"生物人"让位于"政治人"。

　　这就引申出一个法学方法论尤其是刑法方法论中老生常谈的问题：解释方法的位阶究竟该如何排列？对于是否存在解释方法的位阶模型，刑法方法论上还存在争议，但至少我们可以确定的是，文义解释和目的解释的地位在司法实践中始终居于所有刑法解释方法的制高点。问题的关键就在于二者之间的位阶次序，即二者不可兼得时该由谁作出最终决定。不少教科书宣称"目的解释乃解释方法之桂冠"[3]，至少从上述拉伦茨的解释思路中可以发现，若将目的解释置于最高裁判者的地位，解释者可以根据法律的目的重新界定"什么人是人，什么人不是人"，这种超越文义的目的解释在今日看来滑稽可笑，但在当时具有为虎作伥的严重灾难性。随着罪刑法定这一基本法治原则在世界范围内的确立，文义解释毫无疑问重新获得了解释方法"排头兵"的位置，但目的解释的"解释方法之冠"仍然根深蒂固。为此，解释者总是一方面坚称，"在采用文理解释、历史解释、体系解释等解释理由不能得出唯一解释结论时，以及在采取上述解释理由提示了解释结论时，必须由目的解释来最终决定……刑法学的最高使命，便是探究刑法目的"；另一方面为了顾及罪刑法定的尊严，同时认为"进行目的解释，也需要遵循罪刑法定原则"。[4]上述解释原理的内容是清楚的，但解释的实践真相则是，在文义解释与目的解释冲突时，解释者在贯彻条文目的时往往有意或无意地牺牲了文义，"铁则"地位的罪刑法定面临被软化的境地。

---

[1] Thomas Vormbaum, Einführung in die moderne Strafrechtsgeschichte, 3. Aufl., 2016, S. 179 f.

[2] Kai Ambos, Nationalsozialistisches Strafrecht, 2019, S.134 f.

[3] ［德］汉斯·海因里希·耶赛克、托马斯·魏根特：《德国刑法教科书》（上），徐久生译，中国法制出版社2017年版，第215页。

[4] 张明楷：《刑法分则的解释原理》（第2版 上），中国人民大学出版社2011年版，第83—88页。

　　例如，我国《刑法》第 286 条第 1 款破坏计算机信息系统罪的构成要件为，"违反国家规定，对计算机信息系统功能进行删除、修改、增加、干扰，造成计算机信息系统不能正常运行，后果严重"。"计算机信息系统功能"是指"计算机信息系统内，按照一定的应用目标和规则，对信息进行采集、加工、存储、传输、检索等的功能"[1]，而本款中的"干扰"并不是一切导致结果失真的行为，"干扰"的对象是计算机信息系统内部的数据，且必须是影响计算机信息系统功能的数据、造成计算机信息系统错误运行或不按照原定设计运行的数据，更广泛的数据来源和更多样杂乱的数据结构，只要未存储到系统内部，未按照系统的组织目标进行规整和排列，都被排除在刑法的保护范围之外。按照这种理解，案例 4 中"第一名"软件的功能在于为购买者的网站"刷点击量"，它的作用仅限于自愿使用该软件的网站，而根本不会对百度一方的计算机信息系统的内部数据及其功能造成任何"干扰"。因为根据百度搜索引擎工作原理，用户输入关键词进行检索，百度搜索引擎会完成两个步骤：把相关的网页从索引库中提取出来，然后把提取的网页按不同维度（如相关性、权威性、时效性、重要性、丰富度、受欢迎度）的得分按照一定的算法进行综合排序。[2]某网站通过"第一名"软件刷出来的点击量确实是虚高的量、非正常浏览量，但该软件恰恰是遵照了百度搜索引擎关键词搜索排序规则，"百度搜索"属于不加分辨地自愿使用该数据，百度一方若不使用该数据，该数据绝对不会事先主动进入其服务器，也根本不会影响搜索引擎的算法。

　　刑法之所以设立破坏计算机信息系统罪，是为了保护他人的计算机信息系统安全，但并非一切影响计算机信息系统运行的行为都构成本罪，按照本罪的立法目的进行条文的解读和适用时，必须紧紧着眼于《刑法》第 286 条第 1 款的明文规定，即"对计算机信息系统功能进行删除、修改、增加、干扰，造成计算机信息系统不能正常运行"。案例 4 中百度搜索引擎的运算结果受到影响，但服务器运算结果的偏差是"失真数据＋正常算法"导致的，而非"失真数据＋算法异常"，改变计算机系统外部的运算数据只会影响最终运算结果是否符合客观实际，绝不会影响系统运算规则

---

〔1〕　张明楷：《刑法学》（第 6 版 下），法律出版社 2021 年版，第 1048 页。
〔2〕　参见《百度搜索引擎工作原理》，载百度网，https://developer.baidu.com/resources/online/doc/seo/search-engine-principle.html。

的正常运行，运行系统本身并未受到任何"干扰"。所以，本案存在文义解释与目的解释冲突的现象，解释者为了法益保护目的脱离了法条规定的"计算机信息系统功能"这一对象，由此也对法条中的"干扰"进行了泛化解释，这可能也是破坏计算机信息系统罪在网络时代逐渐成为"新口袋罪"的重要原因。如何在文义解释和目的解释的冲突中选择第一位阶的解释方法，如何在入罪解释的裁判说理中体现罪刑法定，仍然是未竟之题。

四、形式解释与实质解释：如何甄别解释的立场

案例 5　检察院指控，快播公司自 2007 年 12 月成立以来，基于流媒体播放技术，以向国际互联网发布免费的 QVOD 媒体服务器安装程序和快播播放器软件的方式，为网络用户提供网络视频服务。其间，被告单位及其直接负责的主管人员以牟利为目的，在明知上述软件被网络用户用于发布、搜索、下载、播放淫秽视频的情况下，仍予以放任，导致大量淫秽视频在国际互联网上传播。被告人辩称：快播公司提供的是技术服务，没有传播、发布、搜索淫秽视频行为，也不存在帮助行为；基于技术中立原则，快播公司不应为网络用户传播淫秽物品承担刑事责任。法院审理后认为，快播公司负有网络视频信息服务提供者应当承担的网络安全管理义务，快播公司及各被告人均明知快播网络系统内存在大量淫秽视频并介入了淫秽视频传播活动，该公司及各被告人属于间接故意且具有非法牟利目的，本案既不适用"技术中立"的责任豁免，也不属于"中立的帮助行为"。法院最终判决快播公司犯传播淫秽物品牟利罪，判处罚金人民币 1000 万元，法定代表人王某犯传播淫秽物品牟利罪，判处有期徒刑 3 年 6 个月；其他被告人被判处 3 年 3 个月到 3 年不等有期徒刑。[1]

"快播案"与一般的传播淫秽物品牟利案件在主客观状况上存在很大的不同，它涉及的不只是网络传播渠道的转换，更重要的是在新技术条件

---

〔1〕 参见北京市海淀区人民法院（2015）海刑初字第 512 号刑事判决书；北京市第一中级人民法院（2016）京 01 刑终 592 号刑事裁定书。

下如何确定网络服务提供者审查管理义务范围、如何理解技术中立属性与技术犯罪边界，这一点随着平台责任的凸显而变得异常迫切。"快播案"发生之后，学界存在严重分歧。

第一种观点认同本案的判决，以张明楷、陈兴良教授等为代表。张明楷教授在一审宣判的次日撰文指出："快播公司使用的 P2P 技术不仅在用户下载视频时为其提供上传视频的服务，而且在用户与用户之间介入了自己控制、管理的缓存服务器；快播调试服务器不仅拉拽淫秽视频文件存储在缓存服务器里，而且也向用户提供缓存服务器里的淫秽视频文件。后一行为就属于以陈列方式传播淫秽物品的行为……快播公司负有网络视频信息服务提供者应当承担的网络安全管理义务，并且具备管理的可能性但没有履行网络安全管理义务……据此，快播公司同时存在作为与不作为。"[1]陈兴良教授也同时撰文肯定一审判决[2]，认为"快播公司之所以构成犯罪，首先在于其经营模式决定了快播公司具有网络视频软件提供者和网络视频内容管理者的双重角色。因此，快播公司对于网络存储的信息具有监管义务，但快播公司主管人员未能履行监管职责，导致淫秽视频在网上传播，并且两者之间存在刑法上的因果关系。这是一种不作为的传播，由此认定快播公司及其主管人员构成不作为的传播淫秽物品牟利罪"[3]。

第二种观点则反对本案的判决，以齐文远、刘艳红教授等为代表。齐文远教授等认为："快播公司没有'传播'淫秽物品，而只是提供了传播淫秽物品的软件（技术）或者平台。"[4]刘艳红教授主张："快播案折射出了我国互联网管控重心由网络用户向网络服务提供者转移的动向，这就课予了网络服务提供者一定范围内的信息网络安全管理义务，并使得对网络服务提供行为的定性带上了浓厚的先入罪后确定罪名的色彩……在定性上所体

---

〔1〕 张明楷：《快播案定罪量刑的简要分析》，载《人民法院报》2016 年 9 月 14 日，第 3 版。

〔2〕 参见陈兴良：《在技术与法律之间：评快播案一审判决》，载《人民法院报》2016 年 9 月 14 日，第 3 版。

〔3〕 陈兴良：《快播案一审判决的刑法教义学评判》，载《中外法学》2017 年第 1 期，第 7 页。

〔4〕 齐文远、杨柳：《网络平台提供者的刑法规制》，载《法律科学（西北政法大学学报）》2017 年第 3 期，第 107 页。

现出来的出罪禁止思维和类推入罪思维需要认真对待。"[1]

从刑法解释的角度看，上述两种观点的争议焦点在于快播公司导致淫秽物品被他人点击浏览是否属于《刑法》第363条中的"传播淫秽物品"。

本案一、二审法院主要从不作为的角度认定快播公司的行为成立"传播"，肯定论也基本按照这一思路将缓存淫秽视频并导致淫秽视频被点击浏览理解为未尽到监管义务的"传播"，否定论最终也是通过否定构成要件符合性来批评肯定论扩张"传播"含义的不合理性。笔者认为，"快播案"暴露的是长久以来的实质主义司法逻辑与形式主义司法逻辑之间的对立。详言之，在遇到网络新型案件尤其是难办案件时，前文提及的入罪解释的方向便先入为主，即解释者采用了"有罪推定"的思路：当没有合适的罪名时，便选择兜底性的"口袋罪"，如案例1、案例4；当有直接对应的相似罪名时，则选择对构成要件要素进行入罪扩张解释，如案例3中帮助信息网络犯罪活动罪的"明知"、案例4中不作为方式的"传播淫秽物品"，对它们的解释都旨在通过扩大明文规定或通常理解的文义范围实现入罪。这种入罪方式并非天然地不被允许，一切问题的关键在于它是否符合罪刑法定的要求，因为对成文法条文用语的含义作扩展性解释本就不可避免，扩张还是限缩，如前所述，这是个解释技巧或解释技术问题。比如，将《刑法》第252条侵犯通信自由罪中的"信件"扩展至"电子邮件"，将第358条组织卖淫罪中的"卖淫"解释为"异性之间卖淫、同性之间卖淫"，将第367条中的"淫秽物品"从实体性的录像带、光盘、图片扩展至电子化的淫秽视频文件、电子图片、电子书刊等。

解释的技术可以是中立的，这与所有技术一样，问题的症结在于解释的立场，这既是解释方法的问题，也是解释理念的问题，除了极端的人类灾难时期，没有一个法学家敢于对"人"作出限缩解释，原因也正在于二战之后无人会公开站到"反人类"的立场上去解读法律，法律中的"人"等于众生平等的"生物人"而非经过各种精神性定义的、实质解释之后的"社会人"。形式解释与实质解释并非我国刑法方法论所特有的概念，只不

---

[1] 刘艳红：《无罪的快播与有罪的思维——"快播案"有罪论之反思与批判》，载《政治与法律》2016年第12期，第112页。

过由于罪刑法定原则的存在以及我国刑法惯有的社会危害性思维而在刑法解释上予以了集中呈现。这种呈现大致从 2009 年开始进入高峰时期，在这一年，刘艳红教授出版《走向实质的刑法解释》《实质刑法观》两部著作。[1] 由此引发了形式与实质之争，这也成为 2010 年张明楷教授的实质解释论与陈兴良教授的形式解释论公开对决的前奏。[2] 实质解释论主张："犯罪论体系不单是纯粹形式的行为框架，而应该从实质上判断行为是否值得科处刑罚；对犯罪构成要件的解释不能仅从形式上进行，而要从刑罚法规的妥当性的实质层面进行。简言之，应该建立以形式的、定型的犯罪论体系为前提，以实质的可罚性为内容的实质的犯罪论体系。相应地，对刑法规范应该从是否达到了值得处罚的程度进行实质的解释。"[3] 实质解释能够在最大解释空间内实现实质正义，也就是处罚的正义，它既包括"应罚尽罚"（入罪），也包括"不当罚则不罚"（出罪）。

但不可否认的是，实质解释论在长久的司法实践中只在"入罪"上被发挥到极致，"擅入人罪"成为它最大的缺点。因为一旦不顾及形式上的条文，实质解释论就直接等于宣告"法外入罪"，一旦通过实质可罚性的理由而实行入罪扩张解释，就难免为犯罪圈的不正当扩展广开绿灯。[4] 基于实质解释的立场，解释者可能会选择除文义解释之外的任何解释方法，包括合宪性解释等，但从入罪解释的层面而言，实质解释与前文的目的解释方法联系最为紧密。如果说文义解释是从刑法中明文规定的可视的文字出发的解释，那么目的解释则是从刑法中明文规定的可视的文字背后出发的解释，因而它遵循的正是实质主义的解释路线。目的解释是贯穿实质解释立场的根本方法，其在当今刑法学界的发展与发达是受实质化思潮与政

---

[1] 刘艳红教授 2006 年在《中国法学》发表文章《走向实质解释的刑法学——刑法方法论的发端、发展与发达》，该文章被收录于其 2009 年在北京大学出版社出版的《走向实质的刑法解释》一书。同年，刘艳红教授的另一部著作《实质刑法观》在中国人民大学出版社出版，并在 2019 年出版该书第 2 版。

[2] 参见张明楷：《实质解释论的再提倡》，载《中国法学》2010 年第 4 期，第 49—69 页；陈兴良：《形式解释论的再宣示》，载《中国法学》2010 年第 4 期，第 27—48 页。

[3] 刘艳红：《走向实质解释的刑法学——刑法方法论的发端、发展、发达》，载《中国法学》2006 年第 5 期，第 177 页。

[4] 参见邓子滨：《中国实质刑法观批判》（第 2 版），法律出版社 2017 年版，第 12 页以下。这也是部分实质解释论者提倡"形式入罪、实质出罪"的根本原因。参见刘艳红：《实质出罪论》，中国人民大学出版社 2020 年版，第 5—6 页。

策化导向推动的。正如昂格尔所说:"当仅仅乞灵于规则,并从规则推导出结论被认为足以进行每一个权威性的法律选择时,法律推理就是形式主义的;当如何适用规则的决定依赖于如何才能最有效地促进规则所要达到的目的时,这种推理就是目的性的。"[1]

在案例 5 中,提倡形式解释论的陈兴良教授与提倡实质解释论的张明楷教授都赞同"快播案"的有罪判决,这似乎意味着本案与形式解释、实质解释的立场无关,但事实并非如此。不同流派的学者对某一案件定性并非全然存在分歧,这一方面可能是因为影响该案件定性的因素本身与预设立场无关;另一方面也可能是因为解释者对自己坚守的立场并未一以贯之,进而在某个案件的结论上不自觉地产生了自我立场冲突,案例 5 即属于后者。本案中,一、二审法院均将快播公司未履行管理审查义务即"不作为"认定为"传播淫秽物品",如一审法院指出:"在运用缓存服务器提供加速服务的传播模式下,快播公司放任其缓存服务器参与淫秽视频的传播过程,却没有开展有效的事前审查或后台审查,刑法应当责难此种不履行法定义务的行为。"[2]对于不纯正的不作为,由于刑法没有对其行为类型加以明文规定,因而在认定不作为犯罪时,普遍采用的是"等价性"标准,如《德国刑法典》第 13 条明确规定,"对于犯罪构成要件结果的发生,法律上负有防止的义务而不履行,且不作为(Unterlassen)与通过积极作为(Tun)实现构成要件具有相当性者,罚之"。这里的"相当性"采用的便是法益侵害这种实质危害性上的等价判断,由于不作为犯的义务来源向来争议不断,将"作为"与"不作为"同等看待的实质性判断思维也一直饱受"处罚范围过大"的指责,有违背罪刑法定原则之嫌,即便《德国刑法典》第 13 条明文规定了不作为犯,"对不纯正不作为犯罪进行处罚的合宪性(Verfassungsmäßigkeit),直到今日仍是可疑的"[3]。回到案例 5,否定论的一个根本理由是"不履行管理义务≠积极传播"。纵然二者在"导致淫秽物品传播"这一法益侵害后果上具有相当性,但这种相当性背后的动因是"根据国民情感、社会需要处罚"或"根据法律精神、正义要求

---

[1] [美] R. M. 昂格尔:《现代社会中的法律》,吴玉章、周汉华译,译林出版社 2008 年版,第 164 页。
[2] 北京市海淀区人民法院(2015)海刑初字第 512 号刑事判决书。
[3] Günter Stratenwerth/Lothar Kuhlen, Strafrecht AT I: die Straftat, 6. Aufl., 2011, S. 278.

处罚"，"把国民感觉、法律精神作为处罚动因，和社会危害性理论一样，都是用社会需要、集体意识抹杀罪刑法定原则，容易走向法官擅断"，因而"快播案的背后，反映了学理上不限制不纯正不作为犯的边界，导致司法实践中滥用不纯正不作为犯、脱离实行行为而只根据法益保护需要定罪"。[1]

可见，"快播案"是体现实质入罪解释思维的一个恰当样本，司法判决的肯定论与否定论之间存在对不作为犯罪的不同认识，背后是对罪刑法定和法益侵害之间的不同认识。肯定论与否定论孰是孰非？形式逻辑与实质逻辑何者应当优先，又该如何取舍？实质逻辑应着眼于出罪还是入罪？实质入罪的解释方向应当在何处停止？这些都是在网络时代仍值得思考的刑法解释立场问题。

五、主观解释与客观解释：如何确立解释的目标

案例 6 被告人董某某为谋取市场竞争优势，雇用谢某某多次以同一账号大量购买北京智齿公司南京分公司淘宝网店铺的商品，致使该公司店铺被淘宝公司认定为虚假交易刷销量，并对其搜索降权。因消费者在数日内无法通过淘宝网搜索栏搜索到智齿公司淘宝网店铺的商品，严重影响了该公司正常经营。经审计，智齿公司南京分公司经济损失为人民币 159844.29 元。公诉机关认为，董某某、谢某某以打击竞争对手为目的，以其他方法破坏生产经营，二被告人的行为均构成破坏生产经营罪。一审法院认为指控罪名成立。一审宣判后，被告人提出上诉。上诉人董某某的辩护人提出：董某某不具有破坏生产经营罪所要求的"报复泄愤"的主观目的，仅是"打击竞争对手"的商业惯例；董某某的行为不属于破坏生产资料、生产工具、机器设备的经营行为，不属于"以其他方法破坏生产经营"；行为后果并未造成"生产经营活动无法进行"；行为与后果间介入浙江淘宝网络有限公司降权处罚的因素，不具有刑法上的因果关系。二审法院认为：上诉人董某某

---

〔1〕 高艳东：《不纯正不作为犯的中国命运：从快播案说起》，载《中外法学》2017年第1期，第68、第73页。

犯破坏生产经营罪，改判有期徒刑 1 年，缓刑 1 年；谢某某犯破坏生产经营罪，免予刑事处罚。[1]

近年来，随着网络灰色产业与互联网不正当竞争的多点多领域爆发，破坏生产经营罪俨然有成为又一大"口袋罪"之势，盖因解释者对《刑法》第 276 条中"以其他方法破坏生产经营"的解释把控不严，"文义不明"遭遇"处罚需求"而致该罪泛滥，即在入罪解释的方向上，扩张解释（甚至类推解释）、目的解释、实质解释同时占据上风，对"其他方法"的理解几近不设限制。例如，张某为了恶性竞争，在某淘宝网店铺大批量购买了对方的货物，在收到货后故意给予对方差评以降低对方的店铺信誉。对于此种行为，有学者认为："在数字经济环境下，'恶意差评'直接影响店家的搜索排名、购买信誉、销售数量与营利金额，大量恶意差评往往严重涉嫌破坏生产经营，论处破坏生产经营罪更有利于树立互联网经济下保护正常合法生产经营活动的司法意图，也更符合本罪名的立法初衷。"[2] 又如，网民进入电商平台、社交平台、游戏平台等进行信息发布、交流都需要注册账号，人们也基于各种动机如"刷粉""刷级""刷单"甚至网络诈骗等自己注册或者向别人购买了大量账号信息，助长了以批量注册网络账号为盈利目的的"灰色产业"。对此，有学者主张："恶意注册形成的大量虚假账号，既影响了网络交易安全，更危及社会稳定，需要刑法介入"，"在选择罪名时，应当通过合理解释破坏生产经营罪，处理恶意注册等妨害网站和平台业务的行为"，"合理解释破坏生产经营罪后，可以从容应对我国参差不齐的多元经营模式"。[3] 可见，破坏生产经营罪被逐渐理解为"妨害业务罪"，这也引起了反对者的批评。

对于案例 6，有学者肯定上述判决："网店经营者为了打击他人网店正常经营，雇用刷单人对其他网店进行恶意好评刷单，进而导致他人的网店被监管部门认定为虚假交易受到处罚的，实际上就是破坏他人生产经营的

---

[1] 参见江苏省南京市中级人民法院（2016）苏 01 刑终 33 号刑事判决书。

[2] 孙道萃：《破坏生产经营罪的网络化动向与应对》，载《中国人民公安大学学报（社会科学版）》2016 年第 1 期，第 90 页。

[3] 高艳东：《合理解释破坏生产经营罪以惩治批量恶意注册》，载《人民法院报》2015 年 11 月 18 日，第 6 版。

行为。"[1]还有学者主张："恶意好评的行为引起平台处罚并造成经营受损，平台处罚并不是异常的介入因素，不能阻断因果关系认定，故反向刷单、恶意好评的行为可以、也应当解释为'其他方法'，这与残害耕畜、毁坏机器设备的行为方式之于破坏生产经营具有同质性意义。"[2]

相对于肯定论，持否定论的学者则更多，如陈兴良、张明楷、刘艳红、周光权等教授均对破坏生产经营罪之定性提出了批评。陈兴良教授主张："我国《刑法》第 276 条规定的破坏生产经营罪是一种毁坏型的财产犯罪，其手段包括毁坏机器设备、残害耕畜或者其他破坏方法。这些方法的本质在于毁坏财产的价值，致使他人遭受财产损失。而在上述恶意刷单炒信案中，虽然也会使被害人遭受财产损失，但这种财产损失并不是毁坏方法造成的，而是妨害业务的行为所致，将此种行为认定为破坏生产经营罪，明显不符合该罪的构成要件。"[3]向来采用实质解释立场的张明楷教授也始终对"其他方法"的解释保持着同类解释的限定，认为《刑法》第276 条中的'其他方法'仅限于毁坏生产工具或者生产资料等侵犯财产的方法"，"将部分妨害业务的行为认定为破坏生产经营罪，既不符合罪刑法定原则，也只能解决部分问题，因而不是长远之计"，"借鉴日本关于妨害业务罪的规定，在我国《刑法》中增设妨害业务罪与法定刑是最理想的路径"。[4]

肯定论在面对上述批评时采用的论证模式是"客观解释优于主观解释"。所谓客观解释是指根据时代的客观情状，对法条用语的解释目标进行符合时代发展的解释；主观解释则是一种追求立法原意的解释，这种立法原意可能存在于立法性文件或立法说明中，也可能直接蕴含在法条中，比如对兜底条款的解释，就可以根据法条列举的行为类型归纳出立法者所要规制的同类行为模式。在案例 6 中，"恶意反向刷单"确实引起了生产经营上的损害后果，若不适用破坏生产经营罪，则似乎难以应对新型法益侵害行为，因此有罪论者便主张："在信息时代，应当对破坏生产经营罪进

〔1〕 阴建峰：《网络刷单行为可能触犯五项罪名》，载《检察日报》2017 年 4 月 17 日，第 3 版。
〔2〕 刘仁文：《互联网时代破坏生产经营的刑法理解》，载《检察日报》2017 年 5 月 9 日，第 3 版。
〔3〕 陈兴良：《网络犯罪的类型及其司法认定》，载《法治研究》2021 年第 3 期，第 15 页。
〔4〕 张明楷：《妨害业务行为的刑法规制》，载《法学杂志》2014 年第 7 期，第 3、第 8、第 10 页。

行客观和扩张解释"[1],"在解释刑法时,应当坚持客观解释的立场……只要
是对生产经营的破坏行为并损害他人的整体财产法益,就是'其他方法',
不一定是对物的暴力"[2]。对于该客观解释结论,反对者针锋相对地指出,
"为了法益保护而不顾及构成要件行为的定型性的解释存在可疑之处",上
述结论属于抛弃构成要件的"软性解释"(类推解释)。[3]基于主观解释与
客观解释之间的纠缠,还有学者提出了"主观的客观解释论":法律的形
式主义与概念主义传统固然有缺陷,但以扩张为导向的刑法客观解释导致
"客观解释等同于扩张解释",形成了网络时代刑法网络治理的入罪化,因
而对于层出不穷的互联网新型失范行为,应警惕客观解释论的过度使用,
宜结合主观解释论的法治基因优势,在网络犯罪的解释适用中以客观解释
为基础,同时解释不能超出"刑法条文的语言原意"之范围,以主观解释
作为客观解释之限定。[4]

　　由案例6所引发的主观解释与客观解释之争,成为网络时代刑法解释
的难解范畴:如果采用主观解释论,则案例6的行为可能被判无罪,刑法
的漏洞就十分明显;如果采用客观解释论,则案例6的行为可以被顺利认
定为破坏生产经营罪,但也会导致本罪的构成要件毫无限制,"毁坏机器
设备、残害耕畜或者以其他方法"终究沦为可有可无的赘言,法条莫不如
直接规定"妨害生产经营的,处……",如此将之等同于"妨害业务罪",
构成要件包罗万象、入罪门槛几近于无。综观上述破坏生产经营罪"口袋
化"的司法生成路径,可以看出,"互联网+"经济形态的多元性导致网络
时代的很多行为可能对他人的生产经营业务造成妨害,这些行为的实质可
罚性业已充分,但如何在保持刑法时代适应性的同时,满足"法无明文规
定不为罪"之要求,这在解释学上始终面临不小的难度。

---

[1] 高艳东:《破坏生产经营罪包括妨害业务行为——批量恶意注册账号的处理》,载《预防青少
年犯罪研究》2016年第2期,第14页。

[2] 李世阳:《互联网时代破坏生产经营罪的新解释——以南京"反向炒信案"为素材》,载《华
东政法大学学报》2018年第1期,第50页。

[3] 参见周光权:《刑法软性解释的限制与增设妨害业务罪》,载《中外法学》2019年第4期,
第955—956页。

[4] 参见刘艳红:《网络时代刑法客观解释新塑造:"主观的客观解释论"》,载《法律科学(西北
政法大学学报)》2017年第3期,第93页。

六、严格解释与灵活解释：如何取舍解释的态度

案例 7 2016 年年初，魔蝎公司由周某等人出资成立，周某系魔蝎公司法定代表人，袁某系魔蝎公司技术总监。魔蝎公司主要与各网络贷款公司、小型银行进行合作，为网络贷款公司、银行提供需要贷款的用户的个人信息及多维度信用数据，方式是：魔蝎公司将其开发的前端插件嵌入上述网贷平台 App 中，当网贷平台用户使用 App 借款时，贷款用户需在魔蝎公司提供的前端插件上输入社保、学信网、征信中心等网站的账号、密码，经贷款用户授权后，魔蝎公司的爬虫程序代替贷款用户登录上述网站，进入其个人账户，爬取上述网站上贷款用户本人账户内的通话记录、社保、公积金等各类数据，并按与用户的约定提供给网贷平台用于判断用户的资信情况，从网贷平台获取每笔 0.1 元至 0.3 元不等的费用。其间，魔蝎公司与个人贷款用户签订的《数据采集服务协议》明确告知贷款用户"不会保存用户账号密码，仅在用户每次单独授权的情况下采集信息"，但实际则是未经用户许可仍在自己租用的阿里云服务器上长期保存用户各类账号和密码。截至 2019 年 9 月案发时，经勘验检查，发现以明文形式保存的个人贷款用户各类账号和密码多达 21241504 条。其中大部分账号密码如淘宝、京东等，无法二次使用，仅有邮箱等部分账号密码存在未经用户授权被魔蝎公司二次使用的情况。杭州市西湖区人民法院审理后认为："杭州魔蝎数据科技有限公司以其他方法非法获取公民个人信息，情节特别严重，其行为已构成侵犯公民个人信息罪。"[1]

随着网络技术的发展、网络生活的深化以及网络产业的推进，互联网上的各类数据成为新社会经济条件下的无形资源。2020 年 3 月 30 日，《中共中央、国务院关于构建更加完善的要素市场化配置体制机制的意见》公布实施，该意见指出"加快培育数据要素市场"，"加强数据资源整合和安全保护。探索建立统一规范的数据管理制度，提高数据质量和规范性，丰

---

[1] 参见浙江省杭州市西湖区人民法院〔2020〕浙 0106 刑初 437 号刑事判决书。

富数据产品。研究根据数据性质完善产权性质。制定数据隐私保护制度和安全审查制度。推动完善适用于大数据环境下的数据分类分级安全保护制度，加强对政务数据、企业商业秘密和个人数据的保护"。网络数据的首要代表是公民个人信息，2009 年 2 月 28 日通过的《刑法修正案（七）》远在《民法典》《个人信息保护法》之前就率先规定了第 253 条之一侵犯公民个人信息犯罪，2015 年 11 月 1 日施行的《刑法修正案（九）》随后延展了本罪的罪刑结构，以适应互联网经济框架内个人数据存储、获取、使用等产业化行为的演变。2017 年 6 月 1 日施行的《最高人民法院、最高人民检察院关于办理侵犯公民个人信息刑事案件适用法律若干问题的解释》（以下简称《办理侵犯公民个人信息案件的解释》）第 1 条规定，"公民个人信息"是指"以电子或者其他方式记录的能够单独或者与其他信息结合识别特定自然人身份或者反映特定自然人活动情况的各种信息，包括姓名、身份证件号码、通信通讯联系方式、住址、账号密码、财产状况、行踪轨迹等"。《民法典》第 1034 条第 2 款也规定："个人信息是以电子或者其他方式记录的能够单独或者与其他信息结合识别特定自然人的各种信息，包括自然人的姓名、出生日期、身份证件号码、生物识别信息、住址、电话号码、电子邮箱、健康信息、行踪信息等。"

案例 7 中，被告单位爬取的数据包含大量个人信息，被告单位被指控的行为是"未经用户许可仍采用技术手段长期保存用户个人信息"，由此检察院、法院一致认定该"保存"行为属于《刑法》第 253 条之一中的"其他方法"。在刑事诉讼中，被告人均认罪认罚，因而从宽适用侵犯公民个人信息罪，本应判处 3 年以上 7 年以下有期徒刑，最终仅分别判处 3 年有期徒刑缓刑 4 年和 3 年有期徒刑缓刑 3 年。虽然被告人认罪认罚，但本案在解释学上仍然存在疑问：被告人经过个人允许收集其个人信息之后未经授权而存储该个人信息，后半段的"存储""保持"行为是否属于"非法获取"？换言之，本罪有罪判决的根据不是被告人未经授权擅自收集获取个人信息，而是经过允许获取个人信息，但违反《数据采集服务协议》而擅自存储了这些信息，"爬取"数据本身在判决书中并未被认定为"非法获取"，而只是擅自"留存"账号和密码的行为被认定为"非法获取"，这是本案与其他"爬虫入罪"的最大区别。[1]

就此而言，本案存在两个基本的解释学疑问：（1）将"留存"等同于"获取"，这是否符合刑法用语的文义？《办理侵犯公民个人信息案件的解释》第4条规定，违反国家有关规定，通过购买、收受、交换等方式获取公民个人信息，或者在履行职责、提供服务过程中收集公民个人信息的，属于《刑法》第253条之一第3款规定的"以其他方法非法获取公民个人信息"。司法解释对"非法获取"的理解和词义的通常理解是一致的，即违反国家有关规定收集、获取公民个人信息，"非法获取"的基本行为样态是，违反国家有关规定（未经允许）从信息主体那里将个人信息收集到行为人可控制支配的计算机或服务器中（信息主体—行为人）。"非法获取"本身是《刑法》第253条之一的实行行为，对于非法获取之外的行为，《刑法》第253条之一只规定了非法"向他人出售"和"提供"，如果事先经过允许而获取个人信息，但未经过允许而留存该信息，这里的"留存"明显不属于"出售""提供"，而仅仅是自己保存，这样的"留存"（行为人—行为人）是否可以直接被理解为"获取"？它是否属于《刑法》第253条之一没有明文规定的行为？（2）认定"非法获取"需要满足"违反国家有关规定"，而案例7中的"留存"究竟违反了哪一条"国家有关规定"？本案是否属于因"违反民事协议"而直接被定罪？如果将"违反国家有关规定"进行泛化解释甚至架空该规定，本罪的适用是否也会更加活化？

笔者以为，本案涉及的上述入罪解释逻辑或裁判说理逻辑属于"灵活解释"与"严格解释"之争，即应当灵活解释还是严格解释"国家有关规定"和"非法获取"两个要素？在解释学上，灵活解释论倡导"解释的创造性"，主张法律解释应当根据社会发展需要灵活地阐明法条的文义；严格解释论则反对"解释的创造性"，主张法律解释应当严格按照法条文义，

---

[1] 比如，在"网络爬虫入罪第一案"中，被告人张某禹、宋某、侯某强作为被告单位上海晟品网络科技有限公司主管人员，在2016年至2017年共谋采用技术手段抓取被害单位北京字节跳动网络技术有限公司服务器中存储的视频数据，并由侯某强指使被告人郭某破解北京字节跳动网络技术有限公司的防抓取措施，实施视频数据抓取行为，造成被害单位北京字节跳动网络技术有限公司损失技术服务费人民币2万元，法院认定被告单位和被告人构成非法获取计算机信息系统数据罪，该案对"非法获取计算机信息系统数据"的认定便是基于该获取行为属于未经被害人许可而爬取。相关裁判理由，参见北京市海淀区人民法院（2017）京0108刑初2384号刑事判决书。

比如依据立法者明确或可推知的意思。[1]可以说,灵活解释的态度倾向于客观解释的目标,在条文不变而可罚性行为范围扩大的情况下,也倾向于入罪的扩张解释、目的解释等。对于《刑法》第 253 条之一中的"违反国家有关规定",《办理侵犯公民个人信息案件的解释》第 2 条将其解释为"违反法律、行政法规、部门规章有关公民个人信息保护的规定",而我国《刑法》第 96 条已明确规定,"违反国家规定"是指"违反全国人民代表大会及其常务委员会制定的法律和决定,国务院制定的行政法规、规定的行政措施、发布的决定和命令"。显然,上述司法解释将"违反国家规定"和"违反国家有关规定"视为两个不同的用语,作了完全不同的解释(后者扩大至部门规章),司法实践当然完全贯彻上述理解。但"有关"只是一个没有实义的虚词,它是否可以超越"国家规定"的范围,不无疑问。有观点认为,上述司法解释"显然与《刑法》第 96 条形成了冲突,由此导致了侵犯公民个人信息罪的入罪标准降低,犯罪圈随之扩张"[2]。随着网络时代成文法的滞后性显现,灵活解释论与严格解释论这一对涉及解释态度的范畴究竟应当如何取舍,似乎变得更加充满疑惑。灵活解释会不会因其创造性色彩而沦为类推解释,严格解释又是否因束缚了刑法对网络社会的适应性而变成机械解释,值得进一步思考。

七、刑法解释与合宪性判断:如何平衡法益的分歧

案例8 陈某蔼原系中国农业银行唐山分行某支行职工,从 2004 年 5 月开始多次向唐山市丰润区人民检察院举报其所在支行行长崔某等人贪污、受贿、内外勾结逃废银行债务造成国有资产流失等。丰润区人民检察院组成专案组对陈某蔼举报的问题逐一进行了调查取证,调查结论为:"不能认定崔某、侯某涉嫌贪污罪。但

---

〔1〕　参见张明楷:《刑法分则的解释原理》(第 2 版 上),中国人民大学出版社 2011 年版,第 34 页。
〔2〕　刘艳红:《刑法的根基与信仰》,载《法制与社会发展》2021 年第 2 期,第 168 页。相似的观点可参见胡江:《侵犯公民个人信息罪中"违反国家有关规定"的限缩解释——兼对侵犯个人信息刑事案件法律适用司法解释第 2 条之质疑》,载《政治与法律》2017 年第 11 期,第 34 页;叶良芳:《法秩序统一性视域下"违反国家有关规定"的应然解释——〈关于办理侵犯公民个人信息刑事案件适用法律若干问题的解释〉第 2 条评析》,载《浙江社会科学》2017 年第 10 期,第 15—24 页。

在工作中存在违规问题，建议农行唐山市分行处理。"陈某蒿收到调查报告后仍不服，继续举报、上访。2008 年 4 月，陈某蒿在北京上访期间接受他人的视频采访，后视频在互联网多家网站上传播。2008 年 7 月，陈某蒿因涉嫌诬告陷害罪被丰润区公安分局刑事拘留，随后被卷入长达 8 年的刑事诉讼之路：① 2008 年 12 月，丰润区人民法院判决陈某蒿构成诬告陷害罪，陈某蒿提出上诉。② 2009 年 3 月，唐山市中级人民法院撤销原判，发回重审。③ 2009 年 5 月，丰润区人民法院又判决其构成诬告陷害罪，陈某蒿再次提出上诉。④ 2009 年 8 月，唐山市中级人民法院发回重审。⑤ 2009 年 9 月，丰润区人民法院再次判决其有罪，陈某蒿第三次提出上诉。⑥ 2009 年 11 月，唐山市中级人民法院裁定驳回上诉，维持原判，陈某蒿第一次申请再审。⑦ 2011 年 12 月，唐山市中级人民法院再审决定发回区法院重审。⑧ 2012 年 5 月，丰润区人民法院重新作出有罪判决，陈某蒿第四次提出上诉。⑨ 2012 年 10 月，唐山市中级人民法院以"犯罪情节显著轻微，社会危害性不大"为由，判决陈某蒿无罪[1]，陈某蒿以定罪标准矛盾、适用法律不当为由第二次提出再审。⑩ 2016 年 10 月，河北省高级人民法院以"举报属检举失实，依法不应按照犯罪处理"为由，最终判决陈某蒿无罪。[2]

宪法是国家的根本大法，自新中国第一部宪法颁布施行以来，党和国家向来重视宪法规范的完善和实施。尤其是党的十八大以来，"依法治国首先要坚持依宪治国"成为最为响亮的法治命题之一，如 2019 年 10 月 31 日党的十九届四中全会通过的《中共中央关于坚持和完善中国特色社会主义制度、推进国家治理体系和治理能力现代化若干重大问题的决定》提出："健全保证宪法全面实施的体制机制……加强宪法实施和监督，落实宪法解释程序机制，推进合宪性审查工作，加强备案审查制度和能力建设，依法撤销和纠正违宪违法的规范性文件。坚持宪法法律至上，健全法律面前人人平等保障机制，维护国家法制统一、尊严、权威，一切违反宪法法律

---

〔1〕 参见河北省唐山市中级人民法院（2012）唐刑终字第 248 号刑事判决书。
〔2〕 参见河北省高级人民法院（2014）冀刑再终字第 11 号刑事判决书。

的行为都必须予以追究。" 在所有《宪法》规定中,第二章 "公民的基本权利和义务" 具有核心性地位。例如:《宪法》第 35 条规定,"中华人民共和国公民有言论、出版、集会、结社、游行、示威的自由";第 41 条规定,"中华人民共和国公民对于任何国家机关和国家工作人员,有提出批评和建议的权利;对于任何国家机关和国家工作人员的违法失职行为,有向有关国家机关提出申诉、控告或者检举的权利"。基于权利和义务的统一性,言论自由、批评建议权、控告检举权等权利的行使,需要义务予以约束而非无条件蔓延,即需要法益之间的平衡,如第 38 条规定:"中华人民共和国公民的人格尊严不受侵犯。禁止用任何方法对公民进行侮辱、诽谤和诬告陷害。"

在司法实践中,公民往往因宪法基本权利行使的越界(如网络谣言、虚假信息)而被认定为侮辱罪、诽谤罪、诬告陷害罪等,司法机关也会因对公民基本权利内容的认识不足而将言论自由、批评检举等权利行使行为错误地认定为犯罪。所以,"加强宪法实施" 这一基本的法治任务需要借助部门法的实践。就刑法解释而言,则需要发挥 "合宪性解释" 的功能,在宪法框架内不仅要将严重侵害公民宪法权利的行为认定为相关犯罪(保护法益),更要将公民正当行使宪法权利的行为排除出刑法明文划定的犯罪圈(保障权利)。这种 "刑法的合宪性解释"(或 "刑法解释的合宪性")属于 "宪法刑法学" 或 "刑事宪法学"(Strafverfassungsrecht)的概念范畴,它 "表达了刑事司法在所有相关阶段的合宪性框架,这个框架可能是限缩的,也可能是宽泛的,但无论如何它总是对所有国家权力起到约束力作用"[1]。因此,合宪性解释是在全面推进依法治国中 "完善权力运行制约和监督机制" 的刑事司法体现,对刑法解释的合宪性判断是保证宪法规定的基本权利及其公平正义落实到每一个个案中的重要一环,这一点在网络时代前后都具有保证 "善治" 的法治意义,只不过在进入 Web3.0 时期之后,公民的言论自由等基本权利的行使场景、行使方式、影响后果发生了重大改变,从而更加凸显了多元化时代基本权利和基本义务、刑法干预和行动自由之间的冲突问题。

---

[1] Christoph Burchard, Strafverfassungsrecht—Vorüberlegungen zu einem Schlüsselbegriff, in: Klaus Tiedemann u.a.(Hrsg.), Die Verfassung moderner Strafrechtspflege, 2016, S. 29.

　　在案例 8 中，陈某蕾从 2004 年 5 月开始便向检察机关控告、检举银行行长等人（国家工作人员），纪检部门核查后否认了"腐败犯罪"问题，但查实了"违纪行为"，此时公安机关并未直接以诬告陷害罪立案。之后，陈某蕾继续上访，且她的控告采访视频于 2008 年 4 月之后在网络上流传，借助 Web2.0 时期的网站推送而引起了一定影响，公安机关在 2008 年 7 月以本罪立案。举报视频在网络上的传播，或许就是陈某蕾被立案侦查的"导火索"。《刑法》第 243 条第 1 款规定："捏造事实诬告陷害他人，意图使他人受刑事追究，情节严重的，处三年以下有期徒刑、拘役或者管制；造成严重后果的，处三年以上十年以下有期徒刑。"诬告陷害罪是直接限制言论自由、控告权、检举权的犯罪，因而第 243 条第 3 款还明确规定"不是有意诬陷，而是错告，或者检举失实的，不适用前两款的规定"，第 3 款便是对"限制公民基本权利的限制"。但从案例 8 中陈某蕾反复陷入"上诉—重审—终审—再审"（5 次被判有罪）的刑事诉讼现实来看，司法机关对"不是有意诬陷，而是错告，或者检举失实"的认定存在极大的模糊性，这根源于办案人员对公民言论自由、控告权、检举权等基本权利的错误理解，在入罪解释的方向上忽视了合宪性判断这一关键步骤。

　　《宪法》第 38 条规定，"禁止用任何方法对公民进行侮辱、诽谤和诬告陷害"。除诬告陷害罪之外，忽视公民基本权利保障的刑法解释也可能会过度扩大侮辱罪、诽谤罪等典型言论犯罪或其他类似言论犯罪的犯罪圈。例如：《刑法》第 246 条规定，"以暴力或者其他方法公然侮辱他人或者捏造事实诽谤他人，情节严重的"，构成侮辱罪、诽谤罪。《办理网络诽谤案件的司法解释》第 2 条第 1 项规定，"同一诽谤信息实际被点击、浏览次数达到五千次以上，或者被转发次数达到五百次以上的"属于《刑法》第 246 条中的"情节严重"。该司法解释一出，立刻引起了众多批评。例如，有学者对之进行了合宪性分析之后认为："解释并非毫无边际的'揣测'，其界限在于法律可能的字义"，"仅通过法律解释是无法推出'转发达到 500 次'即可视为情节严重这个结论的。既然如此，就有可能是法律续造"。[1] 其实，网络时代各种信息的浏览、转发次数动辄成千上万十分普

〔1〕 尹培培：《"诽谤信息转发 500 次入刑"的合宪性评析》，载《华东政法大学学报》2014 年第 4 期，第 158 页。

遍。如前所述，我国网民人数、使用手机上网的人数比例已经飞速提升，司法解释设定的罪量门槛（被点击、浏览次数达到 5000 次以上或者被转发次数达到 500 次以上）实际上并不高。特别是散落在互联网世界的"网络水军"可能被用于"刷点击量"，如此导致"情节严重"与否完全取决于第三人的行为。由此，也有学者明确指出："一个人是否构成犯罪如果由他人或第三方的行为来决定，不符合我国刑法罪责相当、罪责自负和主客观相统一的基本原则，也违背了犯罪构成的基本原理。"[1]

《办理网络诽谤案件的司法解释》的支持者则认为，"'转发诽谤信息500 次'属于客观处罚条件，其构成对责任主义的冲击属于责任原则的例外"，而且"'转发诽谤信息 500 次'属于'传播'诽谤信息的行为，是超越了言论自由边界的'权利滥用'"，因而并不违宪。[2]"将诽谤信息被点击、浏览及转发量作为诽谤罪'情节严重'的标准之一符合诽谤罪的行为特征"，且"既有理论根据，又有刑法中'丢失枪支不报罪'这样的立法例的支持。这一解释是合理合法的"。[3]然而，支持者似乎对合宪性判断逻辑存在误解。司法解释的本质是对刑法条文的"解释"而非"立法"，司法解释可否直接规定"责任主义原则的例外"？打破刑法原理进行"例外规则"的设立，这属于立法权还是司法权？恐怕这才是合宪性判断的核心问题。我国《刑法》确实在"丢失枪支不报罪"中规定了充满性质争议的"造成严重后果"，但正如支持者所说的，这是一个"立法例"而不是一个"解释例"，以"立法"来佐证"解释"的合理性，实际上已经将解释权与立法权同一化，没有认真对待反对者耿耿于怀的"司法犯罪化""法官造法"的宪法权力问题。

可见，刑法解释的合宪性既涉及入罪解释与公民基本权利边界的问题，也涉及宪法权力框架中"解释权"与"立法权"的分立问题，二者的合宪性理念统一于：以刑法解释的方式限制公民基本权利，是否违反了法律保留原则。此外，《办理网络诽谤案件的司法解释》第 5 条将寻衅滋事

---

[1] 李晓明：《诽谤行为是否构罪不应由他人的行为来决定——评"网络诽谤"司法解释》，载《政法论坛》2014 年第 1 期，第 186 页。

[2] 杨柳：《"诽谤信息转发 500 次入刑"的法教义学分析——对"网络诽谤"司法解释质疑者的回应》，载《法学》2016 年第 7 期，第 137、第 138 页。

[3] 高铭暄、张海梅：《网络诽谤构成诽谤罪之要件——兼评"两高"关于利用信息网络诽谤的解释》，载《国家检察官学院学报》2015 年第 4 期，第 123 页。

罪的范围明确扩张到网络言论，因而也被认为存在上述合宪性问题。

案例 9　彭某某任济南某银行监事长，后该银行与其他单位合并组建济南某商业银行，彭某某多次通过信访手段反映相关问题，单位针对其信访事项分别进行了调查反馈，但彭某某仍不满意。为向银行施加压力，引起舆论关注，彭某某将材料交由王某某加工，并经彭某某同意后，二人通过微信公众号、今日头条账号、百度百家号、微博账号在网上公开发布题为《实名举报山东厅级干部生活淫乱，银行资产损失近 30 亿元》等文章、信息 50 余篇。上述内容被新浪等 10 余家网络媒体转载报道，引发网民大量点击、转发并进行负面评论，点击量超过千万次。一审法院以寻衅滋事罪判处被告人彭某某有期徒刑 4 年，彭某某上诉提出"其行为未造成公共秩序严重混乱"。二审法院认为，彭某某为谋求职级和职务上的不正当利益，借故生非，将编造的虚假信息通过信息网络平台公开发布，引发网民大量点击、转发及进行负面评论，已造成公共秩序严重混乱，裁定驳回上诉、维持原判。[1]

《办理网络诽谤案件的司法解释》第 5 条第 2 款规定，编造虚假信息，或者明知是编造的虚假信息，在信息网络上散布，或者组织、指使人员在信息网络上散布，起哄闹事，造成公共秩序严重混乱的，依照《刑法》第293 条第 1 款第 4 项的规定，以寻衅滋事罪定罪处罚。《刑法》第 293 条第1 款第 4 项规定的构成要件行为是，"在公共场所起哄闹事，造成公共场所秩序严重混乱"。两相对比就可以发现问题之所在："在信息网络上"是否属于"在公共场所"？"造成公共秩序严重混乱"是否等同于"造成公共场所秩序严重混乱"？由刑法规定的"公共场所秩序"到司法解释规定的"公共秩序"，这种用语上的变化，是否意味着法益侵害程度或范围的扩大？

案例 9 中，司法机关在论证"在公共场所起哄闹事，造成公共场所秩序严重混乱"时，不仅将微信、微博、今日头条等网络平台视为"公共场所"，而且将新浪、凤凰、网易等网络媒体的转载以及网民的点击、议论

---

〔1〕　参见山东省济南市中级人民法院（2020）鲁 01 刑终 80 号刑事裁定书。

视为"造成公共场所秩序严重混乱",并未指明彭某某的行为如何影响现实社会中的秩序,造成混乱。或者办案人员将网民的"人心浮动""内心波澜"当作了"公共场所秩序严重混乱"。即便如此,公诉人员和审判人员都有举证的义务,但本案办案人员仅仅将"彭某某负面舆情风险应急处置预案""有关科技有限公司关于网络点击量的函复及附表"等作为认定法益侵害结果的证据,这与《办理网络诽谤案件的司法解释》第2条对诽谤罪的认定采用了同样的简化思维——点击量、浏览量、转发量代表一切。司法实践中,网络言论入罪的理由基本是"严重扰乱社会秩序",这一后果判断往往以转发微信群数等为依据,无其他额外结果证据的证明。[1]有刑法学者认为,"言论自由与言论犯罪之区分,若缺乏外部的视角,刑法的天平会向秩序倾斜,这在言论犯罪的预防主义策略中得以集中体现,两者的界限成为刑事政策问题,而两者区分的宪法边界会被忽视",进而提出"网络言论不被轻易犯罪化"的命题。[2]有宪法学者指出:"网络本来就是自由表达的平台,存在不同意见很正常,秩序井然很多时候意味着'一言堂'。就网络'公共场所'而言,几乎不可能发生刑法意义上的'秩序严重混乱'……网络天生是一片乱哄哄的众说纷纭,没有什么'秩序'可言。如果硬是要强加一种秩序,则可能会适得其反。而如此解释《刑法》第293条第1款第4项恰好与《宪法》第35条所规定的言论自由背道而驰。"[3]这也引出了一个非常重要的网络法学概念——"网络空间"。

什么是"网络空间"?是否存在"网络空间"与"现实(物理)空间"的二元区分?所谓的"网络空间"是否仅仅是人们习以为常的一种"比喻"?如果是一种修辞,那么它的本质以及所有相关规制方式可能还要回到看得见、摸得着的现实中来;如果不是修辞而是值得被承认的"第五空间",那么罪名的理解以及入罪的标准是应当区分线上线下两种模式或种类,还是仍旧采用同一套标准?这些问题已经被个别学者所提出[4],但理论和实务上还远没有进行自觉而深入的探究。网络时代如何转变"寻衅滋事

〔1〕 参见北京市朝阳区人民法院(2020)京0105刑初2184号刑事判决书。
〔2〕 参见姜涛:《网络谣言的刑法治理:从宪法的视角》,载《中国法学》2021年第3期,第208—228页。
〔3〕 张千帆:《刑法适用应遵循宪法的基本精神——以"寻衅滋事"的司法解释为例》,载《法学》2015年第4期,第7—8页。
〔4〕 参见刘艳红:《网络犯罪的法教义学研究》,中国人民大学出版社2021年版,第274页以下。

罪"等犯罪的"口袋罪"形象，如何避免频繁打着"公共秩序"的名义将网络言论装入犯罪的口袋，是关乎网络治理法治化及其成效的重要议题之一，刑法解释学应在基本权利框架内进行合宪性回答。

八、刑法解释与刑事政策：如何理解功能解释论

2021年4月，习近平总书记对打击治理电信网络诈骗犯罪作出重要指示，强调要"统筹发展和安全""强化系统观念""注重源头治理、综合治理""坚持齐抓共管、群防群治"，这是对党的十九届四中全会提出的"加强系统治理、依法治理、综合治理、源头治理"的具体推进。"统筹""系统""源头""综合"等具有整体性、融合性色彩的关键词，何以成为打击治理电信网络诈骗犯罪的观念指引？笔者认为，最重要的客观原因在于此类犯罪的"产业化"背景特征。从社会经济发展的正常模式要求上看，加快推动"数字产业化"已经是当前以及未来"十四五"规划和"2035年远景目标"的重要方向，而从社会经济发展的失范状态上看，黑灰地带的网络行为也呈现加快的"数字产业化"，网络时代的数字黑灰产业链条全面方面延展，"黑灰产"被视为影响数字产业化健康发展的一大公害。"产业化"意味着某种经济行为在市场导向、行业需求或者其他目标推动下，以经济效益、经济利益为最终追求，依靠某种专业技术以及相应的管理形成有序分工、有序生产、系统经营的组织形式。"产业链条"（包括设计链、生产链、营销链、售后服务链等）成为"产业化"程度最直观的指征，合规产业经营、黑灰产业经营均在网络时代具有线上线下的联动性，"产业化"将不同层次的人力物力资源整合在一起，很多时候这种整合不是将彼此连接得更紧密，而是因分工解放了人与人之间的依附性，产业链条上行为独立性得到凸显，对相关行为的管理、规制或者打击难度也就加大。而且，"网络黑灰产"普遍呈现一种与规模性、垄断性平台企业直接抢夺利益或"搭便车牟利"的特点，此类产业先天带有"不劳而获""少劳多获"等道德非议标签（故定性之前就被称为"黑灰产"），也可能会与其他违法犯罪发生关联，因而成为网络时代刑法特别打击的新目标[1]，以往通过民

---

[1] 参见操秀英：《网络黑产"魔高一尺"，严刑重典才能"道高一丈"》，载《科技日报》2019年12月31日，第4版。

法、反不正当竞争法甚至不进入法律处理的案件被大批量收入刑事司法范围。

因此，习近平总书记提出的"系统观念""源头治理""综合治理""齐抓共管、群防群治"等就成为必要的治理选择，但人们对这些科学观念的认识不足，也往往导致网络治理的偏差，比如在刑法治理语境中过多偏重"源头治理"、过少关注"系统治理""综合治理"。"源头治理"的指向其实十分清晰，即强调治本而非治标、始端而非末端、发源上游而非中游和下游，也正是这种语感上的直白性导致了"源头治理"在刑事司法中可能被滥用，似乎所有"打早打小"都可以被套上"源头治理"而获得正当性，早期"打早打小"的刑事政策因网络违法犯罪的"源头治理"而迸发出更多活力。有观点就明确主张："在司法逻辑上，应当坚守'治源头、断链条'的基本理念，及时有效斩断上游网络黑灰产业链条，以遏制网络犯罪不断蔓延发展的态势。"[1] 由此，刑法成为打击治理网络黑灰产的第一选项，"源头治理"成为固化这种重刑思路的第一政策性考量因素，"刑法积极参与源头治理"已经成为网络黑灰产犯罪治理的有力逻辑。

案例10 湖南省永州市冷水滩区人民检察院指控，2018年6月8日至10日期间，被告人邹某某在网络上利用购买的注册机和VPS服务器，非法破坏"今日永州"服务器系统，恶意注册"今日永州"客户端25万多个客户账号，造成"今日永州"服务器瘫痪，无法正常使用，影响了"今日永州"客户端的推广和运行，造成严重影响。此后，被告人邹某某利用注册的账户，在淘宝网等网站进行贩卖，获利5680元。检察院起诉被告人邹某某犯破坏计算机信息系统罪。法院审理后认为，被告人邹某某违反国家规定，对计算机信息系统功能进行修改、干扰，造成"今日永州"系统平台不能正常运行推广，后果严重，其行为已构成破坏计算机信息系统罪，公诉机关指控被告人邹某某犯破坏计算机信息系统罪罪名成立。[2]

---

〔1〕 夏伟：《从源头斩断网络黑灰产业链》，载《法治日报》2021年6月30日，第8版。
〔2〕 参见湖南省永州市冷水滩区人民法院〔2018〕湘1103刑初564号刑事判决书。

案例 11 公诉机关指控，被告人汤某某通过网上购买注册机且以 E 语言源代码改写"畅游注册机 .exe"注册机，并在程序中写入开发者参数。2015 年 10 月，被告人张某光、张某某通过邱某（另案处理）搭建域名为 ×× 的天码平台后，汤某某将"畅游注册机 .exe"主动接入 ×× 的 API 接口。张某光、张某某为汤某某提供互联网接入、通信传输通道、费用结算等帮助，并达成分成机制。现证实，琚某（另案处理）的工作室为批量注册畅游账号，持续向天码平台充值，三被告人从中非法获利 13010 元。检察机关指控汤某某、张某光、张某某犯提供侵入、非法控制计算机信息系统程序、工具罪。辩护人提出，被告人主观上并不明知注册机是破坏性程序，现有证据不足以认定被告人张某光的行为构成本罪。法院审理后认为，刑法意义上的"明知"包括知道和应当知道，被告人明知"畅游注册机 .exe"软件的作用系在畅游注册平台完成批量注册，且该软件并未获取北京畅游公司的授权，仍为其提供互联网接入、通信传输通道、费用结算等帮助，应当视为在主观上"明知"，最终对被告人行为以提供侵入、非法控制计算机信息系统程序、工具罪定罪处罚。[1]

　　网民在互联网上交往、交易之前，一般需要一个"账号"，这是登录客户端的 ID，网络黑灰产行为（如电信网络诈骗）的实施可能也不例外。因此，"账号"本身也成为资源，批量注册账号、养号、销售靓号便成为一种有利可图的生产交易行为，是整个黑灰产业链条中最前端、最上游即"产业源头"的一部分。案例 10、案例 11 中，被告人实施的是大批量注册网络账号的行为，由于其具有"倒卖牟利"的主观目的，也被概括为"恶意注册网络账号"。那么，基于上述"源头治理"观念，不少理论文献和办案机关将"恶意注册"定性为"网络犯罪之源"并进行了入罪解读："首先，恶意注册的大量账号形成了互联网泡沫，增加了经济风险。"因为"虚假账号越多、泡沫越大，引发像金融危机一样的经济风险的概率就越高""其次，大量恶意注册账号存在本身，已经破坏了互联网秩序。""没

[1] 参见浙江省兰溪市人民法院（2018）浙 0781 刑初 300 号刑事判决书。

有实名手机约束身份的虚假身份账号，类似于，商场里突然涌进一群蒙面不速之客，即使他们没有实施其他违法行为，但蒙面人的存在，已经破坏了社会秩序。""最后，打击虚假网络账号是治理网络乱象最有效的方式。""确保网络安全，最经济和简捷的手段，就是管住网络账号。"[1]但批量恶意注册网络账号的行为并没有直接的罪名相对应，论者认为批量恶意注册账号的行为导致网站和平台的管理负担加重，必然影响正常业务，因而可以通过扩张解释破坏生产经营罪予以规制[2]，这个司法逻辑与案例6"恶意反向刷单案"完全一致。

虽然案例10和案例11中的行为最终没有被认定为破坏生产经营罪，因而可以避开类推适用"破坏生产经营罪"的诸多诘问，但办案人员对于恶意注册网络账号社会危害性的认识与案例6是一致的。而一旦认定"网络黑灰产业无一不以行为人掌握大量网络账号为前提，因而均离不开网络黑灰产的源头之一——互联网账号的恶意注册"[3]，从司法上对此类行为进行入罪打击的障碍就被消除了一大半——毕竟切断网络犯罪源头相当重要，这更夯实了入罪解释的方向，剩余的任务或许只是罪名选择的问题：非法侵入计算机信息系统罪，非法获取计算机信息系统数据罪，非法控制计算机信息系统罪，提供侵入、非法控制计算机信息系统程序、工具罪，破坏计算机信息系统罪，帮助信息网络犯罪活动罪，使用虚假身份证件、盗用身份证件罪，抑或破坏生产经营罪、非法经营罪。

案例12 检察院指控：2014年年初，被告人任某某、张某商量开发一款"黑米"软件用于抢购小米官网手机，进而推广牟利，因使用效果不佳，二人又在网上找到被告人陈某荣帮其做了黑米抢购软件官方网站出售该软件，并由陈某荣作为该抢购软件销售代理之一。三人又陆续开发了黑米华为、黑米魅族抢购软件，并在网站上大量销售。经检验，黑米天猫软件为恶意程序，具有以非

---

[1] 高艳东：《破坏生产经营罪包括妨害业务行为——批量恶意注册账号的处理》，载《预防青少年犯罪研究》2016年第2期，第16页。

[2] 参见高艳东：《破坏生产经营罪包括妨害业务行为——批量恶意注册账号的处理》，载《预防青少年犯罪研究》2016年第2期，第14—26页。

[3] 刘宪权：《网络黑灰产上游犯罪的刑法规制》，载《国家检察官学院学报》2021年第1期，第9页。

常规的方式构造网络请求发送给淘宝网站服务器，实现模拟用户手动登录淘宝账号并进行批量下单的功能，同时具有通过调用第三方打码平台发送非常规图形验证码绕过淘宝网站安全防护系统的人机识别验证机制的功能，还可以重新拨号更换 IP 地址以绕过淘宝安全防火墙。公诉机关认为，应以提供侵入、非法控制计算机信息系统程序、工具罪追究三被告人的刑事责任。被告人辩称：主观恶意不大，制造的软件区别于黑客等软件，只是实现了操作的机动化，他并未绕过后台对相关数据进行修改，与黑客程序不同；社会的危害后果很小，事实上只是获取了交易的机会，该软件仅仅剥夺了其他人的交易机会，且不是必然的，是偶然的，仅仅是让第三人抢到机会购买手机，能否买到手机并不确定，淘宝不是本案的适格被害人，并未给淘宝造成实际损失。法院审理后认为，指控罪名成立。[1]

在该起"全国首例'黄牛'软件案"中，任某某等开发了针对天猫商品的抢购软件，并销售给抢购者帮助其抢购商品赚取部分差价，法院认定此软件属于"恶意程序"，最终与案例 11 一样判决被告人构成"提供侵入、非法控制计算机信息系统程序、工具罪"。有学者认为，对此类恶意软件"如果不定罪，就不能切断犯罪源头"，"采用抢购软件避开或突破购物网站计算机信息系统安全所设定的保护措施，挤占网络通道，实现机器自动登录、自动批量下单、自动付款……普通消费者的利益就会受损"，同时"促销商品的广告宣传效果就会落空，可能被普通消费者指责为'虚假促销、骗局'，商家的信誉度、美誉度都相应受损"。[2] 其实，不少人都用过抢购软件，如各大 App 上的火车票抢票系统，它们具有替代单个购买者向平台发起购买请求、自动识别图像验证码、定时刷新等功能。如果被告人的行为只是像辩护人所辩称的那样"实现了操作的机动化，单纯提升人工抢购手速，并未绕过后台对相关数据进行修

---

[1] 参见山西省太原市迎泽区人民法院〔2017〕晋 0106 刑初 583 号刑事判决书。

[2] 周光权：《通过刑罚实现积极的一般预防——国内首起"黄牛"抢购软件案评析》，载《中国法律评论》2018 年第 2 期，第 143、第 145 页。

改"〔1〕，那么认定被告人的行为构成"侵入、非法控制计算机信息系统程序、工具罪"是否存在重大疑问？本案的判决书显然没有对该问题进行慎重的回应。

陈兴良教授指出，"恶意注册""恶意软件"等黑灰产上游行为并非一律构成犯罪，在认定类似所谓"犯罪之源"的入罪理由时，需要注意，"在现实生活中，存在批量自动化注册的程序工具，这些程序、工具如果只是追求注册的速度，但并没有进入计算机信息系统，则不涉及侵害计算机信息系统的犯罪"〔2〕。所以，"恶意注册案""恶意软件案"若被认定为侵害计算机信息系统的犯罪等，司法人员是否需要指明被告人实施了何种构成要件行为，及该行为如何"侵入"、"修改"或"干扰"了计算机信息系统？是否被鉴定为"恶意程序""破坏性程序"即可实现入罪？是否可以仅列举"恶意"（如搭便车牟利、不劳而获）或"恶果"（如导致服务器崩溃）进而证成"切断犯罪源头"的目的合理性，从而为入罪赢得合法性？若罔顾中间的行为及其因果关系流程，是否有主观归罪或客观归罪之嫌？这都颇值得讨论。

从"源头治理"这一司法目的及其实践来看，在网络时代，刑法解释学如何处理它与刑事政策的关系变得更加棘手。毕竟随着一些网络黑灰产业链条向上下两端的延长，"末端治理"的确算不上一个最佳治理方案，其逐渐被"打早打小""源头治理"的刑事政策所替代，这种刑事政策秉持"治源头、断链条"的基本理念，要求及时有效斩断上游网络黑灰产业链条，以遏制网络犯罪不断蔓延发展的态势。刑法解释与刑事政策的关系是一个非常陈旧的话题，它的核心是刑事司法政策。这里所说的刑事政策是指狭义的刑事政策，即刑事权力机关确认、发布的政策，它主要通过规范性文件的方式传达，如"宽严相济"是我国官方确认的基本刑事政策。传统刑事政策学所研究的"刑法的刑事政策化""刑事政策的刑法化"等主题基本是在狭义刑事政策层面展开的。广义的刑事政策则是指一种针对如何合理预防和惩罚犯罪的目的性追求，这种广义层面的刑事政策应该被

---

〔1〕　山西省太原市迎泽区人民法院〔2017〕晋 0106 刑初 583 号刑事判决书。
〔2〕　陈兴良：《互联网帐号恶意注册黑色产业的刑法思考》，载《清华法学》2019 年第 6 期，第 21 页。

称为"刑事政治"[1]，它以问题为导向，即如何通过刑法妥善处理"众人之事"（合理地组织对犯罪的反应），以目的为导向，即防止犯罪（治理公共之恶）；它的表达方式既可能是成文的官方规范性文件，也可能是不成文的、公共主体与非公共主体内心的目标设定，是所有规则的解释和适用都须贯彻的目标（如应当如何从源头切断网络黑色产业链）。随着我国刑法学知识体系对德日理论的学习风潮，以犯罪论体系转型为主线的新知识、新话语逐渐被接受，我们所谈论的"刑事政策"越来越朝向广义层面，这也给了刑法学和刑事政策学更广阔的研究视野和研究空间。

　　这首先得益于德国刑法学家罗克辛（Claus Roxin）的目的理性犯罪论体系，自他的两篇论文被整合翻译为《刑事政策与刑法体系》之后，"刑事政策"在我国刑法教义学中的功能被重新激活。必须注意的是，这里的刑事政策是广义的、刑法体系是狭义的，刑法体系不是指犯罪论与刑罚论的整个体系，而仅指犯罪论，即"定罪的体系"。[2]换言之，这里的刑事政策课题就是在定罪中纳入一种目的性思考。正如陈兴良教授所言，"刑事政策"代表的是一种实质、价值、目的性的考量，罗克辛将"刑事政策"贯穿到犯罪论体系的各个阶层之中：在构成要件阶层，相对于对行为的实证性描述，刑事政策就是指对构成要件的实质性评判（客观归属，如行为

---

〔1〕 卢建平教授在翻译戴尔玛斯－马蒂的《刑事政策的主要体系》时指出，该书中文版"刑事政策"一词本应译为"刑事政治"，因为德文 Kriminalpolitik 或法文 politique criminelle（刑事政治）翻译成英文 criminal policy（刑事政策）是不够准确的，原因是英文中的"政策"一词很难包容德文或法文中"政治"之含义，但是鉴于我国学者已习惯于"刑事政策"一词，只好从其"俗成"了。（参见［法］米海依尔·戴尔玛斯－马蒂：《刑事政策的主要体系》，卢建平译，法律出版社 2000 年版，第 2 页。）可见，我国学者从罗克辛的 Kriminalpolitik und Strafrechtssystem 一书乃至所有德语著作中截取下来的 Kriminalpolitik 本义就是"刑事政治"，我国之所以约定俗成为"刑事政策"，也是由于"政策"在我国长久以来所发挥的强大社会控制功能。

〔2〕 Kriminalpolitik und Strafrechtssystem 被译为《刑事政策与刑法体系》之后，事实上已经引起不少学者的误解，我国学者顺着罗克辛的《刑事政策与刑法体系》开始了"刑事政策与刑法教义学之贯通"的研究。刑法教义学既包括犯罪论的教义学，又包括刑罚论的教义学，刑罚论一直都是以人身危险性为中心，绝对不会存在忽视刑事政策的问题，罗克辛所言的"刑事政策与刑法体系之贯通"仅指"刑事政策与犯罪论体系之贯通"。罗克辛针对的主要是"李斯特鸿沟"——犯罪论在李斯特那里基本不考虑刑事政策，所以罗克辛当时为了批评这种做法，主张引入刑事政策的功能考量。这就意味着"刑事政策与刑法教义学"从来不存在疏离，Kriminalpolitik und Strafrechtssystem 及其汉语《刑事政策与刑法体系》只有在罗克辛的特定语境下才存在沟通或贯通的问题：刑法体系＝犯罪论体系。

犯、义务犯以及犯罪事实支配等）；在违法性阶层，相对于对正当化事由的形式性叙述，刑事政策就是指对违法性的价值性判断（利益衡量）；在罪责阶层，相对于对罪责的心理性要素、规范性要素的论述，刑事政策就是指对罪责的目的性分析（功能责任）。[1]刑法解释是对犯罪构成要件（不法要件与罪责要件）的解释，将广义刑事政策贯穿到各阶层要件的解释中，目的理性导向的犯罪论体系在解释中的集中表达便是前文的目的解释、实质解释，这一过程是一种旨在发挥刑法的预防犯罪之功能的解释，因而也叫功能主义的刑法解释。功能主义刑法解释论在极大丰富传统刑法解释学的话语体系的同时，也在解释学上搅起了浑水：以舶来的"目的理性""功能主义"替换"预防论"的话语之后，刑事政策的固有缺陷便很大程度上被新的理论"文过饰非"，增加了重新"揭弊"的成本。

　　例如，徐久生教授就提出疑问："我们对李斯特以及罗克辛提出该话题的本来意义是什么真的了解清楚了吗？从学界现有的争论看，回答似乎应该是否定的。罗克辛的目的理性犯罪论体系真的能够跨越所谓的李斯特鸿沟吗？从实然和应然两个层面看，回答依然是否定的。"[2]这也就将问题的讨论重新拉了回来："李斯特鸿沟"是什么？我国是否存在这种鸿沟？若跨越了这个鸿沟，对于我国刑法教义学而言是进步、落后还是原地踏步？话语更新的背后，问题的实质似乎没有变化，如有学者认为，将"李斯特鸿沟"贯通之后的目的理性体系"过度消费了价值主义，其基于刑事政策上的预防目的创建的犯罪论体系过多地关注预防而非报应、行为人的危险人格而非行为本身对法益侵害的危险性"[3]。在刑法解释的方向上，我国理论和实务中的入罪解释根深蒂固，纵使法学家们能够自觉地将此方案仅用于出罪，但如何保证那些一心只为切断犯罪、防止犯罪、保卫社会的解释者们不会借此新话语而将一般预防用于入罪？事实上，德国功能主义刑法学的另一位旗手雅科布斯（Günther Jakobs）已经这样做了：责任与预防具有共同的本质，它们都是由行为人是否忠诚于法规范、在何种程度上忠诚于

---

〔1〕　参见陈兴良：《刑法教义学与刑事政策的关系：从李斯特鸿沟到罗克辛贯通 中国语境下的展开》，载《中外法学》2013年第5期，第993—994页。

〔2〕　徐久生：《冯·李斯特生平及刑法思想》，载［德］冯·李斯特：《论犯罪、刑罚与刑事政策》，徐久生译，北京大学出版社2016年版，第14页。

〔3〕　刘艳红：《我国犯罪论体系之变革及刑法学研究范式之转型》，载《法商研究》2014年第5期，第30页。

法规范所决定的。[1]这就直接将"预防"和"罪责"概念同一化，也即责任取决于一般预防之需要、取决于是否有必要对市民进行"守法精神的训练"、取决于是否有必要稳定市民"对被犯罪行为扰乱的秩序的信赖"。[2]可是，这种始终站在公民对立面并对公民是否忠诚评头论足的方案，过分关注个人责任之外的社会预防需求，难免使犯罪论成为刑罚论的附庸、使定罪成为刑事政策的附庸，"目的理性"的崛起可能会导致"目的证明手段"这一命题的变相深入，可能会使罪刑法定原则带来的刑法安定性失守。

　　本处的"源头治理"是刑事政策进入刑法解释的一例，上述基于"源头治理"的入罪理论和入罪判决，提示我们需在网络时代持续思考刑法功能之问题。"源头治理"当然是重要的，刑事政策的"目的导向"的确不容忽视，甚至可以说是启动刑事追诉程序的"第一动力"，但我们应继续在刑法解释上保持两点清晰的反省：一是互联网治理除了"源头治理"还需"系统治理、依法治理、综合治理"，优先通过刑法解释的方式对上游行为进行入罪打击，必然不等于"综合治理""系统治理"，是否遵循了"依法治理"更是充满疑问；二是每一个时代都有属于学者们的学术体系，集各种风险治理任务于一身的网络时代的刑法解释学更是如此，但新话语的隆盛是否意味着已经告别了传统刑法学的旧标签？[3]"学术概念"的新鲜或老套其实并不重要，"盛名之下"所传递的内容才是最重要的，如果话语（包括政策话语）是新的、内容是旧的，那仍然不是什么成功的知识转型，而仅仅是语言游戏甚至是骗人的把戏而已。

九、积极主义与消极主义：如何把握解释的空间

　　近几年来，刑法的积极主义与消极主义之争伴随着刑法修正案犯罪化立法的活跃而逐渐形成，尤其是前者率先为立法上"严密法网"的做法提出了正当性论证，并自我命名为积极主义刑法观。例如，2020 年 12 月 26 日，十三届全国人大常委会二十四次会议通过《刑法修正案（十一）》，该

---

〔1〕　参见冯军:《刑法中的责任原则 兼与张明楷教授商榷》,载《中外法学》2012 年第 1 期,第 44 页。

〔2〕　Vgl. Günther Jakobs, Schuld und Prävention, 1976, S. 8.

〔3〕　指"政治话语取代学术话语""政治判断取代规范判断""政治逻辑取代法律逻辑"。参见陈兴良:《刑法学：向死而生》,载《法律科学（西北政法大学学报）》2010 年第 1 期,第 22—24 页。

修正案对刑法进行了大调整，其中的轻罪化立法条文包括：第 133 条之二妨害安全驾驶罪、第 134 条之一危险作业罪、第 291 条之二高空抛物罪等，这些犯罪的最高刑仅为 1 年有期徒刑；第 280 条之二冒名顶替罪、第 293 条之一催收非法债务罪等，这些犯罪的最高刑为 3 年有期徒刑。上述立法具有明显的网络时代"关键词立法"的痕迹：立法者将互联网流行或热议的行为、事件、现象提炼为特定关键词，并将该关键词作为法条用语，以"明文"的方式直接凸显立法者对"民意""治理"的关切。例如：妨害安全驾驶罪与"重庆万州公交车坠桥案"等事件相关；冒名顶替罪与"陈某被冒名顶替上大学"及"退伍军人仵某被冒名顶替就业"等事件直接相关，早前知名的"齐玉苓事件""罗彩霞事件"之所以没有促使立法者增设本罪，是由于该两个事件曝光于 Web1.0、Web2.0 时代，并未因信息网络而成为"热搜"关键词[1]；涉兴奋剂的犯罪则直接对应"某体育明星涉兴奋剂事件"。2021 年 1 月曝光的"某女星代孕事件"引起了网民以及法律人士的热议，有观点便直接建议"代孕入刑"[2]，这甚至成为全国人大代表的议案[3]，这均旨在推进"关键词立法"。若"代孕事件"发生于《刑法修正案（十一）》审议通过前，"代孕入刑"或许也会成为治理代孕的立法现实。

可以说，Web3.0 时代相关"失范"行为的危害性容易被网络放大化，对"民意"的监测与收集也表现出网络化的"雪球效应"[4]，"网民的关注"极易变成"立法的关切"，与日俱增的"关键词立法"只是借用或者同义替换某个"关键词"，象征性地宣示立法者对民众日益增长的"不安全感"的回应，只是单纯用"犯罪化"的名义安抚民众情绪、维持民众的"体感治安"。有学者指出："增设新罪必须从确立行为规范的角度入手"，"必须从传统上所理解的严重社会危害性中解脱出来，因为'在立法论上，更为

---

[1] 冒名顶替上大学几乎全部发生在 Web3.0 时代之前，彼时的刑法规制必要性更大，当前的学籍信息管理已电子化，冒名顶替几乎不可能发生，该行为至今才被纳入刑法的原因纯粹是传递一个象征性的立法姿态而已。

[2] 参见张慧敏：《商业代孕入刑：保障生命尊严杜绝生育权滥用》，载《中国妇女报》2021 年 1 月 26 日，第 6 版。

[3] 参见《人大代表建议非法代孕入刑》，载中国网，http://henan.china.com.cn/news/2021-03/03/content_41484134.htm。

[4] 参见刘艳红：《Web3.0 时代网络犯罪的代际特征及刑法应对》，载《环球法律评论》2020 年 5 期，第 112 页。

直接的是要以保护该时代社会中的既存的规范为基础'。刑法立法只不过是要立规矩，即确立行为对错的标准（行为规范）"，"否则整个社会就没有章法可言"。[1]这便是积极主义刑法观首先在立法观上的论调："中国当下刑事法网划定的总体趋势仍是适度犯罪化，与此相适应，刑法介入社会生活也应该更加积极一些。"[2]积极主义刑法观主张刑法积极介入社会矛盾的化解，它的忧患意识来自风险社会及其伴生的风险刑法理论。[3]换言之，社会的"风险"经由社会政策的评价，从被容许的"不幸"（Unglück）转变为需要规制的"不法"（Unrecht），这一方面改变了公众普遍的安全需求，另一方面影响了国家对风险调控的评估策略，"这种变化绝不限于刑法，毋宁说这涉及整体社会发展，它对所有法律以及政策都有影响"，这通常被视为"向预防型国家（Präventionsstaat）推进"。[4]所以，积极主义刑法观与风险刑法观、安全刑法观、预防刑法观的理念是根本一致的。

从刑法的时空上看，它们在当前全球普遍存在；从刑法的运行阶段上看，它们还在刑法解释中普遍存在，成为影响解释空间大小的理念议题。例如，在案例1"组织刷单案"中，办案机关之所以执着于入罪解释方向，正是因为他们秉持了积极预防主义刑法观，办案人员认为"刷单组织是互联网经济的畸形产物。但究其根源，法律规制的漏洞与违法成本的低廉系导致刷单产业链化的原因之一"[5]。在这种认知之下，办案人员认为刑法对组织刷单行为的干预是不足的，反不正当竞争法等常规处置造成其违法成本低廉，因而为了从"根源"上打击治理此类行为，就需要刑法的积极介入。再如，在案例3"帮助信息网络犯罪活动案"中，帮助信息网络犯罪活动罪的"明知"之所以出现扩张化解释（包括知道或应当知道），也是预设了积极主义刑法观的结果，即通过刑法对网络黑灰产业链条进行前端追诉来切断所谓的犯罪源头，并美其名曰"积极一般预防"。但"刑法应

〔1〕 周光权：《积极刑法立法观在中国的确立》，载《法学研究》2016 年第 4 期，第 34 页。
〔2〕 付立庆：《论积极主义刑法观》，载《政法论坛》2019 年第 1 期，第 99 页。
〔3〕 参见姜涛：《中国刑法走向何处去：对积极刑法立法观的反思》，载《国家检察官学院学报》2021 年第 5 期，第 116—139 页。
〔4〕 参见［德］Beatrice Brunhöber：《安全社会中刑法的功能变迁》，冀洋译，载赵秉志主编：《刑法论丛》（第 61 卷），法律出版社 2020 年版，第 80—102 页。
〔5〕 徐芬、沈艺婷：《组织刷单炒信触犯法律底线——浙江省杭州市余杭区检察院办理全国首例组织刷单炒信案纪实》，载《人民检察》2017 年第 18 期，第 67 页。

当积极介入网络治理"与教义学上的"积极一般预防论"是否具有逻辑上的承接或推导关系，这存在很大疑问。

因为"积极一般预防"的本意是将刑罚的目的建立在"通过声明规范的有效性来维护被破坏规范的稳定"[1]基础之上，以区别于传递负面恐吓信息的威慑预防论，它内含着德国黑格尔哲学的深刻意涵：犯罪人"违背了对'通过法实现和平'（Friedens durch Recht）这一全体公民志业的忠诚。刑罚正是对否定忠诚义务（Loyalitätsverweigerung）的回应。刑法把行为人对全体社会的共同责任记录下来，对它'赋予理性人的尊严'予以尊重"[2]，最终"让刑罚判决对忠于规范的人产生预防作用"[3]。然而，我国学者基于这种一般预防（Generalprävention）被冠以语感上最富有号召力的"积极""正面"（positive）的前缀，便将它与"积极参与社会治理""刑法积极前移"等联系在一起交叉使用，将根植于德国黑格尔哲学形而上的理论转译为"加大处罚力度""积极扩大处罚范围"这种我国传统刑法学向来擅长的直白的刑事政策话语，这种转换貌似将德国概念本土化，实际上仅是偷换了"积极一般预防"的概念。在刑法教义学的理论体系中，积极一般预防论本身就面临很大质疑，将这种理论转换为中国式的"积极主义刑法观"则可能带来了教义学上的更大混乱，前述网络犯罪案例暴露出来的"入罪扩张解释"均具有对刑法干预效果的过度迷信之嫌。

与此相对，有学者明确提出消极刑法观。消极刑法观反对"刑法积极参与社会治理"之命题，毫无疑问，该主张建立在刑法谦抑性的基础之上，旨在减少公共惩罚权对个人自由的过度干涉，在承认有限性预防功能的同时倡导更为克制的"消极预防性刑法理念"。[4]尤其是在网络时代的社会治理语境中，消极刑法观的立法表现是限制犯罪化立法，司法表现是限制入罪解释、倡导出罪解释。例如，主张以"共建共治共享"的多元治理体系为出发点，适应社会治理共同体的建构目标，充分释放非国家主体的治理能量，尊重网络时代的契约规则和技术规则，确立消极预防主义刑

〔1〕 Niklas Funcke-Auffermann, Symbolische Gestzgebung im Lichte der Positiven General-prävention, 2007, S. 76.

〔2〕 Axel Montenbruck, Deutsche Straftheorie, 2018, S. 94.

〔3〕 Tatjana Hörnle, Straftheorie, 2017, S. 27 f.

〔4〕 参见刘艳红：《积极预防性刑法观的中国实践发展——以〈刑法修正案（十一）〉为视角的分析》，载《比较法研究》2021年第1期，第67页。

事治理模式，因而最终的刑法解释结果必然是克制司法上的犯罪圈，更多地借助刑法之外的多元主体、多元规范进行综合预防。[1]如上所述，积极主义的刑法观总是把刑法作为组织刷单等网络失范行为的治本之道，加大处罚力度；消极主义的刑法观则反其道而行之，主张"非刑法规范"的积极介入、刑罚措施的消极介入。所以，这种观念上的差别是出罪解释与入罪解释、灵活解释与严格解释、客观解释与主观解释等范畴对立的根本原因。虽然积极主义、消极主义均一致赞成刑法"适度介入"，但如何保证入罪解释的"适度"，二者各自均存在充足说辞，这种刑法观的对立在解释学上的疏解往往也就变得非常困难，它们不仅涉及法理因素，还涉及政治、技术等经济社会发展更深层次的因素。

十、教义法学与社科法学：如何适应底层逻辑

在网络时代，各种新型疑难案件不断涌现，不同方案之间的分歧越发明显，我国法学界的学术建构及学派之争也已经从之前的无意识转为学者的积极努力。尤其是，当下的新技术革命时代同时也是法治昌明、自由开放、价值多元的新时代，这一时代对思想自由和讨论自由的重视为"学派之争的积极建构"提供了良好的土壤。根据马克思主义哲学的基本观点，"争"系事物的矛盾运动，它对于事物的向前发展总是有益的，"学派之争"对于法学的繁荣昌盛总是有用的。[2]正如密尔所言，如果不容许歧见，"假如那意见是对的，那么他们是被剥夺了以错误换真理的机会，假如那意见是错的，那么他们是失掉了一个差不多同样大的利益，那就是从真理和错误冲突中产生出来的对真理的更加清楚的认识和更加生动的印象"[3]。就整个中国法学而言，为某一套范式或者思维加上一个公认的名号并不是件容易的事，令人感到轻松的是，优秀的法学家们已经完成了这一任务。

例如，苏力教授在 2001 年曾将改革开放以后的中国法学现实格局分为三个流派：一是 1978 年至整个 1980 年代的"政法法学"，二是从 1980 年代中期开始贯穿整个 1990 年代的"法条主义"、"概念法学"或"诠释

---

〔1〕 参见刘艳红：《网络时代社会治理的消极刑法观之提倡》，载《清华法学》2022 年第 2 期，第 173 页。

〔2〕 参见张明楷：《学术之盛需要学派之争》，载《环球法律评论》2005 年第 1 期，第 50 页。

〔3〕 〔英〕约翰·密尔：《论自由》，许宝骙译，商务印书馆 2015 年版，第 15—20 页。

法学",三是从 1990 年代中期开始兴起的"社科学派"。[1]上述模型获得了广泛认可,这三个流派目前并存于我国法学界,其中"社科学派"以 2013 年"社科法学连线"这一学术共同体为标志发展成规模很大的"社科法学"[2],它与以法条为本的法解释学、法教义法学之间的论战成为我国法学界的特殊风景。从模型上看,社科法学自始不满足于对法条、概念的解释,试图探讨法条背后的社会历史根据,探讨制定法在中国社会中实际运作的状况以及产生这些状况的诸多社会条件,"这些学者更注重当代社会科学的实证研究传统。因此,尽管这一学派内部也是纷繁复杂,但其最大的共同特点就是——自觉地或迫不得已地——不把法律话语作为一个自给自足的体系,而是试图从法律话语与社会实践联系起来予以考察,考察其实践效果"[3]。

---

[1] 参见苏力:《也许正在发生——中国当代法学发展的一个概览》,载《比较法研究》2001 年第 3 期,第 3—4 页。其后,提出"中国法学向何处去"这一世纪之问的邓正来教授则将法学研究格局划分为"权利本位论""法条主义""本土资源论""法律文化论"。(参见邓正来:《中国法学向何处去(上)——建构"中国法律理想图景"时代的论纲》,载《政法论坛》2005年第 1 期,第 14 页。)汤唯教授等认为中国法学尚未建立起所谓的法学流派,取而代之的是不同视野下的法学思潮,如"政治视野""社会视野""诠释主义""批判主义""综合主义"五种。(参见汤唯、王加卫:《论中国法学流派分野的基本端倪》,载《法律科学(西北政法学院学报)》2006 年第 6 期,第 15—21 页。)如果以苏力的划分为模型,邓正来分类中的"本土资源论""法律文化论"指的是以苏力、梁治平为代表的"社科法学",而"权利本位论"指的是以张文显教授为代表的"去义务本位论",那么与其说邓正来缺少了"政法法学",不如说他是在"政法法学"的大背景下进行的分类;而汤唯等人的分类则基本与苏力重合(政治视野 = 政法法学;社会视野 = 社科法学;诠释主义 = 诠释法学 / 法条主义),只是附加了并不具有多少"派别"区分意义的"批判主义"(其认定的代表人物有季卫东、徐国栋等)和"综合主义"(其认定的代表人物有沈宗灵、梁慧星、陈兴良等)。
[2] 参见侯猛:《社科法学的传统与挑战》,载《法商研究》2014 年第 5 期,第 74 页。
[3] 苏力:《也许正在发生——中国当代法学发展的一个概览》,载《比较法研究》2001 年第 3 期,第 4 页。"社科法学"与"法社会学"基本上是同义的,对应的英文是 Social Sciences of Law,核心词是 Social Sciences,Law 是定语,因而它实际上仍然是"法律的社会科学"而本不是"社会科学法学""社会法学""社科法学",从"社科法学"的期刊阵地《法律和社会科学》也可以看出这一点。相关学者之所以要从苏力的"暂且称之为社科学派"到旗帜鲜明地树立"社科法学"标志,很大程度上是为了在教义法学对面树立起学派的大旗,对于学派之争的建设而言,这一点颇值得赞赏。社科法学的相关学者以理论法学研究者为主,如苏力、桑本谦、戴昕、侯猛、陈柏峰、尤陈俊等,他们以苏力为"社科法学连线"的盟主,原因可能在于苏力教授就是那个"给人自信的人":"我们每个人都有不自信的时候,重要的是找到一个对你影响深刻的学者,就是那个在你关键时候、你不自信的时候他让你自信了,让你发现原来你之前独自走的那条你以为是错误的路,其实是正确的。"参见陈柏峰、侯猛、苏力等:《对话苏力:什么是你的贡献》,载苏力主编:《法律和社会科学》(第 13 卷),法律出版社 2014 年版,第 346 页。

面对疑难案件中从构成要件即法条的角度寻求破解方案的教义法学，社科法学认为："同样发现现实与规则的冲突，诠释法学派可能优先假定规则的优越，因此更多强调现实对于规则的服从；而社科法学派则力求不假定现实或规则任何之一具有天然的优先性，更多强调首先要理解现实与规则之间冲突的机理，在研究和发现现实的基础上作出调整规则或改变现实的判断。"[1]"法教义学集中或首先关注法律和教义，事实问题或非常规性问题只是法律教义分析中必须应对的要点之一。几乎完全相反，社科法学则集中关注事实，包括本领域的相关知识、相关制度机构的权限、历届政府的政策导向、当下和长期可能的效果、社会福利，甚至影响本领域的最新技术或最新科研发现、突发事件等"，"由于法教义学和社科法学各自将对方的核心考量因素仅仅作为自己的考量因素之一，因此两者看待法律和世界的方式其实是尖锐对立的"。[2]还有学者指出："指望教义解决问题简直就是碰运气……遇到难题要学会算账，而不是坚持抠字眼儿。但这需要理解刑法的底层逻辑——一套关于如何惩罚危害行为的算法，表现为犯罪轻重与犯罪可能性、作案成功率、犯罪实际损失以及惩罚概率等多种变量之间的数量关系。"[3]因此，在社科法学看来，刑法规则的适用需要贯彻"底层逻辑"而不是遵行本本主义，在法学鄙视链中，教义法学总是处于社科法学的下游。

例如，"许霆案"是一个典型的疑难案件，一审判决结论在社会上引起了极大的争议，重审后法院对盗窃罪的性质进行了确认，最终将量刑从无期徒刑改为5年有期徒刑，该判决的接受度更高。这似乎是刑法解释学的胜利，如法院采用的就是张明楷教授的方案。[4]但苏力教授提出："精细却局限于教义的分析本身无法解救教义分析（或法条主义分析）给许霆案留下的那个重大难题：为什么当教义分析得出的判决与直觉冲突时，必须或应当换另一个教义分析？"苏力认为，刑法解释学之所以要从无期徒刑转为5年有期徒刑或者从盗窃罪转为侵占罪、无罪等，并不是教义学式的

---

[1] 苏力：《也许正在发生——中国当代法学发展的一个概览》，载《比较法研究》2001年第3期，第6页。

[2] 苏力：《中国法学研究格局的流变》，载《法商研究》2014年第5期，第61页。

[3] 桑本谦：《如何完善刑事立法：从要件识别到变量评估（续）》，载《政法论丛》2021年第2期，第39页。

[4] 参见张明楷：《许霆案的刑法学分析》，载《中外法学》2009年第1期，第30页。

学术分析的结果，而是加入伦理直觉、利弊分析、政策性（政治性）判断等非教义学分析的结果。苏力甚至直接批评：没有一个或一些非教义分析的判断作指导，再精美的教义分析也一定会沦为司法实践中的花拳绣腿，有关许霆无罪的教义分析就是这样的花拳绣腿。不管哪一种教义学方案，"他们的最后结论都是务实（实用主义的）的判断"，尤其是刑法学者的"量刑反制定罪论"把某些"可做不可说"或先前不自觉的非教义学思考模式摆在了法学人面前。[1] 苏力教授对刑法教义学的批判显然带有强烈的社科法学色彩，对许霆案等难办案件的梳理也体现了本土资源论的"苏氏风格"："在当代中国主要属于大陆法系的司法体制中，法律人应以一种追求系统性好结果的实用主义态度，充分利用各种相关信息，基于社会科学的缜密思维，尽可能借助作为整体的司法制度来有效处理难办案件。"[2] 苏力教授的上述批判是有道理的，因为许霆最终被按照《刑法》第 63 条判处 5 年有期徒刑，这一结果并不是第 264 条、第 63 条的教义学分析结果，恰恰相反，正是人们普遍接受这个轻刑结论才接受了援用"法定刑以下判刑"的规定。如果不借助利益衡量、正义直觉、天理人情，本应被处无期徒刑的许霆便难以被例外减轻处罚。

　　如前所述，网络时代的社会交往方式已因技术的驱动而产生变革，在社科法学的视野中，"网络社会"生产生活条件为法律理解进路的改变奠定了指导准绳，需要对网络时代法律规范形成、适用、调整的"底层逻辑"作出时代性的注解。例如，对于案例 5"快播案"，刑法教义学上一般采用的是概念解释的方式论证有罪或无罪，这常常被社科法学者视为机械的"概念法学"或"注释法学"，本本主义、教条主义的痕迹明显。因此，桑本谦教授就主张，从"隐藏在快播案背后的政治经济学结构"去分析该案的刑法适用。他的出发点是，将学术讨论的视野从单纯的法律技术分析扩展到更为宽泛的社会福利权衡，这意味着"将要探究案件背后的制度背景"，"打击网络色情是我国一直坚持的司法政策，但这在很大程度上却是制度惯性的产物，也受到意识形态因素的强力驱动。尽管网络时代已经改变了与色情监管相关的几乎所有制度变量（包括色情的危害、监管的成本

---

〔1〕　参见苏力：《法条主义、民意与难办案件》，载《中外法学》2009 年第 1 期，第 93—111 页。
〔2〕　苏力：《法条主义、民意与难办案件》，载《中外法学》2009 年第 1 期，第 94 页。

以及打击网络扫黄的殃及效应等等），但我们的观念和思路尚未做出相应的调整"。[1]桑本谦教授在此发挥了其最为擅长的法经济学分析能力，他指出："几乎所有网络技术、网络平台、软硬件设备以及整个网络的基础设施都凝结着色情消费者的贡献"，"在色情监管相对宽松的过去十几年间，中国互联网产业也有了如今的繁荣兴旺"；而且在执法宽松的时期，大型互联网平台创业之初大多在法律黑灰色地带蹚过浑水，这不仅让这些互联网企业迅速捞到了第一桶金，也促进了互联网产业的整体繁荣，当这些互联网平台成为垄断者之后，严厉打击灰色行为客观上恰好为他们扫除了新兴中小企业带来竞争，"这也正是为什么大型互联网平台企业欢迎网络扫黄的原因所在"。[2]如此，与网络扫黄带来的"社会风气净化"相比，严格执法而导致的互联网生态环境恶化也必然抑制互联网技术创新，后者对于网络时代国家竞争力的影响则更为根本。[3]显然，社科法学并没有重复进行构成要件即是否属于"传播"的讨论，而是跳出了要件纷争直接进入了入罪后果的考察，最终给出了出罪的结论。

　　上述分析逻辑也被不少教义学者所采用并得出了近乎一致的看法，如刘艳红教授指出："如何合理地防范利用网络实施侵害法益的行为，同时又为网络技术的发展保驾护航应当是我国刑法所要思索的重要课题"，"我国目前不留死角地封闭网络中立帮助行为出罪空间的做法，根源于我国传统的入罪思维。其虽然能够在一定程度上维护社会的稳定，但也会'导致网络服务提供者的负担过重，阻碍网络服务提供者的经营自由、束缚其发展

---

〔1〕　桑本谦：《网络色情、技术中立与国家竞争力——快播案背后的政治经济学》，载《法学》2017 年第 1 期，第 79 页。

〔2〕　这一现象是极为明显的，如今网络犯罪的报案人、严厉打击网络黑灰产的积极追求者均为大型互联网平台，而被处以刑罚者往往是与之竞争或者借其搭便车牟利的中小企业或个人。例如，在网络爬虫问题上，某些垄断型企业往往采取"双标"：对于他人爬取自己网络数据的行为，主张积极入罪；对于自己爬取他人网络数据的行为，总是希望不受限制。再如，案例 6 中的"反向刷单"造成商家被电商平台搜索降权，这里的疑问是：平台在查清事实之前，直接按照自己的管理规则对行为人进行"违规推定"并给予平台处罚，法官是否可以直接默认平台操作的合理性？在所谓"破坏生产经营"的因果链条中，电商平台的介入行为是否无足轻重呢？不正当竞争行为当然可能同时也是犯罪行为，但以被害人自居的某些互联网企业在积极探索竞争对手入罪之时，也可能是基于不正当竞争之目的，垄断主义、行业保护主义、地方保护主义等都不能忽视，否则刑法就会被裹挟为行业打击的工具而不自知。

〔3〕　参见桑本谦：《网络色情、技术中立与国家竞争力——快播案背后的政治经济学》，载《法学》2017 年第 1 期，第 93—94 页。

空间'"。[1] 还有学者认为："教义学的技术方案的背后，或者说，制约甚至决定人们设计或者选择具体理论方案的驱动力，是要回答一个宪法的，甚至是法哲学和公共政策上的一般性问题。那就是，一个行为可能在某些场合创造了风险，但同时，它又是一种在日常生活中大量出现的、被这个社会生活秩序允许和接纳的行为，那么，这个行为创设风险的后果，究竟是要归责给这个行为人，还是要作为社会存续和进步所必付的代价，而由这个社会自己消化、自我答责呢？""这个国家要进步，特别是要创新，要摆脱对他国的技术依赖、思想依赖、文化依赖，就必须要给创新者提供一个最少束缚的、能让其迸发出最大创造力的平台。"[2]

可见，在网络时代刑法出入罪解释的边界议题中，社科法学研究所及的广阔视野似乎难以忽视。本书反复言及，对于刑法解释而言，绕过法条规定的构成要件去探究 "底层逻辑" 确实是充满风险的，可不顾社会发展的底层逻辑而一味在文字的解释中进行扩张或限缩的符合性判断，教义法学的机械性也会昭然若揭，更会进一步处于法学鄙视链的底端，不仅不会提供令人信服的司法方案，而且可能因对刑法文本之外因素的考察缺陷而有碍更为重要的社会治理任务（社会治理现代化）和经济发展状况（网络强国）。因此，教义学法学的要件主义与社科法学的底层逻辑可能同样重要，网络时代的刑法解释理念和方法如何在这一对范畴中去适应更为深刻的互联网逻辑仍然值得深思，教义法学与社科法学基于各自思考问题的不同侧重点为 "统筹发展与安全" 提供了法理内外广阔的视角。

---

[1] 刘艳红：《网络中立帮助行为可罚性的流变及批判——以德日的理论和实务为比较基准》，载《法学评论》2016 年第 5 期，第 47 页。
[2] 车浩：《谁应为互联网时代的中立行为买单？》，载《中国法律评论》2015 年第 1 期，第 50 页。

第二章

网络时代刑法解释的现实基础：
双层空间论之解构

网络时代技术驱动型的社会发展呈现出与以往大不相同的轨迹和速率，自然人和单位的行为不仅直接影响传统物理社会中的社会关系，也会借由互联网而引起网络平台中人们交互状态的混乱，甚至进一步带来现实社会中的法益损害、秩序冲击以及网络升级的群体性事件、涉众型违法犯罪等。有观点认为，我国计算机网络技术背景下的犯罪经历了"以计算机或网络为对象的犯罪"、"以网络为工具的犯罪"以及"以网络为空间的犯罪"三个代际转变，互联网从犯罪的"工具样态"进入"空间样态"，"网络空间"作为新的犯罪场景获得了更多教义学上的认可。[1] 由此，不少学者主张网络时代的社会呈现为"双层社会"，即现实社会与网络社会，"双层社会"或"双层空间"已经成为诸多刑法解释方案据以立论的现实基础[2]，不仅"网络空间不是法外之地"这种倾向性表述成为官方和民间的一致宣言，而且"网络空间"、"赛博空间"（Cyberspace）也成为刑法保护的实际领地，刑法在干涉传统物理社会的同时也额外向所谓的"网络空间"介入。如此一来，刑法无论是在立法上还是在司法上都时刻保持着扩张趋势，并且从所谓的网络社会现实中获得了正当性支持。

例如，《办理网络诽谤案件的司法解释》第5条第2款将"编造虚假信息，或者明知是编造的虚假信息，在信息网络上散布，或者组织、指使人员在信息网络上散布，起哄闹事，造成公共秩序严重混乱"等同于《刑法》第293条第1款第4项"在公共场所起哄闹事，造成公共场所秩序严

---

〔1〕 参见梁根林：《传统犯罪网络化：归责障碍、刑法应对与教义限缩》，载《法学》2017年第2期，第3页；刘宪权：《网络犯罪的刑法应对新理念》，载《政治与法律》2016年第9期，第2页；刘艳红：《Web3.0时代网络犯罪的代际特征及刑法应对》，载《环球法律评论》2020年第5期，第100页。

〔2〕 参见阎二鹏：《犯罪的网络异化现象评析及其刑法应对路径》，载《法治研究》2015年第3期，第48页；马长山：《智能互联网时代的法律变革》，载《法学研究》2018年第4期，第21页；王华伟：《网络时代的刑法解释论立场》，载《中国法律评论》2020年第1期，第96页；陈伟、熊波：《网络犯罪的特质性与立法技术——基于"双层社会"形态的考察》，载《大连理工大学学报（社会科学版）》2020年第2期，第63页。

重混乱"，即将"在信息网络上"等同于"在公共场所"、将"造成公共场所秩序严重混乱"解释为"造成公共秩序严重混乱"。这种用语上的变化被广为接受，原因就在于相关行为即使没有造成"物理空间"的秩序混乱，但引起了"网络空间"的混乱，因而同样具有处罚之必要，而且"网络空间不是法外之地"的标语增强了人们对处罚上述行为（将"网络空间"理解为"公共场所"）的可预期性和可接受性。然而，究竟该如何认识"网络空间"，它是否具有相对于物理空间的独立性？"物理空间＋网络空间"所形成的"双层空间"对刑法解释具有何种意义？在司法刑法学的视域，是否应当将网络空间的行为与物理空间的行为同等评价？或者通俗所言的"虚拟世界"的秩序（线上）是否与现实物理世界（线下）应被同等看待？无论是从教义学法学还是社科法学的角度，上述问题都不仅是前述案例 8、案例 9 以及《办理网络诽谤案件的司法解释》所要面对的元问题，也是诸如侵犯网络虚拟财产、妨害网络生产经营、电信网络诈骗、获取网络数据、网络犯罪帮助行为等一切线上行为认定的首要现实基础，决定着网络时代刑法保护对象和保护方式的正当化。

一、"网络空间"的修辞逻辑：迷失于数理与物理之间

对人们的社会活动而言，极具"体感"的空间是物理空间，虽然"网络空间"被冠名以"空间"，但该空间的架构显然是有历史、有条件的人为架构，它与物理空间可否并列？计算机被发明之后，若只是独立存在的"单机"，则这种所谓的"空间"无法被搭建，人们正是基于计算机之间的通信需要而发明了可以传输数据的"网络"，当网络发达并将计算机以及其他设备连接在一起之后，遂形成了所谓的"网络空间"，但"网络空间"究竟奉行怎样的逻辑，它与我们肉体寄居的物理空间有何关联，值得深究。当社会科学遇到技术时，至少不能采取想当然的态度。

（一）生成于科幻文学的"网络空间"

从现实社会生活的体验来看，人类只生活在物理空间，这个空间的外在形态是地球，基本生存空间是陆地以及有临时性的生产生活意义的海洋、天空，地球之外的宇宙空间则主要是极少数科研人员探索研究的神

秘境地,"登月计划""火星移民"对于一般人仅属于遥不可及的空间畅想。因此,地球人能够通过感官捕捉的只有陆地、海洋、天空、宇宙四种空间,它们在国际法上各有定位:前三种空间是地球空间,因各国主权的存在而具有领土、领海、领空之划分;宇宙空间则是地球的外层空间(outerspace),各国具有和平利用之机会。虽然上述四种空间的生存挑战程度各不相同,但若条件具备,则该四种空间均是人们能够只身往来之地,这样的三维物理空间即是现实之空间、真实之空间。在这四种空间之外,如今"网络空间"被普遍称为"第五空间",但根据常识,这个"第五空间"显然不同于陆地、海洋、天空、宇宙,人们对网络空间只能知其名、不能观其身,更不能置于其所在,无论科学技术如何发达,人类的身体都难以进入这种所谓的"第五空间",这是它相对于四种空间来说最大的不同之处。所以,网络空间是物理空间之外的虚拟空间。

既然网络空间是虚拟的空间,为何这一概念如此流行于众?这就涉及修辞之于社会生活的意义。因为很多学术词汇最早都来源于文学作品,而文学家尤其是科幻文学家的创作灵感虽来自现实生活,但总是基于突破现状的束缚而编造一些幻境,科幻文学的本质就是想象文学,通过修辞将现实与未来对接。"网络空间"即"赛博空间",是1984年科幻作家威廉·吉布森(William Gibson)在小说《神经漫游者》中创造的名词,根据他的描述,赛博空间是"人类系统全部电脑数据抽象集合之后产生的图形表现。有着人类无法想象的复杂度。它是排列在无限思维空间中的光线,是密集丛生的数据"[1]。在该小说中,吉布森凭借着对未来科技的无限想象以及对现实社会的反叛精神,在低端腐朽的生活方式与高端发达的网络科技的对比中虚构了主人公凯斯,凯斯行动的主场景即所谓的赛博空间。简单而言,他进入该空间的方式是将大脑神经与互联网相连,将人的意识连入网络,从而完成所谓的网络穿行(窃取买卖某种数据密钥),这就是吉布森所言的"神经漫游",是"赛博朋克"(Cyberpunk)文学的核心故事情节。这里存在一个不可否认的事实:神经漫游者的肉体仍然处于物理空间,不论他在何处(陆地、海洋、天空抑或宇宙太空)将神经与网络相连,凯斯的身体永远不在"第五空间",只有他的思维意识徜徉在这个特

---

[1] [美]威廉·吉布森:《神经漫游者》,Denovo 译,江苏凤凰文艺出版社 2013 年版,第 62 页。

殊领地，并通过思维意识在该领地与他人进行"非（身体）接触式"的交流。

　　这很容易让人想起科幻电影《黑客帝国》（*The Matrix*）的故事架构。影片中的 Matrix 即所谓的"母体空间"或"矩阵空间"，是 AI 机器人控制人类的意识空间。Matrix 一语双关：一方面，在现实物理世界中，它是 AI 机器人孵化人类、维持人类肉体的器皿，相当于一个个"子宫"，孵化人类的原因是 AI 机器人原本使用的能源（太阳能）被人类用遮天蔽日的物理方式彻底剥夺，AI 机器人后来创造了利用人类脑电波作为能源的方法，并在与人类的战争中彻底将人类奴役；另一方面，AI 机器人在控制孵化器皿中的人类的同时，通过脑机接口控制了人类的意识，让亿万个沉浸在器皿中的人自以为生活在往日的现实世界中而不自知，在这个被机器人创造的世界中他们仍然从事着各种社会交往（神经漫游），这个纯粹的意识世界即 Matrix。所以，主人公 Neo 具有两重身份：在现实世界中，他是躺在器皿中被机器人培育的"电池"，具备真实物理性的肉体，是处于睡眠状态的真人；在 Matrix 这个意识世界中，他是一个被计算机程序设定的具有正常人类形象和社会经历的虚拟人，他只活在自己的梦境之中。梦境中的虚拟人完全无法改变现实世界，因为那些所谓的社会交往都是以"意识"的方式进行的，与真实的"存在"无关，因而改变或反叛机器人统治人类的第一步就是将物理世界中被机器人死死控制在器皿里的 Neo（救世主）唤醒。《黑客帝国》以非常生动的电影手法复制了吉布森的《神经漫游者》，这个意识层面的 Matrix 正是 Cyberspce，该词是前缀即 cybnetics，也就是控制论，"赛博空间"这一名词代表的含义便是被计算机、网络控制的数据空间，它是神经漫游的世界、意识漫游的世界、物理世界的人们所虚拟的世界。

　　由于"神经漫游者"不是时空穿越，其肉体仍然在真实物理世界中，他的所有行动均是意识的投影。从真实世界看，神经漫游者如同熟睡一般，这种状态也被电影《盗梦空间》所模仿。《盗梦空间》主人公柯布的特异功能是潜入他人的梦境之中窃取他人潜意识中的秘密，甚至在梦中直接改变他人的观念，给他人洗脑。柯布被称为"盗梦者"，他与凯斯、Neo 等"神经漫游者"（即黑客）一样，所进入的"空间"在现实中是不存在的。盗梦者进入的是人们的梦境甚至是多层嵌套的"梦中之梦"，"梦"对于所有人来说都是绝对日常生活化的琐事，人们在做梦时身体几乎原地不动（除非患上梦游症），盗梦者的肉身也停留在现实物理世界。例如，柯布在"盗梦"时选择的作案场所是从悉尼飞往洛杉矶的航班上，盗梦者与被盗梦者的身体均在飞机上处于睡眠状态。而且，"盗梦"之所以成功，还需要盗梦者的助理们在物理空间进行梦境搭建（比如，向肌体注射催眠药物、随时守候肉体并唤醒盗梦者）。

所以，这种"空间"是与身体分离之后的"意识空间""思想空间"，该"空间"等于"心灵空间"，盗梦者可以借助某种技术或特异功能在心灵空间中任意穿行，永远无法否认的是，他们的身体是意识空间的基础，意识空间可以超脱于物理空间，却不能摆脱肉体，盗梦者根本无法仅仅借助梦境的嵌套或反转获得永生，因为物理的肌体一定会产生饥饿、病痛、衰竭以及死亡。正如同《神经漫游者》中，凯斯的肉体内有十五个毒素袋子，他的身体会因此而毒发身亡，届时他的神经也将无法漫游。[1]再如《黑客帝国》中，AI机器人将人类当作"电池"进行培育，以为机器人族群提供源源不断的能量来源，机器人最需要解决的问题也是人类的寿命问题。所以，在这些依靠"意识投影"所建造的"空间"中，行动主体脱离物理肉体的"离身性"是相对的、有条件的，人类肉体的存在即"具身性"则是绝对的、根本的，陆地、海洋、天空、宇宙之间可以彼此独立并加以区分（比如，多数鱼类不能生活在陆地，只能生活在水里），但"意识投影"所创制的"赛博空间"完全无法独立，它完全依赖于肉体所居的物理空间，所谓的"第五空间"与四种空间不可分离，"第五空间"完全不具有任何独立性。

这回到了一个对人类社会来说较为根本的哲学命题：人的主体性是通过现实身体与物理世界的物质性互动、有体化沟通而展开的，应当区分社会交往的虚拟性和物质性，前者不能取代后者。如果让"虚拟性"取代"物质性"，则不仅完全忽视了人类身体在社会交往模式中的物理性、基础性作用，还会把人的主体地位及其社会实践引入唯心主义的危机当中。通过对《神经漫游者》的源头追溯、对《黑客帝国》《盗梦空间》的"空

---

[1] 参见［美］威廉·吉布森:《神经漫游者》，Denovo 译，江苏凤凰文艺出版社 2013 年版，第 54 页。

间"叙述，"赛博空间"的核心架构逻辑便十分明确："赛博空间是地理上无限的、非实在的空间，在其中——独立于时间、距离和位置——人与人之间、计算机与计算机之间以及人与计算机之间发生联系"[1]，它是通过二进制数字人为建造的"比特之城""数理之城"，"城中的场所将由软件以虚拟的方式组建，而不是用石头和木材以物理的方式造就，它们通过比特的逻辑关系而不是门、走廊和大街彼此相连"[2]。由此可见，科幻文学、电影文学所渲染的赛博空间、网络空间，只是对"空间"的一种比喻，千万不要"当真"，即便在小说或电影中，最终起基础作用的仍然是物理空间、能够被接触的肉身，"网络空间"只是比喻化的修辞而已。

正因为赛博空间不是与物理空间平行的空间，而是被物理空间所控制的虚拟空间，因而"双层空间论"的意义就十分有限：从文学的角度看，"双层空间"是对的，毕竟神经漫游者的身体在物理世界、心灵在另外的意识世界；但从法学的角度看，"双层空间"的提法是错的，因为以调整外部现实社会关系为己任的法律只关注物理空间。就此而言，对"网络空间不是法外之地"应当进行实事求是的唯物主义理解：网络空间是虚拟的空间，只有当这种虚拟的空间与物理空间发生联系时，法律才能介入。这也解释了为何虚拟的"赛博空间"奉行的是"代码规则""代码即正义"，即"法律被镌刻在代码中"（law is inscribed in the code）[3]，如同凯斯、Neo、柯布的意识世界根本阻隔了物理世界的"法律"，法律制止这一切的方式只有一个：对存在于现实空间中的他们（肉体）施加影响（唤醒抑或毁灭）。

（二）揭示"网络空间"及其附属修辞

无论是在自然科学还是社会科学的层面，本书描述网络空间（赛博空间）的来源，正是为了区别现实与修辞，因为人们在学术研究的过程中常常被各种修辞所欺骗而不自知，进而在这种修辞的误导之下展开知识资

---

[1]　[荷]西斯·J.哈姆林克：《赛博空间伦理学》，李世新译，首都师范大学出版社2010年版，第8页。

[2]　[美]威廉·J.米切尔：《比特之城：空间·场所·信息高速公路》，范海燕、胡泳译，生活·读书·新知三联书店1999年版，第25页。

[3]　Lawrence Lessig, "The Zones of Cyberspace", 48 *Stanford Law Review* 1403, 1408（1996）.

源发掘，以至于产生了以讹传讹。从研究方法上看，这种"修辞法学"很容易脱离实际。"空间"一词的本义单指能够容纳身体或其他物体的三维物理空间，如上所述，大可以到宇宙太空，小可以到微生物的生存空间，对人类的社会交往来说，基本是指人体能够正常进出的现实空间，如车站、广场、校园、餐厅等。当"空间"被虚化、数据化之后，这里的网络空间、互联网空间、赛博空间等"空间"便只是一种修辞手法上的"假空间"。

在《神经漫游者》《黑客帝国》《盗梦空间》中，那些虚拟的空间是心灵空间，不能容纳任何物理实体而仅仅能够容纳"黑客"的无形意识。从20世纪80年代的"赛博朋克"到如今的网络技术架构，科技发展的速度和方向可能超过文学创作者们的想象，但现实水平远没有达到文学作品中"神经漫游"的地步，现在的所谓"脑机接口"也是最低端的神经联网，它仍然处于人类的支配之下，如基于人脑控制的视觉辅助、肌肉运动辅助等，从未创造出身心二元化剥离、彼此能够实现"神交"的"赛博空间"。在现实物理世界中，"网络空间"的产生不是人脑与计算机的互联而是计算机之间的互联，这种"互联网"是人类在物理上操纵计算机实现的数据连接和数据传输，"网络空间"存放的全部是以比特为单位的数字，本质上是数字之间的信息交换而已。

人类为何要发明计算机以及计算机之间又何以需要互联？这是基于特殊的运算而已，尤其是基于军事上的计算效率。对于计算工具，中国人早早发明的算盘是最传统朴素的"中国计算机"，算珠是最基本的组成单位，珠算口诀是其运行规则指令，算珠之间的碰撞与交换可以快速实现运算，这虽是较为原始的人力计算方式，但也极为先进，直至今日仍被使用。美国科学家于1942年成功研发测试ABC计算机（Atanasoff-Berry Computer），这是世界上第一台电子计算机，由两位美国物理学者设计用于求解线性方程组。直到1946年，世界上第二台电子计算机也是第一台通用计算机，即"电子数值积分计算机"（Electronic Numerical Integrator And Computer，ENIAC）在美国宣告诞生，ENIAC的设计灵感来自ABC计算机，研制动力则源自二战期间测算武器射程的军事需要。早期的电子计算机重量体积大、计算速度慢，如在1958年英国伦敦的一场运算比赛中，银行职员使用中国算盘的运算速度胜过一台桌式电子计算机。[1]随着电子计算机在外在形态、内部编程及运算速率上的迭代升级，计算机越发成为人类科研等实践活动的得力工具，但计算机大众化应用的关键在于联网的可能。与ENIAC的研制一样，网络的诞生之初也是基于军事需要，即1969年"冷战"期间美国国防部为克服未来核战争集中军事指挥通信中断而设计阿帕网（ARPANET），旨在促进计算机之间通过有线电话实现通信，基本目标是通过一个全球范围内相连设施实现人与人之间在任何地点都可及时获取各种数据信息。阿帕网的出现使计算机之间的未来互联充满希望，比如通过更多计算机连入阿帕网，邮件发送与接收的电子化变成现实，电子邮件成为计算机网络的第一个应用。

阿帕网之所以能够实现计算机之间的互联，是因为采用了一个各种计算机共通的通信协议，即"传输控制协议/网际协议"（Transmission Control Protocol / Internet Protocol，TCP / IP），它是不同计算机之间进行数据交换的标准化语言，依赖该通信协议对数据传统环境的"同构"，大量计算机之间因数据交互而形成因特网（Internet）。其中，因特网提供的常见服务是万维网（World Wide Web，WWW），它是1989年英国计算机科学家蒂姆·伯纳斯-李（Tim Berners-Lee）发明的超文本（Hypertext）传输方式，他在1990年研发了首个网页浏览器。简言之，WWW的基本文档便是Web网页：以超文本标记语言（Hyper Text Markup Language）将信息写成HTML文件，通过专用浏览器将这些数据转译为"网页"并通过显示器分享在用户眼前。因此，以万维网为中心的因特网的普及需要计算机设备的个人化，即PC的商业化、大众化，而普及PC的一个前提便是"浏览器"这个专业软件应用的商业化、大众化，否则互联网的增益仍只是由研发之初的部分大学或研究机构所获得。

1994年Netscape Navigator发布了1.0版浏览器，1995年微软公司开发了IE浏览器并随着Windows95操作系统的顺利推广而迅速占领市场。借助于PC端以及浏览器，大量用户可以通过Web网页获取信息，这也是为何将互联网的初级阶段习惯称为"Web1.0时代"。也是在这一时期，我

---

〔1〕　参见周霄汉、贺梦莹：《二十世纪中早期中国珠算在世界的传播——以几种英文珠算手册为例》，载《内蒙古师范大学学报（自然科学汉文版）》2021年第5期，第458页。

国接入国际互联网，在之后 5 年内催生了互联网创新创业的第一次浪潮，如网易、新浪、搜狐、腾讯、阿里巴巴、百度等互联网巨头先后创立。彼时，计算机对于大众而言尚属于"娱乐设备"，当时人们最常用的一种说法是"网上冲浪"（Surfing on the Internet）。很显然，"网上冲浪"是以"海上冲浪"为比拟对象的修辞，该修辞的使用是为了凸显计算机网络对于人们身心及视野的拓展程度。究其事实而言，"网上冲浪"无非"开启电脑、微机、计算机—拨号上网—打开浏览器—浏览图文信息 / 进入聊天室"，这一切都是通过计算机以及互联网的代码、数据支撑起来的数据通信，只不过这种通信不再是"打电话"而是"上网"，但上网的通道仍然是那根拨号电话线。

所以，从阿帕网到万维网、因特网、互联网，计算机主机、显示器、电缆、网线、调制解调器、路由器、服务器等所有网络组件都是物理存在的，并且在地理上可定位，人们与通信基础设施同处于一个真实物理空间，它们本身不是虚拟的。所谓的"网络空间"只不过是人们依靠这些通信设施进行数据交换、分享时所臆想出来的一种虚拟之地，那些充满视觉刺激的画面、空间只不过是数据文本组合借助于网线、浏览器、显示器等展示于外的投影而已，"网络空间"存放的完全是数据、代码，它本质上是一种"媒介"而非"空间"，"无法律与无政府（rechts- und regierungsfrei）的'网络空间'不可能存在，因为没有人在这个网络空间中生活、工作"[1]。如果关掉显示器，这种网络通信与"打有线电话"没什么不同；如果关闭浏览器、退出相关应用窗口或者索性拔掉网线、电源，这种所谓的"空间"也会与挂掉电话一样在用户面前瞬间消失殆尽。

如前所述，《神经漫游者》《黑客帝国》中的"赛博空间"是一种"灵肉分离"的思维意识"空间"，而当前的互联网技术远未达到小说中所幻想的级别，现今的"网络空间"与那种"思维意识空间"也差之千里，我们所言的"网络空间"完全是人们比拟现实空间所使用的"纯修辞"，它既不存在于意识空间，更不与现实空间相并列，"网络空间""双层空间"完全是异想天开的概念。虽然网络极大地突破了身体地理位置的局限，静坐在计算机前就可以与地球各个角落的用户实现通信，但"灵肉"仍为一

---

[1] Rainer Rehak, Der irreführende "Cyberspace", Informatik-Spektrum 39（2016），S. 444.

体。然而，人们总是偏爱于修辞，习惯于用物理空间的已有概念描述虚拟空间的新事物。

例如，能够对计算机系统产生破坏的程序被称为"病毒"。1988 年，美国康奈尔大学的计算机高才生罗伯特·莫里斯（Robert Morris）设计传播了一个特别程序"蠕虫"（Worm），虽然莫里斯声称编写"蠕虫"程序的起因并不是想造成电脑破坏而是意图测量互联网的规模，但该程序最终导致几千台计算机因"感染"该"莫里斯蠕虫病毒"而"死机"，莫里斯也因此成为因触犯美国《计算机欺诈和滥用法》（the Computer Fraud and Abuse Act）定罪的第一人。[1] 这里的"蠕虫"当然是一种修辞，形容病毒可以像实体的虫子一样具有到处蔓延的特征，而"病毒"借用的也是物理空间中的"生物病毒"（如登革热病毒、埃博拉病毒、2019 新型冠状病毒），卡巴斯基、金山毒霸、360 安全卫士等是针对电脑病毒的"杀毒"软件，所有的名号均是一种比喻。

再如，随着网络游戏而出现的所谓"虚拟财产"本身也是一种比拟。在我国互联网商业化浪潮开启的 2000 年前后，网络游戏也开始成为新的娱乐产业，尤其是游戏运营商往往在游戏内开发设计一个或多个庞大"帝国"，玩家可以在游戏的虚拟世界中进行角色扮演（包括选择性别、装扮、职业等）并与其他玩家以游戏角色身份进行互动，因而网络游戏的世界更像是一个全方面媲美现实物理空间的独立"网络空间"。如 1999 年《网络创世纪》进入中国，是中国第一款图形 MUD（Multi-User Dungeon），是大型多人在线角色扮演游戏（Massive Multiplayer Online Role Playing Game，MMORPG），这也是第一款实现"坐骑"概念的游戏，玩家可以在广阔的游戏地图场景中打怪升级、制作购买装备、创建玩家工会、自由组队作战、获得作战荣誉等。虽然当时的游戏画面看起来极度简单粗糙，但那时其是最受欢迎的游戏之一，玩家进入游戏世界后，除时刻提醒自己要集中精力之外完全可以暂时忘却现实周围的一切，彻底沉浸在运营商创造的网络游戏"空间"。随后，《万王之王》《网络三国》《红月》《热血传奇》《魔兽世界》等 MMORPG 游戏纷纷上线公测，带动了网吧产业的蓬勃发

---

[1] See Susan M. Mello, "Administering the Antidote to Computer Viruses: A Comment on United States v. Morris", 19 *Rutgers Computer & Technology Law Journal* 259, 259–280（1993）.

展。游戏玩家愿意在游戏上投入大量时间且愿意花费大量金钱（充值购买点卡、直接购买装备等），虽然诸如《传奇》等游戏采用的是破天荒的免费模式，但游戏的增值服务仍然需要人民币支撑，"人民币玩家"成为我国网络游戏的第一批"沉迷者"。也正是玩家在相关游戏中耗费了人力、物力、财力、时间精力，他们对游戏角色的级别、荣誉、皮肤、装备等具有特别的获得感受。这些网游中的"虚拟装备""虚拟物品"对他们来说毫无"虚拟"可言，而是耗费时间金钱的"劳动所得"，可以直接赋予真实游戏体验的"财富"，窃取游戏装备等行为也屡屡发生。

在这种网游环境中，2003年发生了国内首例网游装备失窃案。《红月》游戏玩家李某的游戏账号以及多件"生化武器"装备被盗，遂李某将运营商北极冰科技发展有限公司告上法庭，请求恢复丢失的游戏装备、升级游戏角色并给予经济、精神赔偿1万余元，法院最终判游戏运营商恢复李某的装备并赔偿因诉讼产生的经济损失1000余元。[1]自该案之后，网络"虚拟财产"（也被称为"网财"）成为法律界广为讨论的概念，最基本的议题是"'虚拟财产'是否属于'财产'"[2]。在上述案件中，法院是以违约责任进行判决的，法院虽然名义上承认了游戏装备是无形财产，但也认为不应将购买游戏卡的费用直接确定为装备的价值，主张虚拟物品无法获得现实生活中同类产品的价值参照，因而仅仅判决运营商通过技术措施恢复该虚拟物品。这虽然承认了"虚拟物品"应受法律保护，但也回避了"虚拟财产应当按照何种属性的财产（如是否属于物权客体）进行保护"等问题。直至今日，虚拟财产的民法、刑法保护仍然存在很大争议，在经历15年之后，2017年《民法总则》对虚拟财产的财产属性仍旧语焉不详，第127条只是宣示性地规定："法律对数据、网络虚拟财产的保护有规定的，依照其规定。"

2014年4月，《最高人民法院研究室关于利用计算机窃取他人游戏币非法销售获利如何定性问题的研究意见》明确提出了如下结论："虚拟财产不是财产"；"虚拟财产的法律属性是计算机信息系统数据"；"盗窃虚拟财产的行为应当适用非法获取计算机信息系统数据罪"；"不承认虚拟财产的

---

[1]　参见白洁：《谁动了我的"武器"》，载《中国经济快讯》2003年第46期，第28页。

[2]　张黔林、张枫：《从首例虚拟财产案件看相关法律问题》，载《民主与法制时报》2003年12月16日，第9版。

财产属性符合世界惯例"。为何理论和实务上对"虚拟财产"的属性定位分歧如此之大？原因就在于"虚拟财产"只是人们仿照"现实财产"（动产、不动产）提出的一个词，从概念上完全无法获得任何实质有用的信息。最高人民法院研究室采取的是较为保守的态度，这虽然也遭到一些质疑，但该意见毕竟正视了游戏装备等"虚拟财产"的"财产虚拟性"。在游戏服务器中，一把"斩妖剑"、一瓶"生化毒药"、一匹日行千里的"骷髅马"只是运用特别代码以及计算机显示器呈现的数据投影而已，武器装备的杀伤力、抵御物理伤害和法术伤害的点数、坐骑的形象与速度等完全取决于其背后的数值设定，因而它本质上确实只是"电磁记录"。"虚拟财产"是不是"财产"，可能仅仅是修辞所带来的误导性问题，如同追问"虚拟现实（VR）是不是现实"一样，当人们在汉语词组 A 中加上某个特定"前缀"（某某 A）时，本身就已经在潜意识中将二者看作不同的事物（某某 A ≠ A），但当"某某 A"流行开来之后，人们转念之间便忘记了这一概念的修辞性、隐喻性，进而以自我误导为基础展开研究。

　　另一个典型的修辞例子是"人工智能（机器人）"。人类最初在研发计算机的时候就幻想着能够制造具有人类智慧的智能化机器，并将该智能称为"人工智能"。这一命名本身就意味着"人工智能"不同于自然存在的"人类智慧"，而是"人造智慧"（Artificial Intelligence）。早在 1950年，"计算机科学之父"图灵（Alan M. Turing）就提出了"机器能思考吗？"之问[1]，《神经漫游者》《黑客帝国》中也出现了作为"超级存在"的人工智能机器人，机器人甚至将人类囚禁于培养器皿（即所谓的"子宫"Matrix）中发电。在 1997 年超级国际象棋电脑"深蓝"战胜人类象棋冠军时，也有人提出了"智力（intelligence）究竟是什么"的疑问[2]，那时"深蓝"还是一个重 1270 千克、有 32 个微处理器的计算机器，人们只能用"人机大战"来形容那个历史时刻。随着人形机器人的出现，即计算超快甚至具有自学能力的微处理器被安装上了人的头颅、肢体之后，人们开始越发强烈地追问"智能机器（人）是不是人？"尤其是人形机器人索菲

〔1〕　See Alan M. Turing, "Computing Machinery and Intelligence", in Robert Epstein, Gary Roberts & Grace Beber eds., *Parsing the Turing Test*, Springer, 2009.
〔2〕　See Monty Newborn, "Deep Blue's Contribution to AI", 28 *Annals of Mathematics & Artificial Intelligence* 27, 27–30（2000）.

亚被沙特阿拉伯官方授予公民身份之后，人形机器人似乎可以与人类平起平坐，大量学者开始就此倾向于"人工智能机器人是人""人工智能机器人是法律主体""人工智能可以独立承担刑事责任"等观点。

其实，"索菲亚事件"发生在沙特阿拉伯是一件令人意外的事，因为直到 2018 年 6 月，沙特才准予女性申领驾照，其国内仍然存在"男性监护人制度"（male guardianship）。对于这样一个女性只配拥有有限权利的国家来说，女性索菲亚仅仅是一个"营销玩物"（marketing plaything），其赋予一个"女性机器人"公民身份"完全就是一种特别虚伪的行为"。[1]这种"公关噱头"（PR stunt）淡化了沙特在妇女权利方面的不光彩记录，它的设计者也十分清楚：索菲亚主要的新颖性在于身体和面部表情，而不是它的会话方式或其他认知、智能程度。[2]其实，类似于索菲亚的人形机器人在世界范围内还有很多，它们之所以不被人们津津乐道，是因为其包装实力不及索菲亚。在我国，人工智能法学的极端化表现是承认人工智能机器人属于独立的犯罪主体，如有学者认为，与单位相比，智能机器人的意志"自由的程度更强"，"如果法律能够尊重单位的自由意志，那么便没有理由否认智能机器人的自由意志。智能机器人是介于普通机器人与人之间且是由人所创造出的'人工人'，从法律属性上看，智能机器人比单位更接近于法律意义上的人"[3]，进而提出适用于智能机器人的三种刑罚方式：删除数据（通过技术措施删除人工智能负面数据）、修改程序（修正运行程序数据以使智能机器人安全运行）、永久销毁（类似死刑）[4]。从上述论证可以发现，对于人工智能机器人主体地位的承认完全是基于"比拟"而已，比如所谓的"永久销毁"只是对比人类死刑而臆想出来的刑罚措施。

然而，人工智能之所以会被认为具备独立意志，是因为人类为之设计了算法。若技术果真成熟，即便其外形不是"人"，而是一条狗、一头猪、

---

〔1〕 See Jacob Turner, *Robot Rule: Regulating Artificial Intelligence*, Palgrave Macmillan, 2019, p. 173.

〔2〕 See Daniel Estrada, *Sophia and her Critics*, Medium（Jun.18, 2018），https：//medium.com/@eripsa/sophia-and-her-critics-5bd22d859b9c.

〔3〕 刘宪权、胡荷佳：《论人工智能时代智能机器人的刑事责任能力》，载《法学》2018 年第 1 期，第 45 页。

〔4〕 参见刘宪权：《人工智能时代刑事责任与刑罚体系的重构》，载《政治与法律》2018 年第 3 期，第 89 页。

一个机械手臂，甚至单单一台没有形体的计算机主机，这种"思考能力"也不受影响，而人类若只有大脑、无身体则不能存活。但人们只愿将它们称为"机器人"，总是追问"机器人（而非机器狗、机器猪）是否需要承担刑事责任"。这种拟人修辞是成功的，如肯定论者指出："'人'也不过是一台有灵魂的机器而已，为什么我们认为自然人具有认知功能，而智能机器就不能呢？"[1]当打出类似的修辞时，还有什么值得反驳？修辞的魅力之一就是通过无比强大的语言让人难以断言其"错"，谁能证明"有些人死了但他还活着""死亡就是对生命的肯定"是不正确的？[2]机器之所以被认为需要负刑事责任，是因为人们认为它们"像自己"，就像1266年法国的法官在审判一只猪时先给它穿上了人类的衣服。[3]若将问题换成"一堆破铜烂铁是否可以接受刑事审判"，或者将机器的外形替换为一个动物、一株会说话的麦穗，那么肯定论者是否还会如此热衷于将其纳入犯罪主体？我们可能会像对待汉代张汤审判老鼠、西方主教法庭审判象鼻虫、法国法官审判猪那样一笑置之。

就此而言，"认清修辞"成为第一任务。计算机网络的不断向前推进必然会催生新的事物，人们在描述这些新东西时总是依赖于以往概念的经验性总结，尤其是使用比喻、拟人等修辞，这更有助于外界直观地了解新兴事物。但其他学科的研究者们若想以"严谨"自居的话，就不能以修辞为基础，"网络空间""人工智能""机器人"在计算机科学领域究竟是什么，这是必须追问的问题，虽然不需要如计算机科学家那样精通该技术，但也需要对其"数据""机器"的本质功能属性有基本的认知，不能被修辞性的概念所欺骗。

二、"网络空间"的社会属性：唯物主义空间观之贯彻

"网络空间"只是文学作品中创造的一种虚拟形象，它是彻头彻尾

---

[1] 王耀彬：《类人型人工智能实体的刑事责任主体资格审视》，载《西安交通大学学报（社会科学版）》2019年第1期，第142页。

[2] See Barbara Maier & Warren A. Shibles, *The Philosophy and Practice of Medicine and Bioethics*, Springer，2011, p. 499.

[3] See Marcelo Corrales, Mark Fenwick & Nikolaus Forgó eds., *Robotics, AI and the Future of Law*，Springer，2018, p. 35.

的数据形态，人们现今惯常使用的"网络空间""网络空间安全"等词均仅具有极其有限的意义。"数字世界"从来不是人与人之间的真实交流空间而纯粹是社会交往的数字化工具而已，"网络空间安全"即交往工具的安全。对于化解网络时代社会矛盾而言，"'网络空间的隐喻'（Cyberspacemetapher）没有帮助，因为它掩盖了真正的社会权力关系，从而阻碍了真正改变的机会"，如果想形塑"数字世界"，则必须追及本质层面的利益或权力，而不是产生于 20 世纪 80 年代的"网络空间"。[1] 在互联网时代，经由网络技术驱动而变革的"网络社会"是现实社会本身的物理性变化，只存在一个物理性社会而不存在所谓"物理社会 + 现实社会"的"双层社会"，"双层社会""双层空间"均为修辞，它对于调处"社会"纠纷反而具有误导性，甚至以"网络空间"新概念掩盖互联网资本控制的乱象，离开网络空间的社会性（社会空间），将导致法律面对社会交往时总是给出错误甚至离奇的反应。正如俗语常言"浪费时间等于谋财害命"，但我们也从不会将单纯浪费他人时间的行为认定为故意杀人罪、抢劫罪，更不会通过立法的方式将其纳入法律规制范围抑或使其直接进入犯罪圈。修辞的意义在于用比拟甚至夸张的方式强调两个事物之间的共性或个性，对"网络空间"法律属性的认识需要回归到平实的物理世界，遵循唯物主义空间观。

（一）唯物主义空间观：基于现实交往场景

虽然时间和空间不是经验的产物，但从人类具有感知外界的能力以后，时空便成为人们日常生活可以直接可知可视的经验范畴，"日出而作，日入而息""橘生淮南则为橘，生于淮北则为枳"，这是最具生活化的时空支配观念。在网络时代，"Web3.0 时期"是基于技术发展时间阶段划定的标签，虽然它不完全是自然科学上的判断，但 Web1.0 至 Web3.0 是基本可以证成的时间阶段。而"网络空间"则是 Web3.0 时期基于空间概念划定的标签，但人们在描述 Web3.0 时期所带来的空间变化时也无不以人类自身的物理性实践活动为中心，它本应完全是社会交往所在的唯物性空间，

---

[1] Vgl. Rainer Rehak, Der irreführende "Cyberspace", Informatik-Spektrum 39（2016），S. 445.

虚拟的"网络空间"只是为了交往的便利化而人为建构的工具性概念，它完全附属于物理空间，不具有任何的场景独立性。

1."空间"的根本属性基于身体的社会实践性

关于空间的科学研究是地理学、物理学、生态学、建筑学、土木工程等学科的常态任务，他们所描述的"空间"有时会体现在地图、图纸或计算机上，但所研究的对象均为客观实在的自然空间和人为空间，多数也是人之"身体"可以到达之场所。例如，2022 年 1 月 14 日，南太平洋岛国汤加发生海底火山喷发，威力相当于 1000 颗广岛原子弹，4000 公里外的美国加州、8000 公里外的日本等地区均受到影响，有媒体甚至担心"汤加会因此沉没"。[1]汤加海底火山喷发的影响空间及其计算是地理地质的自然空间。2019 年，中国北京世界园艺博览会为太平洋岛国建造了联合展园，其中汤加展区是人们最感兴趣的展区之一，展区内的各种设计凸显了其岛国风情意境，显然人们置身此地不是为了欣赏海报画展而是期望可以有朝一日到该风景胜地"身临其境"观赏旭日、体验海洋。[2]在本次世界园艺博览会开幕式上，习近平总书记指出："地球是全人类赖以生存的唯一家园……山峦层林尽染，平原蓝绿交融，城乡鸟语花香。这样的自然美景，既带给人们美的享受，也是人类走向未来的依托。"[3]所以，对于人类来说，最大的生存、生长与发展空间便是地球家园。

再如，随着神舟十二号、神舟十三号载人飞船成功发射，我国在近地轨道太空建设的"空间站"（space station）正式投入运转，航天员进入"天和核心舱"，标志着中国人首次进入自己的空间站并开启了"有人长期驻留时代"。[4]"空间站"本身是一个太空舱组合，它是在自然太空中运行的人类建构物，中国空间站之所以具有历史开创意义，正是基于"载人航天工程"的世界领先水平，中国人的"身体"可由此顺利进入另一个曾经只是灵魂上梦寐以求的外层空间，全面进行空间站建造并实地开展各种实验任务。"空间站"一词是以"空间"为词根的简单组词，这也反映

〔1〕　参见《汤加火山喷发搅动半个地球》，载《环球时报》2022 年 1 月 17 日，第 4 版。
〔2〕　参见《汤加：观赏旭日初升，体验与鲸共舞》，载《光明日报》2019 年 8 月 11 日，第 2 版。
〔3〕　习近平：《共谋绿色生活，共建美丽家园》，载《人民日报》2019 年 4 月 29 日，第 2 版。
〔4〕　参见刘峣：《中国空间站挺进有人长期驻留时代》，载《人民日报》（海外版）2021 年 10 月 28 日，第 9 版。

了"空间"的本性就是三维立体的物理性概念，也正是由于"人的身体"可以进入此类空间，"空间站"也成为地缘政治学的重要研究对象，甚至可以说，"空间站"就是在地缘政治的大背景下着手建造的。如1957年之后，美苏开始太空争霸，两国相继在载人飞船、登月计划、空间站建设甚至"星球大战"等方面开始竞赛，苏联解体之后美俄也在太空领域开展竞争，尤其是2011年美国国家航空航天局（NASA）宣布本国航天飞机退役之后，美俄太空博弈也面临更多的不确定性因素。中国空间站的建立也受到美国霸权政治的影响，如2011年美国国会通过了共和党籍议员沃尔夫提出的"沃尔夫条款"，旨在全面禁止美中之间的太空合作，试图以此打压日益崛起的中国载人航天事业。[1] 2021年，美国星链卫星先后两次无端接近中国空间站，严重威胁我国空间站安全，空间站组合体不得不实施紧急避碰措施。[2] 由此可见，"地球"与"太空"是人类目前可以身体感知的最大"空间"，是人类物质活动的场所。只要与"人"产生联系，无论是自然的空间还是人为构筑的空间，都是人与人之间的竞争性空间甚至政治性空间，是容纳人的物质性实践活动的场所，人类通过该空间实现各种实践计划，同时也通过该场所直接损及自己或他人之身体，"空间"既是客观的"地域概念"或"场所概念"，也是关于"人"的社会实践性概念。

关于空间的社会实践性，法国马克思主义批判哲学家列斐伏尔（Henri Lefebvre）基于唯物史的角度提出了"现实的空间""社会空间"概念，提倡"（社会）空间是（社会的）产物"这一命题。列斐伏尔认为，空间不是天文学上天体之间的距离，不是数学中所谓的抽象"几何空间"（没有内容的容器），也不是哲学中的精神之物或心理学上的内心生活。[3]"空间"与社会关系紧密联系，"每一个社会都生产出一个空间……'每一个社会'可以确切地称之为每一种生产方式以及它所有的各种生产关系"，因而"空间"的含义包括"生产关系"（即劳动分工及其具有等级制形式的社会功能性组织）和"再生产的社会关系"（即生命的再生产、劳动力的再生

---

〔1〕 参见李剑刚：《沃尔夫条款与中美航天合作》，载《中国航天》2014年第2期，第42—44页。
〔2〕 参见佘惠敏：《太空碰瓷难挡中国前进脚步》，载《经济日报》2022年1月2日，第4版。
〔3〕 参见［法］亨利·列斐伏尔：《空间的生产》，刘怀玉等译，商务印书馆2021年版，第40页。

产、生产的社会关系的再生产）。[1] 列斐伏尔由此通过以物质实践为起点的唯物主义辩证法确认了空间的本质：物质的空间实践（正）—精神的空间表象（反）—社会的表征性空间（合）。

详言之，列斐伏尔将"空间"解析为三位一体的概念：一是空间实践，这是常识意义的感知环境，人们通过生活实践来确认某一空间的存在，是物理性的空间（物质领域）；二是空间表象，这是科学家、规划师、技术官僚等通过抽象思维概念化之后的抽象空间，是作为知识创造出来的语言符号体系，是精神性的空间（精神领域）；三是表征性空间，即所谓"直接亲历、活生生的空间"，它是隐藏或象征了其他事物（如权力、理性逻辑、国家、性别等法则）的直观外在空间或物[2]，这是物质与精神的结合（社会领域）[3]。可见，这种空间生产的原理基本遵循了马克思主义唯物史观的框架。

按照马克思主义唯物史观，"社会——不管其形式如何……是人们交互活动的产物。人们能否自由选择某一社会形式呢？决不能。在人们的生产力发展的一定状况下，就会有一定的交换（commerce）和消费形式。在生产、交换和消费发展的一定阶段上，就会有相应的社会制度、相应的家庭、等级或阶级组织，一句话，就会有不过是市民社会的正式表现的相应

---

〔1〕 参见［法］亨利·列斐伏尔：《空间的生产》，刘怀玉等译，商务印书馆 2021 年版，第 48—49 页。

〔2〕 例如，福柯基于边沁圆形监狱设想提出了"全景敞视监狱"概念，这正是基于监控权力和规训效率而设计的环形建筑空间，这个空间即表征性空间（现实物理空间）。（参见［法］米歇尔·福柯：《规训与惩罚：监狱的诞生》，刘北成、杨远婴译，生活·读书·新知三联书店 2012 年版，第 219 页以下。）当然，"全景监狱"还具有一定的隐喻，象征某种可见而又无法被确知的权力实施机构以及就此形成的监视社会。在网络时代，互联网实现了万物互联，网络用户连入网络之后产生的各种身份信息、财产信息、定位信息、隐私信息以及其他数据被网络平台或其他主体收集、存储甚至非法窃取、买卖，人类社会因网络大数据进入全民被监视时代，这被波斯特称为"超级全景监狱"（Superpanopticon），即没有围墙、窗子、塔楼和狱卒的数字监视系统。（参见［美］马克·波斯特：《信息方式——后结构主义与社会语境》，范静哗译，商务印书馆 2000 年版，第 127 页。）显然，基于互联网大数据的这个"超级全景监狱"是修辞意义的"监狱"，本质是数字化系统而非实际的"空间"，即便说"超级全景监狱被置于网络空间"，也仅仅意味着它借助了网络这个"工具"，就如同借助望远镜、视频监控设备而监视周围环境一样，互联网技术及其不断迭代升级的软硬件只不过是监视的新型手段，监控发生的场所仍然是现实社会、针对的仍然是现实的人。

〔3〕 参见［法］亨利·列斐伏尔：《空间的生产》，刘怀玉等译，商务印书馆 2021 年版，第 58—59 页。

的政治国家"[1]。所以,"空间"是物质的空间、社会实践的空间,而不是上述第二环节的精神空间,否则便是唯心主义,寻找、确认或生产"空间"这种"社会物"(浸透了抽象社会关系的具体物)应当以社会实践为起点、以社会实践为终点。在这个社会实践的框架中,"身体"就被凸显出了首要的价值:"从总体上看,社会实践是以使用身体为先决条件的:手的使用、肢体器官的使用、感官的使用以及工作的姿势。"[2]上述人类对地球家园的空间认识和生产生活实践、对空间站的空间认识和航天技术实验,都以"身体"为先决条件和认识要素,尤其是"身体顺利进入空间站"直接开启了"有人长期驻留"这一载人航天的新时代,"身体""实践""空间"直接连为一体。

2. 唯物主义空间观的网络普适性

虽然列斐伏尔的空间生产理论创设于前网络时代,但该理论依照马克思主义唯物辩证法、马克思主义唯物史观所揭示的"唯物主义空间观"具有普遍的适用性。空间的本质是"社会实践(也就是作为生产关系的再生产)的场所","空间标示出了这种实践的范围……这个社会不会超出它的空间。它不能够超出这个空间的范围,如果它以某种方式提出了这一个空间的话。它仅仅能够走向这一空间的系统化"。[3]如前所述,刑法学界流行"双层空间""双层社会"的说辞,主张"网络空间"是独立于现实物理社会的空间、仅仅侵扰所谓网络空间秩序的行为也具有独立的刑事可罚性,但这种看法恰恰不符合唯物主义的立场和方法。

按照马克思主义唯物史观,社会的形成和发展是人们之间社会交往的结果,因而"人""身体""劳动力"都是社会主体的表现形式。互联网与电话、书信一样都是主体进行社会交往的工具,脱离了"现实社会","虚拟空间"就不具有任何社会意义,超出"社会"、抛开"交互活动",就不会有生产、交换、消费,这也正是"网络空间"是"虚拟空间"的缘由之所在。所谓"虚拟",即"虚假""拟制""空虚""空无",是加入了人的社会交互活动之后,互联网这种工具才具有充分的社会经济意义。换言

---

[1]《马克思恩格斯文集》(第 10 卷),人民出版社 2009 年版,第 42—43 页。
[2] [法] 亨利·列斐伏尔:《空间的生产》,刘怀玉等译,商务印书馆 2021 年版,第 58—59 页。
[3] [法] 亨利·列斐伏尔:《空间与政治》(第 2 版),李春译,上海人民出版社 2015 年版,第 31 页。

之，人类发明网络始终是为人的社会实践服务的，在界定"网络空间"的本质时，也只能回归社会实践。既然空间标示了社会实践的范围，那么网络一定与物质社会密不可分，如果要创造一个新的"空间"，也必须以"现实社会"这个基本空间为标准范围，不存在脱离于社会、独立于现实的"网络空间"，"网络空间"只是互动交往的媒介。当我们使用计算机、手机等终端设备连接互联网时，无论多么沉醉其中，身体总是停留在物理世界，我们之所以感到身心愉悦，是通过互联网这种交流工具而获得的，我们通过设备而与他人相联系且彼此共处于现实物理空间之内。这种常识层面的感知环境是唯物主义空间观的第一环节，跳过该环节直接进入精神层面进行灵魂交流，进而认定虚拟网络是一种"空间"，便是以精神空间为核心的主观唯心主义空间观，是一种陷入幻觉的空间观。

对于这种"致幻"的空间认识论，列斐伏尔也进行了深入反思。为何有些人无视"空间是社会的产物"这一命题？该命题是如何被隐藏起来的？列斐伏尔认为，这是因为人们产生了一对幻觉，即"透明性幻觉"（the illusion of transparency）和"实在性幻觉"（realistic illusion），前者是哲学上的唯心论，后者是机械唯物论。按照列斐伏尔的说法，在透明性幻觉中，"空间看上去是明亮的、可理解的，可以放任自流的。空间中发生的事有了一种奇迹般的特性，借助于设计 / 图绘，事情变得具体化了……处在透明性支配下的每一件事物，都可能被来自精神之眼（mental eye）的一瞥而照亮"[1]，因而这种"精神空间"就被当成了与"社会空间"相一致的存在体。那么，这种透明性幻觉是如何产生的？列斐伏尔认为是"言谈"和"书写"所致，也即语言表达所致。这种言谈和书写所造成的错觉很大程度上也就是笔者前文指出的"修辞误导"问题，当人们在比喻意义上使用"网络空间"之后，"网络空间"便成为朗朗上口的常见称谓，久而久之，人们反倒遗忘了它的本来意义，竟然将它当作一个真的"空间"所在，甚至将"网络空间"与"虚拟"二字刻意切割。

正如，人们将 Robot 翻译成"机器人"、将 AI 翻译成"人工智能"之后，现在居然将"机器人""人工智能"视为与人类平等的法律主体，有意舍去了"机器""人工"这一限定。相反，如果人们在汉语概念翻译伊

---

[1]　[法] 亨利·列斐伏尔：《空间的生产》，刘怀玉等译，商务印书馆 2021 年版，第 43 页，

始就将它们译为"机器做的假人""学习人类智能的假智能",久而久之形成的"假人"概念可能不会误导人们过多,至少人们可能不会讨论"假人是不是人"。这种名称的误导效应近似于经院哲学中关于"共相"(原型)的唯实论,即认为个别的词语、名称背后都对应一个实在,而若这些称谓仅仅是种修辞的话,那么像唯实论那样信奉所谓的客观实在论,结局便是将人为拟制的类比 A 事物的修辞当作与 A 平行并列的存在,即"我心故我在""我思故我在""我信故我在",这就是主观唯心主义而非唯物主义:不是以客观存在为起点而是以主观性的名称为起点。笔者并不否认主观唯心主义在哲学上作出的巨大贡献,但在法学研究上若将想象视为真实,那么就会陷入幻觉之中,且越陷越深,不断产生错误的观点。

就网络时代而言,所谓"网络空间"只是一个杜撰的名字而已,不具有实在性的原型,"空间"的原型在现实社会,"网络空间"的原型只是数据,它只是一种以计算机网络为基础的社交媒介。正如"报刊""小说"也会编制一个交互的渠道,虽说"富家不用买良田,书中自有千钟粟""安居不用架高堂,书中自有黄金屋",甚至书中还有颜如玉,但所有这些说辞都只是一种打比方而已,旨在说明"书"的工具意义,无人会将平面的书本、报刊等当作与"黄金屋"一样的"空间"。但身处网络时代,人们对网络工具的感知比平面纸媒更强烈,即便趣味性较低的电子阅读也有一度取代纸媒阅读的趋势。一旦进入所谓的"网络世界",尤其是网游、网络社交,用户很可能对周遭的一切忘乎所以,久而久之,人们就产生了列斐伏尔所言的"透明性幻觉",将习以为常、以讹传讹的修辞之语"网络空间"的原型当作一种客观实在,将更加看不见摸不着的虚拟的"网络空间"视作与现实空间并列的空间。

3. 元宇宙与网络空间的同质性、虚拟性和误导性

网络时代主观唯心主义空间观的又一个极端概念是"元宇宙"(Metaverse),若不加反思地将其引入法学研究,一方面会助长借着潮流故弄玄虚的学术风气,另一方面也会导致比"网络空间"更混乱的研究结论。与"网络空间""赛博空间"一样,"元宇宙"也是直接源自赛博朋克小说的概念。

在吉布森《神经漫游者》之后的 1992 年,美国科幻小说家斯蒂芬森(Neal Stephenson)在《雪崩》(Snow Crash)中提出了 Metaverse,它

是平行于现实世界的虚拟世界。与"赛博空间"相似的是，将人们带入元宇宙也需借助外部接口，实现的是虚拟 3D 世界（Web 3D），即"在线世界"（online worlds）、"以虚拟化身为媒介的虚拟世界"（avatar-mediated virtual worlds）、"虚拟工作场所"（virtual workspaces），或简称"Web 3D""VWs"。[1] 如进入元宇宙的主人公所获得的一个数字化的"分身"，是虚拟镜像中的数字孪生，现实肉身仍然在物理空间，其不是身体与灵魂的双穿越。小说中的 Metaverse 也被译为"超元域"，它是一个存在于虚拟世界的周长为 65536 公里的巨大城市，其中一条 100 米宽的道路两侧的土地可供购买和开发，这初看起来与我们所熟悉的《魔兽世界》《传奇》等 MMORPG 游戏毫无二致。只不过，今日被炒热的"元宇宙"所借助的不单是 PC、智能手机，而是 Web3.0、5G 网络、区块链、VR（虚拟现实）、AR（增强现实）等 XR（扩展现实）技术以及其他软硬件设备的综合。也有人将这种元宇宙技术基础概括为 BIGANT（大蚂蚁）：区块链（Blockchain）、交互技术（Interactivity）、电子游戏技术（Game）、人工智能（AI）、网络及运算技术（Network）、物联网（Internet of things）。[2]

从元宇宙元年即 2021 年 3 月国外元宇宙概念第一股"Roblox"上市、10 月 Facebook 改名 Meta，到 2022 年 1 月微软以 687 亿元现金收购动视暴雪，再到国内字节跳动收购国内 VR 硬件厂商、腾讯布局首个类元宇宙项目 ZPLAN、百度推出元宇宙社交 App"希壤"，元宇宙已经成为互联网的下一迭代和互联网企业的下一个风口，甚至被视为新一代无线网络。[3]随着上述技术的发展，小说中的"元宇宙"如今已经可以给人们带来初级的"沉浸式体验"。尤其是借助 XR 技术，人们眼睛盯着几寸的屏幕就可以看到现实之外的镜像，并通过视觉刺激进而为身体带来"身临其境"的真切体验。除此之外，创造精神生活、社交网络、数字经济学（元宇宙经济学）、文明形态等也逐渐成为元宇宙企业的发展目标或标签。[4]似乎经过元宇宙元年之后，人类文明有了新的宇宙空间一般，但笔者对此持保守甚至

---

〔1〕 See Julian Lombardi & Marilyn Lombardi，"Opening the Metaverse"，in Bainbridge W. eds.，*Online Worlds：Convergence of the Real and the Virtual*，Springer，2010，p. 112.

〔2〕 参见邢杰、赵国栋、徐远重等编著：《元宇宙通证》，中译出版社 2021 年版，第 69 页。

〔3〕 关于 2021 年的元宇宙怪象，参见董雪、王默玲、程思琪：《"元宇宙"混沌未开，四大怪现象提前"搅局"》，载《新华每日电讯》2022 年 1 月 21 日，第 12 版。

〔4〕 参见赵国栋、易欢欢、徐远重：《元宇宙》，中译出版社 2021 年版，第 23—26 页。

悲观的态度，因为所谓的元宇宙不过是互联网企业的炒作，元宇宙与网络空间的本质完全一致，它只是现实社会中用户实现某种娱乐、社交等目的而使用的一种工具而已。

根据前述唯物主义空间观，身体是社会实践的先决条件，只要身体仍处于现实物理空间，大脑思维的"穿越"就只能算作一种想象或幻觉而已，肉眼看到的所谓"空间"，是虚拟空间、假空间，即不是"空间"而是镜像。我们也不必高看那些元宇宙开发企业的"理想"，当前所谓元宇宙游戏、元宇宙社交等无非在打造一个纯粹的"沉溺社区"，玩家进入所谓的"元宇宙"并获得快感是需要付费购买服务的，即所有玩家都是人民币玩家，绝大多数企业只不过是趁着元宇宙的热度"割韭菜"。即便未来能够实现彻底的元宇宙，人们可以通过某种设备产生的数字化分身进入这些所谓的"空间"，但脱离了物质实践之后，人们能在这个"空间"完成什么实际的劳动呢？最简单的疑问，现实中的人们生病之后，进入元宇宙医院，同样使用元宇宙技术的现实医生可以隔空给病人打针、做手术吗？进入元宇宙进行一次云聚会，朋友之间能够闻到大餐的香味儿吗？脱离了现实的身体，亲友之间的隔空拥抱还会有温度吗？缺少现实的身体、现实的社会空间，所有的虚拟空间都不能为社会发展带来任何益处，它与网络空间具有同质性。

所以，面对新概念、修辞性概念时，有必要剖解它而不是随它起舞。就连马斯克（Elon Musk）也坦言元宇宙不过是个营销术语罢了，他甚至颇为讽刺地指出："我小的时候，一直被教育别坐得离电视太近，会伤害眼睛。但现在，人们却要把电视放在鼻子上。"[1] 如前所述，被赋予公民身份的机器人索菲亚也仅仅是一个"营销玩物"，是官方参与的一场虚伪表演而已。[2] 但也正是这些"噱头"甚嚣尘上，导致法学家们开始钻研起"人工智能机器人是不是法律责任主体"这类颇为虚幻的假问题，这便是"幻觉"对学术的误导。当人们因肉眼观察的虚拟现实（VR）而获得所谓的"真实体验"，进而鼓吹元宇宙时，这便是视觉所产生的一种误导。

---

〔1〕 王晓涛：《元宇宙：新风口还是乌托邦？》，载《中国经济导报》2021年12月28日，第5版。
〔2〕 See Jacob Turner, *Robot Rule: Regulating Artificial Intelligence*, Palgrave Macmillan, 2019, p. 173.

如今也有人呼吁"元宇宙不是法外之地"[1]，正如同现在官方和民间一致认可的"网络空间不是法外之地"一样。若这种呼吁是基于比喻性修辞而提出，则笔者也当然承认之，因为无论是网络还是元宇宙，如今都成为诈骗、传销等违法犯罪的工具。但是，若人们忽视了其修辞性，而在法律层面将"元宇宙"也视为独立的空间形态，那么有必要警惕它与"网络空间""赛博空间"概念一样所带有的商业性和欺骗性。从辩证唯物主义的角度看，法学研究、刑法解释都必须以现实的社会问题为起点和归宿，始终关注身体形态的"真人"，对类似网络空间、元宇宙、人工智能等概念的使用不能停留在"我心即宇宙"的唯心主义阶段，而应倡导基于现实社会交往场景的学术产出。

（二）"网络空间"的法理面向

"网络空间"一词在官方的规范性文本中频繁出现，如党的十九大报告强调："加强互联网内容建设，建立网络综合治理体系，营造清朗的网络空间。"2020 年 12 月，中共中央发布的《法治社会建设实施纲要（2020—2025 年）》也提出："依法治理网络空间。网络空间不是法外之地。推动社会治理从现实社会向网络空间覆盖，建立健全网络综合治理体系，加强依法管网、依法办网、依法上网，全面推进网络空间法治化，营造清朗的网络空间"，"过立改废释并举等方式，推动现有法律法规延伸适用到网络空间"，"坚决依法打击谣言、淫秽、暴力、迷信、邪教等有害信息在网络空间传播蔓延"。早在 2016 年 12 月，经中央网络安全和信息化领导小组批准（2018 年 3 月改为"中央网络安全和信息化委员会"），国家互联网信息办公室就以"网络空间"为题发布了《国家网络空间安全战略》，"网络空间安全"成为总体国家安全和全球互联网治理体系的重要组成部分。

所有这些呼吁、战略等都惯常使用"网络空间"之表述，将该词移入法律领域之后即成为标准条文。例如：《网络安全法》第 1 条就规定，"为了保障网络安全，维护网络空间主权和国家安全……制定本法"；第 5 条中规定，"依法惩治网络违法犯罪活动，维护网络空间安全和秩序"。或

---

[1]　参见张伟伦：《各界纷纷布局的元宇宙并非法外之地》，载《中国贸易报》2022 年 1 月 25 日，第 A6 版。

许有人会提出疑问：如果"网络空间"并非与物理的现实空间平行并列，"双层社会""双层空间"概念不应予以承认，那么为何该词还会出现在上述指导性文件甚至法律文本中？其实，笔者从不反对使用"网络空间"一词，只是不能想当然地根据形式上的名称肤浅地理解该词，概念的原型或实质是解释出来的，这涉及"网络空间"一词的法理意义，这也正是"解释学"的兴趣专长和题中之义。

1. "网络空间"的修辞与非修辞共用

2013 年 8 月，习近平总书记在出席全国宣传思想工作会议时提出："要解决好'本领恐慌'问题，真正成为运用现代传媒新手段新方法的行家里手……要依法加强网络社会管理，加强网络新技术新应用的管理，确保互联网可管可控，使我们的网络空间清朗起来。"[1] 这里提及创造清朗的"网络空间"，主要针对的是网络信息内容的正确政治方向和科学舆论导向，将"网络"界定为宣传思想工作的"手段""方法"，体现的是网络作为新技术媒体的工具性。2013 年 11 月，党的十八届三中全会通过的《中共中央关于全面深化改革若干重大问题的决定》提出："坚持积极利用、科学发展、依法管理、确保安全的方针，加大依法管理网络力度，加快完善互联网管理领导体制，确保国家网络和信息安全。"为贯彻该次会议精神，2014 年 2 月，中共中央成立了以习近平总书记为组长的中央网络安全和信息化领导小组，凸显了党和国家高层对网络安全保护的最高重视。在该小组第一次会议上，习近平总书记指出："没有网络安全就没有国家安全"，"做好网上舆论工作是一项长期任务，要创新改进网上宣传，运用网络传播规律，弘扬主旋律，激发正能量，大力培育和践行社会主义核心价值观，把握好网上舆论引导的时、度、效，使网络空间清朗起来"，"完善互联网信息内容管理、关键信息基础设施保护等法律法规，依法治理网络空间，维护公民合法权益"。可以说，这是党的十八大以后，官方第一次将"网络空间"治理系统提升到国家安全的高度，上述"网络空间"的使用语境针对的也是网络信息内容，即"使网络空间清朗起来"意指网络信息内容要符合主旋律、传播正能量，这种要求与党和国家对其他纸媒的要

---

[1]《习近平在全国宣传思想工作会议上的讲话》，载国家互联网信息办公室网 2014 年 8 月 9 日，http://www.cac.gov.cn/2014-08/09/c_1115324460.htm。

求毫无二致，网络在此仍然是作为信息传播的"媒体""中介""工具"而存在，其受众对象或影响范围仍然是现实社会。

2015 年 12 月，习近平总书记在第二届世界互联网大会开幕式上的讲话中 26 次提及"网络空间"："我们依法开展网络空间治理，网络空间日渐清朗"；"网络空间同现实社会一样，既要提倡自由，也要保持秩序"；"网络空间不是'法外之地'"；"网络空间，不应成为各国角力的战场，更不能成为违法犯罪的温床"；"网络空间是人类共同的活动空间，网络空间前途命运应由世界各国共同掌握"；"国际网络空间治理，应该坚持多边参与"；"共同构建和平、安全、开放、合作的网络空间，建立多边、民主、透明的全球互联网治理体系"……[1] 其中，还提出了"共同构建网络空间命运共同体"的呼吁。上述关于"网络空间"的表述既有工具意义上的网络空间概念，也有与"社会空间"相比拟的修辞性概念（如"不是法外之地""共同的活动空间""各国角力的战场"等），修辞的功能在于通过类比等方式强化说理、增强修辞劝说，对"网络空间"的上述修辞性用法正是为了强调网络空间之于国内社会经济发展、国际多边合作开放以及人类命运共同体建构的重大意义。在"世界互联网大会"这种带有外交色彩的场合，对"网络空间"的修辞性用法也恰到好处。

更重要的是，习近平总书记科学地指出："网络空间是虚拟的，但运用网络空间的主体是现实的，大家都应该遵守法律，明确各方权利义务"，"互联网虽然是无形的，但运用互联网的人们都是有形的"。[2] 这一表达直接点明了"空间"和"网络空间"的本质，将"网络空间"拉回现实社会交往场景中："网络空间"本身不具有"空间"的社会实践性，作为"空间"而言它是虚拟的，只有与现实的主体相联系，"网络空间"对社会发展以及命运共同体才有实益，网络空间治理的对象都是"现实的人"、治理的内容是"权利义务"。"网络空间不是法外之地"的法理意义正在于"运用网络空间的主体是现实的"，人们在使用互联网时都必须毫无例外地遵守国家法律、承担法律义务，这印证的正是网络空间不是"脱离于现实

---

[1]　习近平：《在第二届世界互联网大会开幕式上的讲话》，载《人民日报》2015 年 12 月 17 日，第 2 版。

[2]　习近平：《在第二届世界互联网大会开幕式上的讲话》，载《人民日报》2015 年 12 月 17 日，第 2 版。

社会"的存在，而是"内在于现实社会"的交往场所，受现实空间中行为规范之约束。

2. "网络空间安全"系互联网工具性安全

2016年4月，习近平总书记在网络安全和信息化工作座谈会上强调，"网络空间是亿万民众共同的精神家园"，"谁都不愿生活在一个充斥着虚假、诈骗、攻击、谩骂、恐怖、色情、暴力的空间。互联网不是法外之地。利用网络鼓吹推翻国家政权，煽动宗教极端主义，宣扬民族分裂思想，教唆暴力恐怖活动，等等，这样的行为要坚决制止和打击，决不能任其大行其道。利用网络进行欺诈活动，散布色情材料，进行人身攻击，兜售非法物品，等等，这样的言行也要坚决管控，决不能任其大行其道。没有哪个国家会允许这样的行为泛滥开来。我们要本着对社会负责、对人民负责的态度，依法加强网络空间治理"。[1] 在上述讲话中，习近平总书记指出"网络空间"是"精神家园"，这既是一种比喻手法，也是对网络空间虚拟性的再强调，能够进入网络空间的是人们的精神心灵或思想意识，网络空间是身体难以到达的精神空间。网络空间治理针对的是"利用网络"实施危害国家政权、宣扬极端思想、教唆恐怖活动、传播色情内容、进行网络诈骗等行为，这些本身都不是新行为，大多都在前网络时代就已经被刑法认定为犯罪。只不过它们在网络时代都将"网络"作为一种新工具，借助网络对人们思维的深刻影响而直接实施或帮助、唆使他人实施上述危害行为。犯罪本身也是一种物质实践行为，所有"利用网络"实施的犯罪活动都以物理空间的身体行动为起点、以对现实社会的人之法益侵害为落脚点。所谓"充斥着虚假、诈骗、攻击、谩骂、恐怖、色情、暴力的网络空间"，实际上是通过网络信息内容的交流、共享而对现实空间社会主体造成的真实诈骗、侮辱诽谤、传播淫秽物品等。这里的"攻击""暴力"是修辞之用（"言论暴力""语言暴力"），而不是故意伤害、故意杀人等身体犯罪之攻击、暴力，"网络暴力"的本质是针对自然人人格权的侵犯，在这一点上网络与报刊、电视、广播等媒体毫无二致。

所以，我国《民法典》人格权编第1028条对所有媒体作出统一规定：

---

[1] 习近平：《在网络安全和信息化工作座谈会上的讲话》，载《人民日报》2016年4月26日，第2版。

"民事主体有证据证明报刊、网络等媒体报道的内容失实，侵害其名誉权的，有权请求该媒体及时采取更正或者删除等必要措施。"《民法典》侵权责任编第1194—1197条之所以对"网络侵权"予以特别关注，不在于其法律属性的特殊性，即不是因为"有网络空间、无报刊空间"，而在于网络作为"媒体"的工具特殊性。"本着对社会负责、对人民负责的态度，依法加强网络空间治理"意味着，以（现实社会中的）人民为中心，按照全面推进依法治国的各项要求，加强对"网络信息内容"的监管，强化网络用户和平台的权利义务意识，预防和惩治现实主体的失范行为。在2017年10月党的十九大报告中，"网络空间"也是作为"网络信息内容"而存在的，这也是习近平总书记一如既往所强调的："加强互联网内容建设，建立网络综合治理体系，营造清朗的网络空间。"因此，在"网络空间"这一词汇的使用上，无论是否借助汉语修辞之表达手法，它的本质始终不变，即作为现实社会场景中的交往工具（信息内容媒介）而存在。互联网法治化建设的基本任务是互联网内容法治化建设，"网络空间"共治共建共享的主体是使用互联网的人，脱离现实人与人之间的权利义务关系，对所谓"网络空间"行为的否定或肯定性评价都不可能完成。

3."网络空间命运共同体"的双重法理

习近平互联网法治思想的要义还包括对"网络空间"的全球性表达，这揭示了"网络空间"背后现实存在的资本、政治、权力等人为要素对互联网发展的决定性影响。从2014年之后习近平总书记历届世界互联网大会讲话、贺词、贺信，到2021年3月《中华人民共和国国民经济和社会发展第十四个五年规划和2035年远景目标纲要》、2021年12月《"十四五"数字经济发展规划》、2022年10月党的二十大报告，"推动构建网络空间命运共同体"始终是必不可少的命题。作为全球互联网发展中的大国，我国负责任地将"网络空间命运共同体"概念切实落实到国民经济发展的规划和行动中，甚至将包括"网络空间命运共同体"在内的"人类命运共同体"写入我国《宪法》序言，因而这种共同体的建构既具有国际法的意义，也具有国内法的引导性。根据官方文本，"网络空间命运共同体"的基本内涵至少包括：

一是以联合国为主渠道、以《联合国宪章》为基本原则制定数字和网络空间国际规则。这是因为联合国及其宪章确立的第一原则是主权平等原则，是反对利用互联网推行经济霸权、政治霸权其至太空霸权的基本参照系，习近平总书记在第二届世界互联网大会开幕式上提出的全球互联网治理体系变革的首要原则便是"尊重网络主权"。[1] 当今国际社会，以美国为首的西方国家在互联网技术、产业等多个方面打压中国等新兴互联网国家的发展，通过"贸易战"等方式不断对我国 5G 技术、跨境互联网企业、社交 App 等采取封禁、敌对等霸凌态度，这既是国家权力直接干预互联网竞争的表现，也是科技巨头"资本围猎"的结果。[2] 其实，科技巨头的联合垄断不仅在经济竞争中对域外企业产生排外性，而且会为了"垄断维持"而借助累积的平台优势和数据优势扼杀、并购本土中小微企业，通过资本形成公权之外的又一方"社会性权力"，进而控制市场、影响国家权力、肆无忌惮地通过网络平台收集、监控、使用公民的个人信息、数据、隐私等。因此，反网络霸权主义不仅要反国家霸权，还要反国际互联网科技企业的经济垄断霸凌。

二是推动建立多边、民主、透明的全球互联网治理体系，以"共同体"的姿态探求开放合作、摒弃零和博弈、减少国际对抗，共同参与数据安全、数字货币、数字税等国际互联网数字技术标准的制定。"人类命运共同体"体现了马克思主义共同体思想，它超越阶级国家，对作为个体的人和作为整体的人类（自由人的联合体）投以关注。[3] 习近平总书记在第三届世界互联网大会开幕式上的视频讲话中就指出："互联网发展是无国界、无边界的，利用好、发展好、治理好互联网必须深化网络空间国际合作。"[4] 可见，之所以要建构"网络空间"的命运共同体正是由于网络本身的无形化、无疆界化，它名义上被冠以"空间"的称谓，实际上与陆地、海洋、天空不可比拟。国家对后三者享有公认的领陆、领海、领空等领土主权，它们因政治国家的组成体而具备阶级性，在领土问题上国际社会只存在"搁置争议""共同开发"等政策性原则，不存在"领土共同体"，无

---

〔1〕 参见习近平：《在第二届世界互联网大会开幕式上的讲话》，载《人民日报》2015 年 12 月 17 日，第 2 版。
〔2〕 参见孙冰：《美国为何围猎 TikTok》，载《中国经济周刊》2020 年第 15 期，第 28—30 页。
〔3〕 参见廖凡：《全球治理背景下人类命运共同体的阐释与构建》，载《中国法学》2018 年第 5 期，第 45 页。
〔4〕 习近平：《在第三届世界互联网大会开幕式上的视频讲话》，载《光明日报》2016 年 11 月 17 日，第 1 版。

论何种国际合作，都不应容许超越领土空间的"治外法权"。

这也直接说明"网络空间"是虚拟的空间，该"空间"不是与前述的诸空间并列的所谓"第五空间"，"网络空间主权"只能依存于物理上的领土原则。在尊重法律管辖等方面的领土主权的基础上，网络对人们的影响没有边界，互联网因地球人之间的互联而产生，也最终将人类连为利益共同体，除非将本国自绝于互联网之外，否则只有互通共享共治才能协同治理跨国电信网络诈骗、跨境洗钱、国际恐怖主义等全人类面对的共同难题。

三是互联网发展大国强国要向欠发达国家提供技术、设备、服务等援助，在主体平等的基础上平衡权利义务，使各国共享数字时代的红利。在全球经济发展不平衡的旧国际框架中，"新数字鸿沟"已经形成，包括"全球鸿沟"（即工业化社会和发展中社会之间互联网接入的差异）、"社会鸿沟"（即国家之间因信息差距而导致的贫富差异）、"民主鸿沟"（即使用和不使用全套数字资源参与公共生活程度的差异）。[1]在这种惯常的不对等格局中存在明显的互联网发展强势方与弱势方，这不仅会导致前述国家对国家、科技巨头对竞争性企业、垄断性平台对全球用户的霸凌现象，也可能会产生新的殖民主义。正如习近平所指出的，"全球发展失衡，难以满足人们对美好生活的期待"已经成为世界经济长期低迷、贫富差距、南北差距问题的根源之一。[2]2021年11月，《中共中央关于党的百年奋斗重大成就和历史经验的决议》将"坚持胸怀天下"确立为百年奋斗的重要经验，强调"党始终以世界眼光关注人类前途命运，从人类发展大潮流、世界变化大格局、中国发展大历史正确认识和处理同外部世界的关系"，"积极推动经济全球化朝着更加开放、包容、普惠、平衡、共赢的方向发展"。所以，在"网络空间命运共同体"的建构中，国家之间应基于公平包容原则，打造平衡普惠的发展模式，逐步消除因互联网发展差距所带来的经济社会差距。

"网络空间命运共同体"理念，对国内网络社会治理也具有法治化的指导意义：

---

[1] 参见王淑敏：《全球数字鸿沟弥合：国际法何去何从》，载《政法论丛》2021年第6期，第4页。

[2] 参见习近平：《共担时代责任，共促全球发展》，载《求是》2020年第24期，第1页。

其一，网络空间不是与现实社会对等的独立空间，网络违法犯罪的发生地仍是现实空间，网络主权需要以领土主权为基础、以现实社会的属地因素等为标准确立合理的管辖规则。根据领土主权原则，刑法上案件管辖的首要规则是属地管辖。"双层空间论""双层社会论"将"网络空间"视为与现实空间对等的"空间"，逻辑结论只能是网络空间犯罪不适用现实社会的管辖原则，这将导致无政府主义（网络即主权）。如巴洛（John Perry Barlow）在《网络独立宣言》中所提出的："工业世界的政府，你们这些令人厌倦的铁血巨人，我来自网络空间（Cyberspace），一个新的心灵家园。为了未来的利益，我要求过去的你们别打扰我们。在网络空间，你们不受欢迎。在我们聚集的地方，你们没有主权（sovereignty）"，"网络空间不在你的边境内。不要以为你可以建造它，搞得好像它是一个公共建设项目一样"，"我们没有民选政府，将来也不可能会有这样的政府"，"我们必须宣布，虚拟的我们不受你们主权的左右"。[1]这种"网络即主权"的论调显然只是一种幻想，它是前述唯心主义空间观使然，但没有任何主权国家会放弃对"网络空间"的规制、管控、治理，现实社会的公共政权这种所谓的"铁血巨人"之所以干预网络空间，根本原因在于规制"人"的行为，起决定性作用的是"身体"而不是"心灵"。

与无政府主义相对的另一个极端是广义的长臂管辖，它往往以"最低联系标准"为美式霸权主义张目。我国《刑法》第6条第3款规定："犯罪的行为或者结果有一项发生在中华人民共和国领域内的，就认为是在中华人民共和国领域内犯罪。"不可否认，网络时代刑法的属地管辖范围确实需要扩张。例如，2016年12月19日公布的《最高人民法院、最高人民检察院、公安部关于办理电信网络诈骗等刑事案件适用法律若干问题的意见》规定："'犯罪行为发生地'包括用于电信网络诈骗犯罪的网站服务器所在地，网站建立者、管理者所在地，被侵害的计算机信息系统或其管理者所在地，犯罪嫌疑人、被害人使用的计算机信息系统所在地，诈骗电话、短信息、电子邮件等的拨打地、发送地、到达地、接受地，以及诈骗行为持续发生的实施地、预备地、开始地、途经地、结束地"；"'犯罪结果

---

〔1〕 John Perry Barlow，"A Declaration of the Independence of Cyberspace"，18 *Duke Law & Technology Review* 5，5–7（2019）．

发生地'包括被害人被骗时所在地，以及诈骗所得财物的实际取得地、藏匿地、转移地、使用地、销售地等"。这在一定程度上反映了长臂管辖的合理之处，但面对美式广义长臂管辖的霸权主义，我们一方面要按照国际法规则积极进行应对，另一方面也需要根据国内法作出反制措施。例如，2021 年 6 月 10 日，第十三届全国人民代表大会常务委员会第二十九次会议通过的《反外国制裁法》，就为维护国家主权和以联合国为核心的国际体系、以国际法为基础的国际秩序提供了国内法直接依据。

其二，"网络空间命运共同体"要求国内法与国际法、先进国外法共享符合共同体发展利益的共性规则，否则，所谓的"命运共同体"就徒有虚名。例如，刑法解释是否应当遵循严格解释主义、是否需要采纳"疑点利益归于被告人"？对这一问题在网络时代尤其需要回答，因为疑难案件不断增加、"司法创设首例有罪判决"也较为普遍，此时的入罪解释究竟是"解释"还是以解释之名的立法，面临更多疑问。受"网络空间命运共同体"理念的国际视野影响，刑法解释的正义观也需要结合国际法规范予以确定。例如，《国际刑事法院罗马规约》第 22 条规定："犯罪定义应予以严格解释，不得类推延伸。涵义不明时，对定义作出的解释应有利于被调查、被起诉或被定罪的人。"[1] 国际法上存在刑法解释"存疑有利于被告人"的规则，这也就直接驳斥了如下观点："存疑有利于被告人"仅是全世界公认的刑事诉讼法规则，与实体法之解释无涉。[2] 因此，以国外刑法解释规范拒绝"存疑有利于被告人"的适用可能，便显得十分武断。

其三，网络时代由于技术及资本的差异形成强势主体与弱势主体，平台与用户之间、垄断性平台与小微企业之间、互联网创业者之间力量失衡，共同体内的权利义务需要科学分配而非盲目地追求形式平等。在 1994 年我国接入国际互联网之后，很多互联网创设者凭借自己的独特眼光、创业头脑以及技术知识设立了网络公司，不少企业已经成为今日的互联网行业巨头，成为国内甚至国际范围的垄断性企业，也是国内互联网法律规则、行业规则的最大影响者。但不可否认的是，其中不少企业在赚取"第

---

〔1〕［德］阿尔宾·埃泽尔：《解释与类推的区分》，载梁根林、［德］埃里克·希尔根多夫主编：《中德刑法学者的对话：罪刑法定与刑法解释》，北京大学出版社 2013 年版，第 211 页。

〔2〕参见袁国何：《本刑法解释中有利于被告人原则之证否》，载《政治与法律》2017 年第 6 期，第 130 页。

一桶金"时难免在旧规则不完善的背景下"打擦边球""钻空子""搭便车",甚至带有产业资本上的"原罪"。[1]例如,在早期网民隐私和个人信息保护意识缺乏的情况下,某些互联网企业借助搜索引擎、浏览器、计算机安全保护软件等秘密收集用户的计算机信息、个人隐私偏好、敏感数据等,并擅自使用甚至将之出卖或变相出卖以直接谋利(包括用于广告投放业务)。但是,当这些企业具有资本上的强势、优势之后,它们便会借助其垄断性地位压制新的互联网创业者或其他小微企业的发展空间,比如当后来的创业者因研发某软件用于刷网站阅读量,进而影响某搜索引擎的排名时,资本巨头便会因该软件影响其商业利益(利用"搜索竞价排名"赚取高额广告费)而将之举报为计算机犯罪,全然不顾自己的那些所谓"排名"也曾引发了诸如"魏则西事件"等间接罪恶。[2]网络巨头们一旦成为"大鳄"之后,便以所谓的"网络黑产"命名其他创业行为,以"网络安全"的名义维护其既得经济利益,尚未脱去"原罪"的企业摇身一变成为网络安全的"卫道士",而实质上则是既得利益的"自卫者",这堵截或抹杀了互联网创新创业活力。垄断性平台、一般平台与用户个人之间强弱高下立见,刑法的适用一方面要在法律面前人人平等原则的基础上妥当处理实质不平等,另一方面也要看到资本对司法的影响方式。

其四,"网络空间命运共同体"理念要求在国内形成互联网治理的动态共同体,在传统公共权力中心主义向多中心化的过渡框架中,倡导公共权力主体、互联网平台组织主体与民间私权利主体之间协同合作、共建共治共享。2020年12月,中共中央发布的《法治社会建设实施纲要(2020—2025年)》明确提出,"完善党委领导、政府负责、民主协商、社会协同、公众参与、法治保障、科技支撑的社会治理体系,打造共建共治共享的社会治理格局","引领和推动社会力量参与社会治理,建设人人有责、人人尽责、人人享有的社会治理共同体,确保社会治理过程人民参与、成效人民评判、成果人民共享"。习近平总书记在党的二十大报告中也提出:"完善社会治理体系。健全共建共治共享的社会治理制度,提升

---

[1]　参见《从支付宝到Facebook,"清算"互联网企业"原罪"》,载《中国经济周刊》2018年第16期,第20—22页。

[2]　参见余瀛波:《竞价排名机制存在问题必须立即整改》,载《法制日报》2016年5月10日,第1版。

社会治理效能"，"畅通和规范群众诉求表达、利益协调、权益保障通道"，"建设人人有责、人人尽责、人人享有的社会治理共同体"。包括"网络空间"在内的人类命运共同体虽然是在国际话语中提出的，但"命运共同体"是以人民为中心的共同体，这一共同体是由国内推向国际的，只有实现国内人民命运共同体，倡导和推动人类命运共同体才具有说服力。"网络空间命运共同体"要求发挥社会协同、民主协商、公众参与的互联网治理功能，这在一定程度上必然要求弱化刑法这一国家权力的极端、强硬介入方式，为刑法解释的限度提供了内政战略方向上的根据。

　　总之，网络空间命运共同体绝不是超越现实空间的空泛结构，更不是旨在创设虚假繁荣的"元宇宙"，而是网络时代以新型互联技术及其应用为媒介建设全人类共同享有的现实空间（大到共居共有的地球、太空，中到区域、国家、城市，小到企业和社会组织）。"网络空间"只是现实物理空间系统化的一个"修辞符"，只是对"互联网＋现实社会"一个特殊角度的描述，不能因修辞的惯常使用而陷入"网络空间实在论"的主观唯心主义幻觉中。更何况，网络空间的主权依附于现实物理社会的领土主权，即"网络主权是基于网络空间物理属性的领土性权力"[1]，这一点足以推翻"双层社会论"和"双层空间论"。互联网法治化治理应当将网络回归到"社会交往的工具"这一本质层面，将权利义务关系的起点和终点回归到现实社会中的人（包括强势者和弱势者），将行为危害的实质回归到物理空间中的法益侵害。

三、"空间向度"的刑法解释：辨析空间正义评价原则

　　"网络空间不是法外之地"并不意味着"网络空间"是独立存在、自在自为之"地"，它只是借用生活场景的修辞或隐喻，其本质是社会成员通过信息网络进行沟通的现实场所。正如习近平总书记正确指出的："网络空间是虚拟的，但运用网络空间的主体是现实的，大家都应该遵守法律，明确各方权利义务。"[2]因而，"网络空间不是法外之地"仅仅意味着使用无

---

〔1〕 刘艳红：《论刑法的网络空间效力》，载《中国法学》2018 年第 3 期，第 101 页。

〔2〕 习近平：《在第二届世界互联网大会开幕式上的讲话》，载《人民日报》2015 年 12 月 17 日，第 2 版。

形网络的有形主体应当毫无例外地遵守法规范，"网络空间"是现实空间的另一种表达符号而不是它的例外。在这种对网络社会的理解基础之上，行为的本质、危害以及法律规制的模式、方向等便有了评价的标准，刑事司法的正当性皆源于此。

（一）不法评价的核心依据是物理空间的法益损害

法律是调整社会矛盾的基本规范之一，法律针对现实社会纠纷而生，也是出自现实立法机关。"涉互联网犯罪"的侵害本质是物理空间的法益侵害，除此之外，不存在其他任何可以被正当化的法律干涉事由，这便是网络时代行为不法的评价依据。根据我国传统刑法学理论，犯罪的本质是社会危害性，无论该标准在面对法益保护主义时具有怎样的龃龉或不足，至少这种实质的犯罪概念肯定了危害的对象或者危害语境是"社会"，充满旧思维的司法人员在根据旧的社会危害性理论定罪量刑时尤其应当牢记这一点。但恰恰相反，解释者动辄将网络空间与现实空间视为两个独立平行的世界，仅仅以"扰乱网络空间秩序"为由即将某行为入罪，这就是二元空间论不法评价标准的二元化。

如案例9中，彭某某通过微信公众号、今日头条账号、百度百家号、微博账号等网络平台发布"不良"文章、信息50余篇，并被10余家网络媒体转载报道，引发网民大量点击、转发及进行负面评论，点击量超过千万次。一审法院以寻衅滋事罪判处被告人彭某某有期徒刑4年，彭某某上诉，理由是"行为未造成公共秩序严重混乱"。二审法院经查认为，彭某某通过信息网络平台发布虚假信息，并被其他媒体大量转载报道，引发网民大量点击、转发及进行负面评论，"混淆视听，蛊惑群众，已造成公共秩序严重混乱"，裁定驳回上诉、维持原判。[1]众所周知，寻衅滋事罪在前网络时代就已经自我树立了"口袋罪"的形象，法律上的原因是《刑法》第293条第1款第4项"在公共场所起哄闹事，造成公共场所秩序严重混乱"词义及其尺度的模糊性。进入网络时代以后，《办理网络诽谤案件的司法解释》第5条第2款将上述第4项直接涵盖为："编造虚假信息，或者明知是编造的虚假信息，在信息网络上散布，或者组织、指使人员在

---

〔1〕 参见山东省济南市中级人民法院〔2020〕鲁01刑终80号刑事裁定书。

信息网络上散布，起哄闹事，造成公共秩序严重混乱。"本案一审、二审法院均认为，被告人的行为符合《办理网络诽谤案件的司法解释》第 5 条第 2 款的规定，在行为方式上属于在信息网络上散布虚假信息、起哄闹事，在危害结果上达到了"造成公共秩序严重混乱"。

如前所述，刑法解释的对象是刑法条文而非司法解释条文，网络型寻衅滋事罪的构成要件要素应以《刑法》第 293 条的全部文本为依据。第 293 条第 1 款在四类行为之前统一作了前提规定，即"有下列寻衅滋事行为之一，破坏社会秩序的，处五年以下有期徒刑、拘役或者管制"，包括第 4 项"在公共场所起哄闹事，造成公共场所秩序严重混乱"在内的所有情形最终都要符合"破坏社会秩序"这一法益侵害标准。所以，就第 4 项而言，体现社会危害性的是"破坏社会秩序""在公共场所起哄闹事""造成公共场所秩序严重混乱"三个要素。认定传播网络谣言等行为构成本罪，需要满足以下三个解释条件：能够将信息网络理解为"公共场所"；能够将传播网络谣言理解为"起哄闹事"；能够将网络上的点击、浏览、评议等结果理解为"造成公共场所秩序严重混乱"以及"破坏社会秩序"。

《办理网络诽谤案件的司法解释》起草部门认为，"网络秩序是现实社会公共秩序的延伸，以法治思维和法治方式规制网络行为，是维护健康、有序的网络秩序的现实需要。《解释》……严密了刑事法网"，"网络空间是现实社会的组成部分，行为人在信息网络上散布虚假信息，起哄闹事，在导致网络秩序混乱的同时，往往会导致现实社会公共秩序的混乱，甚至引发群体性事件等。对此以寻衅滋事罪定罪处罚，于法有据"。[1] 从此可以看出，官方认为，为《办理网络诽谤案件的司法解释》第 5 条第 2 款提供正当性论证的关键词是"网络秩序"，它直接决定着适用寻衅滋事罪是否"于法有据"。

需要注意的是，司法解释起草者的上述说明本身就充满着修辞，我们难言其为对也难言其为错，因为根据"网络秩序是现实社会公共秩序的延伸""网络空间是现实社会的组成部分"等说辞完全可以得出两个截然相反的结论，空间一元论、二元论都能从此获得支持。但上述说明中的一句

---

[1] 《〈关于办理利用信息网络实施诽谤等刑事案件适用法律若干问题的解释〉的理解与适用》，载最高人民法院网 2013 年 12 月 12 日，https://www.court.gov.cn/shenpan/xiangqing/5913.html。

话暴露了司法解释的短板——在信息网络上散布虚假信息"往往会导致现实社会公共秩序的混乱",言下之意,这只是个概率问题,并非必然导致现实社会公共秩序的混乱。那么,对于那些没有导致现实社会公共秩序混乱的散布网络谣言等行为,是否也要一律认定为寻衅滋事罪?显然,司法解释并未区别对待而是持"一刀切"态度。

这涉及的其实是寻衅滋事罪的法益识别,本罪的法益侵害必须能够"落地",即对现实社会秩序的损害。寻衅滋事罪位于《刑法》分则第六章"妨害社会管理秩序罪"中,从体系上看,其法益侵害形式是妨害社会管理秩序,从刑法条文中也可以确定是"破坏社会秩序",那么所谓"网络(空间)秩序"是否属于"社会秩序"?根据唯物主义空间观,答案是否定的。"网络空间"本身没有任何的独立性,其意义仅在于说明这种空间是人们通过网络彼此联系在一起而形成的社会现实空间,网络只具有工具的意义,就如同身处异地的两个人通过微信视频、有线电话、纸质信件的沟通交流联系在一起,交往的主体是现实存在的,交往的工具(电脑、手机、座机、信纸)也是现实存在的,就此形成的交往空间也必定是现实存在的。《刑法》第293条中的"公共场所"必须是现实的场所而不是"虚拟的场所""电子的场所",因为人们外在行为的实施场地不可能是虚拟的,散布网络谣言的行为是通过键盘、鼠标、电脑等工具实施的,划定管辖权范围的"行为地"是现实的某个地点(如在某大学图书馆),该地点是能够直接被划归某个管辖区(如北京市朝阳区)的。《办理网络诽谤案件的司法解释》所谓的"在信息网络上散布"并不是标识"行为地"的场所概念,而是表达行为的"工具"概念。刑法使用的术语是"在公共场所起哄闹事",《办理网络诽谤案件的司法解释》针对的是"在信息网络上(利用信息网络)起哄闹事","信息网络"根本就不是一个"场所",也不是一个"空间",正如"在电话中相互辩论""在视频中相互谩骂""在报纸上相互攻讦"等只是意味着辩论、谩骂、攻讦的媒介是电话、视频、报纸,发生的场所仍然是行为人的肉身所在之地,而非发生在媒介里,"在……中"只是一种语文表达上的修辞而已。

在案例9中,法院认定被告人散布虚假信息、起哄闹事,这值得反思。一方面,行为不是发生在"公共场所"而是借用了互联网平台这种曝光度更高的媒介,这种行为同贴大字报、印发传单、在报纸上造谣等行为没有任何本质区别，不符合《刑法》第 293 条规定的"在公共场所起哄闹事"；而且，本案的刑事诉讼管辖权归济南市历下区人民法院，确立依据是《刑事诉讼法》第 25 条中的"犯罪地"，若将"在信息网络上"等同于"公共场所"即"犯罪地"，那么信息网络的"无界性"就会架空管辖权的确立规则。[1]另一方面，网络社交平台上的点击、转发、评论等本就是一种正常的交互方式，属于言论范畴，大量的浏览、评议意味着关注度更高，但不等于现实社会秩序混乱，所谓"混淆视听，蛊惑群众"也只是解释者对散布虚假行为本身的重复评价和主观臆测，与"扰乱社会秩序"的法益侵害评价无关。本案中，根据法院认定的事实，能够确认的法益损害是针对相关个人名誉的侮辱和诽谤，而网络上的热议或者风波并未演变为现实生活中的秩序混乱，即没有引起现实社会中的人群聚集、防碍交通秩序等问题。被告人的行为是否对网民造成"心理秩序"的冲击也是难以确证的，即便造成了冲击，这种网络虚假信息对心理秩序的危害也只能由立法者通过特殊立法予以明文确认，如将"编造虚假的险情、疫情、灾情、警情，在信息网络或者其他媒体上传播"的行为规定为"编造、故意传播虚假信息罪"，如此立法的本质是在刑法中创设了一种新的"秩序法益"，即便这种超个人的"心理秩序"也仍然是以物理空间中的"现实人""自然人"为中心，且此类罪名在《刑法》中也是极少数。

所以，在信息网络上传播虚假信息的危害本质是以虚假内容引起现实社会秩序的破坏，除却物理空间的"社会秩序"，"网络秩序"这一概念没有任何实际意义。正如陈兴良教授所言，对于上述"寻衅滋事"行为，"我国刑法不仅没有显性规定，而且也没有隐性规定，不能通过将其解释为起哄闹事而入罪"，"在这种情况下，如果要将网络传谣行为入罪，应当通过专门立法"。[2]《办理网络诽谤案件的司法解释》看似提供了一个"于法有据"的统一司法指南，实则是假借"语法修辞术"将"在信息网络上散布虚假信息"类推为《刑法》第 293 条第 1 款第 4 项"在公共场所起哄

---

[1] 类似案件之所以没有出现管辖权争议，正是因为在确立管辖范围时仍然将"犯罪地"建立在现实空间，由此也看出解释者在理解"在信息网络上""公共场所"等概念时出现了"双标"，哪一个标准好用就选择哪一个。

[2] 陈兴良：《寻衅滋事罪的法教义学形象：以起哄闹事为中心展开》，载《中国法学》2015 年第 3 期，第 282、第 283 页。

闹事，造成公共场所秩序严重混乱"，将互联网媒介等同于"互联网空间"（公共场所），属于司法解释的"造法"，这样的解释适用规则显然是简单化的、不正义的。

（二）避免因严密法网而另立更低的入罪标准

在网络时代以前，我国《刑法》第287条规定："利用计算机实施金融诈骗、盗窃、贪污、挪用公款、窃取国家秘密或者其他犯罪的，依照本法有关规定定罪处罚。"这毫无疑问属于一条可有可无的注意规定，其意义仅在于提示司法者注意上述犯罪的新手段而已。进入网络时代以后，网络犯罪被分为"以计算机或网络为对象的犯罪"、"以网络为工具的犯罪"以及"以网络为空间的犯罪"，计算机之间互联形成的网络被视为一种"空间"，犯罪进入"空间样态"。[1]也正是这种刑法修辞学的蔓延，导致网络相关犯罪成为一种新的犯罪形态，该种犯罪的法律适用方式迥异于传统犯罪，进而引起了入罪标准上的差别，主要表现为犯罪门槛的降低。

例如，司法实践中，帮助信息网络犯罪活动罪的定罪已经不要求帮助者和被帮助者的关系建立在共犯基础之上，定罪标准降低。2011年4月8日施行的《最高人民法院、最高人民检察院关于办理诈骗刑事案件具体应用法律若干问题的解释》（以下简称《办理诈骗案件的解释》）第7条规定："明知他人实施诈骗犯罪，为其提供信用卡、手机卡、通讯工具、通讯传输通道、网络技术支持、费用结算等帮助的，以共同犯罪论处。"也即，帮助者的行为应当符合帮助犯的原理。但如今不少法院在认定帮助信息网络犯罪活动罪时，既不要求行为符合上述司法解释规定的"明知他人实施诈骗犯罪"，也不要求行为符合《刑法》第287条之二规定的构成要件"明知他人利用信息网络实施犯罪，为其犯罪提供……"认定被告人构成本罪的理由仅仅是"其本人供述称当时就知道对方可能用来做违法的事情"。[2]换言之，帮助信息网络犯罪活动罪的适用只要求行为人"明知对方可能实施违法行为"，不要求"明知对方犯罪"，更不要求"明知对方利用信息网络实施犯罪"，将"利用信息网络实施犯罪"理解为一切"做违

---

[1]　参见梁根林：《传统犯罪网络化：归责障碍、刑法应对与教义限缩》，载《法学》2017年第2期，第3页。

[2]　参见河南省郑州高新技术产业开发区人民法院（2020）豫0191刑初1489号刑事判决书。

法的事情"。刘艳红教授认为，这是一种"降维"打击，"降维打击所蕴含的降低维度予以打击之意，后衍生为降低标准予以打击"，"司法中，面对web3.0 时代网络新型违法犯罪行为，为了应对网络安全治理的诉求，司法实践在'口袋罪'思维指引下通过刑法客观解释，对网络犯罪罪名进行扩大化与入罪化，并成为网络违法犯罪行为治理的方向"。[1] 如此一来，看似来势汹汹的网络犯罪数量难免夹杂着"被犯罪"的行为。

以窃取网络虚拟财产为例，究竟是否应当将其认定为盗窃罪，这是网络时代前后始终存在争议的问题。盗窃罪说认为，窃取网络虚拟财产行为是对无形财产利益的侵害，具有处罚必要性，这种无形的财产性利益可以归入《刑法》第 264 条中的"财物"，这没有超出"财物"可能具有的含义。换言之，"将虚拟装备等虚拟财产归入刑法调整范围是符合法理的，'公私财物'并未明确禁止其他情形，可以解释为属于盗窃罪的调整对象"[2]。张明楷教授就始终主张，刑法中的财物不仅包括有体物与无体物，还包括财产性利益，虚拟财产属于刑法上的财物，因为它可以被管理、具有转移可能性、具有使用价值，且虚拟财产已经家喻户晓，将之解释为财物也不会超越国民预测可能性，不属于类推解释。[3] 相反的观点认为，上述窃取行为构成非法获取计算机信息系统数据罪或者破坏计算机信息系统罪，也即，将网络虚拟财产认定为计算机数据而非"财物"。[4]

如前所述，《最高人民法院研究室关于利用计算机窃取他人游戏币非法销售获利如何定性问题的研究意见》指出："利用计算机窃取他人游戏币非法销售获利行为目前宜以非法获取计算机信息系统数据罪定罪处罚。"由于这只是最高司法机关研究室的一种倾向性意见，而且语气委婉，从中确实很难论断这种意见是否符合法理，毕竟超越刑法条文、刑法原理的司法解释并不少见，因而上述意见并没有说服学界，甚至不少司法机关仍然

---

〔1〕 刘艳红：《Web3.0 时代网络犯罪的代际特征及刑法应对》，载《环球法律评论》2020 年 5 期，第 112、第 113 页。

〔2〕 孙道萃：《网络财产性利益的刑法保护：司法动向与理论协同》，载《政治与法律》2016 年第 6 期，第 48 页。当然，这种简单套用"法无禁止即（解释）自由"的逻辑是极其荒谬的，因为法律根本就不可能规定或者穷尽哪些对象禁止作为犯罪客体，上述逻辑只能针对公民个人自由，而不能用来支撑司法者等有权者的解释自由。

〔3〕 参见张明楷：《刑法学》（第 6 版 下），法律出版社 2021 年版，第 1218 页。

〔4〕 参见欧阳本祺：《论虚拟财产的刑法保护》，载《政治与法律》2019 年第 9 期，第 39—54 页。

采用盗窃罪说。例如，2019 年 8 月，被告人张某杰以人民币 1 万元的价格将自己的 QQ 三国游戏账号卖给了沈某，之后沈某多次为该账号购买游戏装备（数额 16 万），同年 9 月被告人通过 QQ 账号申诉的方式盗取了上述游戏账号及游戏装备，卖出部分装备得款人民币 60725 元，后投案自首。公诉机关指控被告人构成盗窃罪（数额 16 万）。法院认为，被告人的行为属于盗窃罪，但盗窃数额的认定较为特别，"鉴于涉案游戏装备属于虚拟财产，其价值存在不确定性及不稳定性，根据现有证据无法查清其案发时的市场价值，从有利于被告人的角度出发，以被告人张某杰对部分游戏装备销赃所得的数额及被害人沈某购买该游戏账号的金额共计 70725 元认定被盗游戏账号及装备的价值较为合理"。最终判处被告人有期徒刑 2 年 10 个月，缓刑 3 年 2 个月，并处罚金人民币 1 万元。[1] 将上述行为认定为盗窃罪所面临的最大问题就是数额认定问题，上述法院的认定方式是"销赃数额 + 被害人购买账号的金额"，这显然与盗窃有体物的数额认定不同。其实，本案的纠结之处在于游戏平台产出的游戏装备是否能够以市场价认定。

笔者认为，将盗窃罪中的"财物"理解为"包括网络虚拟财产在内"，正是刑法在网络时代对盗窃行为的"降维"打击，即将盗窃罪行为对象的"有体"标准降格适用于"电子数据"。这种降格适用面临两个层面的疑问：

其一，这种"降维"方式造成了刑法规范的紊乱。网络虚拟财产本身在计算机系统上呈现的是一串数据代码，只不过它因计算机显示设备而可以给玩家带来非同寻常的视觉体验，玩家们愿意为此付出金钱。网络游戏装备具有"可被管理""转移可能性""使用价值"的属性，类似于知识产权这种无形财产权。如知识产权具有专有性权能，包括可使用、排斥他人的不法利用（可管理）、允许他人占有使用收益处分（可转移）。[2] 我国《刑法》基于知识产权（包括商业秘密）的保护必要性而将这种特殊的产权侵害行为归类为"侵犯知识产权罪"。《刑法修正案（十一）》大范围提高了假冒注册商标罪、侵犯商业秘密罪等知识产权犯罪的法定刑并调

---

〔1〕　参见广东省德庆县人民法院（2020）粤 1226 刑初 47 号刑事判决书。
〔2〕　参见吴汉东:《知识产权法》，法律出版社 2021 年版，第 22 页。

整了侵犯著作权罪的行为结构，但诸如侵犯著作权罪、侵犯商业秘密罪的最高刑只是 10 年有期徒刑，没有 10 年以上有期徒刑、无期徒刑的配备。网络虚拟装备只是网络游戏中的一小串符号，分割开来的代码本身没有著作权，它只是计算机软件内一小串从属于某个指令的代码。根据《刑法》第 217 条，窃取该数字代码的行为不属于"未经著作权人许可，复制发行、通过信息网络向公众传播其文字作品、音乐、美术、视听作品、计算机软件及法律、行政法规规定的其他作品"；根据第 219 条，该窃取行为也不属于盗窃商业秘密。若将窃取虚拟游戏装备认定为盗窃罪，那么就会造成明显的体系失调：侵犯比虚拟装备更具有产权价值的知识产权的犯罪行为，对应的法定最高刑仅有 10 年有期徒刑，而窃取网络虚拟装备反而构成刑罚更加严重的盗窃罪。为了纠正量刑的不均衡，盗窃罪说对犯罪数额的认定采取了多样化的方式，以便于将窃取行为的量刑保持在可接受的范围之内，如窃取 7 万多游戏装备被判 2 年多有期徒刑。可是，若将窃取虚拟财产的行为认定为《刑法》第 285 条第 2 款非法获取计算机信息系统数据罪，法定最高刑为 7 年有期徒刑，那么罪刑之间本就可以直接保持协调。

其二，"盗窃罪说"忽略了网络游戏平台的垄断性地位，将"虚拟财产"的所有权色彩、支配功能无限放大，这不符合现实。不可否认，网络社交账号、游戏账号、游戏装备等"虚拟财产"是用户通过实名注册、资金购买、打练升级等方式从运营商、网络平台方获取使用的[1]，它们在网络交往、娱乐过程中能够提供一定的服务，具有一定可管理性和使用价值，具有财产属性的利益表现。但是，网络虚拟财产与现实有体财产相比具有自身的特点，主要是对网络平台的依赖性，运营商和平台方在与用户、玩家订立协议时从来不会承认虚拟物品的所有权归于用户或玩家，这决定了虚拟物品的管理和转移受到很大的限制，这完全不同于现实有体财物。

比如，玩家在注册《魔兽世界》通行账户时会与平台方签订《暴雪战

---

[1]　张明楷教授认为，普通 QQ 号、E-mail 账号虽然具有可管理性、可转移性，但没有价值性，因而不是刑法上的财物。（参见张明楷：《刑法学》（第 6 版 下），法律出版社 2021 年版，第 1218 页。）然而，这一结论充满矛盾，因为"价值性"指的是使用价值，普通 QQ 号、电子邮箱账号虽然没有靓号的交换价值高甚至没有任何交换价值，但对于用户而言的使用价值是完全一致的，它们都是网络社交的重要工具，就如同身份证相对于其他而言毫无使用价值，但对于本人而言使用价值非常大，所以能够成为非数额盗窃的犯罪对象。

网最终用户许可协议》，该协议明确规定了"所有权"条款："A. 除授权方的游戏，暴雪是平台、暴雪制作和开发的游戏（简称"暴雪游戏"）、账号、自定义游戏及其所有的功能和组成部分的或相关的权利、资格和利益的所有人或被许可方"，"暴雪拥有或被许可下述内容，但不仅限于下述内容：i. 本平台内显示的所有虚拟内容，包括暴雪游戏，例如……虚拟物品（如点卡）、货币、药剂、武器、防具、可穿著物品、皮肤、喷漆、宠物、坐骑等。ii. 通过平台或游戏发生的所有数据和对话交流……"[1] 这就意味着，即便承认游戏内的所有物品是所有权的客体，这里的所有权也一律归运营商或平台方，其对游戏的运营管理起着绝对垄断地位。运营商和平台方在开发游戏时自主创设了海量的虚拟财产，只要它们愿意，"屠龙刀""骷髅马""飞速战靴"等虚拟装备的数量和价格是不受限定的，这些物品在出售给玩家之后便可大量盈利。若玩家违反用户协议，运营商或平台方可以对用户采取永久冻结账户、删除通行证、调整或修复游戏数据等违约应对措施；若有朝一日，游戏公司关门大吉、游戏停止运营，玩家的物品也会瞬间蒸发，所有运营商和平台方在与玩家签订服务协议时绝对不会承诺玩家的所谓"所有权"。用户与玩家免费注册或后期购买的仅仅是一种服务，账号、游戏装备等是对方提供游戏服务的凭据，尤其是在游戏被关停之后，用户与玩家主张恢复原状、返还原物的所有权请求权也无法得到满足。因此，游戏运营商和平台方销售的从来都是以数据体现的一种互联网服务，只不过这种数据借助显示设备而呈现为立体形象，这种形象完全是一种虚拟的表象而已，"数据"才是其本质。

在计算机设备、软件与互联网所组成的网络世界中，现实社会中的一切（包括自然人）都可以得到自动化、智能化的复制，"虚拟财产""AI人""虚拟现实"等所有的对应性存在，都只是依据"真实财产""真实人""真实现实"的一种模拟、比拟。正如刑法中的故意杀人、故意伤害等传统人身犯罪的对象不包括"虚拟电子人""智能机器人"，盗窃罪等财产犯罪的对象也不应包括"虚拟的财产"，这不是对网络时代社会结构变化的无视，相反，这恰恰是对网络社会的正视。诸如网络游戏中的物

---

〔1〕《暴雪战网最终用户许可协议》，载暴雪战网，https: //blz.cn/zh-cn/legal/4ac4d7fb-f007-4c62-92ff-886c6a4c127b/ 暴雪战网最终用户许可协议。

品、财产之生产、交换与现实社会中实体产品的生产、交换完全不可同日而语，游戏中的金币、装备可以无限增长，这种所谓的"财产"借助的仅仅是几个数字符的改变而已，而现实社会中的物质财富增长则需要耗费极多的人力、物力、财力成本，甚至以地球资源的消耗为代价，"虚拟财产"有何资质可以获得与现实财产完全相同的保护地位？将网络虚拟财产作为财产犯罪的对象，实际上是对财产犯罪的"降维"打击，这种看似"同等"保护的正义选择，实则是网络语境下被修辞误导的不正义。

（三）穿透网络背后的社会权力关系：加重平台责任

互联网工具的普及改变着网络空间背后的社会权力关系，网络犯罪的治理共建更有必要强化垄断该交往工具的网络平台责任，而不能"抓小放大"。互联网提升了万物互联的效率和多元参与的可能，"去中心化"在许多领域成为常态[1]，网络平台、平台型企业等主体由此成为大量公共事务的决策者，原有的"个人 - 国家"二元结构变成了"公权力 - 私权力 - 私权利"多元结构。[2] 这种多元权力中心的形成，直接影响着公共政策的制定与实施。网络平台对网民的行为影响力在很多领域与国家权力不分伯仲，这归根结底来自互联网资本对社会的控制力。当用户力量逐步衰退、平台力量逐步增强时，"再中心化"便由此产生，个人责任与平台责任注定不能采取平均主义。[3] 尤其是，网络平台、平台型企业在主宰互联网交往规则的同时，往往因这种管理地位而获取了巨额经济利益，甚至在某个领域居于资本垄断地位，如果不对之附加更多的法律监管责任而一味追究、加重处罚网民个人，一旦平台故意作恶或者疏于监管防范，网络社会治理可能竹篮打水一场空。

所谓"平台"，即互通交流、信息传递的媒体或中介，"网络平台"是那些能够为互联网使用者提供网络数字服务的中间服务者（网络服务提供者），如网络社交平台、电子商务平台、短视频平台、互联网金融平台、

---

〔1〕　参见帅奕男：《智慧社会的司法范式转型》，知识产权出版社 2021 年版，第 101 页以下。

〔2〕　参见龚向和：《人的"数字属性"及其法律保障》，载《华东政法大学学报》2021 年第 3 期，第 79 页。

〔3〕　参见刘艳红：《人工智能时代网络游戏外挂的刑法规制》，载《华东政法大学学报》2022 年第 1 期，第 82 页。

云存储平台、数据交易平台等。在经济交易、社会交往的意义上，"网络平台"与"网络空间"一样都是修辞性概念，这些平台在互联网上体现为某个网站、程序、App 等，在现实社会中则体现为某个互联网企业（平台型企业）或者提供互联网服务的自然人。我国法律或其他法规范对不同网络平台进行了有针对性的规制，如《电子商务法》第 9 条规定了"电子商务平台经营者"这一概念，"是指在电子商务中为交易双方或者多方提供网络经营场所、交易撮合、信息发布等服务，供交易双方或者多方独立开展交易活动的法人或者非法人组织"，那些通过电子商务平台销售商品或者提供服务的电子商务经营者被称为"平台内经营者"。我国《食品安全法》也在多个条文规定了"网络食品交易第三方平台""网络交易平台服务""国家建立统一的食品安全信息平台"等。

2019 年 1 月，中国网络视听节目服务协会发布了《网络短视频平台管理规范》，这是一个针对网络短视频平台的行业规范，开篇即使用了"网络平台"一词："开展短视频服务的网络平台，应当持有《信息网络传播视听节目许可证》（AVSP）等法律法规规定的相关资质，并严格在许可证规定的业务范围内开展业务。"2022 年 8 月 1 日修订施行的《移动互联网应用程序信息服务管理规定》旨在规制"应用程序提供者和应用程序分发平台"，包括互联网小程序平台、浏览器插件平台等，第 26 条第 3 款还特别进行了定义："本规定所称移动互联网应用程序分发平台，是指提供移动互联网应用程序发布、下载、动态加载等分发服务的互联网信息服务提供者。"国外互联网法律规范中也使用"网络平台"一词，如 2017 年 6 月德国联邦议会制定《社交网络中法律执行改进法》（Gesetz zur Verbesserung der Rechtsdurchsetzung in sozialen Netzwerken）[1]，该法多次提及"网络平台"（Plattformen im Internet）、"视频分享平台"（Videosharingplattform）。该法第 1 条第 1 款规定："本法适用于以营利为目的网络平台运营的电信媒体服务商，该网络平台可以让用户之间分享任意的内容或者向公众开放访问（社交网络）。"法律之所以要对网络平台进行特别规制，原因还在于其用户量巨大，如某些网络社交平台国内用户动辄上亿、全球用户高达十几

---

[1] 关于本法的翻译可参见《改善社交网络中的法律执行的法律》，叶强译，载刘艳红主编：《东南法学》（春季卷），社会科学文献出版社 2019 年版，第 275—281 页。

亿，远超某一个国家甚至某个洲的人口数，平台对注册用户的管理在很多方面要胜过政治国家对公民的管理。

在社会交往中，网络平台向用户提供网络服务可以是无偿的[1]，但绝不是公益的，尤其是平台型企业天生以营利为目的，这种平台要想获得生存就需要提供与其他平台不同的服务或非凡的用户体验，因而每一个平台相对于自己的用户而言，都是一个处于绝对优势地位的服务垄断者。正是这种逐利性，网络平台在提供互联网服务过程中不可能是个无欲无求的中立者，它首先要以自身的经济利益为中心而不是"以用户为中心"，用户数量庞大却始终处于绝对劣势，而平台则会滥用其优势地位。这就需要法律以利益平衡为原则调整平台与用户之间的关系，平衡的方式便是赋予绝对优势地位的网络平台更多的义务，这些义务包括平台对自己"地盘"的监督管理义务，平台对用户数据、隐私、个人信息等权益的保护义务，平台基于合同履行的风险容忍义务。

加重平台责任不仅是防止资本野蛮生长的需要，也是预防更严重法益侵害行为的需要。在网络时代，哪个主体作恶的危害性更大，个人还是平台？一个生活中的例子是，网民个人对其他网民言论自由的侵犯显然无法与网络平台的"删帖""撤热搜"等对公民言论表达自由的妨害相比。网络平台对注册用户个人信息或敏感数据的收集处理、对隐私权限的违规获取远比其他个人具有得天独厚的优势，这种优势本身也是实施侵犯公民个人信息罪等犯罪的便利条件。如滴滴出行平台违法收集用户人脸识别信息、精准位置信息、用户学历与身份信息等动辄几十多亿条[2]，其危害性是任何个人行为都难以匹敌的。一旦拥有绝对支配性地位的网络平台或其内部人员故意或过失实施法益侵害行为，行为方式将更加隐蔽、社会危害性将更加严重。

在案例6中，被害人的损失与平台自身的管理有无因果关系？这并非没有疑问。在网络交易平台中，平台制定了海量的管理规则，在认定犯罪之前必须首先追问平台规则是否科学合理，平台规则在生产经营的妨害结果产生链条中是否影响因果关系的判定。本案涉及的淘宝购物平台制定了

---

[1]　"先免费后收费""先低价后涨价"是不少网络社交平台、交易平台"割韭菜"的低级惯用套路。
[2]　参见陆涵之：《滴滴被罚80.26亿元》，载《第一财经日报》2022年7月22日，第4版。

大批量的管理规范，如《大淘宝宣言》《淘宝平台规则总则》《淘宝网开店规范》《淘宝网生活娱乐线上会员行业管理规范》《淘宝网童装行业管理规范》《淘宝网商品发布规范》《淘宝平台交互风险信息管理规则》《淘宝平台违禁信息管理规则》《淘宝网评价规范》等，甚至为上述"官方规则"对应出台了"实施细则"。其中，《淘宝网市场管理与违规处理规范》第38条规定了"虚假交易"的定义以及对违规行为的纠正，包括"下架商品""搜索降权商品""取消虚假交易产生的不当利益"等。在《淘宝网关于虚假交易实施细则》中，平台明确了虚假交易排查认定的方式包括"人工排查及判定"、根据虚假交易模型的"系统排查和系统判定"，同时平台提供了虚假交易处罚认定的申诉渠道以及申诉成立的条件，即"举证证明异常交易是基于真实消费场景和合理解释异常交易的原因"。[1]

可见，平台在采取处罚措施时遵循的是近似"有罪推定"的原则、采取举证责任倒置，案例6中卖家的商品被错误采取搜索降权措施，这便是平台根据上述规则和排查判定方式作出的一种误判。1500份商品交易不是卖家做出的虚假交易而是真实交易，卖家并不禁止大量交易，无论买家买1份还是买1500份都是合法有效的买卖合同行为，而且淘宝规则所规定的商品搜索降权等临时管控措施只针对卖家，因而卖家在交易过程中对"是否触发临时管控措施"具有完全的注意义务，被告人作为购买者完全没有避免义务，他也只是"顺应"了这一规则而没有违反规则，卖家只追求销量而导致平台对商品搜索降权属"自陷风险"之结果。在网络购物中，除非卖家设定了交易数量限制（库存限制），否则买家当然可以大批量购买该商品，卖家对此就要充分注意其大批量销售是否会被平台排查认定为虚假交易，这是卖家适应垄断性平台规则的必要义务。因此，即便被告人具有打击竞争对手的恶意，在这种恶意支配下也实施了批量购买商品的行为，但对于买家来说，只要卖家同意、平台规则允许，这都是市场自由平等交易的体现，"搜索降权"以及因此遭受的损失与平台"违规推定"的管理措施直接相关，本案中的因果关系因平台的介入是否中断，不无疑问。2022年1月，国家互联网信息办公室对外发布的《互联网信息服务深

---

[1] 参见《淘宝网关于虚假交易实施细则》，载淘宝网，https://rulechannel.taobao.com/#/rule/detail? ruleId=533&cId=15。

度合成管理规定（征求意见稿）》第8条中拟规定，"深度合成服务提供者应当制定并公开管理规则和平台公约"。

再如，司法实践中司法机关对个人强加了与平台相等的审查管理义务，这造成了罪刑分配上的不协调，这种表面上对个人与平台"一视同仁"的司法倾向，本质上是一种不平等、不正义。以一起帮助信息网络犯罪活动案件为例，一审法院认定，被告人齐某某办理一张农业银行卡出售给王某某，齐某某明知他人利用信息网络实施犯罪而为其提供支付结算帮助，破坏信息网络管理秩序，情节严重，其行为已构成帮助信息网络犯罪活动罪。齐某某上诉称，其不明知他人犯罪而帮助他人犯罪。二审法院认为，齐某某以营利为目的，不审查他人是否合理使用以其身份信息办理的营业执照和对公账户，即为他人办理营业执照和对公账户，任由他人使用，致使其账户被他人用来实施电信网络诈骗，且交易流水次数频繁、金额巨大，据此可以认定，齐某某应当知道他人使用其提供的对公账户用于犯罪活动，即明知他人实施犯罪活动而帮助他人犯罪。[1]

本案的"明知"认定问题与案例3完全一致，抛开该点不谈，本案的定罪理由还存在另外疑问：对被告人强加了审查他人是否合法使用银行卡的监督管理义务，被告人未履行该审查义务便向他人提供银行卡，构成帮助信息网络犯罪活动罪。可见，这里处罚的是不履行安全管理义务的行为。但是，我国《刑法》只针对网络服务提供者（网络平台）规定了第286条之一拒不履行信息网络安全管理义务罪，而且成立本罪的前提是经监管部门责令采取改正措施而拒不改正，而非不履行该义务立即成立犯罪。换言之，刑法对网络平台不履行网络安全管理义务的容忍度很高，而本案中齐某某不履行审查管理义务则立即被认定构成了帮助信息网络犯罪活动罪，显然对齐某某的要求比网络平台更高。按照法院的定罪逻辑，为避免刑事风险，不仅平台型企业应当进行合规计划，自然人更应做好合规计划，不履行该义务不仅违法，而且会直接构成故意犯罪。这当然是对个人附加了比网络平台更多、执行难度更大的审查义务。

既然网络平台同时拥有更直接、更及时的风险管控能力和更严重、更普遍的法益侵害能力，那么"网络空间不是法外之地"的宣言更有理由针

---

[1] 参见河南省洛阳市中级人民法院〔2021〕豫03刑终327号刑事裁定书。

对网络平台，督促其履行平台监管责任和自身合规管理，若只是"抓小鱼放大鱼"，网络犯罪治理方向和实效就会存在偏差。中共中央《法治社会建设实施纲要（2020—2025年）》明确提出："完善党委领导、政府负责、民主协商、社会协同、公众参与、法治保障、科技支撑的社会治理体系，打造共建共治共享的社会治理格局。"在网络化、智能化、共治化的社会治理语境中，网络平台对网民的行为影响力在很多领域与国家权力不分伯仲，这归根结底来自资本对社会的控制力，用户力量逐步衰退而平台力量逐步增强，这更需"分清平台责任与个人责任"。[1]如果将处于劣势的个人用户与处于垄断性优势的网络平台等同视之，甚至对个人强加更严苛的义务，这种"抓小鱼放大鱼"的思路可能导致网络治理方向出现偏差，涉网犯罪"越治越多"的窘境就不可避免。最终，强化平台责任的渠道就不是加重刑事责任，而是强化平台型企业合规监管，这也是网络时代"用非刑罚措施预防网络犯罪""用技术措施应对技术风险"何以重要的基本原因之一，这涉及刑法观念的转变问题。

四、本章小结

"网络空间"概念的使用所带来的巨大潜在风险是：使人误认为新的社会形态、消费模式、政治行为等皆可从技术革新中寻找答案。但是，君不见互联网的革新给我们带来了什么？理想中的无纸化社会却造成了日益增加的纸张消耗，全球通信的实现却促使越来越多的人在外奔波。更有甚者——使网络的忠实拥趸们捶胸顿足的是——他们坐拥无数号称节省人力的机器设备却始终承受着巨大的社会工作压力！同样，网络空间独立论（双层空间论）可能误导人们以为自己能够逃离日复一日的繁杂生活，躲进电子虚拟空间的自由天地。"科学与幻想达成新的同盟，在更大的程度上操纵了大众思维，营造了一个虚幻的世外桃源。"[2]如果在修辞意义、社会交往的工具意义上使用"网络空间"概念，则它在特定的语境中确实具

---

〔1〕 参见刘艳红：《人工智能时代网络游戏外挂的刑法规制》，载《华东政法大学学报》2022年第1期，第82页。

〔2〕 ［加］大卫·里昂：《赛博空间：是超越信息社会的存在吗？》，载［英］约翰·阿米蒂奇、乔安妮·罗伯茨编著：《与赛博空间共存：21世纪技术与社会研究》，曹顺娣译，江苏凤凰教育出版社2016年版，第9页。

有很强的说理功用，对此也无须妄加非议，就如同单位领导总是把"像家人一样对待自己的员工、同事"挂在嘴边，这种比喻有助于凸显他们的爱人之心，但我们也从来没有忘记，他们绝不会把员工和家人等同视之，甚至职场中这些将员工、同事当作"家人"的领导们也不乏道貌岸然的虚伪人士。"网络空间"概念正是一种虚伪的空间概念、是空间的表象，"网络空间"不能脱离现实社会人与人之间的社会交往，它只是对社会交往手段、媒介的一种表达替换，它的准确含义应当是：物理空间的人们借助计算机网络进行社会交往。它只是现实空间基于互联网角度的一个侧面描述而已，不存在物理社会与网络社会并列的"双层社会"、物理空间与网络空间平行的"双层空间"。如果刑法解释脱离物理空间这个社会基础，刑法介入社会生活的正当性就会存疑，如果忘却"网络空间""人工智能机器人""元宇宙"等概念的修辞性，刑法学乃至整个法学的研究就会背离唯物主义和人本主义。

第三章

网络时代刑法解释的积极主义：
功能化走向之评价

从基本方向上看，多数社会问题的最优化解途径并不是法律方案，防患于未然的首选之道恰在法律之外，更遑论刑法对社会问题的急切干预。例如，网络安全本质上是一个技术问题，实现网络强国战略的直接力量是信息网络技术，维护网络安全的主力军是信息网络人才，法学和法学家只能起到为技术提供制度护航的作用，无论怎样强调法律的功能，也无法依靠法律直接走向网络强国。再如，法律也不是反恐的直接有效方式。恐怖主义的滋生与消除因素复杂，宗教信仰、经济贫困、政治阴谋等都极易导致恐怖主义极端行为，虽然反对恐怖主义的最激烈方式除了军事打击便是监狱、死刑等刑罚措施，但最根本的消除方式则是科学合理的国内政策、外交政策等。通过"刑法修正案"增设非法持有宣扬恐怖主义、极端主义物品罪等新罪以威慑恐怖主义，这对那些偏执于某种"信条"甚至"邪教"的"确信犯"而言，是否能够达到震慑目的，非常值得怀疑。然而，每当新的社会问题出现，尤其是在近10年社会转向和风险全球化的双重压力背景下，法律界特别容易萌生或明或暗的法律万能论调。而一旦信奉法律无所不能，似乎意味着网络强国战略可依赖法律一己之力实现，网络社会治理可凭借法律独当一面完成。尤其是在"刑事治理"话语日盛的情势下，刑法学家、实务精英特别偏爱为此提供刑法层面的解决办法，或者以此为由贡献刑法治理卓见，纷纷主张通过"定罪"的方式为网络安全规划各种强有力的行动方案，将更多所谓的失范行为及时纳入犯罪圈，以体现刑事治理的优越性。

例如，前文提及的"恶意刷单""恶意抢购""恶意注册网络账号"等以"恶意"冠名的"全国第一案"中，不少理论学者和实务人士均能够主动启用破坏生产经营罪、计算机信息系统犯罪、非法经营罪等便捷化的罪名及时应对，将互联网经济中的不正当竞争等行为以"治理"的名义归入"网络黑产犯罪"进行刑罚打击。但是，这总避免不了"弱化客观行为评价""以主观恶意类推适用相似罪名"等疑问。尤其是，学术与司法的现有评价体系内，对此类新型案件的处理能力或多或少关乎法学专家、办案人员对网络时代的学术适应力、司法前沿水准甚至时代感、荣誉感，加之一些大型互联网企业极力推动，似乎只有给予类似"网络黑灰产"以最严厉的处置，才能妥善环顾各方利益。再如，2021 年 6 月 17 日，《最高人民法院、最高人民检察院、公安部关于办理电信网络诈骗等刑事案件适用法律若干问题的意见（二）》（以下简称《办理网络诈骗案件的意见（二）》）明确提出："为进一步依法严厉惩治电信网络诈骗犯罪，对其上下游关联犯罪实行全链条、全方位打击，根据《中华人民共和国刑法》《中华人民共和国刑事诉讼法》等法律和有关司法解释的规定，针对司法实践中出现的新的突出问题，结合工作实际，制定本意见。"最高司法机关对电信网络诈骗犯罪等当前最为突出的网络犯罪采取的是"全链条打击"的刑事政策，在惩罚下游犯罪时更加注重刑法干预的前置，强调对上游行为、早期行为、源头行为的全方位干预。

有学者认为，旨在追求刑事法网严密的刑法取向，"不仅可以有效地伸张社会正义，加强社会伦理的力量，增强社会大众的法律认同感，形成遏制和预防犯罪的社会心理氛围，而且可以唤醒犯罪分子本人的社会伦理意识"[1]。整体而言，"刑法应当积极参与社会治理"已经得到大幅认可，甚至一度成为著名法学家和最高司法机关的公认命题，他（它）们特别看重刑法对社会纠纷的化解和对社会风险的管控作用，意图用刑法将所有严重危害社会的行为遏制于萌芽，刑法系统的运作应当以预防犯罪为导向，此即功能主义刑法观之内核。然而在经验和逻辑上，刑法的"极度功能化""积极活跃化"对网络安全的保护、对网络犯罪率的降低是否产生了实效？抑或纯粹适得其反？这都值得讨论。在社会治理语境中，究竟该如何评价功能主义的刑法解释方向、如何看待此种目的理性教义学的刑法思维，是探究网络时代刑法解释理念与方法的另一个基础任务。

一、网络时代积极主义刑法观的生成发展逻辑

刑法观是关于刑法的性质、定位、功能的总体观念，它既为刑法的走向和边界提供根本立场，也为刑法的立法、司法以及刑罚执行提供决策方

---

[1] 付立庆：《论积极主义刑法观》，载《政法论坛》2019 年第 1 期，第 102 页。

法。因此，对某一新刑法观的认识不是看其时代名号是否新颖，而是要考察其刑法立场和方法是否有所更替，对学术上的某些"障眼法"应保持足够理性。众所周知，自启蒙思想之后，刑法观的架构中便存在一对永恒范畴——保护社会和保障人权，只是在不同的历史阶段，二者之间的地位对比呈现不同的样态，但"法治"被公认为法律基本价值和建设目标之后，保障人权在应然层面始终处于无可非议的第一指标位置。就新中国社会发展阶段而言，国家对法治的正式确认经历了较为漫长的过程，直到1996年3月17日，《中华人民共和国国民经济和社会发展"九五"计划和2010年远景目标纲要》才提出"依法治国，建设社会主义法制国家"。[1]1997年9月12日，党的十五大报告在"社会主义初级阶段的基本路线和纲领"中明确提出"依法治国，发展社会主义民主政治"，并主张"依法治国，是党领导人民治理国家的基本方略"。1999年3月15日，第九届全国人民代表大会第二次会议将"中华人民共和国实行依法治国，建设社会主义法治国家依法治国"正式写入国家《宪法》。可以说，早在Web1.0时期"法治"便成为社会主义中国的国家发展目标，虽然"法治"具有社会主义特色，但"尊重和保障人权"不可否认是国家法治的第一要义，这也是何以将之"入宪"的根本原因。习近平总书记在党的十九大报告中也旗帜鲜明地强调"加强人权法治保障，保证人民依法享有广泛权利和自由"，将人权的法治保障作为建设社会主义法治国家的基础。所以，刑法观合理性的评价具有统一的标准，需要检验积极主义刑法观是否有助于强化法治、加强人权的法治保障，尤其是从Web1.0时期进入网络时代以后的正当性。

（一）积极主义刑法观是网络时代风险刑法的延续

基于对犯罪概念及其危害性的基本认识，积极主义刑法观支持者主张，我国刑法立法更应该考虑的是，为维持社会生活的基本秩序，立足于宪法上的价值保护指向，哪些行为是刑法上不可忽视、不能容忍的，进而有必要针对类似行为设置罪刑规范，使之成为国民的行动指南。进一步

---

〔1〕 彼时国家法制尚不健全，社会主义市场经济发展需要新的法制规范系统，因而迫切的任务是建设社会主义"法制国家"，法制建设是法治建设之首要，在当前中国特色社会主义法治体系中，"完备的法律规范体系"是"高效的法治实施体系""严密的法治监督体系""有力的法治保障体系"等环节的基础。

地，"应当建立能动、理性、多元的总体立法方略。能动，是指刑法立法
应当根据社会转型的需要及时作出反应，增设新罪的步伐不能放缓，应当
适度扩大刑罚处罚范围，保持立法的活跃化和积极干预社会生活的姿态；
理性，是指在立法总体思路和罪刑设置上注重科学性，论证更为充分，不
盲从于社会舆论或公众情绪；多元，是指不将刑法典作为唯一倚重的对
象，而是尝试建立以刑法典为核心，以轻犯罪法为辅助，刑罚和保安处分
措施双轨制的成文刑法体系"[1]。可见，积极主义刑法观的第一要素是"能
动"，即"积极干预"，而"能动"或"积极"的目的是"设置罪刑规范，
使之成为行动指南"，换言之，积极主义刑法观是面向全体国民以犯罪的
一般预防功能为导向的刑法观，是功能主义或机能主义的刑法观。就此而
言，积极主义刑法观的基本主张是：刑法应根据社会需要"适当扩大"处
罚范围，严密刑事法网，保持刑法的"活跃化"和"积极干预社会"的姿
态，保持"适度的犯罪化"，包括立法上的犯罪化，如增设新罪、改变已
有犯罪之构成，以及司法上的犯罪化，即"通过法官适用解释法律而将某
一行为认定为犯罪"。概而言之，从立法到司法等全方位倡导"刑法介入
社会生活应该更为积极一些"[2]，这便是积极主义刑法观的基本观点。

　　近年来，积极主义刑法观获得成功的第一大"试验田"是立法，主要
表现为刑法修正案对新罪轻罪的增设。在进入网络时代之前，1997 年修订
的《刑法》中主刑最高刑为 3 年有期徒刑的轻罪有 75 个（如第 129 条丢
失枪支不报罪等），主刑最高刑为 2 年有期徒刑的轻罪有 11 个（如第 221
条损害商业信誉、商品声誉罪等），主刑最高刑为 1 年有期徒刑的轻罪有 2
个［第 322 条偷越国（边）境、第 252 条侵犯通信自由罪］。[3]上述轻罪
共计 88 个，仅占当时最高人民法院确定的 413 个罪名的约 21.3%。[4]1999
年 12 月 25 日审议通过的《刑法修正案》、2001 年 8 月 31 日审议通过的
《刑法修正案（二）》、2001 年 12 月 29 日审议通过的《刑法修正案（三）》、
2002 年 12 月 18 日审议通过的《刑法修正案（四）》、2005 年 2 月 28 日审
议通过的《刑法修正案（五）》均未增减或修改轻罪。直到 2006 年 6 月 29

---

[1]　周光权：《转型时期刑法立法的思路与方法》，载《中国社会科学》2016 年第 3 期，第 132 页。
[2]　付立庆：《论积极主义刑法观》，载《政法论坛》2019 年第 1 期，第 100 页。
[3]　此处数据是笔者根据 1997 年《刑法》文本统计所得。
[4]　参见喻海松：《罪名司法确定的实践逻辑与理论探究》，载《法学》2021 年第 10 期，第 81 页。

日审议通过的《刑法修正案（六）》才开始改动轻罪条文，将第 161 条提供虚假财务报告罪扩充为"违规披露、不披露重要信息罪"；2009 年 2 月 28 日审议通过的《刑法修正案（七）》新增了第 253 条之一第 1 款"出售、非法提供公民个人信息罪"和第 2 款"非法获取公民个人信息罪"（《刑法修正案（九）》将之合为 1 个重罪），扩充了第 337 条"妨害动植物防疫、检疫罪"，并将原第 375 条第 2 款拆分为现行第 2 款"非法生产、买卖武装部队制式服装罪"（轻罪）、第 3 款"伪造、盗窃、买卖、非法提供、非法使用武装部队专用标志罪"（重罪）。

　　在进入 Web3.0 时期之后，刑法修正案迎来大范围修正。2011 年 2 月 25 日审议通过的《刑法修正案（八）》是 1997 年以来修改内容最多的一部修正案[1]，它对分则轻罪的修正主要体现为：第一，新增"绝对轻罪"，即第 133 条之一危险驾驶罪（处拘役，并处罚金）；第二，增加两种不要求"入罪数额"的"相对轻罪"构成，即"多次盗窃、入户盗窃、携带凶器盗窃、扒窃""多次敲诈勒索"；第三，将原本的轻罪升级为重罪，如提升了第 226 条强迫交易罪、第 244 条强迫劳动罪的最高刑。2015 年 8 月 29 日审议通过的《刑法修正案（九）》再次对刑法分则进行了大幅修改，其中的轻罪化立法包括第 120 条之五强制穿戴宣扬恐怖主义、极端主义服饰、标志罪等 13 个条文 14 个新罪名，扩充了第 133 条之一危险驾驶罪、第 309 条扰乱法庭秩序罪等 4 个轻罪的内容。2017 年 11 月 4 日审议通过的《刑法修正案（十）》增加了 1 个新罪轻罪，即第 299 条第 2 款侮辱国歌罪。2020 年 12 月 26 日审议通过的《刑法修正案（十一）》时隔 5 年后再次对刑法分则进行大调整，其中的轻罪化立法条文包括 8 个新罪：第 133 条之二妨害安全驾驶罪，第 134 条之一危险作业罪，第 291 条之二高空抛物罪，以上犯罪最高刑仅为 1 年以下有期徒刑；第 280 条之二冒名顶替罪，第 293 条之一催收非法债务罪，第 299 条之一侵害英雄烈士名誉、荣誉罪，第 344 条之一非法引进、释放、丢弃外来入侵物种罪，第 355 条之一妨害兴奋剂管理罪，以上犯罪最高刑为 3 年有期徒刑。由上可见，我国 1997 年《刑法》设立了约五分之一的轻罪，《刑法修正案（六）》扩充

---

〔1〕　参见刘艳红：《〈刑法修正案（八）〉的三大特点——与前七部刑法修正案相比较》，载《法学论坛》2011 年第 3 期，第 5—11 页。

了 1 个原有轻罪的构成要件，《刑法修正案（七）》新增了 2 个侵犯公民个人信息的轻罪，《刑法修正案（八）》则增加了危险驾驶罪以及非数额型的盗窃罪、敲诈勒索罪。从《刑法修正案（九）》《刑法修正案（十）》开始连续新增了 15 个轻罪，扩容了 4 个轻罪，尤以危害公共安全罪中的危险驾驶罪、恐怖主义犯罪以及网络犯罪为代表；《刑法修正案（十一）》则在社会治理的多个层面新增了 8 个轻罪。截至 2020 年年底，11 部修正案新增轻罪 26 个，现存轻罪 105 个，"轻罪化"在近年来的刑法修正案中具有明显的体现。

　　积极主义刑法观的上述表现所面临的首要障碍是，如何圆满解释刑法的谦抑性要求。对此，积极主义刑法观支持者认为："现代社会，谦抑性原则对立法的制约事实上是有限的。由于法益概念在现代社会被逐步抽象化、精神化、稀薄化是不可扭转的趋势，法益概念的批判功能日益式微。某种原来并不受重视的利益一旦被立法者认为有必要在刑法上加以保护，其就上升为法益。许多立法与其说是要保护国民的利益，不如说是为了回应国民'体感治安'的降低，试图保护其'安心感'，从而使立法带有明显的象征性色彩。由此一来，基于法益概念对立法权进行制约的诸多原则的力量自然会逐步削弱，以刑法谦抑性作为批评立法的工具，势必具有某种程度的随意性和想当然的成分"，"肯定积极刑法立法观并不会否定刑法的谦抑性或最后手段性，但应将谦抑性原则的着眼点从主要钳制立法转向制约司法活动"。[1]

　　但问题在于：其一，谦抑性原则在实践中落实不力不等于要放弃谦抑性，正如罪刑法定原则在 1997 年被写进《刑法》之后司法贯彻不力不等于罪刑法定原则应当被废除，这反而恰恰印证和凸显了该原则的实践必要性。其二，法益概念对刑法立法批判功能的式微不等于刑法立法就失去了全部批判、限制机制，完全可以直接否定法益的立法批判功能而不是否定谦抑性本身。谦抑性不是来源于法益而是来自宪法上的权力制约观念，除法益之外刑法学内还有多种类似概念，如"最后手段性"（Strafrecht als "ultima ratio"）、"刑法的辅助性"（Subsidiarität des Strafrechts）、"刑法的片段性格"（Fragmentarischer Charakter des Strafrechts）、"容忍原则"

---

[1]　周光权：《积极刑法立法观在中国的确立》，载《法学研究》2016 年第 4 期，第 32、第 33 页。

（Toleranzprinzip）等，"这些限制刑法的方式几乎全部都可归因于比例原则"，"相对于明显具有宪法约束力的比例原则而言，这些方式都是可有可无的"。[1] 所以，在比例原则与法益保护原则的关系中，比例原则永远是上位原则，刑法学内部的各种理论均不能取代比例原则。比例概念确实具有空洞性、抽象化等特点，它本就没有立法批判功能，对立法的限制完全可以采用直接来自宪法的比例原则。刑法的谦抑性也自此而来。[2] 其三，论者所言的"保护体感治安"立法，恰恰是需要大加批判的立法现实，这也是积极主义刑法观所引发的最大问题。

例如，《刑法修正案（十一）》增设的第 291 条之二高空抛物罪就是立法者急于纾解社会惩罚情绪的结果，旨在以"入刑"的姿态回应民众的"安全感"。一般而言，行为距离实害越远，人们对之危害性认识就越模糊，因而刑法向来以实害犯（故意犯）为核心设置罪刑规范体系。高空抛物最先是以过失致人死亡罪、故意毁坏财物罪等"看得见的实害犯"入罪的，后来司法和舆论上才将之视为"威胁头顶上安全"的危险犯。在2018 年 3 月东莞女婴被高空抛物砸成重伤后，人们基于"飞来横祸"的共情心理再次对该行为的危害性有了更深刻的认识，各类媒体就此掀起了新一轮讨论热潮，进而激起了社会公众的"不安全感"[3]，加之网络时代信息传播的"雪球效应"[4]，"改善治安"就成为高空抛物"入罪""入刑"的最原始动力。一旦立法者难以正确过滤这些信息、无法抵御媒体话语的过度渗透，"媒体热议—立法迅速跟进"的"压力型立法现象"就会出现。[5] 不

---

〔1〕 Johannes Kaspar, Verhältnismäßigkeit und Grundrechtsschutz im Präventionsstrafrecht, 2014, S. 339.

〔2〕 关于法益是否具有立法批判功能，反对观点参见冀洋：《法益保护原则：立法批判功能的证伪》，载《政治与法律》2019 年第 10 期，第 105—122 页；陈璇：《法益概念与刑事立法正当性检验》，载《比较法研究》2020 年第 3 期，第 51—72 页；叶良芳、武鑫：《法益概念的刑事政策机能之批判》，载《浙江社会科学》2020 年第 4 期，第 56—63 页。支持观点参见张明楷：《论实质的法益概念——对法益概念的立法批判机能的肯定》，载《法学家》2021 年第 1 期，第 80—96 页；贾健：《为批判立法的法益概念辩护》，载《法制与社会发展》2021 年第 5 期，第 190—205 页；夏伟：《对法益批判立法功能的反思与确认》，载《政治与法律》2020 年第 7 期，第 18—30 页。

〔3〕 参见毛亚楠：《悬在城市上空的痛》，载《方圆》2020 年第 19 期，第 20—23 页。

〔4〕 参见刘艳红：《Web3.0 时代网络犯罪的代际特征及刑法应对》，载《环球法律评论》2020 年 5 月期，第 112 页。

〔5〕 参见吴元元：《信息能力与压力型立法》，载《中国社会科学》2010 年第 1 期，第 147 页。

可否认，公众对"危险"的认知离不开"恐惧感"，但对危险的治理首要的并不是消除"恐惧感"而是预防危险行为本身，换言之，"恐惧感""安全感"并不是创制立法的充分条件，它可能因某种宣传而被放大、失真，进而成为停留于"体感"的治安。更何况，刑法根本无法给予公众"安全感"，反倒加剧了公众的"不安全感"，因为"犯罪门槛的降低—犯罪圈的扩张"带来的是"犯罪数量自动增加"[1]，公众的"不安全感"会因"越打越多"的犯罪行为而变得更加强烈。高空抛物在我国的实践难题往往是查不清具体行为人，所以侵权法上才会有无奈的"补偿责任"。

预防高空抛物，哪种手段更有用？行为人当然知道高空抛物可能会致人死伤，他们只是因身处高楼大厦、住户密集而抱有极大的侥幸心理，若总是难以查清行为人，即便对高空抛物适用《刑法》第 114 条或第 115 条之重罚，也不会产生更好的预防效果。最有约束力的不是严酷性而是确定性，"一旦成了确定的，就总令人心悸"[2]。《民法典》第 1254 条之所以设立物业服务企业等建筑物管理人的安全保障责任，出发点正是为了督促建筑物管理人加强监控管理，如安装"仰拍监控装置"等，他们在及时预防和发现高空抛物方面要比《民法典》第 1254 条第 3 款规定的公安机关等主体更有可为空间。若民法侵权责任、治安管理处罚以及《刑法》第 114条、第 115 条危害公共安全责任是不可回避的，则根本无须增设独立的高空抛物罪；若事实无法查清，上述责任是可以回避的，则一味增设高空抛物罪也不会取得期望的预防效果；若期待以刑法威慑公众不犯罪，那么《刑法修正案（十一）》颁布之前适用刑罚更重的故意杀人罪、故意伤害罪、以危险方法危害公共安全罪则威慑力更强，反而没有必要增设法定刑更低的高空抛物罪。因此，无论在哪一种情况下，治理高空抛物行为的优先方法绝不是增设一个含混不清的轻罪，这种法网之"严"具有违反刑法谦抑性之嫌。

其实，积极主义刑法观是"风险刑法"思维的一个变种。"风险刑法观"在我国产生于 2011 年前后，此时也将进入 Web3.0 时期，本书认为这并非时间上的巧合，而是因为"风险"经由"网络"被无限放大，信息数

---

[1]　参见［德］Beatrice Brunhöber：《安全社会中刑法的功能变迁》，冀洋译，载赵秉志主编：《刑法论丛》（第 61 卷），法律出版社 2020 年版，第 80—102 页。

[2]　［意］切萨雷·贝卡里亚：《论犯罪与刑罚》，黄风译，北京大学出版社 2008 年版，第 68 页。

据的"爆炸式"增长和传播使人们对负面讯息的感知更加真实，对风险后果更加感同身受。经由网络技术，"危险"从专属于"他人的处境"被拉近到所有人的感受范围，恐惧、忧虑如同瘟疫一样在网络社会大肆传播，"防控风险"成为真实存在的社会需求，所谓的"民意"也能够直接进入法律视野。例如，2020 年 4 月，"鲍某涉嫌性侵养女事件"引起全网关注，直接导致最高人民检察院和公安部的介入，《刑法修正案（十一）》在强奸罪之后增加负有照护职责人员性侵罪，此一立法即是对不构成强奸罪的"性侵养女"关键词的回应，这便是在追求"风险管控"。所以，"风险刑法"在我国的兴起不是对风险社会理论的学术兴趣，而是迎合了网络时代的一种风险意识。有学者归纳了风险刑法的四个规范面向：刑法介入的早期化、入罪标准的模糊化、保护范围的扩大化、刑法作用的工具化。[1] 从积极主义刑法观的偏向上看，它确实完全因袭了风险刑法思维："从刑法理论发展与社会情势变化的关联来看，伴随着现代社会的风险提升，刑法通过提前介入以便有效防控风险的预防性特征逐渐呈现。预防思维最终迫使我们必须弃守传统的法治国刑法，让其从一个原本只是处罚有责的法益侵害行为的不完整性格（最后手段性）转变为富有弹性的危机抗制机制（手段优先性）。"[2] "风险社会促使现代刑法的使命发生变轨，应对不确定的风险和维护安全秩序已然成为刑法必须实现的主要目标，社会治理语境下刑法的工具属性更凸显，以自由刑法、危害原则、罪责刑法等为主要标志的传统刑法理论体系渐显失灵与旁落态势。"[3] "在强调刑法的预防属性的场合，刑法的提前介入自然就顺理成章。"[4] 如上所述，这种法益保护前置化思维已经兑现了诸如危险驾驶罪、妨害安全驾驶罪、危险作业罪等一系列抽象危险犯的立法例，它们均旨在从远在实害发生之前的行为阶段实施刑法介入，将危险扼杀于前期状态甚至萌芽阶段。因此，积极主义刑法观的预防思维与"风险刑法"如出一辙。

　　贝克曾指出："工业社会在对自己引发的风险加以经济利用的同时，也

---

[1] 参见姜涛：《社会风险的刑法调控及其模式改造》，载《中国社会科学》2019 年第 7 期，第 112—113 页。

[2] 付立庆：《论积极主义刑法观》，载《政法论坛》2019 年第 1 期，第 100 页。

[3] 高铭暄、孙道萃：《预防性刑法观及其教义学思考》，载《中国法学》2018 年第 1 期，第 167 页。

[4] 付立庆：《论积极主义刑法观》，载《政法论坛》2019 年第 1 期，第 101 页。

制造了风险社会的危险处境和政治可能性。"[1]自此之后，"风险社会"的宣言弥漫在全球各个角落。如前所述，"风险"经由社会政策的评价，从被容许的"不幸"（Unglück）转变为需要规制的"不法"（Unrecht），"向预防型国家推进"成为一种趋势。[2]以恐怖主义犯罪为例，在 2001 年"9·11"事件之后发生的"肖永灵案"中，被告人因投放虚假危险物质（食品干燥剂粉末）被认定为《刑法》第 114 条以危险方法危害公共安全罪，本案具有类推解释之嫌。[3]宣判 6 天之后通过的《刑法修正案（三）》便紧急增补了《刑法》第 291 条之一投放虚假危险物质罪和编造、故意传播虚假恐怖信息罪，旨在规制恐怖行为的"反恐刑法"进入专门立法时期，体现了风险刑法观的安全导向。相继增设的帮助恐怖活动罪、准备实施恐怖活动罪等属于帮助行为的正犯化、预备行为的实行化、危险犯的抽象化等法益保护前置性立法，这些专有罪名贯彻了"打早打小"的积极介入思维。作为轻罪立法的《刑法》第 120 条之五、第 120 条之六也旨在为加快刑法干预提供明文依据，如只要证明行为人强制他人穿戴恐怖主义服饰或非法持有宣扬恐怖主义的物品即可入罪，而不必额外证明其实际参与恐怖活动或与某恐怖组织存在关联，这都大大降低了实体上的入罪门槛和程序上的证明负担。

此类立法使刑法更加物化为"控制严重扰乱社会秩序行为的工具"，最终"可能会造成一定的人权风险"。[4]再如，立法者增设的危险驾驶罪也旨在回应风险社会中的民众治安需求，将刑法介入时间予以提前，属于"风险社会的必然产物"[5]。如有学者主张："在醉驾和飙车的社会危险不断加大，对危险控制的难度不断加大的情况下，立法思想也应当变结果本

---

〔1〕［德］乌尔里希·贝克：《风险社会：新的现代性之路》，张文杰、何博闻译，译林出版社 2018 年版，第 10 页。

〔2〕参见［德］Beatrice Brunhöber：《安全社会中刑法的功能变迁》，冀洋译，载赵秉志主编：《刑法论丛》（第 61 卷），法律出版社 2020 年版，第 80—102 页。

〔3〕上海市第二中级人民法院认定被告人肖永灵通过向政府、新闻单位投寄装有虚假炭疽杆菌信件的方式，以达到制造恐怖气氛的目的，造成公众心理恐慌，构成了以危险方法危害公共安全罪。参见上海市第二中级人民法院（2001）沪二中刑初字第 132 号刑事判决书。

〔4〕参见刘艳红：《二十年来恐怖犯罪刑事立法价值之评价与反思》，载《中外法学》2018 年第 1 期，第 48 页。

〔5〕储槐植、闫雨：《危险驾驶行为入刑：原因、问题与对策》，载《中南民族大学学报（人文社会科学版）》2012 年第 2 期，第 106 页。

位为行为本位。"[1] 所以，风险社会以及风险刑法对证成危害诸如公共安全的犯罪扩张提供了理论上的支撑，它们不再把刑法作为最后手段（ultima ratio）而是作为风险防范的单独（sola）或优先手段（prima ratio）[2]，将刑法解读成"风险刑法""安全刑法""预防刑法"，从而也就推导出了"刑法应当积极介入"的结论。积极主义刑法观与"风险刑法观"毫无二致，它影响的是包括立法、司法在内的整个刑法运行方向。

（二）积极主义刑法观错置了德国积极一般预防论

我国积极主义刑法观的支持者也是积极一般预防理论的首倡者，如周光权教授早在20多年前就曾得到德国学者雅科布斯的启迪，倡导忠诚理论[3]，以规范违反说即行为无价值论主张国民应忠诚于刑法规范、刑法也应致力于培育国民规范意识："考虑到中国当下社会的特质……现在应该坚守的就是对传统刑法观进行适度修正：（1）扩大刑法规制范围，将刑罚目的定位于积极的一般预防。为此，应当重视刑法规范所具有的行为规范属性，强调刑法规范对个人行为的指引……"[4] 可以说，积极主义刑法观所提倡的"刑法应积极介入社会生活"这一论断直接源自"积极一般预防理论"，但问题的关键在于，这里的两个"积极"是否具有同义性？在笔者看来，积极主义刑法观与积极一般预防理论并没有相似之处，汉语上相同的两个词语"积极"指向的完全是不同的层面，两套话语的交叠是一种汉语上的误导和错置。不可否认，"积极一般预防"也充满着"能动"的色彩，但这种"能动"并非主张刑法"积极介入""提前介入"，而是对刑罚预防功能及其实现方式的重新渲染，从而在学术概念上刻意区别于传统的消极一般预防、特殊预防以及报应论。

首先，不能对"积极一般预防"望文生义。所谓"积极一般预防"，简言之，就是通过积极的方式实现犯罪的一般预防，这里的"积极"并不是指通过各种社会政策以及社会防卫措施对犯罪进行事前预防（关口前

〔1〕 黄太云：《〈刑法修正案（八）〉解读（二）》，载《人民检察》2011年第7期，第55页。

〔2〕 Vol. Winfried Hassemer, Kennzeichen und Krisen des modernen Strafrechts, ZRP 10（1992）, S. 380.

〔3〕 参见陈兴良、周光权：《超越报应主义与功利主义：忠诚理论——对刑法正当根据的追问》，载《北大法律评论》1998年第1期，第107页。

〔4〕 周光权：《积极刑法立法观在中国的确立》，载《法学研究》2016年第4期，第28页。

移）。既然积极一般预防论自认为顺利超越消极一般预防、特殊预防和报应主义，是证明刑罚正当性的优势理论，那么我们就必须时刻记住，积极一般预防的实现方式只有一种，那就是刑罚，它讨论的仍旧是"通过刑罚实现一般预防"，而不是通过完善社会纠纷解决机制、消解犯罪情境等刑罚之外，与刑罚相去甚远的其他社会治理方式实现犯罪预防。所以，"积极"与"消极"相对照而存在。消极一般预防的刑罚形象是威慑、恫吓，自刑罚在人类历史上产生的那一刻起，这种以儆效尤型的消极一般预防也相伴而生，只不过经过学者的知识生产，这个概念才被鲜明地提出来。例如，外国刑法思想家费尔巴哈提出了心理强制说，我国战国时期的法家人物商鞅也早就替统治者摸准了"以刑去刑"这一消极一般预防思想的命脉。"积极一般预防论是以'一般预防'（Generalprävention）为基础附加形容词'积极的'（positive）所形成的方案，因而它也追求对将来犯罪的预防。它与消极一般预防的区别在于，旨在影响其行为的人群不同……积极一般预防命题的目的在于，让刑罚判决对忠于规范的人起作用。"[1]因此，积极一般预防论也被详解为三个侧面："被社会性教育所激励的学习效应（Lehreffekt），也就是通过刑事司法活动让公民学会法忠诚（Rechtstreun）；当民众看到法律得到执行而产生信赖效应（Vertauenseffekt）；最后是满足效应（Befriedungseffekt），它是指对法律破坏行为进行惩罚能够平复一般民众的法意识，而且与犯罪人之间的冲突能够被视为案结事了。"[2]这三个目标，共同服务于公众"法忠诚感的训练"或"规范认同感的训练"，从而最终实现人们不愿意犯罪的预防理想，这也是积极主义刑法观提倡者最初倡导忠诚理论的机缘。

积极一般预防论与消极一般预防论都将刑罚的目光放在了没有犯罪的普通大众身上，后者采用的是威慑，即费尔巴哈的心理强制说——恐吓他人别犯罪，前者采用的则是"信服"——让那些守法公民在目睹刑罚实施后继续坚持守法。所以，积极一般预防论的核心说辞是：不通过刑罚威吓人们不敢犯罪，而只想通过刑罚来让人们学会对刑法规范忠诚，使人们自觉守法，不愿意去犯罪。从刑罚权力主客体的角度考察，则更容易直接看

---

[1]　Tatjana Hörnle, Straftheorie, 2017, S. 27 f.
[2]　Claus Roxin, Strafrecht AT, Bd. I , 4. Aufl., 2006, S. 80 f.

出这种积极一般预防论的思考方向。对于刑罚权力主体来说，刑罚一般预防的对象是普通民众，我们可以设想一下：①消极一般预防思想面向普通民众的口吻是："喂！你不要试图去犯罪！看到没有，这些被处决者就是犯罪的下场！"②积极一般预防思想的口吻则较为缓和："亲！您要继续守法吗？看到没有，犯罪人已经被处决，冲突已经被终结，法律秩序牢不可破，您目前的做法是对的，请您继续坚持做个好公民吧！"如果单单从两种表达或者修辞上来看，二者的区别确实是明显的：前者犹如老虎一样凶狠，后者犹如猫咪一样温情；前者是在秀肌肉给人们看，后者是在讲道理给人们听。如果这两类刑罚观统治下的刑罚事实果真如此的话，那么两者确实高下立见，但积极一般预防论并没有超越其他刑罚理论。

其次，积极一般预防论只是换了一套新说辞而已，在刑罚目的的实现路径上，它只是对消极一般预防论、报应论的杂糅。

一方面，积极一般预防的实现需要依靠刑罚痛苦的威慑，所谓"积极"一般预防仅剩下修辞意义。积极一般预防论都旨在培养公众的法忠诚感，这是各种版本的共性，所谓的法忠诚感无非守法而已，只不过论者认为这属于信服意义上的自觉守法，而不是威慑意义上的被迫守法。但真的是这样吗？如前所述，积极一般预防论者为刑事权力主体设计的台词（"朋友，你不去犯罪是对的"）总是正面的、积极的，从而告知那些没有犯罪的人继续保持守法状态。可这仅仅说出了前半句而已，因为在刑罚能够让公众明白"不犯罪是对的"的同时，公众也一定知道"犯罪是错的"，这才是一个完整的"是非观"。正如周光权教授所言，对犯罪施加刑罚制裁，传递的准确信息是："触犯规范的人是错的，坚持遵守规范始终是正确的选择。"[1]但当我们追问公众为何会知道"犯罪是错的"时，刑罚的威慑性就暴露出来了：因为犯罪是要受到刑罚处罚的，所以犯罪是错的；因为不犯罪就不会受到刑罚处罚，所以不犯罪是对的；如果想继续不受到刑罚处罚，继续守法就是应当做的。可见，从刑罚到法忠诚感的获得，刑罚的作用只有一个，那就是让公众看到犯罪者的下场是坏的、是痛苦的，人们是在这样的场景中学会守法的——"哦！我幸亏没犯罪！"

---

〔1〕 周光权：《行为无价值论与积极一般预防》，载《南京师大学报（社会科学版）》2015年第1期，第39页。

　　积极一般预防论将这一过程说成是"教导""训练""学习""信赖""忠诚"，这毋宁是文人墨客的修辞伎俩而已。将这些华丽的词汇说成"害怕刑罚"这种大白话会更加真实，当然，用"敬畏刑法"或许更能兼顾各方立场。但无论如何，刑罚对公众的影响根本离不开"威服"，没有痛苦刑罚的威慑，"犯罪是错的、守法是对的"就无法从刑罚本身引导出来，要是不能从刑罚中引出这种是非观（行为标准），又何谈刑罚的预防作用？所以，刑罚对人们的影响不仅仅是鼓励继续实施正确的行为，其与"告诫人们不实施错误的行为"根本就是一体，积极一般预防不过是消极一般预防的另一个说法。对此，深谙德国刑法学的许玉秀教授就犀利地指出："积极预防和消极预防都建立在刑罚给犯罪人的痛苦上面，若要把这种痛苦认定为甜蜜，则必须使用'吃苦当作是吃补'这种逆境哲学加以解释。把负面的事实作正面的描述，无非认为黑暗的背后就是光明，可是黑暗的背后可能还是黑暗，不见得就是光明，这种正面预防的定义不过是骗人的说辞。"[1]因此，若要肯定预防效果，那么积极一般预防从来就离不开刑罚的威慑性——将犯罪者所遭受的惨痛代价展示给公众，以此来"驯服"人们遵守刑法。

　　另一方面，积极一般预防论实际上也借助了报应主义。在积极一般预防论的逻辑中，"刑罚的任务是关注规范期待的落空，然后将期待落空的事实宣布为错误……刑罚的目的在于通过声明规范的有效性来维护被破坏规范的稳定"[2]。这里的完整逻辑是：刑法期待人们忠于规范—犯罪人否定规范、破坏法和平—刑法否定规范违反者—通过刑罚去维护规范的有效性—公民目睹刑罚活动而获得了学习、信赖、满足—公民继续守法。因此，它包含着"法—不法—法的恢复"这种"正反合"模式，内核必定离不开黑格尔哲学中"否定之否定"式的报应论。

　　最后，我国学界从"积极一般预防论"到"积极主义刑法观"（刑法积极治理主义、积极使用刑法解决社会矛盾、积极推进刑法干预界限的前移）的本土性演绎，实际上仍然是在贯彻传统重刑主义，将积极一般预防论作为理论来源是对原理的掩饰。积极主义刑法观号称可以通过刑罚的干

〔1〕许玉秀：《当代刑法思潮》，中国民主法制出版社 2005 年版，第 47 页。
〔2〕Niklas Funcke-Auffermann, Symbolische Gestzgebung im Lichte der Positiven General-prävention, 2007, S. 76.

预树立行为规范、实现大众行为治理，但刑罚究竟体现为"暴力威吓"、"恶害应得"还是"以理服人"？某人不实施犯罪究竟是由于"受到威服"还是"受到恩服或德服"？这本来"在经验上尚不清楚，并且它也很难从证据上加以证明"[1]，它借助的是"社会心理上的证成"[2]。如前所述，德国的"积极一般预防"是与"消极一般预防"相对的术语，这里的"积极"与"消极"并不是刑法"积极作为"或"消极不作为"，而是对刑罚作用于社会大众方式的描绘：从"恐吓大众不犯罪"到"训练大众忠诚于法规范"。但由于"积极"一词的汉语多义化，积极一般预防论被支持者推进为"刑法防线积极前移""刑罚介入早期化""扩张刑罚干预范围"等简单直白的刑事政策话语，从而最大化地仿效了机能主义。上述两套话语的区别是：第一套话语略显"德国范儿"（如"规范确证""法忠诚"等完全是基于德国概念的翻译推广），第二套话语则更加"中国化"，它完全是我国惯常采用的立场——刑法运行的刑事政策化，且它为立法与司法总结升华了新的理论指南。两套话语的联系是：二者的真实目的均没有改变，它们都把刑法以及犯罪人视为预防他人犯罪的工具。从第一套话语到第二套话语，基于最大公约数"积极"一词的串联，一切似乎顺理成章，但也完全可以看出，一般预防究竟是威慑型还是劝导型、"积极"与"消极"是否有所不同，已不再重要。由于第二套话语稍加直白与坦诚一些，积极一般预防论及其影响下的刑罚面貌便更加清晰：不管是"积极"还是"消极"，不管是"你担惊害怕"还是"你心悦诚服"，反正刑法就要追求全面提前干预。这才是积极一般预防论的中国用途，是刑法积极干预社会生活的助推力。

总之，无论对刑罚持何种表述手法，积极一般预防论永远无法改变三个事实：（1）刑罚总是建立在对生命、自由、财富的剥夺之上，"这是一把双刃剑：通过侵犯法益来保护法益"[3]，因而本质永远是一种"恶"，积极一般预防论无论被刻画得如何"温柔端庄"，也不论把刑罚比喻成慈母、严父抑或绅士、美人，刑罚的本性不会改变，刑罚的威慑性、恐吓性无法回避，否则就是自欺欺人。（2）积极一般预防论不能独立发挥作用，它在为

---

[1] Claus Roxin, Strafrecht AT, Bd. I, 4. Aufl., 2006, S. 81.

[2] Vgl. Axel Montenbruck, Deutsche Straftheorie, 2018, S. 156.

[3] Therese Stäcker, Die Franz von Liszt—Schule und ihre Auswirkungen auf die deutsche Strafrechtsentwicklung, 2012, S. 29.

刑罚提供合法性论证时，从未脱离以往的刑罚理论路径，甚至可以说它只不过是在那些"旧酒旧瓶"上贴了一个看起来十分美丽的"新标签"[1]，是杂糅了威慑预防论和报应论的混合体。（3）积极一般预防论的预防目标是普通大众，预防手段是对被告人施加刑罚，因而这里永远横亘着"目的正当不等于手段正当"的警示线，它具备了一般预防论的所有缺陷。因此，倡导刑法积极干预社会生活的"积极预防主义刑法观"应该更多地注意在网络时代应对失范行为的负面后果，不能借用"积极"这个稍显温和的词汇而将刑法的社会治理功能放大到极其失真的程度。

二、网络时代"全链条打击"的刑事政策辨析

由于执着于能动主义、功能主义，刑事司法政策的目标被锁定为及时发现"病情"，即"客观准确考察犯罪问题"，将治理诱发犯罪之因素纳入考察范围、打击上游犯罪直至追击犯罪根源。[2] 如前所述，网络时代最重要的一个分析对象是对网络黑灰产犯罪的治理，司法实践特别强调"斩断犯罪链条"，"全链条打击"已经成为司法机关的刑事政策立场。这种旨在追求"源头治理""斩断网络黑产利益链"的积极向前介入方式，将更多更广范围内的涉互联网行为囊括进"犯罪圈"，这在刑法教义学上是否符合行为主义、法益侵害主义等基本原理，是否存在"越打越多"的实效性疑问，都值得思考和辨析。

（一）"全链条打击"与严密法网的节点

积极主义刑法观在立法上表现为积极立法（如预备行为实行化、危险

---

[1] 正因积极一般预防理论的杂糅性，我国学者基于对该理论不同侧面的捕捉而就此展开自己的刑罚立场论证：有学者强调"积极一般预防与消极一般预防已经完全不同"。（陈金林：《积极一般预防理论研究》，武汉大学出版社 2013 年版，第 108 页。）有学者追随雅科布斯提倡规范报应论。（参见冯军：《刑法教义学的立场和方法》，载《中外法学》2014 年第 1 期，第 184 页。）还有学者在积极一般预防论的旗帜下明确认为，刑罚系一种维护法规范的"威吓手段"，其所宣示者，则为规范的完整性，借由刑罚的"威吓效应"，达到尊重规范的目的，并通过对破坏规范者的处罚，强化社会大众的规范意识，以达到规范信赖之目的；而且，"在刑罚适用上不会无视报应侧面"。（参见周光权：《行为无价值论与积极一般预防》，载《南京师大学报（社会科学版）》2015 年第 1 期，第 39 页。）

[2] 参见卢建平、姜瀛：《治理现代化视野下刑事政策重述》，载《社会科学战线》2015 年第 9 期，第 228—229 页。

犯的增设等），在司法上表现为积极进行入罪解释（如灵活解释、扩张解释的频繁化等），"能动性"所贯穿的一条宗旨是"一切有利于预防犯罪"。以电信网络诈骗犯罪的预防为例，司法机关将买卖电话卡、银行卡的行为视为电信网络诈骗犯罪的源头行为，2020 年 12 月，《最高人民法院、最高人民检察院、公安部、工业和信息化部、中国人民银行关于依法严厉打击惩戒治理非法买卖电话卡银行卡违法犯罪活动的通告》发布，强调"以'零容忍'的态度，依法从严打击非法买卖'两卡'违法犯罪活动，全力斩断非法买卖'两卡'的黑灰产业链"。受此影响，诸如案例 3 的帮助信息网络犯罪活动罪得到司法机关的空前器重：2021 年上半年，因帮助信息网络犯罪活动罪被起诉者达到 37859 人，同比上升 3.8 倍，成为起诉人数排名第六的罪名，仅次于危险驾驶罪、盗窃罪、诈骗罪、开设赌场罪、故意伤害罪。[1] 2021 年 6 月 17 日，《办理网络诈骗案件的意见（二）》也明确强调，对电信网络诈骗犯罪"上下游关联犯罪实行全链条、全方位打击"。根据最高人民检察院的权威办案数据，2021 年 1 月至 9 月，因帮助信息网络犯罪活动罪被起诉者达到 79307 人，同比上升 21.3 倍，仅次于危险驾驶罪、盗窃罪、诈骗罪，排名第四。[2] 2021 年 10 月 11 日，国务院打击治理电信网络新型违法犯罪工作部际联席会议办公室召开全国"断卡"行动推进会，对打击整治非法开办贩卖电话卡、银行卡违法犯罪工作进行再部署再推动，会议强调要"进一步加大打击力度"，"紧盯贩卡网络，深挖幕后'金主'，斩断犯罪链条"。[3] 据统计，2021 年全年，帮助信息网络犯罪活动罪的起诉人数为 12.9 万，超过诈骗罪而升到第三位。[4]

　　网络时代对犯罪进行"全链条打击"的刑事政策旨在严密刑事法网，对于这种积极扩张的走向，积极主义刑法观支持者认为，这种总体趋势"仍是适度犯罪化"[5]。其实，若凡事都加上"适度"二字，这个世

---

〔1〕 参见孙凤娟《刑事犯罪发案量重新呈上升趋势——最高检案管办负责人就今年 1 月至 6 月全国检察机关主要办案数据答记者问》，载《检察日报》2021 年 7 月 26 日，第 1 版。

〔2〕 参见《2021 年 1 至 9 月全国检察机关主要办案数据》，载《检察日报》2021 年 10 月 19 日，第 2 版。

〔3〕 参见《全国"断卡"行动推进会召开 部署深入推进打击整治非法开办贩卖电话卡银行卡违法犯罪攻坚战》，载公安部官方公众号，https://baijiahao.baidu.com/s?id=1713325717305460067。

〔4〕 参见《2021 年全国检察机关主要办案数据》，载《检察日报》2022 年 3 月 9 日，第 8 版。

〔5〕 付立庆：《论积极主义刑法观》，载《政法论坛》2019 年第 1 期，第 99 页。

界可能和谐到让人无可挑剔，但司法实践表明，"适度扩张法网"的重心多在于"扩张"而少在于"适度"，所谓的"适度"最终也可能被证明是介入过度。在诸如案例4"恶意软件"、案例6"恶意刷单"、案例10"恶意抢购"、案例12"恶意注册网络账号"等以"恶意"冠名的"全国第一案"中，不少学者和司法机关均能够主动启用破坏生产经营罪、计算机信息系统犯罪甚至非法经营罪来予以及时应对，将互联网经济中的不正当竞争等行为以"源头治理"为由归入"网络黑产犯罪"予以积极打击。这究竟是干预适度还是干预过度？判断标准不统一则必然进入"话不投机半句多"的对话模式，而庆幸的是刑事司法视域内有着最起码的法定标准——《刑法》第3条"法律没有明文规定为犯罪行为的，不得定罪处刑"。这意味着，我国刑法引入罪刑法定原则之后，刑法介入正当性的标准本就不是"一切有利于源头治理"而是"一切有利于罪刑法定"，"全链条打击"刑事司法政策在"积极定罪"过程中必然不能向前突破法定节点。

　　以"恶意软件案"为例，案例4中张某某委托黄某编写"第一名"的软件，法院判定两被告人构成《刑法》第286条第1款破坏计算机信息系统罪。[1] 这一判决便是刑法干预前置化的司法表现，它越发导致破坏计算机信息系统罪沦为网络时代的"口袋罪"。我国《刑法》第286条第1款规定的构成要件为"违反国家规定，对计算机信息系统功能进行删除、修改、增加、干扰，造成计算机信息系统不能正常运行，后果严重"。这里的"计算机信息系统功能"是指"计算机信息系统内，按照一定的应用目标和规则，对信息进行采集、加工、存储、传输、检索等的功能"[2]。本款中的"干扰"并不是指一切导致结果失真的行为，本罪危害计算机信息系统安全的性质决定了这里"干扰"的对象是计算机信息系统内部的数据，且必须是影响计算机信息系统功能的数据、造成计算机信息系统错误运行或不按照原定设计运行的数据，更广泛的数据来源和更多样杂乱的数据结构，只要未存储到系统内部，未按照系统的组织目标进行规整和排列，都被排除在刑法的保护范围之外。相应地，本案不符合该罪的构成要件要素。"第一名"软件的功能在于为购买者的网站"刷点击量"，它的作

---

〔1〕　参见江苏省南京市秦淮区人民法院（2014）秦刑初字第97号刑事判决书。
〔2〕　张明楷：《刑法学》（第6版 下），法律出版社2021年版，第1374页。

用仅限于自愿使用该软件的网站，而根本不会对百度一方的计算机信息系统功能造成任何"干扰"。根据百度搜索引擎工作原理，用户输入关键词进行检索，百度搜索引擎会完成两个步骤：把相关的网页从索引库中提取出来，然后把提取的网页按不同维度（如相关性、权威性、时效性、重要性、丰富度、受欢迎度）的得分按照一定的算法进行综合排序。[1]某网站通过"第一名"软件刷出来的点击量确实是虚高的量、非正常浏览的量，但按照百度搜索引擎关键词搜索排序规则，百度属于不加区分地自愿使用该数据，百度一方不使用该数据，该数据绝对不会事先主动进入其服务器，也根本不会影响搜索引擎的算法。

　　"对于一个欠缺常识的人，一切高深的理论似乎都显得多余。"[2]如同普通计算器遵循"1+1=2"这个加法算法，当班主任进行班级人数统计时，客观情况为"1班有男生20人、女生20人"，班长甲却故意报数为"男生21人、女生20人"，但无论是"20+20=40"还是"21+20=41"，两个加法的运算规则本身永远不受任何影响，并不会因为甲故意报错数或者乙滥竽充数而输入失真的数据，进而导致计算器的运算规则变成了"21+20=40"或"21+20=42"。又如，某微信公众号就"你最喜欢的法律图书"发起投票，有人为了"拉票"而广泛号召亲朋好友为某著作投票，即便没读过该书、读不懂该书的人也会应请求而投上一票，结果必然造成该候选著作票数虚高、受欢迎程度失真。但是，拉票、刷票只是每位微信用户在手机上按动手指进行一次投票点击、提交即可，这种人人皆会操作的非技术行动根本不会造成微信服务系统运行障碍，即便刷票行为"干扰了正常的图书欢迎度评比活动"，但不会干扰微信服务系统运行，充其量仅仅是一次不正当竞争而已。可以说，作为网络犯罪最原始类型的破坏计算机信息系统罪存在"过度向前干预"之倾向已显现出来：第一，在行为模式上，脱离"删除、修改、增加"三类行为对计算机信息系统影响的相当性；第二，在行为对象上，将"计算机信息系统功能"扩张为"计算机信息系统数据"，进而再将"数据"的外延由"数据库内的数据"扩展到"一切数据

---

〔1〕　参见《百度搜索引擎工作原理》，载百度网，https://developer.baidu.com/resources/online/doc/seo/search-engine-principle.html。

〔2〕　刘艳红：《"司法无良知"抑或"刑法无底线"？——以"摆摊打气球案"入刑为视角的分析》，载《东南大学学报（哲学社会科学版）》2017年第1期，第75页。

样本"，本罪成为包容任何内外数据改动行为的"大口袋"；第三，单纯将"外部环境真实性""禁止外部数据造假"作为本罪保护法益及正犯行为，脱离了《刑法》第286条第1款法定构成要件的文义及其对计算机信息系统的保护目的。

诸如"第一名"软件等改变的数据是计算机系统外部的独立第三方数据，不是服务器内的数据，服务器运行本身丝毫不受影响，服务器运算结果的偏差是"失真数据＋正常算法"导致而非"失真数据＋算法异常"导致。改变计算机系统外部的运算数据，只会影响最终运算结果是否符合客观实际，绝不会影响系统运算规则的正常运行，运行系统本身不受任何干扰。因此，由"全链条打击"引发的"向前延伸"刑事政策导致了犯罪构成要件范围的前置和扩容，但网络时代刑法介入社会治理的原点必须是罪刑法定所要求的"法定构成要件该当性"，"源头治理"只能向前回溯到行为已经发生了"本罪要求的法益侵害结果或危险"之时。[1]所谓"刑法参与源头治理"，不等于刑法无限度地"严密法网""全面出击""无死角打击"，更不是"有恶（意）必用刑罚"，法定构成要件之外的行为永远不在"全链条打击"范围之内。

（二）"全链条打击"与主观主义的本性

"全链条打击""源头治理"总是以斩断网络黑产利益链为导向，造成"断卡""净网"行动中刑法不断向前介入，被定罪的行为越来越远离犯罪实害结果，"犯罪实行行为"（正犯行为）的法益侵害性越来越偏向抽象化。"前置化""抽象化"的结局是，在源头追溯治理中，从结果、行为不断向前溯及行为人的恶意，逐渐变为"重心不重行""攻心为上"的刑法治理策略。如果从刑法知识体系正在转向刑法客观主义的趋势来看，这种偏向主观归罪的倾向可以被视为刑法主观主义在互联网司法领域的回潮，在不断向前追求"源头治理"、斩断网络黑产利益链条时，这种"唯恶意论"的本性暴露得更加急切与明显。

---

[1] 其实，扩张网络犯罪构成要件的司法初衷是为了降低入罪证明标准、追求打击便利主义：将法定A要件的证明变更为更易证的B要件或准A要件。参见刘品新：《网络犯罪证明简化论》，载《中国刑事法杂志》2017年第6期，第27页。

1. 我国知识转型中刑法主观主义的模型意义

主观与客观是一对重要的哲学范畴，它们与近代其他常用词一样并非汉语本土词而是直接照抄自日本汉字词的外来词。在日本刑法学中，"客观主义对主观主义"是被广泛采用的两个基本术语。[1]当进入中国刑法学，除刑法主客观主义之外，还存在极具"辩证法传统"的主客观相统一原则，该原则自始被认为是"对资产阶级刑法理论中的主观主义和客观主义两种片面的定罪学说的否定"[2]。如果不言明两个"主义"所适用的语境，那么所有争论都难言其错，比如在完整的定罪流程中使用主客观主义，兼具主客观要件的主客观相统一原则自然是不可颠覆的真理，主观主义（主观归罪）、客观主义（被理解成"客观归罪"）自然都是偏狭的。但是，刑法主客观主义之所以能够成为两个学术立场标签，是因为其有着特定的含义，而不是刑法体系中的泛泛而谈。学术对话最终还是需要一个统一话语，方有继续下去的意义。

其一，如今的刑法主客观主义是犯罪论而非刑罚论之争，更非贯穿刑法学整体的争论。刑法史上最著名的学派对立当属欧陆刑法学中的实证学派与古典学派之争，刑法主客观主义也被认为始于此。时至今日，不少学者仍然以新旧学派划分刑法主客观主义阵营：古典学派的基本观点是"刑事责任的基础是表现在外部的犯罪人的行为及其实害（客观主义）"，新派的基本观点是"刑事责任的基础是犯罪人的危险性格即反复实施犯罪的危险性（主观主义）"。[3]这里表述十分模糊的"刑事责任的基础"指代的其实是犯罪人最终承担刑事责任（量刑轻重）的决定性因素：新派主张目的刑、教育刑，因而尤其看重"具体犯罪人的人身危险性"，特殊预防必要性越大，刑罚期限就越长；旧派主张报应刑，犯罪人最终承担的刑罚总量必须与犯罪行为的客观危害相均衡。就此而言，新派是行为人主义（主观主义）、旧派是行为主义（客观主义），这不会有分歧，但显然这种对立在今日已没什么意义可言。因为现行刑法以及量刑政策中的累犯、自首、缓刑、法定刑幅度内外的从宽从严情节等都不再有任何争议，主客观相统一的并合主义已经成为刑罚裁量的唯一规则，它既是主观主义也是客观主

---

〔1〕　[日]関哲夫『講義刑法総論』（成文堂，2015年）44-46页参照。
〔2〕　赵秉志主编：《刑法新教程》，中国人民大学出版社2001年版，第51页。
〔3〕　张明楷：《刑法学》（第6版 上），法律出版社2021年版，第7、第8页。

义，或曰它既不是主观主义也不是客观主义，如此一来，这种主客观主义立场还有何必要性可言。

其二，刑法主客观主义仅限于犯罪论中的犯罪本质之争，准确而言，是伴随着阶层犯罪论体系的引入而兴起的主观不法与客观不法之争。如今突出的问题是，刑法主客观主义经常被错用，造成了普遍的误解、曲解及信息不对称：将前述刑罚论中的主客观主义等同于不法论中的主客观主义，以"刑罚裁量主观主义的合理性"论证"不法论主观主义的合理性"。例如，不少学者总是把李斯特作为刑法主观主义的代表，以他为例说明刑法主观主义不等于主观归罪，进而倡导刑法主客观并合主义："刑法主观主义学派的领军人物——德国著名刑法学家李斯特……并没有断然否认构成要件的意义，并不是主张只要有危险性格就构成犯罪。可见，刑法主观主义并非主张主观归罪，而是主客观相统一地认定犯罪。"[1]在新派代表人物中，龙布罗梭、加罗法洛、菲利等都不是刑法学家而只是犯罪学家，他们在刑法教义学知识体系上几乎没有形成影响力，唯独李斯特是犯罪学、刑事政策学以及刑法教义学的集大成者，以其冠名的"李斯特－贝林"体系表明了犯罪构成要件的独特意义。

虽然李斯特看重对犯罪人的特殊预防，但他不止一次强调犯罪是侵害法益的行为，"如若不是基于确定性而仅仅基于可疑性，或者不是基于行为而仅仅是基于犯罪意念（die verbrecherische Gesinnung），便不允许施加刑罚"，他旨在实现"限制目的刑"的一种可行方式便是倡导"刑罚的客观化"（die Objektivierung der Strafe）。[2]他在教科书中明确主张，违法性评价是"对行为作出的客观上的、法律上的否定评价，客观是指否定评价的作出不取决于行为人的个人能力"[3]。李斯特为此有一系列响亮的命题，他指出："刑法典是犯罪人的大宪章，这听起来似乎有点荒诞。但刑法保护

---

〔1〕　郭泽强：《主观主义与中国刑法关系论纲——认真对待刑法主观主义》，载《环球法律评论》2005 年第 4 期，第 462 页。其他参见李希慧、林卫星：《并合主义：犯罪未遂的应然立场》，载《法律科学》2010 年第 5 期，第 78—83 页；马乐：《为刑法主观主义辩》，载《环球法律评论》2014 年第 2 期，第 67 页；李永生、安军宇：《我国未遂犯处罚范围的立法困境与应然选择——以比较法为视角》，载《北方法学》2019 年第 1 期，第 75 页。
〔2〕　Vgl. Therese Stäcker, Die Franz von Liszt—Schule und ihre Auswirkungen auf die deutsche Strafrechtsentwicklung, 2012, S. 30 f.
〔3〕　［德］弗兰茨·冯·李斯特：《李斯特德国刑法教科书》，徐久生译，北京大学出版社 2021 年版，第 160 页。

的不是法律秩序，不是社会全体（Gesamtheit），而是对抗它们的个人。刑法典通过书面的形式确认了如下规则：惩罚只有在法定条件和法定界限内才能被容许。'无法无罪，无法无刑'这一双重原则是公民抵御国家无上权力、抗衡多数人暴政以及与'利维坦'进行抗争的堡垒。多年以前我就已经把刑法典作为'国家合法有限刑罚权'的标志，现在我也仍然宣示：刑法典是刑事政策不可逾越的藩篱。"[1]"李斯特鸿沟"的存在以更有力的证据证明他在定罪量刑上秉持的是两套逻辑：在定罪立场上与古典学派一样采用的是罪刑法定统治下的客观主义，也即客观不法论，注重行为的客观法益侵害性；当行为人被认定为犯罪后，则进入量刑行为人主义，强调改造行为人的重要性。

所以，留给当今学界的刑法主客观主义标签只存在于定罪论，随着"不法—罪责"阶层犯罪论体系的引入，"主观不法还是客观不法"成为刑法面临的第一考问。由于在平面化的犯罪论构成理论中，只会存在耦合客观危害与主观犯意的主客观相统一原则，因此只有在"定罪时客观优先还是主观优先"这样的设问中，才会产生客观不法论对主观不法论的挑战之争，这也就解释了为何刑法主客观主义在我国学界是伴随着犯罪论体系的变革而兴起延续的争论。换言之，刑法主客观主义这两个标签代表着主客观不法论，由此凸显了它们在刑法基本立场上的甄别意义。

2."全链条打击"的主观归罪倾向反思

虽然当今几乎无人标榜自己不考虑行为的意义，但在一些司法实践逻辑中，部分客观行为实际上已沦为被主观犯意主宰的装饰品（有主观恶意便推定恶意支配下的行为亦恶），主观归罪倾向尚未消亡。即便在犯罪论的宏观框架论述中主观不法论并不被大幅接受，但当视野进入某一或某类个案后，在具体结论上就会产生大幅度罪与非罪之别，个案背后刑法主客观主义的学派之争仍值得深刻关注，"去除主观归罪"的任务远没有伴随着刑法客观主义的兴盛（如规范违反说与法益侵害说、行为与结果无价值论之争）而完结。整体而言，刑法主观主义有以下两大司法特点，该思维特点也完全反映在网络黑产的打击治理实践中：

第一，以主观犯意为起点或线索推演入罪合法性，弱化行为论的独立

---

〔1〕 Suanne Ehret, Franz von Liszt und das Gestzlichkeitsprinzip, 1996, S. 19.

性或直接以主观犯意推定行为的意义。在司法实践中，刑法主观主义的常见入罪思路是：行为人怀有坏目的—主观恶意付诸实施—行为造成了某种损害—这种"主观恶+结果恶"让人不可容忍—设法找个罪名定了吧。因此，刑法主观主义从人的主观恶意出发，将之作为"万恶之源"，这完全迎合"源头治理"向前回溯的理念：侵害结果—具体危险—抽象危险—人身危险—主观思想危险。最终，指导思想呈现出了"坏人应当受惩罚""以人身危险性主导定罪"的特点。[1]而一旦刑法顺利"诛心"，源头治理的治本之策就彻底成功了，这种主观归罪现象十分鲜明地体现在了各例"全国首案"的治理效果追求中。

最为经典的判决便是前述"肖永灵案"，本案一经判决便立即遭遇了猛烈批判，直至今日仍被作为一个违背罪刑法定原则的典型样本。[2]究其定罪思维的实质，本判决也是刑法主观主义使然。本案被告人的作案起因是，被告人知道在国外已经发生炭疽杆菌致死事件，于是在2001年美国遭遇"9·11"恐怖袭击后的次月，萌发了在上海制造社会恐怖氛围的恶意。而且，被告人投放外观酷似炭疽杆菌的食品干燥剂，虽然不会像炭疽杆菌那样危害生命健康，但毕竟引起了社会恐慌，这对社会秩序稳定确实是有害的。因此，被告人"主观有恶意"经由"投放行为"而导致了"客观有一定恶害"，在全世界还笼罩在恐怖主义阴霾的情况下，"顶风作案"的行为人实在可恶，"坏人应受处罚"的思维占据了定罪意识高地，即便法官不是不知道"虚假危险物质干燥剂≠危险物质炭疽杆菌病毒"，但刑法也要强行介入，只不过量刑可以稍轻一些。

在互联网秩序维护中，刑法主观主义的上述思维几乎得到完全复制。例如，为打击恶意注册行为，地方司法机关已经开始破解"首例恶意注册网络账号案"。在案例10中，邹某某在"今日永州"客户端注册25万多个账号，造成"今日永州"服务器瘫痪，无法正常运行推广，后将其注册

---

〔1〕参见刘艳红、马改然：《刑法主观主义原则：文化成因、现实体现与具体危害》，载《政法论坛》2012年第3期，第34页。

〔2〕参见张明楷：《论以危险方法危害公共安全罪——扩大适用的成因与限制适用的规则》，载《国家检察官学院学报》2012年第4期，第45页；陈兴良：《口袋罪的法教义学分析：以以危险方法危害公共安全罪为例》，载《政治与法律》2013年第3期，第4页；叶良芳：《量刑反制定罪：实践和理论的双重批判》，载《东南大学学报（哲学社会科学版）》2018年第1期，第89页。

的账户在网站上出卖获利 5680 元，法院认定邹某某利用"今日永州"程序漏洞，"恶意注册账号"对计算机信息系统功能进行修改、干扰，构成《刑法》第 286 条第 1 款破坏计算机信息系统罪。[1] 然而，综观全文不足1500 字的判决书，审判机关除重复公诉机关的起诉意见外，并没有给出任何说理，两个司法机关对被告人行为性质的定性仅仅是基于"恶意—注册—对方系统瘫痪"。前述"肖永灵案"中，法官正是没有认真对待投放虚假危险物质行为本身的性质及其因果关系，而本案亦是如此。换言之，邹某某具有批量注册账号谋利的主观目的，客观上造成了 App 服务器瘫痪的结果，从"恶意 + 恶果"得出的评价是"这个人确实很坏""坏人应受惩罚"，至于"犯意"与"结果"之间的客观行为及其因果流程，这一行为主义刑法的核心问题没有丝毫论及，似乎凡是主观恶意支配下的行为都是刑法禁止的犯罪实行行为，更何况还出现了某种"结果"，怎能不罚？可如前所述，《刑法》第 286 条第 1 款规定的实行行为是，对"计算机信息系统功能"进行删除、修改、增加、干扰，行为对象必须是计算机信息系统内部数据且必须是影响计算机信息系统运行功能的数据，不能无限度地向外扩展。本案中，判决书载明邹某某利用注册机、VPS 服务器进行批量注册，但这些注册机等所谓"恶意软件"中很大一部分只是"解放注册人的双手"而已，仅是通过软件程序加快正常人工注册的速度，如自动收发手机验证码、自动识别输入图片验证码、自动更换计算机 IP 地址等。它们确实可以让那些针对人工注册而设置的验证程序失效，但它们所起到的作用只是在满足账户注册条件的情况下提高账号注册速度，如用软件程序读取输入图片验证码、数字验证码而非让自然人费时费力地逐个人工输入，这仍是为迎合注册条件而设计。人工输入还是软件自动输入，这都符合服务器注册条件，若没有改动服务器内部系统运行数据，就不会涉及修改、干扰服务器运行，即便短时间内大量地注册账户会造成服务器运算量过大而运行迟缓或直接崩溃，也只是服务器自身容量的预期与设计问题，即服务商对自己运营的网站或 App 预期用户数量预案失策。

其实，这种现象在互联网经济服务中是极为常见的。例如，某购物网站进行商品（如口罩）预售或抢购，由于商品的极度稀缺性，几百万客户

---

[1] 参见湖南省永州市冷水滩区人民法院（2018）湘 1103 刑初 564 号刑事判决书。

同时在线秒杀商品，客户端经常发生网页丢失、服务中断等情况，但这并不能将责任推给瞬间激增的客户群，服务器必须做好应对瞬时大流量冲击的准备，否则就是个彻底的服务器缺陷。换言之，10 万人同时向服务器发起符合条件的请求与一人一次发起 10 万个符合条件的请求，都可能导致系统崩溃，前者与后者都没有直接改动、扰乱计算机服务系统运行数据。二者都是在服务器算法框架内实现注册或购买，前者无罪而后者有罪的区别仅在于，前者属于正常注册、购买，后者则具有另外的恶意，主观方面成为区分罪与非罪的唯一标准。正如陈兴良教授所言："如果只是追求注册的速度，但并没有进入计算机信息系统，则不涉及侵害计算机信息系统的犯罪。"[1] 所以，若任何"恶意软件案"被认定为破坏计算机信息系统，则法官必须详细指明被告人实施了何种行为、行为如何干扰了计算机系统，而不能仅列举"恶意"（或某个"恶果"），不顾行为及其因果流程，否则便有主观归罪之嫌。

　　第二，除以主观恶意为入罪论证线索外，还特别喜欢引用大量论据证明行为的社会危害性，且这些危害性都不是相关犯罪构成要件所要求的危害结果[2]，而仅仅是围绕"恶意论"刻意补充判决合法性的修饰语。如"肖永灵案"中，司法机关认定的危害后果——"造成精神上的高度紧张，同时引起周围人们的恐慌。经相关部门采取大量措施后，才逐渐消除了人们的恐慌心理"[3]，与以危险方法危害公共安全罪所要求的"威胁或侵害不特定或多数人的人身法益"这一危害公共安全结果毫无关系，上述说辞仅仅是为了表明被告人的"恶意"产生了"某种后果"，至于这种后果与法定构成要件行为或被告人实际行为有无因果关系，不再重要。

　　例如，环境监测站李某等为完成空气良好天数指标，多次进入西安某大学大楼房顶的空气自动监测站，用口罩棉纱堵塞空气监测系统采样器小孔，西安市人民检察院指控并经西安市中级人民法院认定，行为"干扰站内环境空气质量自动监测系统的数据采集功能"，致使监测数据严重失真，

---

[1]　陈兴良：《互联网帐号恶意注册黑色产业的刑法思考》，载《清华法学》2019 年第 6 期，第 21 页。
[2]　在我国刑法学知识的转型中，对刑法主观主义的批判总是与反思社会危害理论、强化罪刑法定原则、改革犯罪论体系等任务联结在一起。参见刘艳红：《刑法学变革的逻辑：教义法学与政法法学的较量》，载《法商研究》2017 年第 6 期，第 11—14 页。
[3]　上海市第二中级人民法院（2001）沪二中刑初字第 132 号刑事判决书。

构成《刑法》第 286 条第 1 款破坏计算机信息系统罪。为了证明入罪合法性，法官在判决中援引了一份重要书证，即原环境保护部办公厅出具的《关于西安环境监测数据造假行为危害后果的说明》，用来强化堵塞气孔行为的危害。该说明指出了四个社会危害性：一是危害社会公众健康，因为影响公众知情权、不能提供健康指引；二是严重影响全国大气环境治理情况评估，影响公正性，因为该数据被原环境保护部用于城市空气质量排名；三是损害了政府公信力，因为失真的监测数据已实时发送至监测总站并向社会公布；四是误导环境决策，因为失真的监测数据已被原环境保护部用于编制环境评价的月报、季报。[1] 但是，破坏计算机信息系统罪侵犯的法益是具体计算机信息系统安全，法院引用的上述四大危害均不指向《刑法》第 286 条第 1 款明文规定的"计算机信息系统功能不能正常运行"，它们仅仅是"假数据"之危害。上述泛泛而谈的社会危害性在刑法中很难锁定一个具体犯罪的法益侵害，法官给出的有罪判决毋宁只是提供一个排解环保部门列出的四大社会危害、缓解处罚情绪之突破口而已。

　　本案与"'第一名'软件案"的性质是一样的，行为的直接后果是采集的空气被过滤后发生了物理变化，而环境监测系统在采集样本阶段的功能仍旧是正常的（一如既往地接收流入的一切空气样本），监测系统采集到原始样本后进行数据管理、数据分析，这些后续功能在运行中的规则保持不变。也即，环境监测系统的数据法则仍然遵循"1+1=2"，只不过原始数据不再是"1+1"而是"1+2"，系统采集功能、存储分析功能等监测器的全部功能完全正常（1+2=3）。正如，某医生在采血时故意将病人甲的血液样本调换而导致血液分析仪解析了乙的血液样本，采血医生在此并没有造成血液分析仪系统功能的错乱，分析仪对血常规等项目的检测功能仍然正常进行，而由此导致的血液化验报告样本与结果发生错误，其危害性根本不体现在对血液分析系统的破坏上。外部数据造假行为、源头运算数据失真不是《刑法》第 286 条第 1 款破坏计算机信息系统罪的构成要件行为及法益保护客体，李某这种低端物理性、无技术性的"调换样本"行为并没有对计算机信息系统功能造成任何"干扰"，判决书中的"干扰"只具

---

〔1〕 参见陕西省西安市中级人民法院（2016）陕 01 刑初 233 号刑事判决书。本案入选最高人民法院第 20 批指导性案例，参见"指导案例 104 号"，载中国法院网，https://www.chinacourt.org/article/detail/2018/12/id/3620160.shtml。

有泛化的修辞意义。[1]法官判案绝不能仅凭宽泛的语感、修辞，单纯罗列一堆与计算机信息系统犯罪无关的间接的社会危害性，这只不过是为了掩饰"恶意论"的入罪片面性、烘托"坏人应受惩罚"而已，难逃主观归罪之倾向。

三、网络时代积极主义刑法观的社会治理局限

在网络时代，"从规制刑法转向预防刑法""彰显积极预防的刑法观"等命题获得了极大范围的认可[2]，能动主义、功能主义的司法哲学要求刑法积极向以"网络黑灰产"为代表的不正当竞争行为、社会大众失范行为"亮剑"。如前所述，积极主义刑法观倡导刑法积极参与社会治理的根本理由在于，通过严密刑事法网的方式为公众创立行动指南，以此培养公众的规范意识，进而实现犯罪预防，它假借的是积极一般预防的说辞。积极一般预防论的解说不同于传递负面信息的威慑预防论，但从德国舶来的积极一般预防理论本身值得检讨，且从经验上看，积极主义刑法观的"行动指南思维"从根本上无视了网络时代社会规范的多元性和社会治理主体的多样性，面临很多常识与经验方面的局限。

（一）刑法积极参与网络社会治理的有限性

"刑法参与社会治理"从来不是一个新话题，它在根本上是国家对国民施加刑罚强制的正当性问题。在宏观思考上，我国学界对此存在两种声音：一是主张刑法在社会矛盾化解中具有广泛的可为空间，应当"随时根据社会治理的需要……实行必要的、积极的刑法干预……确保刑法及时参与社会治理"[3]，这不会违背刑法的谦抑性。二是认为我国社会治理长期面临的一个突出问题不是刑法介入不足而是"过度刑法化"，当前仍需要恪

---

[1]　这也如同破坏机动车外部的公路以"干扰"经过此处的汽车变道行驶，此种"干扰"也不可能被评价为《刑法》第 116 条的"破坏交通工具"而只可能是第 117 条的"破坏交通设施"。
[2]　参见喻海松：《网络犯罪二十讲》，法律出版社 2018 年版，第 8—9 页。
[3]　周光权：《积极刑法立法观在中国的确立》，载《法学研究》2016 年第 4 期，第 35 页。

守刑法谦抑性、刑法最小化原则，将刑法作为最后手段使用。[1]刑法思想启蒙至今，无论是刑法积极介入论还是最小化介入论，其实都不会否认刑法的功用或限度，保护社会秩序、保障公民人权两大刑法机能被同时写入各大刑法教科书，并不会有人反对。所以，问题的症结不在于刑法"要不要适度干预"，而在于"如何适度干预"、一方所认可的"度"是否被另一方接受。若对上述两种声音作出明确的选择判断，笔者赞成当前存在"过度刑法化"这一结论，"刑法的介入应当更积极"的论断可能导致刑法万能论积重难返，"刑法的有限性"需要被认真对待。

其一，网络时代的社会治理结构呈现多中心化，刑法规范体系只是末端规范系统中的一元。有观点认为："针对网络社会治理中的突出问题，通过刑法惩治为有关行业、群体确立必要的基本规则，发挥好刑事司法在规范社会行为、引领社会风尚中的重要作用，是刑法功能在网络时代的应有之义。"[2]毫无疑问，刑法的确可以起到行为规制作用，但网络交往的基本规则却不是依靠刑法来确立的，网络空间的社会风尚也不是指望刑法来引领的，否则便混淆了不同规范的性质和功能，"傍着刑法走天下"属于赤裸裸的刑法万能论。

首先，网络规范具有多元性，刑法是法律系统的最后一小部分，此外还存在大量更有针对性的刑法前置法规范，它们为互联网参与者提供了体量更大的"规范群"。例如，对于网络恶意刷单刷量、虚假交易等，2019年修正的《反不正当竞争法》第8条第2款已经明文规定，"经营者不得通过组织虚假交易等方式，帮助其他经营者进行虚假或者引人误解的商业宣传"，并且在第20条设置了最高200万元罚款、吊销营业执照的法律责任。《电子商务法》《网络安全法》也已专门规定了禁止虚构交易、编造用户评价、滥用市场支配地位等行为及其罚则。即便早在2014年3月15日就已生效的《网络交易管理办法》，也明确规定了"不得利用网络技术手段或者载体等方式"从事不正当竞争（第19条）、"不得对竞争对手的网

〔1〕参见刘艳红：《"风险刑法"理论不能动摇刑法谦抑主义》，载《法商研究》2011年第4期，第26—29页；何荣功：《社会治理"过度刑法化"的法哲学批判》，载《中外法学》2015年第2期，第523—547页；谢望原：《谨防刑法过分工具主义化》，载《法学家》2019年第1期，第87—100页；姜涛：《中国刑法走向何处去：对积极刑法立法观的反思》，载《国家检察官学院学报》2021年第5期，第116—139页。
〔2〕喻海松：《网络犯罪二十讲》，法律出版社2018年版，第9页。

站或者网页进行非法技术攻击，造成竞争对手无法正常经营"（第20条）
等有关行业、群体的基本规则。在司法机关以往的裁判文书中，旧《反不
正当竞争法》、原《侵权责任法》等相关规范也被广泛援引为裁决网络纠
纷、传达行为规则的直接依据。[1]上述民商法、经济法、行政管理法规范
组成的"规范群"提供了大量具体的行为指引，而反观刑法提供的规范，
众多都是从兜底性条款硬性解释而来。比如，"全国首例组织刷单入罪案"
被认定为非法经营罪、"全国首例恶意反向刷单入罪案"被认定为破坏生
产经营罪，两者判决的法律依据分别是《刑法》第225条第4项"其他
严重扰乱市场秩序的非法经营行为"、第276条"以其他方法破坏生产经
营"，试问有关网络行业、群体能够从刑法的这两个"其他……"中得出
怎样的行为指引呢？当法学家尚且对兜底性条款的网络化适用存在巨大分
歧时，作为普罗大众的网民又如何能从中获得明确的行为指南？他们感知
到的无非"被判刑了，下次再也不敢了"而已。

　　其次，即便从整体法律规范系统看，一般人也不会一边翻看法律一边
从事网络行为，他们能够事先确定的只有自己内心的道德认知（我那样做
确实有点儿不仗义）以及与对方之间的网络协议（满足条件即可为），这
些规则却是法律系统之前的行为规范。如前所述，"恶意论"对案件事实
的概括总是逃不开先入为主的主观善恶评价，"恶意刷单""恶意注册网络
账号"等进入有罪评价的起点都是：与其他购买行为、注册行为相比，行
为人动机不纯、别有邪恶企图。即便案例6中的被告人董某某具有"陷害
竞争对手"的恶意，但有过网购经历的人都知道，同一账号一次或多次大
量购买同一商品是不会被禁止的，除非商家设置购买数量的上下限，被告
人所进行的一切交易与那些不具有上述"恶意"的购买行为根本没有任
何不同。路人甲无恶意而购买1500单商品也可能涉嫌虚假交易而导致卖
方被淘宝平台采取管制措施，甲与董某某的差别仅仅在于内心而已。此
外，网络空间还有海量平台规则，如《淘宝平台规则总则》、淘宝行业管
理规范、《淘宝网特色市场管理规范》、《今日永州账号用户协议》（注册＝
同意）等，《刑法》涉及网络行为的条文在全部法律规范、商业道德规范、
行业规范、平台规则总量中又能占多少比重？指望刑法提供网络行为规范

---

〔1〕　参见上海市徐汇区人民法院（2017）沪0104民初18960号民事判决书；山东省高级人民
　　　法院（2010）鲁民三终字第5-2号民事判决书。

是不现实的,刑法的有限性自不待言。

最后,网络治理主体具有多中心化,刑法只是"综合治理"的一环。刑法治理的主体包括负责刑法修改的全国人大及其常委会、负责启动定罪程序的各级司法机关、执法机关等有权主体,这个权力系统不可谓不庞大。抛开刑事立法滞后性这一传统弊端不谈,司法机关发挥网络犯罪治理也只是事后"定分止争",这是刑法作为司法法的性质使然。网络治理尤其是源头治理的理想目标为消减网络不法行为,那么事后"判刑""坐牢"的治理效果是极其有限的,事前、事中监管的作用就不容忽视,行政监管机构、私营网络平台监管方甚至网民都可以成为网络治理的参与者,应优先探索网络犯罪治理机制的多元化。[1]例如,对于诸如恶意刷单、虚假交易等行为,淘宝平台会采取人工及系统排查判定等措施监视异常交易数据,系统会根据预先设定的逻辑作出是否属于虚假交易的判定,进而淘宝平台会根据《淘宝网市场管理与违规处理规范》《淘宝网关于虚假交易实施细则》等给予卖家或参与的买家下架商品、搜索降权、销量不累计、限制使用阿里旺旺、信用积分清零、限制会员登录等处理措施。[2]网络平台的这些临时性或永久性处罚措施要比刑罚更及时有效,平台不能为了降低成本就放弃技术治理、技术升级,如果平台自身不防范处置虚假刷单、恶意抢购,司法机关以非法经营罪、侵害计算机系统犯罪等"一打了之"也没有任何的"治理"意义。所以,互联网空间内的规则制定主体是多元的,电商平台、运营商等非官方主体在某种程度上有着更具决定性、迅捷性且刑事权力主体所不具备的网络技术性治理权限,刑事治理的有限性可见一斑。

其二,"积极介入""提前介入""源头治理"瞄准的是犯罪原因,更准确而言,它更加注重找出"病源"进行"根治",而犯罪起因具有多样化,人们的认知局限决定了它不可能如刑罚那样"短平快",而是一个漫长的过程。犯罪原因论是犯罪学的核心内容,思想史上曾存在古典现实主义、古典理想主义、实证主义、实用主义等,涉及个人原因论(人类学、

---

[1] 近50年德国刑法给予的经验教训也是如此,根本不必走弯路:刑法"无法独自根本性地改变孕育犯罪的社会环境,也就很难单独解决相关的犯罪问题",应避免遏制犯罪手段的单一性。参见王钢:《德国近五十年刑事立法述评》,载《政治与法律》2020年第3期,第94—112页。
[2] 参见淘宝·平台规则,载淘宝网,https://rule.taobao.com/#/。

遗传学等）、社会原因论等。[1]但犯罪学发展至今，对犯罪原因也未提出通用的原因模型，我国对犯罪原因的最大共识也许只在于马克思主义的经典命题："犯罪——孤立的个人反对统治关系的斗争……犯罪和现行的统治都产生于相同的条件。"[2]这些条件归根结底是指那些不以意志为转移的经济基础或物质生活条件，这种犯罪根源不仅包括了社会经济发展的各个方面，而且包括了由经济基础所决定的政治、文化、习俗、生活境遇等集体上层建筑、个体生活状况。所以，如下分析值得深思："是否可以找出犯罪现象变动与其原因之间的法则呢？遗憾的是，事实并非如此简单……影响人类行动的因子有无数个，这些因子相互关系并无明了"，因而犯罪的原因也尚未明朗化，"犯罪因素的研究对犯罪行动乃至犯罪现象的预防和事后处理只有在有限的范围内有意义"。[3]社会现实的揭示以及犯罪学家的结论应当引起重视，当医学家对诸多疑难问题的起因——大到新型传染性病毒、小到口腔溃疡——都尚难定论（因为它涉及环境、饮食、免疫、遗传等极多因素）时，根据因果关系"对症下药""去除病根"更是无从谈起。那么，法学家对网络犯罪这种更为复杂的社会科学问题的"病源发掘"又何以充满自信？积极主义刑法观把刑法的实践逻辑设想得过于简单[4]，期待刑法实现"源头治理"，恐怕过于理想化。

　　无论是康德的"上帝悬设"还是培根的"经验论证"，都没有解决人类智慧对社会问题的根源把握。借用法理学者的疑问：以有限的认知来命名无限变迁的社会关系，如何保障刑法完全是肯定、明确和普遍的，并同时摒弃它的模糊性、局限性？[5]手握定罪权的刑事司法官"通过刑法惩治"很难找到网络犯罪的源头，抛开其他综合性社会治理措施而谈"源头治理"几无可能，刑法的有限性昭然若揭。总之，在着力倡扬法治的社会声明刑法的有限性，并不是要解构拒斥刑事法治，而是要指明刑法万能论及其变种的纰缪所在。刑法在转型社会确实大有可为，但也正是这种转型

〔1〕　参见［美］戴维·亚瑟·琼斯：《犯罪学的历史》，郭建安、宋金莹译，法律出版社 2019 年版，第 8 页以下。

〔2〕　《马克思恩格斯全集》（第 3 卷），人民出版社 1995 年版，第 379 页。

〔3〕　［日］上田宽：《犯罪学》，戴波、李世阳译，商务印书馆 2016 年版，第 37、第 38 页。

〔4〕　参见姜涛：《中国刑法走向何处去：对积极刑法立法观的反思》，载《国家检察官学院学报》2021 年第 5 期，第 116—139 页。

〔5〕　参见谢晖：《法律的模糊/局限性与制度修辞》，载《法律科学》2017 年第 2 期，第 6 页。

社会问题之源的纷繁复杂，刑法在很多领域注定毫无作为，毕竟刑法释放的规范只占整体行为规范的"十几分之一"、"百分之一"甚至"千万分之一"，当其他规范尚未发挥作用时便直接断言刑罚的"源头治理"功效，颇值得怀疑。

（二）积极主义刑法观对互联网司法的误导

积极主义刑法观主张通过刑罚积极介入的方式为公众传达行为规范，但支持者遗忘了刑法发挥上述功能的一个重要前提："国家的权力表达（Machtäußerung）应符合公民对行为及其预期后果的认知。为了能够产生促进社会融合的效果，惩罚必须在社会上被认为是公正的，否则，便走向了消极的一般预防。既然刑法不仅针对有犯罪倾向的公民，还表达对一般人行为对错的态度，若公民基于恐惧而不是卓有成效的学习，那么他们的法信赖感（Rechtsvertrauen）的获得将缩减成单纯的外部压制，一般法意识（Rechtsbewusstsein）不会得到抚慰，反而会陷入不断的迷惘（Irritation）。"[1]笔者以为，德国学者的上述看法恰好可以证明积极一般预防并不等于"刑法积极提前介入"，完全映射了我国互联网刑事司法的症结。

例如，对于全国首例"黄牛软件"案，积极主义论者认为本案"有利于遏制互联网行业黑色或灰色产业的发展，进而保护国家的网络信息安全，有助于发挥刑罚的积极一般预防功能，具有标杆意义"[2]。《刑法》第285条第3款规定了提供侵入、非法控制计算机信息系统程序、工具罪，其构成要件行为是，提供专门用于侵入、非法控制计算机信息系统的程序、工具，或者明知他人实施侵入、非法控制计算机信息系统的违法犯罪行为而为其提供程序、工具。本案控诉机关指控该软件具有"绕过淘宝安全防护系统的人机识别验证机制的功能"；辩护意见辩称，被告人制造的软件只是实现了操作的机动化，并未绕过后台对相关数据进行修改，与黑客程序不同，社会危害性较小。[3]显然，该"黄牛软件"是否能够侵入或

---

〔1〕 Michael Pawlik, Staatlicher Strafanspruch und Strafzwecke, in: Eva Schumann（Hrsg.）, Das strafende Gesetz im sozialen Rechtsstaat, 2010, S. 74 f.

〔2〕 周光权：《通过刑罚实现积极的一般预防——国内首起"黄牛"抢购软件案评析》，载《中国法律评论》2018 年第 2 期，第 144 页。

〔3〕 参见山西省太原市迎泽区人民法院（2017）晋 0106 刑初 583 号刑事判决书。

非法控制计算机信息系统，是本罪构成要件适用的关键。没有疑问的是，此类软件的确是恶意设计的"恶意软件"，在道德或商业竞争层面是不正当的，但刑法的行为规范并不仅仅禁止人们产生该种恶意，法官若想引导社会大众的行为，就需要在恶意之外明确判定客观行为本身。

其实，所有"黄牛软件"都具有上述"绕开"功能。所谓的"绕过安全防护系统"在语言上貌似将其表达成了"木马程序"，但它们究竟是否具有非法侵入、控制计算机信息系统的功能，绝不能基于"存在恶意"一概而论。用户在登录网站或平台时，多数情况下都需要输入验证码（数字或图像），这个验证程序本意是为了保证所有用户在登录时都是"亲自操作"或"人工操作"，但事实上它在设计中根本无法保证这一点，这恰恰是平台验证系统自身的技术缺陷，根本不是第三方软件造成的。某软件如果仅仅利用了服务器在验证码查验时无法区分人工手动输入还是机器自动输入，那么即便在验证程序上"打擦边球"，也没有绕过服务器后台对相关数据进行修改、控制，根本不会升级到侵入、控制计算机信息系统的程度。换言之，官方平台系统对此类软件之所以不能及时发现、排除，并不是因为它们侵入、控制了计算机信息系统的运行，而恰是因为这些软件完全符合平台服务系统规则，也即它们与人工抢购一样进入了服务器设定的抢购规则轨道，只不过它们的作用体现为提升抢购速度而达到"秒杀"目的。以 12306 火车票购买系统为例，个人在电脑网页上刷票速度很慢，最快也需数秒才能完成一次购票尝试，而其他 App、小程序上的抢票通道（免费或购买"加速包"）通过模拟网络请求、规模化识别输入验证码、频繁自动刷新等，会极大提升刷票速度、提高购买成功率，尤其是在春运时期，它们不知为多少高校学子、务工返乡者带来抢票便利，成功回家过年，但也从来不见支付宝、携程等被控诉非法侵入、控制计算机信息系统犯罪。如果"黄牛软件"仅限于模拟人工而提升抢购速度，便不能因其开发源自营利"恶意"就认定行为人构成提供侵入、非法控制计算机信息系统程序、工具罪等，对"黄牛软件"之"恶意程序"的定性或许是准确的，但其并不会因此而一概属于"病毒程序""黑客程序"，必须根据构成要件对特定程序进行清楚的分析认定。

但是，不仅司法机关对关键要件、事实及争议不予正面阐释说理，而且法学家也仅仅从其他方面渲染所谓的社会危害性，如破坏公平竞争环境、损害普通消费者利益、败坏商家声誉等，唯独不论及计算机信息系统犯罪的行为性质及其法益侵害。[1]如果要禁止不公平竞争、禁止损害消费者利益、禁止败坏商业信誉的行为，那么，按照积极一般预防论的逻辑，相关行为规范就应当直接来自《反不正当竞争法》《消费者权益保护法》或者《刑法》中的损害商业信誉、商品声誉罪等犯罪条文，而不应指望由计算机信息系统犯罪推演出一切行为规范。否则，《刑法》第221条损害商业信誉、商品声誉罪就可以直接被废除了。换言之，《刑法》第285条第3款的法益"计算机信息系统安全"已经被固定化，相关行为要件并不明确维护公平竞争、消费者权益、商家信誉，公民根本无法从计算机信息系统犯罪条文中"卓有成效地学习到"上述行为规范。即便公民能从本案中获得"法信赖感"，这种法感觉也是错位的——从本案对《刑法》第285条第3款的适用上得到的行为规范是：不要试图怀着任何恶意去制作任何软件，不要有破坏公平竞争环境、损害消费者利益、败坏其他商业信誉的企图。[2]这就如同指望人们从"以危险方法危害公共安全罪"中学习到禁止投放虚假危险物质的规范，从盗窃罪中学习到禁止妨害传染病防治的规范，这些行为与规范之间是完全不对应的。

再如，公司员工毛某等发现该公司排放的污水中氨氮浓度有超标风险，为避免公司停产、保证氨氮在线监测设备的数据保持正常，将原本应接入污水管道的氨氮在线监测仪采样管接入盛放矿泉水的塑料瓶，制造在线监测数据正常的假象，法院认定该行为构成《刑法》第286条第1款破坏计算机信息系统罪。[3]本案被告人仅仅把设备采样管接入了矿泉水瓶，这与前述"堵塞进气孔案"的行为性质完全一致，行为根本没有干扰计算机信息系统的正常运行。此处国家刑罚权力的表达根本不符合人们对第286条第1款构成要件行为及其预期后果的认知，只会徒增迷惘：原来被告人不知不觉中完成了一次高技术犯罪；原来破坏计算机信息系统功能竟如此简单；把水管插入矿泉水瓶、把进气孔堵上棉纱，3岁顽童都可做

---

[1] 参见周光权:《制售秒杀软件牟利的定性及警示意义》，载《人民检察》2018年第6期，第48页。

[2] 积极一般预防论者一般坚持行为无价值论，即便坚持客观主义阵营内部的二元行为无价值论，也会有看重主观违法性要素而导致主观归罪的情形。参见冀洋:《逻辑与经验:刑法积极一般预防理论质疑》，载《现代法学》2016年第2期，第127—136页。

[3] 参见江苏省苏州市中级人民法院（2019）苏05刑终491号刑事裁定书。

到（客观不法），那些还在写代码的程序员简直太逊色了！《最高人民法院、最高人民检察院关于办理环境污染刑事案件适用法律若干问题的解释》、最高人民法院在指导性案例中申明"干扰采样，致使监测数据严重失真的，构成破坏计算机信息系统罪"，是为了预防人们干扰环境监测活动，这一目的无可厚非，但《环境保护法》《大气污染防治法》早有相关行为规范，对破坏此规范的行为一律以破坏计算机信息系统罪处置，无非为了加重处罚力度而已。这看似旨在进行源头治理、发挥刑法积极一般预防作用，但违背罪刑法定原则、背离人们的行为预期，实际上只是刻意迁就环保管理部门的治理需要而已。"如此一来，规范最终便退回到'不得有发生结果的意图'上了"[1]，也即"被告人具有逃避环境监管的恶意，找个最相似的罪名定罪吧"[2]。这便将公众法信赖感的获得缩减为单纯的外部压制，仍然是重刑主义的威吓套路。

四、网络时代功能主义解释论的风险克制路径

网络时代社会关系发展极具延展性，从互联网整体法律制度到某个网络平台软件系统、管理规则等都可能存在漏洞，通过"钻空子""搭便车""薅羊毛""打擦边球"牟利的行为层出不穷，其中既包括商业竞争行为，也包括日常生活行为。"刑法介入社会生活应当更积极一些"的论调，正是基于刑法规范的应对乏力所提出的刑法观。无论是在立法还是司法上，它均以"增加罪刑规范供给量"为直接目的，即"将刑法作为社会控制、社会保护的手段积极地加以适用"[3]，入罪解释、实质解释、目的解释、灵活解释、类推解释等都是这种能动司法的直接反映。在刑法解释走向的界定上，"能动主义""积极主义""预防主义""功能主义"等概念可以通

---

〔1〕［日］松宫孝明：《"结果无价值论"与"行为无价值论"的意义对比》，张晓宁译，载《法律科学》2012年第3期，第197页。

〔2〕如此看来，我国网络犯罪的外延极其广大，也不足为怪。基于刑法积极预防，刑事司法把大量依罪刑法定原则不构成犯罪的行为纳入犯罪圈，犯罪率的统计口径便随之囊括了大量"非犯罪行为"，从而呈现出"犯罪假数（假象）"。若此，人们每年看到的网络犯罪率激增现象，其实有相当一部分是人为炮制的"假犯罪"，若这种境况持续下去，原本刑法之外的非犯罪行为越发犯罪化，就会越发形成网络犯罪治理困境，由此陷入了一个网络治理的恶性循环：刑法干预愈多，犯罪便愈多，刑法以此为名再继续干预，犯罪率则继续暴增，越治越乱、越乱越难。

〔3〕付立庆：《刑罚积极主义立场下的刑法适用解释》，载《中国法学》2013年第4期，第156页。

用，即"崇尚目的理性"：它们把司法活动及过程的目的直接设定于对外部社会目标的追求之上，重视司法的社会决策功能，主张刑事司法在社会生活中的重要角色定位，强调司法必须与社会发展变化保持同步，以实现对社会的高度关切，并以各种可能运用的解释手段回应社会发展变化中形成的需要。[1] 然而，即便功能主义的"目的"是高尚的，也应当牢记"目的不能证明手段合理"[2]，目的是目的、手段是手段，前者只是刑法干预正当化的必要非充分条件，目的本身则不能证明手段。

　　这本就无须掺入复杂的学术争辩，正如一位父亲出于望子成龙的绝佳目的而对孩童进行严重体罚、一位医生为缓解病人疼痛而乱开麻醉药剂，他们的目的正当绝不代表教育或治疗手段同样正当。这也是德国法学家拉德布鲁赫在将法律价值一分为三之后何以主张"这一价值序列中，我们把为公共利益的法的合目的性放在最后的位置上"[3]，即"正义优先于合目的性，而法的安定性也优于合目的性"[4]。与之相反，我国不少刑法解释者特别崇尚"目的证明手段"的信条，为迅速回应有关部门的管理需求、补足刑法规范的漏洞、向公众展现维护网络秩序的果敢姿态，在行为纵向流程上存在入罪早期化、在行为横向范围上存在入罪膨胀性。尤其是在扩张法网、强化定罪而又缺乏直接刑法依据时，对既有犯罪构成要件进行强硬扩容便成为常态。加之近年来刑法学界掀起的"贯通刑事政策与刑法体系（犯罪论）"狂潮，使得那些怀着保护目的而行动的解释学、教义学理论顶着"目的理性"的光环招摇过市，并带着"刑法万能论"的语气强化着刑法知识与公共政策的合流，法益保护目的、预防犯罪目的、打击治理目的等机能主义的内容，或者以学术话语或者以直白刑事政策的话语被直接作为入罪解释的正当性依据，罪刑法定原则所代表的刑法稳定性反而可能退居二线。这需要我们反思：我们的刑法解释学是否自始缺乏目的理性？我

---

〔1〕 参见劳东燕：《功能主义的刑法解释》，中国人民大学出版社 2020 年版，第 108 页。

〔2〕 ［英］以赛亚·伯林：《自由论》（修订版），胡传胜译，译林出版社 2011 年版，第 20 页。目的正当只是证明刑罚正当的一个方面，暗地里信奉"目的证明手段"这种马基雅维利式的逻辑是十分危险的，这也是边沁、费尔巴哈、李斯特等功利主义刑罚的支持者何以在犯罪论原理上走向古典学派。

〔3〕 ［德］古斯塔夫·拉德布鲁赫：《法律的不法与超法律的法》，舒国滢译，载雷磊编：《拉德布鲁赫公式》，中国政法大学出版社 2015 年版，第 9 页。

〔4〕 ［德］古斯塔夫·拉德布鲁赫：《法律智慧警句集》，舒国滢译，中国法制出版社 2016 年版，第 26 页。

们对传统刑法解释理论的诟病难道不正是基于"目的至上"带来的弊端？在网络时代，当带有功利性追求的定罪思维大行其道时，罪刑法定在涉网犯罪解释中的"藩篱作用"是否会节节衰退，进而以功能主义、目的理性的名义带来功能失序、定罪非理性之风险？

（一）刑法解释应尊重"李斯特鸿沟"

在刑法教义学上，定罪理论的体系化即犯罪论体系，作为学术概念的功能主义、目的理性犯罪论体系始于 20 世纪 70 年代的德国刑法学，它在方法论上有两个重要的指导原则：第一是以新康德学派的规范论和新黑格尔学派的归责思想作为体系构造的基本方向，即不能根据"存在的既有事实"而建构，只能从刑法的目的设定当中建构起来；第二是打破区分"应罚性"和"需罚性"的传统，体系构造的设计必须同时符合"应罚性"和"需罚性"的要求。[1] 对于第一项原则，德国学者罗克辛主张"以刑事政策上的刑罚目的理论作为体系取向，也就是以预防的目的作为架构体系的指导原则"；在第二项指导原则中，"应罚性考虑的是行为的主客观可归责性，需罚性考虑的是预防必要性，他们在每个阶层都要同时被考虑进去"。[2] 根据这两个基本原则，"刑法目的"最终居于统帅地位，这被认为合乎目的理性，因而该体系被称为"目的理性阶层体系""目的论兼刑事政策阶层体系""功能刑法体系"。罗克辛用"刑法目的"改造犯罪论体系（定罪体系）的筹划以批判所谓的"李斯特鸿沟"为起点，他认为李斯特的"刑事政策"与"刑法体系"之间存在疏离，但这种说法很容易引起汉语学者的误解。

如前所述，罗克辛的"刑法体系"（Strafrechtssystem）专指"犯罪论体系"。因为"刑法体系"原本就包括了犯罪论与刑罚论，如对我国《刑法》第 49 条"审判的时候怀孕的妇女"、第 50 条"限制减刑"、第 64 条没收"供犯罪所用的本人财物"、第 67 条"如实供述自己的罪行"等规定的解释当然属于刑法体系和刑法教义学的范畴。那么，李斯特根本没有造成整个刑法体系与刑事政策的分离，他著名的"马堡计划"（Marbuger

---

[1] 参见姜涛：《需罚性在犯罪论体系中的功能与定位》，载《政治与法律》2021 年第 5 期，第 105—121 页。
[2] 许玉秀：《当代刑法思潮》，中国民主法制出版社 2005 年版，第 89、第 90 页。

Pragram）贯彻的就是刑事政策或预防目的（包括量刑上的行为人主义、教育刑、不定期刑等）[1]，我国刑法以及刑法司法解释规定的死刑适用、累犯适用、法定刑以下减轻处罚、认罪认罚从宽等皆为刑罚中刑事政策的体现，甚至可以说这就是刑事政策刑法化，二者之间任何时候都不可能存在"鸿沟"。于是，所谓的刑事政策与"刑法体系"的鸿沟就只可能存在于刑事政策与"犯罪论体系"之中。

作为一个名垂史册的刑事政策学家，李斯特没有在定罪论的体系上以预防为先导即没有以刑罚目的（目的刑）改造犯罪论，而是成为一个犯罪论的古典学派论者，那么他为何不在犯罪论体系中发挥自己的刑事政策专长，反而硬生生地制造了被罗克辛所指摘的"李斯特鸿沟"？这是因为李斯特充分看到了犯罪论的特殊意义：一方面，将整体社会意义之目的、与犯罪作斗争的方法，也就是刑法的社会任务，归于刑事政策；另一方面，按照刑法的司法意义，将法治国的自由保障机能，也即法律的平等适用和保障个体自由免受"利维坦"干涉的机能，归于犯罪论。[2]这就意味着，李斯特提供了一个定罪量刑的二元结构：犯罪论解决的是处罚的先决条件（侵害主义、报应主义），只有条件具备即犯罪成立之后才会考虑预防目的，预防目的论是一种量刑理论而非定罪理论。这就是李斯特在罪刑法定之下为实现刑法目的设置的限制，我们长久以来将李斯特划归到新派并将新派模式化为刑法主观主义阵营[3]，是以刑罚目的推导犯罪论，即以最大限度地预防犯罪目的为指导构建犯罪论立场，毕竟刑法主观主义更有利于做到对行为的统制，继而预防犯罪。[4]这恰恰忽视了"李斯特鸿沟"对刑法目的理性从刑罚论穿越到犯罪论的拦截、阻隔意义，殊不知由于"李斯特鸿沟"的存在，新派与刑法主观主义的对应图式在李斯特这里是失灵的。

面对"李斯特鸿沟"，罗克辛要为它打造一座贯通桥梁，将"刑事政

---

[1]　Vgl. Wofgang Frisch, Franz. v. Liszt, Werk und Wirkung, in：Anrd Koch/Martin Löhnig（Hrsg.）, die Schule Franz von Liszts, 2016, S.16 ff.

[2]　参见［德］克劳斯·罗克辛:《刑事政策与刑法体系》（第2版），蔡桂生译，中国人民大学出版社2011年版，第4页。

[3]　新派与旧派的区分来源是刑罚目的论，李斯特就自称为新派。参见［德］冯·李斯特:《论犯罪、刑罚与刑事政策》，徐久生译，北京大学出版社2016年版，第171页。

[4]　对于行为统制而言，犯罪"结果"的发生是不重要的，行为发展到"着手实行"的问题也不过是一种偶然状况，因而最为有效的预防阶段便是意图犯罪之时。参见［日］松宫孝明:《结果反（无）价值论》，张小宁译，载《法学》2013年第7期，第16—22页。

策"融入定罪论，但罗克辛本人并没有对这里的"刑事政策"作一个统一的定义，他指出："若刑事政策的课题不能够或不允许进入教义学*的方法中，那么从体系中得出的正确结论虽然是明确和稳定的，但是却无法保证合乎事实的结果。"[1]其实，这也是社科法学所指摘的教义法学之弊病——过度陷入封闭性较强的法条主义。[2]那么，"强调刑事政策的目标性指引，正是为了将刑法理论的建构拉到务实主义的轨道之上，以免人们沉溺于抽象的精工细作而忽视实用性的考虑"[3]。这里的"刑事政策的课题"就是贯彻实质、价值、目的性的思维考量。[4]目的理性的犯罪论体系将"刑事政策"贯穿到各个阶层：在构成要件阶层，是指对构成要件的实质性评判（客观归属如行为犯、义务犯以及犯罪事实支配等）；在违法性阶层，是指对违法性的价值性判断（利益衡量）；在罪责阶层，相对于对罪责的心理性要素、规范性要素的论述，刑事政策是指对罪责的目的性分析（功能责任）。[5]其实，李斯特在犯罪论体系上并没有拒斥这种刑法策略。例如，实质违法性理论毫无矛盾地存在于追求形式法治国时代的李斯特犯罪论体系当中，并且李斯特也承认利益衡量，他指出："对行为的法律评价，可能有两个考察方法：1.形式违法是指违反国家法规、违反法制的要求或禁止规定的行为。2.实质违法是指危害社会的（反社会的）行为。违法行为是对受法律保护的个人或集体的重要利益的侵害……构成法制最后和最高任务的人类共同生活目标的要求，在此等矛盾、冲突中牺牲价值低的利益，如果只有以此为代价才能维护价值高的利益的话。"[6]可见，李斯特在不法论

---

*　　此处指"定罪论"。——笔者注

[1]　[德]克劳斯·罗克辛：《刑事政策与刑法体系》（第2版），蔡桂生译，中国人民大学出版社2011年版，第7页。

[2]　参见姜涛：《法教义学的基本功能：从刑法学视域的思考》，载《法学家》2020年第2期，第39页。

[3]　劳东燕：《能动司法与功能主义的刑法解释论》，载《法学家》2016年第6期，第14页。

[4]　参见陈兴良：《刑法教义学与刑事政策的关系：从李斯特鸿沟到罗克辛贯通 中国语境下的展开》，载《中外法学》2013年第5期，第974—1005页。

[5]　可以将罗克辛的"刑事政策"（Kriminalpolitik）理解为"刑事政治""刑事策略"，即让刑法有策略、有目的地运行，与汉语上惯常使用的"刑事政策"相同的是贯彻目的性的思考，所不同的是这种"刑事政策"不一定具有官方司法文件载体，与"宽严相济刑事政策"也不在同一层面。

[6]　[德]弗兰茨·冯·李斯特：《李斯特德国刑法教科书》，徐久生译，北京大学出版社2021年版，第200—201页。

中的实质化思考与罗克辛的"架桥构想"并不具有根本区别。

正如有学者所言："罗克辛所谓跨越李斯特鸿沟中被跨越的对象与原本意义上的李斯特鸿沟可能不是一回事。"[1]罗克辛所说的"李斯特鸿沟"其实并不存在，如果说李斯特的犯罪论体系与刑事政策之间存在着一定疏离并可以被称为"鸿沟"的话，那么这个真正意义上的"李斯特鸿沟"恰恰是李斯特限制功能主义思想、限制刑事政策侵入定罪论的合理克制。所以，我们需要重新从徐久生教授提出的"两个否定"中有所反思："我们对李斯特以及罗克辛提出该话题的本来意义是什么真的了解清楚了吗？从学界现有的争论看，回答似乎应该是否定的。罗克辛的目的理性犯罪论体系真的能够跨越所谓的李斯特鸿沟吗？从实然和应然两个层面看，回答依然是否定的。"[2]

如同在社会法学与教义法学之争中，以法条为中心的刑法教义学从来都不是仅依据形式规则就得出结论，而始终承认"刑法产生并存活于民众信念和社会总体现实"，始终"立足于规则之上，同时求助于实质正义、社会经验和当下的情境来形成判断"。[3]它不是执念于条文而不关心社会后果，而是特别注重"刑事政策方向在哪里"，特别重视通过何种法律规则、法律程序、法律方法引入社会后果，特别强调将规范外的政治判断、政策考量、经济算法等纳入犯罪构成要件分析中。若"极为宽泛的刑事公共政策"进入刑法教义学之后，解释者忘记了形式理性，刑法教义学边界就变得模糊，很可能就与前述社科法学、政法法学的论调重叠在一起。因此，在实现所谓的"罗克辛贯通"之前，有必要认清"李斯特鸿沟"中构成要件以及背后罪刑法定的特别意义："刑法典是犯罪人的大宪章，这听起来似乎有点荒诞。但刑法保护的不是法律秩序，不是社会全体（Gesamtheit），而是对抗它们的个人。刑法典通过书面的形式确认了如下规则：惩罚只有在法定条件和法定界限内才能被容许。'无法无罪，无法无刑'这一双重原则是公民抵御国家无上权力、抗衡多数人暴政以及与'利维坦'进行抗争的堡垒。多年以前我就已经把刑法典作为'国家合法有限刑罚权'的标

---

〔1〕 邹兵建：《跨越李斯特鸿沟：一场误会》，载《环球法律评论》2014年第2期，第135页。

〔2〕 徐久生：《冯·李斯特生平及刑法思想》，载［德］冯·李斯特：《论犯罪、刑罚与刑事政策》，徐久生译，北京大学出版社2016年版，第14页。

〔3〕 刘艳红：《实质刑法观》（第2版），中国人民大学出版社2019年版，第253页。

志,现在我也仍然宣示：刑法典是刑事政策不可逾越的藩篱。"[1]"李斯特鸿沟"并不是李斯特的理论缺陷,恰恰是有意为之,毕竟刑法的司法哲学不是"超现实主义",更不是"超法律主义"。

（二）刑事政策不是第二犯罪论体系

由于"李斯特鸿沟"的藩篱作用,李斯特的刑法学遵循的是"定罪论的客观主义＋量刑论的目的刑",属于古典体系特有的二极结构："一方面通过客观主义和形式主义*,为处罚的先决条件提供最为可靠的法安全;另一方面通过以犯罪之人为中心的制裁体系,实现最高度的目的性。"[2]自罗克辛的目的理性体系被推介到国内以来,将刑事政策纳入定罪论的主张也变得更加"学术化",但在定罪过程中,刑事政策绝对不能成为第二犯罪论体系。

其一,刑法入罪解释中的实质化思维、政策性导向、目的性考量向来是中国刑法解释学挥之不去的"古老传统"。有学者认为："目的理性犯罪论体系是刑法教义学与刑事政策学结合的典范,一定程度上解决了政策学进入教义学的制度设计与规范构建问题。不过,鉴于我国的刑法教义学与刑事政策学之间还是一种相互疏离的态势,政策要素若进入司法主体视野还需借助目的解释的渠道。"[3]从"政策要素若进入司法主体视野"这样的表述来看,这里的"刑法教义学与刑事政策学"其实就是"定罪论"与"刑事政策"而不仅是指代两个学科,对于论者提出的"相互疏离的态势",本书不敢苟同。刑事政策所代表的"目的理性"自始就存在于中国刑法教义学当中,根本不存在"相互"疏离,功能主义已经深入骨髓。

例如,传统犯罪构成理论就是以社会危害性为中心的实质化理论,这早已不是什么新发现,而"社会危害性"本身就是定罪论中最大的"实质化"标签,这种实质化评价就是刑法目的性思想的典型表现。苏联学者曾对贝林－李斯特的犯罪论体系批判指出："资产阶级刑法并不运用社会危害

---

[1]　Suanne Ehret, Franz von Liszt und das Gestzlichkeitsprinzip, 1996, S. 19.

*　　此处指"罪刑法定主义"。——笔者注

[2]　［德］汉斯·海因里希·耶赛克、托马斯·魏根特：《德国刑法教科书》（上）,徐久生译,中国法制出版社 2017 年版,第 281 页。

[3]　赵运锋：《刑法目的解释的政策导向与规则构建》,载《中国刑事法杂志》2014 年第 6 期,第 7 页。

性这一概念，而只运用犯罪构成及违法性的概念，同时也未揭露出它们的阶级本质"[1]，"贝林把犯罪构成同那种作为犯罪构成而不具有任何主观色彩的行为混为一谈，使主体的抽象行为达于极限"，"犯罪构成是犯罪的无形的反映。这样一来，贝林就把犯罪构成由日常生活中的事实变成了脱离生活实际的抽象的东西，变成了'时间、空间和社会以外的'一个概念"[2]。所以，苏俄四要件犯罪成立理论一开始就在设法穿越"李斯特鸿沟"，将犯罪构成变成不再脱离社会实际的"社会以内"的东西。这样的结局肯定是刑事政策距离犯罪构成越来越近而不是"相互疏离"，实质化的、目的性的刑事政策考量在以社会危害性为中心的四要件理论中已经发挥了足够强大的作用，以至于被称为"没有构成要件的犯罪构成"。[3]而且，在犯罪未完成形态中，传统犯罪构成理论还将那些客观上不会引发任何法益侵害性的行为评价为符合"修正的犯罪构成"，足见实质化思维和目的性、政策性导向对犯罪构成要件的磨灭能力，一旦犯罪构成要件的拦截功能失守，罪刑法定原则的沦陷就只是个时间问题。当然，并非驱逐"四要件"、引入"阶层论"就可以直接避免上述弊端，问题的症结始终在于刑事政策进入定罪论之后，是否给予刑法明文规定的构成要件以最高位置，功能主义阶层体系、目的理性阶层体系所带来的实质入罪解释同样值得警惕。

其二，"刑法教义学"只不过是刑法解释学的同义语，"教义学"并非先天能够尊重刑法文义、遵守罪刑法定、严守刑法边界，刑法解释权天然以政策为导向。有学者认为："刑法教义学具有对刑法文本的解释性的特征，这种解释又不能超越法律的语义边界。正是在这种罪刑法定原则的限制之下，刑法教义学获得了其合法性与正当性。"[4]然而，从前述网络时代各种"首案"的入罪判决可以看出，"法律解释是一个不连贯、不稳定并

---

[1] [苏]T. B. 采列捷里、B. T. 马卡什维里：《犯罪构成是刑事责任的基础》，高铭暄译，载中国人民大学刑法教研室编译：《苏维埃刑法论文选译》（第1辑），中国人民大学出版社1955年版，第63页。

[2] [苏]A. H. 特拉伊宁：《犯罪构成的一般学说》，王作富等译，中国人民大学出版社1958年版，第16页。

[3] 参见陈兴良：《四要件：没有构成要件的犯罪构成》，载《法学家》2010年第1期，第21—30页。

[4] 陈兴良：《刑法教义学与刑事政策的关系：从李斯特鸿沟到罗克辛贯通 中国语境下的展开》，载《中外法学》2013年第5期，第999页。

因此而声名狼藉的领域"[1]。作为教义学者的积极主义刑法观支持者们，早已从严守刑法语义成为"追求刑法没有漏洞"，从而为实现这一预设而积极解释刑法，为维护"刑法无漏洞"的形象而"榨干"法条含义。例如，2017年6月1日施行的《办理侵犯公民个人信息案件的解释》第2条规定："违反法律、行政法规、部门规章有关公民个人信息保护的规定的，应当认定为刑法第二百五十三条之一规定的'违反国家有关规定'。"我国《刑法》分则的其他条文规定的是"违反国家规定"，《刑法修正案（九）》修改第253条之一用的是"违反国家有关规定"。对于前者，《刑法》第96条进行了专门解释："本法所称违反国家规定，是指违反全国人民代表大会及其常务委员会制定的法律和决定，国务院制定的行政法规、规定的行政措施、发布的决定和命令。"

上述司法解释显然将"国家有关规定"作了与《刑法》第96条"国家规定"不同的解释，因词组中多加了"有关"一词而范围更广。但是，"有关"只是一个没有实义的虚词，如"学校有关部门"不会超出"学校部门"、"刑法有关规定"不会超出"刑法规定"、"机关有关领导"不会超出"机关领导"之范围，"有关"只是相对于特定事项而言的"相关"而已，第253条之一中"国家有关规定"的文字含义应是"与公民个人信息保护相关"的"国家规定"，不包括部门规章。上述司法解释将一个立法已经作出规定的概念当作"新概念"予以重新解释，违背汉语语法习惯、违背生活经验、违背《刑法》第96条之要求，是为了加大处罚范围而作出的"硬解释"。这就意味着，所谓"刑法教义学对刑法本身的坚守"早已不等于罪刑法定，而是为满足刑事政策的处罚必要性、实现周延地保护法益、迎合社会管理决策的需求。

其三，我国刑法解释学、刑法教义学的学术昌盛并不意味着规范判断取代了政策判断、法律逻辑取代了政策逻辑。如今的刑法解释学已经摆脱了之前"1979年《刑法》"中的那些政治话语，法益侵害、规范违反、积极的一般预防、行为无价值、结果无价值、客观归责等偏重刑法理论的词汇已逐渐成为主流。但我们不能为刑法知识上的"词库更新"而自喜，

---

[1] Zachary Price, "The Rule of Lenity as a Rule of Structure", 72 *Fordham Law Review* 885, 885-942（2004）.

很多概念可能只是一种学术包装，旧观念、旧思维仍然会以"学术"的名义拉拢迷惑解释者，使之为其摇旗呐喊。例如，在引进"法益"概念后，刑法的目的不再是保护"社会关系"而是保护法益。可是，法益概念与以往的"犯罪客体"一样，具有模糊性和空洞性。德国学者比恩鲍姆（Birnbaum）在用"法益侵害说"取代权利侵害说时就认为，"总有一些宗教或道德的观念，能够被视为需要得到普遍保障的'民族的整体利益'（Gemeingut des Volks）"[1]，即这里的"好东西"（Gut）不仅包括财产、身体这种个人的客观实在物，也包括民族共同体作为持有主体的宗教道德观念等，这些所谓的"益"反而在概念上陷入了神秘主义。宾丁认为，法益是"健全法律生活（Rechtsleben）的条件，在这样的生活中和平不受干扰，权利主体可以自由且稳妥有力地得到发展"[2]。这里的"生活条件"也确实飘忽不定，以至于他主张"干货满满的法律在各种方面致力于对人们内心生活（Gefühlsleben）的保护"，"对上帝的虔诚感（Pietätgefühl）""宗教感（religiöse Gefühl）""对动物的同情感（Mitgefühl）"等心理感觉或占统治地位的价值观、世界观都是这种生活的条件——"益"。[3]直到今日，德国刑法学对法益概念的界定仍然让人捉摸不定。

有学者认为，法益是指那些对社会具有特殊意义并因之而受到法律保护的生活利益（Lebensgut）、社会价值（Sozialwerte）以及个人或共同体的合法公认的利益。[4]也有学者认为："法益是对个体的自由发展、基本权利的实现以及以此目的为基础组建的国家体系的功能运行而言，必不可少的事实情况（Gegebenheiten）与目标设定（Zielvorstellung）。"[5]可以说，从1834年比恩鲍姆创制法益概念到1945年二战结束的一个多世纪内，"法益概念本身的内涵是空洞的，它仅仅是立法目的的一种体现形式……是协助表达无数敏感处罚需求的'万金油'（Passepartout）"[6]。法益最初因宗教

[1] J. M. F. Birnbaum, Über das Erfordernis einer Rechtverlatzung zum Beriffe des Verbrechens（1834）, in: José Luis Guzmán Dalbora/Thomas Vormbaum（Hrsg.）, Zwei Aufsätze, 2011, S. 24.
[2] Karl Binding, Die Normen und ihre Übertretung, Bd.1, 1916, S. 339.
[3] Vgl. Karl Binding, Die Normen und ihre Übertretung, Bd.1, 1916, S. 347.
[4] Vgl. Johannes Wessels/Werner Beulke/Helmut Satzger, Strafrecht AT, 2016, S. 12.
[5] Claus Roxin, Strafrecht AT, Bd. I, 4. Aufl., 2006, S. 16.
[6] Carl-Friedrich Stuckenberg, Rechtsgüterschutz als Grundvoraussetzung von Strafbarkeit?, ZStW 129（2017）, S. 357.

伦理犯罪而生，最终也"不负众望地"服务于不同阶段的国家意志，迎合了不同时代的官方统治哲学，这也是它能够"长存"的根本原因：见人说人话、见鬼说鬼话，从来没有坚守住任何自由主义，反而让调校刑法界限的功能一溃千里。所以，试图实现"法益"之于"犯罪客体（社会关系）"等传统概念的天然优势，无异于缘木求鱼。相应地，"法益保护"无非"预防犯罪"这一刑事政策话语的学术包装，对法益保护目的的强烈追求，最终形成积极主义刑法观，它们也仍然是社会防卫、风险刑法的继续，这也是所谓"行为无价值论"对行为不正当性的评价仍然会存在于以社会危害性为中心的传统刑法主观主义中的原因。[1] 所以，这些都不是新的，即便我们沐浴在无尽的"学术话语"中，也仍然没有脱离预防至上的刑法导向，司法的"社会效果"在很多场合仍然与"法律效果"存在着冲突[2]，"将刑法作为社会控制、社会保护的手段积极地加以适用"这种司法层面的积极主义思维、刑事政策预设比比皆是。

（三）我国定罪体系应"弱刑事政策化"

按照层次和等级，功能主义解释论的目的至少可以分为中间目的和最终目的，"只有（最为）终端的目的才能替手段辩护，'也就是说，一个自身不需要被辩护的目的才能替相对于它而言是手段的目的辩护'"[3]。积极主义刑法观的目标是预防犯罪，即保护法益，而法益保护目的仅仅是一个中间目的而不能是最终目的，在全面推进依法治国的战略格局中，刑法的最终目的只能是保障人权。刑罚是出于预防性保护目的而产生的一种"恶"，人权保障目的为这种"恶"的拓展提供必要节制，从而使刑罚成为"必要的恶"。[4] 人权保障目的正是一种"不需要被辩护的目的"，也只有人权保障目的才能为法益保护目的提供辩护，辩护的方式就是为这个中间目的之实现手段提供限制，因而刑法正当性归根结底还是手段问题。本书不是为

---

[1] 参见冀洋：《刑法主观主义：方法论与价值观的双重清理》，载《法制与社会发展》2016 年第 3 期，第 120—136 页。

[2] 参见陈金钊：《被社会效果所异化的法律效果及其克服——对两个效果统一论的反思》，载《东方法学》2012 年第 6 期，第 44—61 页。

[3] ［澳］John Kleinig：《目的和手段》，刘玮玮译，载《道德与文明》2016 年第 3 期，第 60 页。

[4] 参见［日］西原春夫：《刑法的根基与哲学》（增补版），顾肖荣等译，中国法制出版社 2017 年版，第 6 页。

了否认目的理性的重要意义，而是在承认"目的正当性"的前提下说明法益保护目的（目的理性）不能够独自证明刑法介入的正当性，这才是现代刑法解释学与传统刑法解释学的分水岭。

在互联网全球化和风险社会背景之下，有学者认为："国家行为的预防走向对整个公法体系都造成重大冲击"，"但无论如何，只有将预防现象纳入大教义学体系之内，对其进行适当的规制才存有可能。如果在教义学的框架之内根本不考虑预防，则它也就根本不可能解决预防的问题"。[1]这里的逻辑容易引起误导，也为笔者所费解：既然我们对刑法体系（定罪体系）的预防走向所带来的风险有共同的认识——"由于偏重预防和管理，现代刑法本身就蕴含着摧毁自由的巨大危险"[2]，那么我们规制预防走向的途径难道不是首先在定罪论中尽可能地抵制刑事政策化？为何反倒是将刑事政策"引进来"才能实现规制而不是直接尽量"排出去"？

无论我们的法学家对刑事政策有着多么深刻的研究，他们都不可能与刑事政策学大师李斯特相提并论，李斯特对刑事政策的造诣是非常深厚的，但他仍对刑事政策入侵定罪论有着近乎本能的抗拒："清楚地和明确地划分政策与法律的界限是我们的义务。我承认，迄今为止我们还没有很好地履行该义务"，"我从概念上对刑法和刑事政策划定了界限……两者是彼此独立的科学，不管作为完全独立的学科，还是姊妹学科。应当将刑法立法、刑事司法和刑罚执行纳入刑法或者刑事政策吗？起决定作用的应当是法律的一般规定还是适用于具体情况的机敏的政策考量？这是一个重大的问题"，"只要我们的刑法立法依然坚持其重大政治意义早已被讨论认可的'法无明文规定不为罪'，只要犯罪的构成要件作为动用国家刑罚的前提条件存在，法律适用仅是法官依据法律原则所为之行为，如此，就像已经论及的，刑法的延续毫无疑问便得到了保证。在法律适用方面，刑事政策则无能为力。我个人认为，这一问题没有争议"。[3]可见，一个全面精通刑事政策学的法学家都如此绑缚自己的手脚。他为何不在刑事政策与定罪论之

---

〔1〕 劳东燕：《风险社会中的刑法：社会转型与刑法理论的变迁》，北京大学出版社2015年版，第71页。
〔2〕 劳东燕：《公共政策与风险社会的刑法》，载《中国社会科学》2007年第3期，第137页。
〔3〕 ［德］冯·李斯特：《论犯罪、刑罚与刑事政策》，徐久生译，北京大学出版社2016年版，第140、144页。

间来个"李斯特贯通"而是维持"李斯特鸿沟"？他不是最有资格这么做吗？李斯特对目的理性的运用，有所为、有所不为，这就足以引起我们的深思。

在互联网甚至人工智能技术高速发展的时代，虽然我们处于新旧任务混合的阶段，我们回不到贝卡里亚、费尔巴哈、贝林、李斯特所处的时代，但有一点是十分明确的，我们的时代稚气未脱，我们的自由主义先天不足，我们的罪刑法定之道且行且忧患，刑法对网络社会焦虑的迎合、对公共管理决策的供给强烈而执着，这像极了德国早期古典学派的时代底色。当积极的社会防卫思想遇到偏爱刑事政策、目的理性的解释学动向时，正如有学者所言，极有可能进一步强化的是国家与社会的双层次的控制文化，继而形成一个"高保安社会"。[1]例如，我国《刑法》第133条中规定，"交通运输肇事后逃逸或者有其他特别恶劣情节的，处三年以上七年以下有期徒刑；因逃逸致人死亡的，处七年以上有期徒刑"。有学者认为："只要行为人在交通肇事后不救助被害人的，就可以认定为逃逸"，"应当以不救助被害人（不作为）为核心理解和认定逃逸"。[2]这里的"目的"是"鼓励进行救助受害人"（保护生命安全法益），即"通过惩处来预防犯罪、扩大保护法益范围"。这样的目的无可厚非，但问题的焦点不在于"这种目的是否正当"，而是将上述"留在原地的行为"即抽象意义上的"逃避救助义务"归入现实意义上的"逃逸"文字范围是否正当？换句话说，以"处罚逃逸"的方式实现前揭目的是否违背罪刑法定？显然，"逃逸"的含义必须要求"逃"，如果行为人留在原地、束手就擒，则根本超出了"逃逸"的范围，即便行为人不救助被害人的行为值得刑罚处罚，那也只能另立其他文字规范。所以，目的理性并不能独立承担起处罚的重任，"目的"之外的形式因素（构成要件本身）更为重要，它决定刑法积极介入社会生活的手段是否妥帖。

正是对"功能主义""目的理性"天然导致权力扩张的担忧，被誉为"帝王原则"的比例原则揭开了公法学的崭新一页，这里的"比例"便是权力行使的"目的与手段"之间的合理关系。在德国公法学上，"早在

---

〔1〕　参见蔡道通：《建国初期的"敌人刑法"及其超越——兼评雅科布斯的"敌人刑法"》，载陈兴良主编：《刑事法评论》（第28卷），北京大学出版社2011年版，第268页。

〔2〕　张明楷：《刑法学》（第6版 下），法律出版社2021年版，第926页。

1968 年宪法法院就已经首次确立了'四阶审查'模式"[1],比例原则也就被概括为四个审查阶段:(1)目的正当(legitimer Zweck),即必须追求合法的目的,这来自禁止任意性的要求;(2)手段适格(Eignung),即该措施必须有助于实现这一目的或者至少能够促进该目的实现,也叫"手段的合目的性";(3)必要性(Erforderlichkeit),即该措施必须是必要的,没有更温和、更适宜的手段;(4)均衡性(Angemessenheit),即必须与相关权利、利益或其他利害关系相称,如对基本权利的侵害程度,因而也被称为"狭义比例原则"(Verhältnismäßigkeit im engeren Sinne)。[2]可以说,比例原则在"目的-手段"关系上的"四阶审查"是较为全面的[3],"目的正当"仅仅是上述流程的起点,"合目的性"对手段正当性的证成作用非常有限。所以,当解释者一看到"目的理性"定罪体系就迫不及待跟进呐喊时,他们也就无暇停下脚步来静思我们一直以来的定罪论与刑事政策的超强联系,没有仔细甄别刑法参与网络时代的社会治理最需要的是"罪刑法定"还是"刑事政策"。我国刑法解释学天然与政策、管制、打击等思维具有

---

[1] Ulrich Jan Schröder, Die Geschichte des Grundsatzes der Verhältnismäßigkeit, Ad Legendum 4(2015), 330.

[2] Vgl. Volker Epping/Sebastian Lenz/Philipp Leydecker, Grundrechte, 8. Aufl., 2019, S. 24 ff.

[3] 关于比例原则的内容也存在"三阶说",即缺少独立的"目的正当性"阶段,但"三阶说"之所以没有将"目的"作为单独阶段,首先不是因为比例原则不包括"目的正当性",而是其他三阶段的讨论建立在一个无须争议的"目的正当"前提或共识上。换言之,只有符合"目的正当"之后,才会涉及下一阶段的手段适格等审查要素,"手段适格"所言的"必须有助于达成目的"(即合目的性)中的"目的"一定是正当目的,"三阶说"论者也将"惩罚手段必须确立'被容许的目的'(zulässiger Zweck)""立法者追求的目的在宪法上合法"置于比例原则的首端。[Vgl. Ivo Appel, Verfassung und Strafrecht, 1998, S. 175; Mike Wienbracke, Der Verhältnismäßigkeitsgrundsatz, ZJS 2(2013), S. 149 f.]如同在使用"狭义比例原则"(可谓"一阶说")时,也绝不会抛弃其他阶段的审查而直接跳到第四个阶段,目的正当、手段适格、手段必要等也是"狭义比例原则"的必经阶段,只不过第四个阶段"均衡性"在比例原则的终端发挥着"结论"功能。所以,"三阶说"与"四阶说"在内容上没有任何不同,只是表述形式的外观差异而已。其次,如前所述,现代宪法保护目的十分宽泛,"没有合法目的的案件是极为罕见的,如果立法者追求基本法不予接受的目的,他就会冲破极限"。(Vgl. Volker Epping/Sebastian Lenz/Philipp Leydecker, Grundrechte, 8. Aufl., 2019, S. 25.)上述表述已经十分委婉,其实"从宪法任务到刑法任务"完全取决于民主程序内的立法者自由裁量权,宪法并未对刑法目的本身有所限定,"生命、身体完整性、个人自由、所有物、财产"等个人法益以及"国家的存续、国家基本自由民主秩序、国家秘密的维持、司法、公务人员的不可收买性、道路交通安全、法律关系证书的可靠性"等整体法益都可以为刑法提供"目的正当性"。(Vgl. Johannes Wessels/Werner Beulke/Helmut Satzger, Strafrecht AT, 46. Aufl., 2016, S. 12.)

亲缘性，积极主义刑法观更是对"通过处罚来实现保护"的路数有着强烈欲求，而定罪体系向预防目的之调整，乃至风险刑法、安全刑法的日益崛起，其本质在于"用自由换安全"。[1] 为此，中国语境下的刑法教义学应当在定罪论中弱化刑事政策导向：在立场上否弃积极的一般预防、强化报应式的法益侵害说，即结果无价值论（真客观主义）；在方法论上强化罪刑法定即构成要件的形式解释，警戒目的导向与功能主义的实质入罪解释。

目的理性之刑法体系可能会导致刑法释义学的"再国家化"（Re-Nationalisierung）[2]，"目的理性"对定罪论的侵袭，酿造的解释学立场和方法的后果正是："社会防卫—刑法介入前移—积极主义刑法观—刑法主观主义（行为人主义）"以及"处罚必要性—实质目的解释—反法条解释—动摇罪刑法定"。既然如此，原本意义上的"李斯特鸿沟"是绝对不能被贯通的，"这是刑法及刑法体系的形式理性的必然要求，如果连起码的形式理性都不存在了，实质理性还有边界吗？简言之，刑事政策绝对不应当是第二犯罪论体系"[3]。我们缺少的正是李斯特在定罪论与刑事政策之间刻意建立的"鸿沟"，从刑法发展走向上看，"疏离"而不是"强化"刑事政策对定罪的影响才是刑法解释转型的当务之急。

五、本章小结

网络时代刑事司法的突出问题是，积极主义刑法观及其刑法解释的功能主义取向在追求法网严密的过程中，常常对刑法明文规定的犯罪构成要件进行积极扩容，甚至以"目的理性"为由不惜违背罪刑法定原则。由此造成的后果是，刑法适用更加偏重行为人的主观意图，尤其是面对网络黑灰产业，"不怀好意"成为入罪考查的第一要素，行为目的及动机而非行为及侵害后果成为行为正当性评价的先导指标，出现了刑法主观主义的明显回潮。毋庸置疑，"风险的发挥（生）呼唤着社会的治理"[4]，党的十九届

---

〔1〕　参见劳东燕：《风险社会与变动中的刑法理论》，载《中外法学》2014 年第 1 期，第 98 页。

〔2〕　参见［德］Bernd Schünemann：《刑事政策与刑法体系》，王效文译，载许玉秀、陈志辉主编：《不移不惑献身法与正义》，新学林出版股份有限公司 2006 年版，第 59 页。

〔3〕　徐久生：《冯·李斯特生平及刑法思想》，载［德］冯·李斯特：《论犯罪、刑罚与刑事政策》，徐久生译，北京大学出版社 2016 年版，第 14 页。

〔4〕　刘艳红：《刑法理论因应时代发展需处理好五种关系》，载《东方法学》2020 年第 2 期，第 9 页。

四中全会为此提出了"系统治理、依法治理、综合治理、源头治理"。然而，网络时代社会治理路线中的"源头治理"并非针对刑法而是针对整体社会政策，它不能脱离"综合治理""系统治理"，因为参与互联网治理的规范不只来自刑法，还涉及更为主要的技术治理、行业伦理、行政管理、民商经济法规则等其他软性或硬性方案，刑事治理具有极大局限性。更为重要的是，"源头治理"离不开"依法治理"，刑法不能对国家治理体系断章取义。

　　网络空间并非"法外之地"，但网络空间也绝非处处是刑法应介入之地，刑法不可能做到一劳永逸地解决某个网络社会难题，在非刑法甚至非法律治理措施不够完善甚至漏洞百出的情况下，期望"严刑重典"实现"净网"的治理目标就是天方夜谭。这不仅是因为从法理上看，国家治理能力的"现代化"具有特定含义，即"确立和强化人权和公民权利神圣的观念和信念，确保在各种考量中，人权和公民权利具有优先性"[1]；而且是因为刑法司法法的属性、罪刑法定的刚性不容废弃，国家刑罚权只有在行为人实施了构成要件行为且发生了"构成要件对应的法益侵害结果或危险"时才能被动干预。最重要的是，从互联网全球治理的角度看，我们在人类命运共同体中贡献的中国方案恐怕不是依靠刑法积极治理，扩大犯罪圈这种简单粗陋的"治理＝预防＝打击＝威慑"模式已经在全世界存在了千百年，并不是什么高级的智慧。

　　更何况，无论网络时代的信息传播如何放大公众对刑罚的感知力，刑法也永远不可能胜任普法教育的任务，它的目标"不是驯化国民使其彬彬有礼"[2]。不可否认，"知规则"与"守规则"对社会生活的平稳运行都至关重要，只有知规则才能更好地守规则，但人们对行为规则的习得并非全部来源于刑法的提示，更多来自行为人自己生活中的常识、常理、常情。正如陈忠林教授所言："除了精神病人之外，有多少普通民众会先学交通法再上街；先学银行法再存取款；先学民法通则、合同法、消费者权益保护法再到商店买东西。同时，我也请我们的法律工作者认真想一下：对多少条

---

〔1〕 张文显：《法治与国家治理现代化》，载《中国法学》2014 年第 4 期，第 10 页。
〔2〕 ［日］平野龍一『刑法総論 I』（有斐閣，1972 年）213 頁。

法律规定的理解在理论上是没有争议的。"[1]既然我们这些专门研究法律的人，对自己研究领域的法律规定都经常没有一致看法，甚至还撰文批判立法规定、司法解释、法院判决、指导案例，又凭什么要求公众不得质疑刑罚传达的行为规范？

　　所以，实事求是地说，要么不需要惊动刑罚来提示行为规范、引导国民行动，要么一个刑罚判决所体现出来的行为规范未必是妥当的、良善的，网络时代的积极主义刑法观并未远离刑法万能论、刑法威权主义。退一步而言，即便人们的行为规则全部由刑罚导出，那么"刑罚"、"知规则"与"守规则"之间总还有一段距离，刑罚这种外力并不能单独决定人们的守法意愿。[2]积极主义刑法观设想让人们知晓刑罚表达的规范、看到犯罪人被处罚后，就会产生社会公众知法、信法、守法的效果，但哪一种效果不是与人们的心理直接相关？因此，犯罪预防的实现必然要求刑罚影响力的内化，至于是否成功"内化"，则是其不能左右的；而刑法一旦依赖于改变公众的内心，那么其与道德强化作用的渠道就别无二致。不可否认，社会中的很多人认识到刑罚之后都不会再去犯罪，但这只是他们自己内心主动"不愿去犯罪"而已，这种预防效果的达成需要行为人本人的思想斗争和心理配合，可遇不可求。当他心血来潮、情不自禁"愿意去犯罪"之时，怎么可能会把"法忠诚"记在心头？毕竟现实生活中存在无数以身试法、知（执）法犯法者，对于他们刑罚已经无能为力，这就是刑法参与社会治理的最大局限。

---

〔1〕　陈忠林：《"常识、常理、常情"：一种法治观与法学教育观》，载《太平洋学报》2007年第6期，第16—17页。

〔2〕　有学者认为，"刑事判决书上网公开"可以促进积极一般预防。（参见卢建平、姜瀛：《刑法信息媒体传播助推积极的一般预防》，载《人民司法》2014年第21期，第4—8页。）姑且不论判决书所载的事实是不是客观事实（冤假错案时有发生），更不容忽视的是，"刑罚"与"知规则"之间存在一个"判决信息发出—判决信息接收—判决信息消化"的过程，就算人们通过网络媒体看到了判决书，甚至法官亲自将判决书当面宣读给他人听，他或她也未必明白其中的规范含义，更何况在普罗大众对法典都毫不在乎的情况下，谁还有闲情逸致主动上网查阅判决书来指导自己的行为？再试问，一个法律学人如果不是为了做研究，他每年能查阅多少份、多少种判决书？因此，网络信息媒体传播对一般预防的助推力相当有限。

第四章

网络时代刑法解释的权利观念：
重刑轻民论之转变

2022 年 10 月，党的二十大报告强调"加快建设公正高效权威的社会主义司法制度，努力让人民群众在每一个司法案件中感受到公平正义"，推动人权事业全面发展。2021 年 1 月，中共中央印发的《法治中国建设规划（2020—2025 年）》也提出"坚持以人民为中心"的基本原则："坚持法治建设为了人民、依靠人民，促进人的全面发展，努力让人民群众在每一项法律制度、每一个执法决定、每一宗司法案件中都感受到公平正义，加强人权法治保障，非因法定事由、非经法定程序不得限制、剥夺公民、法人和其他组织的财产和权利。"人权法治保障的首要表现就是尊重和保障网络时代公民的"主体性"，尤其是 2021 年 1 月 1 日《民法典》施行之后的网络发展时代也是私权利发达的民法典时代，在多大程度上能够保证这种"主体性"，取决于对自然人、法人、非法人组织民事权利的理解和保护方式。民法学家王利明教授曾提出"民法要扩张，刑法要谦抑"之命题，这样才能较好地保护公民的各种合法权益，因为这更有助于激活主体活力，"尊重个人的行为自由、意思自由，这从根本上与法律的人文关怀精神是相符合的"，"如果过多运用刑事手段调整社会生活，显然不利于保护民众的私人权益和行为自由"。[1] 在网络时代社会治理格局中，如何看待上述观点？"民法要扩张，刑法要谦抑"抑或相反？这种关于个人权利的思维在整体法秩序内关乎着《民法典》的影响范围，也决定着出入罪解释的限度。

一、网络时代前后重刑轻民框架内的权利思维及其表现

中国法制的历史基本是中国刑法的历史，民刑不分、诸法合体，自汉武帝罢黜百家之后，封建统治者不论是"明儒实法"还是"儒法合流"[2]，

---

[1] 王利明:《民法要扩张 刑法要谦抑》，载《中国大学教学》2019 年第 11 期，第 35、第 36 页。
[2] 参见瞿同祖:《中国法律与中国社会》，商务印书馆 2010 年版，第 377—378 页。

渗透了儒学精义的中国法制始终具有"以礼入刑""礼法不分""礼之所去，刑之所取"的中华法系特色[1]。儒家哲学立世 2000 年后，中国传统封建哲学被迫与"虚君""立宪""共和"等西方国家权力哲学会晤，统治者也被迫开始了所谓的"变法""改制"，从此后的民国创立到新文化运动、五四运动的冲击，儒学渐渐失去独尊地位，西方启蒙主义哲学开始快速走进中国近代思想史，有志之士的世界观慢慢改变，人们对统治者的国家观、法制观有了不一样的期许。新中国成立之后，大业初成的社会主义国家面临法制体系的历史转轨，1954 年新中国第一部《宪法》以根本大法的形式巩固了"反对帝国主义、封建主义和官僚资本主义的人民革命的伟大胜利"成果，但社会主义法制体系的建立在相当长的时期内进展缓慢。改革开放以后，我国颁布了第一部《刑法》和《刑事诉讼法》，这无疑是新中国法制的巨大进步，但两部核心刑事法典都带有历史的很大局限。

　　例如，在 1979 年颁布的《刑法》中，除了第 1、第 2 条标明了某些特殊话语，第 79 条规定了众所周知的类推适用条款——"本法分则没有明文规定的犯罪，可以比照本法分则最相类似的条文定罪判刑，但是应当报请最高人民法院核准。"直到 1980 年，理论文献上才出现了关于"是否需要坚持罪刑法定主义"的讨论，争论集中于"形势需要与定罪量刑"之间的关系问题上。有观点指出，"在没有按照立法程序作出变动之前，借口'形势需要'离开现行法律的规定，随心所欲地去划分罪与非罪的界限，这实质上是法律虚无主义和法律擅断主义在刑事审判工作上的反映"[2]，"罪刑法定就是要求定罪判刑必须严格按法律规定办事，不允许任何人有超法律的特权。这是符合马列主义法学理论的。不要罪刑法定，实质上就是否定法律，依人不依法，依言不依法，依权不依法等错误思想的表现"[3]。此言一出，立即遭到了质疑。

　　有观点仍坚持新中国成立以来的传统认识：定罪量刑要受形势政策的

[1]　这种"法律东方主义"也可参见［美］络德睦：《法律东方主义：中国、美国与现代法》，魏磊杰译，中国政法大学出版社 2016 年版，第 17 页。
[2]　刘家琛、凌楚瑞、李黎：《形势需要与定罪量刑》，载《现代法学》1980 年第 2 期，第 4 页。
[3]　李道重：《罪刑法定原则不容否定》，载《现代法学》1980 年第 4 期，第 57 页。

影响，"死扣硬套法律条文的观点和做法是不对的，应当摈弃"[1]，罪刑法定"既不是我国法律规定的原则，也不符合马列主义的法学理论，而是一条资产阶级的法律原则。我们社会主义的法律，怎么能去符合资产阶级的法律原则呢？"[2] 1983 年 9 月 2 日，《全国人民代表大会常务委员会关于严惩严重危害社会治安的犯罪分子的决定》发布，第 1 条规定，对诸如流氓罪等严重危害社会治安的犯罪分子，"可以在刑法规定的最高刑以上处刑，直至判处死刑"。而 1979 年《刑法》第 160 条对流氓罪规定的最高刑是"七年以上有期徒刑"。上述决定加重了《刑法》规定的处罚[3]，并采用了"从新从重"的溯及力原则[4]。与当前"七位一体"的社会治理体系不同，彼时国家对社会矛盾的处理采用的还是重刑策略，如《中共中央关于严厉打击刑事犯罪活动的决定》强调，"首先要有政法公安机关的威慑力量，然后说服教育和其他手段才能起更有效的作用"，"不严厉打击罪犯的气焰，其他措施就无法奏效"，"采取坚决打击的办法，再辅之以其他办法，才能收到综合治理的效果"。可见，虽然"综合治理"仍然是延续至今的选择，但在该选择中"重刑"（重视"刑罚优先"）却是当时社会管理历史条件下的主导思维，这对于维护社会稳定、震慑违法犯罪确实发挥了积极的作用。

　　1997 年 3 月 14 日，第八届全国人民代表大会第五次会议全面修订《刑法》，第 3 条规定："法律明文规定为犯罪行为的，依照法律定罪处刑；法律没有明文规定为犯罪行为的，不得定罪处刑。"这是新中国成立以后第一次正式确立罪刑法定原则，而罪刑法定原则被认为是刑事法中最根本

---

〔1〕 余国栋：《定罪量刑要服从形势需要》，载《现代法学》1980 年第 4 期，第 55 页。如前所述，这种观点被社科法学派抨击为机械、死板的"法条主义"，因而教义法学的对手即所谓"社科法学"早就存在了。

〔2〕 宋占生、张竞：《也谈形势与量刑》，载《现代法学》1980 年第 3 期，第 25 页。

〔3〕 1983 年 9 月 2 日，全国人大常委会还颁布了《全国人民代表大会常务委员会关于迅速审判严重危害社会治安的犯罪分子的程序的决定》，对刑事诉讼法规定的一些程序内容进行了调整。例如：第 1 条规定，对杀人、强奸、抢劫、爆炸和其他严重危害公共安全应当判处死刑的犯罪分子，主要犯罪事实清楚，证据确凿，民愤极大的，应当迅速及时审判，可以不受《刑事诉讼法》第 110 条规定的关于起诉书副本送达被告人期限以及各项传票、通知书送达期限的限制。第 2 条规定，前条所列犯罪分子的上诉期限和人民检察院的抗诉期限，由《刑事诉讼法》第 131 条规定的 10 日改为 3 日。

〔4〕《全国人民代表大会常务委员会关于严惩严重危害社会治安的犯罪分子的决定》第 3 条规定："本决定公布后审判上述犯罪案件，适用本决定。"

的法治原则。例如，《德国刑法典》第 1 条规定："对行为的处罚，以行为之前该刑罚有法律上的（gesetzlich）明文规定为限。"该条规定的罪刑法定又叫"Gesetzlichkeitsprinzip"[1]，即合法性原则或者法治原则。我国罪刑法定原则的"入典"意味着我国刑法正式进入形式法治初级阶段，但《刑法》第 3 条前半段还夹杂着其他因素，与经典罪刑法定原则的表述不同。

　　有学者认为，《刑法》第 3 条规定了两个方面的罪刑法定——前半段属于"积极的罪刑法定"，后半段属于"消极的罪刑法定"。[2]"消极的罪刑法定"与西方大陆法系的规定大体相同，而"积极的罪刑法定"则是中国刑法的创新，二者的统一才是罪刑法定原则的"全面的正确内涵"，"两种不同的表述方式，深刻反映着其价值追求与精神实质的相异"[3]。详言之，"法律明文规定为犯罪行为的，依照法律定罪处刑"意味着，"对于一切犯罪行为，都要严格地运用刑法加以惩罚，做到有法必依、执法必严、违法必究。其基本精神是严肃执法，惩罚犯罪，保护人民"。之所以将这句话放在第 3 条的前半段，是因为"惩罚犯罪，保护人民，这是第一位的"，而"防止刑罚权的滥用，以保障人权，这是第二位的"。[4]从这个基本观点出发，我国 1997 年《刑法》在确立了经典意义的罪刑法定原则的同时，也在第 3 条前半段确立了一条与惩罚克制主义相对的原则，即刑罚积极主义，这多少保留了传统的"重刑"思维。其实，《刑法》第 3 条前半段与 1996 年严厉打击暴力犯罪的特定社会治安背景有关。如果一味强调"法律没有明文规定为犯罪行为的，不得定罪处刑"，则会束缚"严厉打击刑事犯罪"的能动性，要使刑法充分有效地发挥抑制犯罪的作用，就应坚持有罪必究原则，"有罪必究是预防犯罪的重要途径"[5]。所以，在特定的时代背

---

〔1〕　Vlg. Rufolf Rengier, Strafrecht AT, 2018, S. 13 f.

〔2〕　通常而言，能够将罪刑法定原则一分为二的情况有两种：一是绝对罪刑法定和相对罪刑法定；二是罪刑法定的形式侧面和实质侧面。绝对罪刑法定原则是指犯罪与刑罚只能由法律规定且法官没有解释法律的权力，禁止法官解释刑法，所有罪刑规范都应当由立法者予以明细化。这是贝卡里亚式的罪刑法定主义，如今采用的是肯定司法解释权的相对罪刑法定。至于罪刑法定的形式侧面则针对的是形式法治，主要面向司法；实质侧面针对的是实质法治，主要面向犯罪化的立法，同时也包括对司法入罪合理性的要求。

〔3〕　薛瑞麟、杨书文：《论新刑法的基本原则》，载《政法论坛》1997 年第 5 期，第 27 页。

〔4〕　何秉松主编：《刑法教科书》（据 1997 年刑法修订），中国法制出版社 1997 年版，第 66— 68 页。

〔5〕　张明楷：《对运用刑法抑止犯罪的几点看法》，载《山东法学》1995 年第 3 期，第 10 页。

景中,《刑法》第 3 条在限制刑罚权的同时也保留了刑罚积极主义,即违法必究、有罪必罚、出罪禁止。

从刑法史上看,确立罪刑法定原则是 20 世纪末我国社会主义法治的巨大进步,该原则的法典化也是全世界普遍认同的"刑法现代化"的标志。因为罪刑法定原则昭示着《刑法》第一价值是个人自由之保障而非社会秩序之维护,前述所谓"积极的罪刑法定"与"消极的罪刑法定"之并立实际上并不成立。"法制现代化的核心问题是法律精神现代化的问题","法制的现代化进程与进步过程,实质上就是人们对自由、人权、正义不断省思、辩诘、守护的过程"。[1]与一切法律现代化一样,刑法的"现代化"也从不是时间名词,而是刑法作为"惩罚法"在理念、内容上的"实质转型","现代刑法"有着明确的诉求。学界在探究罪刑法定原则的源头时,普遍将之追溯到英国 1215 年《自由大宪章》,这是因为它初步开始用法律限制王权,"第 39 条特别禁止约翰王关押、流放'自由人'(freeman)或者剥夺他的财产,除非经过地位同等者的合法裁决(lawful judgment)或者按照国家法律(the law of the land)"[2]。英国法学家戴雪对法治的第一层解读就是罪刑法定,强调"武断权力的不存在","除非英国的普通法院曾依照通常的法律方法业已证明某人确实违反了法律,否则此人不能无故受罚,或被法律处分,以致身体或财物受损。用在如此旨意时,法治与如下每一种政制相反。这个相反的政制是:政府中有一人或数人能够运用宽泛而独断的强制性权力"。[3]"对于戴雪来说,法治中的法(the law)是普通法,是对个人自由(individual freedom)的保护……他的理解继承了作为丰碑的《大宪章》的传统。"[4]所以,罪刑法定在英语法学界自始是"以法律的形式限制刑法专断",它要求"法治"(rule of law)是入罪的限制,即"除法律之外,再无别物可将人入罪"。[5]这种法治传统源远流长,在其影响所及的欧洲大陆,罪刑法定是刑事古典学派的第一瑰宝。

---

〔1〕 齐延平:《法制现代化:一个西方的"幽灵"?》,载《政法论坛》2007 年第 2 期,第 9、第 11 页。

〔2〕 Karl Shoemaker, "The Great Charter Turned 800: Remembering its 700th Birthday", 25 *William & Mary Bill of Rights Journal* 499, 503 (2016).

〔3〕 [英] 戴雪:《英宪精义》,雷宾南译,中国法制出版社 2017 年版,第 254 页。

〔4〕 Jesus Fernandez-Villaverde, "Magna Carta, the Rule of Law and the Limits on Government", 47 *International Review of Law & Economics* 22, 22–28 (2016).

〔5〕 [英] 戴雪:《英宪精义》,雷宾南译,中国法制出版社 2017 年版,第 267 页。

　　例如，持续到 18 世纪末 19 世纪初的"警察国"造成了权力干预任意性和不确定性之弊端，启蒙者贝卡里亚主张："超越法律限度的刑罚就不再是一种正义的刑罚。"[1]在法国，1789 年颁布的《人权宣言》第 7 条规定："除非在法律所规定的情况下并按照法律所指示的程序，不得控告、逮捕或监禁任何人。"[2]随着制定法观念深入人心，1810 年法国完成近代第一部刑法典，其中第 4 条明确规定，在犯罪行为时若无以明文规定刑罚的法律条文，则对任何人不得处以违警罪、轻罪和重罪。德国刑法学家费尔巴哈面对恶劣的审判实践，推动制定了德国 1813 年《巴伐利亚刑法典》，将罪刑法定称为"刑法的最高原则"。[3]我国学者也指出："刑法是否把人权保障放在首要位置，是法治社会与专制社会的刑罚的根本区别之所在。因此，罪刑法定主义也是上述两种刑法的根本分野。"[4]因此，将渗透着"有罪必究"思想的《刑法》第 3 条前半段与罪刑法定并入一条，不是对罪刑法定原则的创新，而是立法者以"秩序保护思想""违法必究观念"在罪刑法定之人权保障机能的对立面刻意强调的刑罚积极主义，它设定了"限制出罪"甚至"禁止出罪"的偏向，这种偏向仍然是重刑的表现。于是，那些表面上符合某个犯罪构成要件的行为难以被积极出罪，或者难以在类型化的犯罪之间被轻判，从而引起了社科法学所指摘的"一根筋"的法条主义、"有罪必究"的教条主义。

　　进入网络时代以后，不少刑法解释理论和实践在保留"重刑"（重视依赖刑罚）倾向的同时，也存在着"轻民"的必然倾向。"轻民"有三个方面的表现：狭义的范围是指对民法、民事权利、意思自治的无视[5]；稍广义的范围还包括对民众情理、正义直觉甚至大众常识的忽视，即没有注重用民间法律正义观念衡量或检验案件结论；最广义的范围则包括对公民政治权利等一切基本权利的轻视。如前文案例 8 中，被告人检举权的行使与诬告陷害罪的认定问题即属于最广义"轻民"思维的表现，被告人 2008

---

[1]　[意]切萨雷·贝卡里亚：《论犯罪与刑罚》，黄风译，北京大学出版社 2008 年版，第 10 页。
[2]　Tom Bingham, *The Rule of Law*, Penguin Books Ltd, 2011, p. 27.
[3]　参见 [德] 安塞尔姆·里特尔·冯·费尔巴哈：《德国刑法教科书》（第 14 版），徐久生译，中国方正出版社 2010 年版，第 31 页。
[4]　陈兴良：《罪刑法定主义》，中国法制出版社 2010 年版，第 41 页。
[5]　狭义范围的"轻民"是本章重点讨论的内容，相关案例的解释学分析在本章后续第二、第三、第四部分予以展开。

年的控告视频在网络媒体上热传，很大程度上放大了检举失实的社会影响。本案被告人从 2008 年 12 月一审被判有罪到 2016 年 10 月再审宣告无罪，一起冤假错案之所以跨越长达 8 年之久，是因为司法机关没有重视《宪法》第 41 条的检举权[1]，这项宪法权利是最基本的"民权"之一。

网络对各种社会效应的放大（滚雪球）既凸显了被告人不当检举行为对相关机构和个人的不利影响，也在一定程度上引起了网民对被告人 8 年上诉申诉境遇的关注和同情。互联网在此发挥了"双刃剑"作用，最终由于宪法权利的存在，对被告人不利的因素被彻底消除（即所谓的检举失实之影响被否认），对被告人有利的因素被彻底承认（即完全承认其行为属于监督权行使的行为）。从国家政治的角度看，这是公民对国家机关和国家工作人员的监督权，是"人民当家作主"、"以人民为中心"和"依法治国"的体现，党的十九届六中全会就明确将"坚持人民至上""密切联系群众""发展依靠人民"等作为中国共产党百年奋斗的历史经验；从国家法治的角度看，公民行使基本权利的行为不得直接被认定为犯罪，要重视权利行使的出罪化，尤其是《刑法》第 243 条第 3 款明确设置了一条提醒司法人员不得定罪的注意规定："不是有意诬陷，而是错告，或者检举失实的，不适用前两款的规定。"再如，从前网络时代的"许霆案"到网络时代的"内蒙古农民收购玉米案""赵春华涉枪案""陆勇销售假药案""于欢故意伤害案""深圳鹦鹉案""昆山反杀案""赵宇见义勇为案"等之所以在互联网上引起"热议"并最终改变了司法机关的定罪量刑结论，也是由于"有罪必罚"这种重刑思想与轻视民众常理常情之间的矛盾运动。

以涉枪案件为例，李某龙通过网络从国外购买了一把 4 厘米长的"枪形钥匙扣"，之后以挂件、饰品的名义委托他人进行仿制并在互联网上售卖，2018 年 7 月因涉嫌非法买卖枪支罪被逮捕，最终以非法制造、买卖、邮寄枪支罪被判处有期徒刑 4 年。[2]由于本案涉及的枪支微小，且作为钥匙扣的挂件制造买卖，因而将之认定为"枪支"与民众的直觉产生了极大的偏差。但这是不是民众的错觉？从射击实验来看，该类手枪虽然极小，

---

[1]《宪法》第 41 条规定，中华人民共和国公民"对于任何国家机关和国家工作人员的违法失职行为，有向有关国家机关提出申诉、控告或者检举的权利"。
[2] 参见《男子买卖枪形钥匙扣获刑》，载光明网 2021 年 6 月 5 日，https://m.gmw.cn/baijia/2021-06/05/1302341630.html。

但填装子弹后能射穿易拉罐的铁皮，直观的枪口比动能表现一定程度上矫正了网民的认识，因而该案也并未引起刑法解释学上的讨论。此前的"赵春华涉枪案"则引起了网民和专业学者的热议，直接导致最高司法机关出台《最高人民法院、最高人民检察院关于涉以压缩气体为动力的枪支、气枪铅弹刑事案件定罪量刑问题的批复》。[1]本案中，50多岁的赵春华因摆射击气球地摊被一审法院以非法持有枪支罪判处有期徒刑3年6个月，二审改判为3年有期徒刑，缓刑3年。[2]多数刑法解释学者本能地认为赵春华无罪，但面对《刑法》第128条"违反枪支管理规定，非法持有枪支"这一构成要件以及相关司法解释确定的入罪标准、《枪支管理法》授权公安部认定枪支的标准，为赵春华的行为出罪似乎理由又不充分，二审法院也只是在量刑上从轻论处。相对于"李某龙案"，"赵春华案"是名副其实的"难办案件"。

面对有罪论，刘艳红教授曾提出了"司法良知"的问题："有良知的法官会尊重民众内心的感受，尊重常识常情与常理，尊重社会风俗与中国社会道德习惯，并在良知看似模糊实则清晰的准则中找出自己行为的理由，找出判案的真正法律依据，准确适用法律。"[3]其实，这样的思考方式、风格、措辞像极了苏力、桑本谦的社科法学，当他们看到这些文字时，该倍感欣慰，可能不再过度担忧法教义学者的"本本主义"。陈兴良教授随后也强调"依法入罪、以理出罪"："出罪需要法律根据，没有法律根据不能出罪，就是司法理念上的重大障碍之一……只要有法律规定就一定要入罪吗？笔者的回答是否定的。因为罪刑法定原则只限制对法无明文规定的行为入罪，但从来不限制对法有明文规定的行为出罪。"[4]上述看法颇值得肯

---

[1] 该批复第1条指出："对于非法制造、买卖、运输、邮寄、储存、持有、私藏、走私以压缩气体为动力且枪口比动能较低的枪支的行为，在决定是否追究刑事责任以及如何裁量刑罚时，不仅应当考虑涉案枪支的数量，而且应当充分考虑涉案枪支的外观、材质、发射物、购买场所和渠道、价格、用途、致伤力大小、是否易于通过改制提升致伤力，以及行为人的主观认知、动机目的、一贯表现、违法所得、是否规避调查等情节，综合评估社会危害性，坚持主客观相统一，确保罪责刑相适应。"可见，其基本指导原则便是"罪刑均衡"，此类案件要达到法律效果与社会效果的统一，不能背离一般公众的认知，不是达到形式标准就一律定罪。

[2] 参见天津市第一中级人民法院（2017）津01刑终41号刑事判决书。

[3] 刘艳红：《"司法无良知"抑或"刑法无底线"？——以"摆摊打气球案"入刑为视角的分析》，载《东南大学学报（哲学社会科学版）》2017年第1期，第83页。

[4] 陈兴良：《赵春华非法持有枪支案的教义学分析》，载《华东政法大学学报》2017年第6期，第15页。

定，一定程度上回应了我国《刑法》第 3 条前半段"违法必究"式的积极入罪、消极出罪思维。此外，车浩教授基于"通过解释与适用法律的技艺，回应和实现公众的正义感"同样认为："公众对赵春华案的关注，反映出一种朴素而伟大的正义感。如何回应这种正义感的诉求，是法学理论界与实务界的共同任务。法谚有云，'法律是关于公正与善良的艺术'。对公正与善良的追求，是法律人与普通人共享的东西。"[1]如前所述，他从整体法秩序的角度主张被告人的"持有"不属于刑法上的"非法"，实现了非法持有枪支罪的实质出罪。劳东燕教授更是通过本案提出了"法条主义与刑法解释中的实质判断"问题，她充分意识到了实质出罪解释的重要性：一方面，司法者应对实质的价值判断保持必要敏感，确保解释结论的实质合理性；另一方面，司法者要掌握并学会灵活运用各种解释技术，通过解释技术在合理的价值判断与立法文本之间建立起内在的勾连。[2]上述观点均基于社会一般情理、公众司法认知，在犯罪构成要件要素（枪支、非法等）分析层面引入出罪解释方法，实现刑法条文解释和适用的实质理性。具有远见卓识的法学家总会站在本国国民独有的刑法语境中谈论问题，用刑法文本之外的常识、常理、常情去检验入罪解释的妥当性，显然有助于减少司法实践中"重刑""轻民"的做法。

至于狭义层面的"重刑轻民"，在网络时代的案件裁判中表现得十分明显。[3]因为人们对互联网新型行为的认识多存在片面性，往往放大了相关行为的所谓危害性、忽视了当事人之间的意思自治性，"有害必罚"的思维较为常见。如案例 6 中，被告人董某某为谋取市场竞争优势，雇用被告人谢某某，多次以同一账号大量购买北京智齿公司南京分公司淘宝网店铺的商品，并给予好评，致使该公司店铺被淘宝公司认定为虚假交易刷销量并对其搜索降权，一审、二审法院均认定被告人构成破坏生产经营罪。

---

〔1〕 车浩：《非法持有枪支罪的构成要件》，载《华东政法大学学报》2017 年第 6 期，第 48 页。

〔2〕 参见劳东燕：《法条主义与刑法解释中的实质判断——以赵春华持枪案为例的分析》，载《华东政法大学学报》2017 年第 6 期，第 33—34 页。

〔3〕 "重刑轻民"在立法层面的表现也十分突出，如 2009 年 2 月 28 日《刑法修正案（七）》就已经规定了第 253 条之一侵犯公民个人信息犯罪，第 1 款罪名是"出售、非法提供公民个人信息罪"、第 2 款罪名为"非法获取公民个人信息罪"，而民法上关于公民个人信息保护的规定直到 2017 年 3 月 15 日《民法总则》才初次确定，《个人信息保护法》直到 2021 年 8 月 20 日才正式通过。这意味着，刑法在个人信息保护上领先民法等前置法 8 年、12 年，刑法的犯罪化措施完全被置于优先考虑的地位。

有学者认为："网店经营者为了打击他人网店正常经营，雇用刷单人对其他网店进行恶意好评刷单，进而导致他人网店被监管部门认定为虚假交易受到处罚的，实际上就是破坏他人生产经营的行为。"[1]还有学者主张，上述刷单行为引起平台处罚并造成被刷单店铺经营受损，平台处罚并非异常的介入因素，不能阻断因果关系认定，故反向刷单、恶意好评的行为可以，也应当被解释为"其他方法"，这与残害耕畜、毁坏机器设备的行为方式之于破坏生产经营具有同质性意义。[2]在本案之前，较为常见的互联网商家恶意竞争行为是购买商品并给予差评（恶意差评）。有观点认为："在数字经济环境下，'恶意差评'直接影响店家的搜索排名、购买信誉、销售数量与营利金额，大量恶意差评往往严重涉嫌破坏生产经营，论处破坏生产经营罪更有利于树立互联网经济下保护正常合法生产经营活动的司法意图，也更符合本罪名的立法初衷。"[3]可见，无论是"恶意差评"还是"恶意好评"，都可能因对竞争对手的客观打击、影响竞争对手的交易而被认定为破坏生产经营罪。

但问题的关键在于，所有的电商平台都垄断性地制定实施自己特有的交易管理规则。尤其是，作为第一网购交易平台的淘宝网站，其规则并不禁止买家批量购买货物，也不禁止买家在购买之后按照自己的意志进行差评或好评，好评、差评完全是淘宝交易规则下买家可以自由实施的正常行为。这与破坏机器设备等破坏行为完全不同：没有任何规则允许行为人可以毁坏他人的财物，但淘宝交易规则却允许买家基于个人主观意愿给予卖家差评，做出差评几乎没有任何标准。即便基于"恶意竞争"的目的进行差评，对于这种行为，监督检查部门也完全可以根据《反不正当竞争法》第 11 条（经营者不得编造、传播虚假信息或者误导性信息，损害竞争对手的商业信誉、商品声誉）、第 23 条责令经营者停止违法行为、消除影响并处罚款；竞争对手也可以按照《反不正当竞争法》第 17 条请求民事赔偿。买家、卖家、平台在网络交易中均是平等主体，恶意竞争者是在利用

---

〔1〕　阴建峰：《网络刷单行为可能触犯五项罪名》，载《检察日报》2017 年 4 月 17 日，第 3 版。
〔2〕　参见刘仁文：《互联网时代破坏生产经营的刑法理解》，载《检察日报》2017 年 5 月 9 日，第 3 版。
〔3〕　孙道萃：《破坏生产经营罪的网络化动向与应对》，载《中国人民公安大学学报（社会科学版）》2016 年第 1 期，第 86 页。

平台规则而已，平台作为规则的垄断者当然要负起更大的改善监管责任，避免被他人所利用，而非简单粗暴地将一切后果归咎于他人。

有检察官认为："'恶意好评'导致商品被搜索降权就是以类似破坏'机器设备'的方式削减电商生产经营的规模，乃至使其无法进行生产经营。"[1] 但是，根据淘宝规则，商品的"搜索降权"只是消费者在淘宝搜索栏进行检索时商品所显示的排名被调整，这与"破坏机器设备"毫无类似性。既然1500份商品交易是真实的，那么淘宝网以虚假交易为由作出的临时性管控措施是判断错误，这对搜索排名下降具有决定性作用，"搜索降权"是淘宝网对合法交易的处罚错误直接导致的结果，这一介入因素非董某某所能控制并已经对原来的因果关系进行了阻断。本案二审法院的审判长认为："刑法中的因果关系为客观因果关系，只要是发生的原因即可认定，外来因素、第三方因素的介入并不影响因果关系的认定。"[2] 这种入罪观点显然把因果关系简单理解为"条件说"。[3]

因此，可以确定的是，本案中司法机关并未对网络交易平台的规则进行深入分析。（1）"恶意差评"与"恶意好评"在客观行为上分别给出的是差评与好评，二者的相同之处在于均为"恶意"。如果认定恶意差评、恶意好评均构成破坏生产经营罪，那么二者均构成该罪的共同理由莫过于"恶意"这一主观要件，在恶意、善意、差评、好评四个词语的组合中，不构成犯罪的也只剩下"善意＋好评""善意＋差评"，也即具有决定作用的是"善意"和"恶意"，"刑法诛心"的主观主义逻辑昭然若揭，这是"重刑"的根源之一。（2）"大批量购买""大批量好评"均是平台规则所容许的交易和评价行为，交易行为符合《民法典》第143条的规定。卖家并未设置禁止"恶意购买/好评"的交易条款、交易阻断措施，事实上互联网交易中也难以甄别购买者是否"善意/恶意"，线上交易均为缺省的

〔1〕 杨赞：《恶意"刷单"致人损失该如何处理》，载《检察日报》2016年12月30日，第3版。
〔2〕 王瑞琼：《"反向炒信"造成被害单位损失构成破坏生产经营罪》，载《人民法院报》2017年4月19日，第6版。
〔3〕 更何况，"搜索排名"只是消费者网上购物时一种作用力极小的参照，买家锁定一件目标商品绝不是依赖于在淘宝搜索引擎上获取的第一页的排名（搜索排名的获得还有赖于检索关键词的输入设置），否则第一页显示的商品或者排名前列的商品永远是销量最高的，但实际上并非如此，其更多地受制于店铺信誉（好评）、是否为天猫店铺、价格、销量、是否包邮、快递种类等。

自动交易模式，"恶意购买"对于卖家也不构成所谓的"重大误解"，卖家也没有陷入认识错误，交易行为不属于无效、可撤销的民事行为，卖家所遭受的"商品搜索降权"管控以及由此带来的后果，是粗疏的平台管理规则所致，贸然将被告人定罪并未尊重交易行为的民事定性，属于"有损害必有刑罚"的客观归罪，并未区分民刑责任的边界，这也是造成"轻民"的根源。

二、网络时代私权法典化之于刑法参与社会治理的意义

我国进入网络时代之前以及之后，刑法解释学、司法刑法学中的"重刑轻民"尚属于较为顽固的思维传统，尤其是司法人员在对刑民交叉案件进行入罪解释时，对当事人之间的民事权利关系理解粗疏，并未重视平等主体之间的意思自治（如风险自愿接受）等私法原则，以至于不少定罪判决直接引发了理论层面的学术争议以及民间层面的情理冲击，而这些疑窦丛生的判决不仅没有以"重刑""权威"的方式提升司法的公信力，反倒不断向司法者、解释者提出刑法的社会功能之问。我国官方已然确定的社会治理格局是"共建共治共享"，无论从主体抑或手段角度来看，社会治理一定不是某个单一主体、单一手段的"独建独治"。不可否认，刑法的社会功能是独特的，但刑法不是睥睨一切、傲视群雄的"独行侠"，作为部门法的十分之一、社会规范群的万分之一，刑法在参与社会治理时必然需要有所顾忌。如前所述，《民法典》在编纂之时就注定是一部网络时代的《民法典》，颁行之后的网络时代即是民法发达的民本时代，"彰显时代性"成为法典化之民法规范的当然特性，刑民关系也因此需要新的时代诠释。

（一）网络时代《民法典》权利保护的人民性

《民法典》是调整平等主体之间的人身关系和财产关系的基本法律，是记载自然人、法人和非法人组织民事权利义务的私法。在《民法典》颁布之后，我国各界均对该部以"民""典"命名的法律报以极大的赞许，私法的历史意义、时代意义、法治意义以及政治意义得到前所未有的释放。习近平总书记指出："民法典系统整合了新中国成立 70 多年来长期实践形成的民事法律规范，汲取了中华民族 5000 多年优秀法律文化，借鉴了人类法治文明建设有益成果，是一部体现我国社会主义性质、符合人民

利益和愿望、顺应时代发展要求的民法典，是一部体现对生命健康、财产安全、交易便利、生活幸福、人格尊严等各方面权利平等保护的民法典。"[1] 在公民权利（利益）的规定与保护方面，《民法典》是部门法对宪法基本权利框架的第一次具体化，与刑事法规范直接指向犯罪人的定罪量刑不同，《民法典》直接针对每一个公民个人的人格权、身份权、财产权以及其他综合性权利，是人身自由、人格尊严最全最细的"权利宣言"。但诚如理论法学家所言，关于《民法典》意义的理解不能停留在修辞层面，还需要立基法典文本展开体系思索，需要追问究竟是盛世修典彰显了《民法典》的时代意义，还是《民法典》本身的意义将改变时代，甚或两者兼而有之？[2] 尤其是自《民法典》的"编纂时代"进入"解释时代"以后，《民法典》的权利保护的守正（不变）创新（变）以及由此带来的法律影响、社会影响、政治影响等终究不能脱离文本。

1.《民法典》权利保护基本原则的逻辑架构

原《民法通则》第3条至第7条规定了"平等""自愿、公平、等价有偿、诚实信用""民事权益受法律保护""遵守法律和国家政策""公序良俗"等民事活动基本原则，新制定的《民法典》第3条至第9条对民法原则进行了调整和补充，将"民事权益受法律保护"置于首位，将原《民法通则》第4条拆解为三个独立条文，并根据社会主义核心价值观增补了"有利于节约资源、保护生态环境"，最终依次确立了"民事权益受法律保护原则""平等原则""意思自治（自愿）原则""公平原则""诚实信用原则""合法与公序良俗原则""绿色原则"，这些原则总体呈现两个对立的范畴：第3、第4、第5、第6条属于个体化价值原则，第7、第8、第9条属于集体化价值原则。二者具有明显的主次关系。

换言之，《民法典》所规定的权利（利益）均是自然人、法人或非法人组织的私权，因而民法原则首先是针对私人之间民事权益保障的个体化价值原则，这是体现民法精神的根本原则。

"民事权益受法律保护原则""平等原则""意思自治（自愿）原则""公平原则"是处于第一位阶的原则。（1）《民法典》第3条规定，

---

[1] 习近平：《充分认识颁布实施民法典重大意义，依法更好保障人民合法权益》，载《中国人大》2020年第12期，第7页。

[2] 参见陈金钊：《民法典意义的法理诠释》，载《中国法学》2021年第1期，第65页。

"民事主体的人身权利、财产权利以及其他合法权益受法律保护，任何组织或者个人不得侵犯"，本条内容在原《民法通则》第 5 条被表述为"公民、法人的合法的民事权益受法律保护，任何组织和个人不得侵犯"。两相对比，该原则的变化在于：一是《民法典》修改了民事主体制度，在自然人、法人之外增加了个人独资企业、合伙企业、不具有法人资格的专业服务机构等非法人组织，因而需要法律保护的权利主体更加全面，即所有"民事主体"。二是更加明确地表达出受法律保护的民事权益范围，即除人身权利、财产权利之外还包括《民法典》之外的民法规范（如《反不正当竞争法》《消费者权益保护法》）所规定的其他合法权利和利益，这最大可能地保持了《民法典》权益保护的开放性，与第 126 条规定的"民事主体享有法律规定的其他民事权利和利益"对应，确保了《民法典》与其他单行法的衔接。三是将该原则调整到其他原则之前，作为《民法典》的首要原则。在"民法总则三审稿"中，该原则被置于第 9 条，但在审议之后被调整到诸原则之首，以统领整个《民法典》和商事特别法，凸显了"民事权益受法律保护"作为民法基本精神的立法意义。[1]笔者认为，这种调整是非常必要的，因为该原则实际上是《宪法》规定的"国家尊重和保障人权"在《民法典》中的直接还原，在日益强调人权保障的中国特色社会主义法治体系中，将"民事权益受法律保护原则"作为首要原则能够鲜明地提示：在处理民事纠纷时，裁判者首先考虑的必须是有利于保护当事人合法权益；在行政、刑事等公权主体行使权力的过程中，应当首先尊重和保障行政相对人、犯罪嫌疑人或被告人的合法民事权益，任何组织或者个人不得侵犯。虽然《民法典》第 3 条基于特殊原因没有明文表达诸如"私权神圣""神圣不可侵犯"等颇具感情色彩的文字[2]，但本条之于民事权益的个体化保护仍具有普遍且根本的意义。

（2）《民法典》第 4 条规定的平等原则本是原《民法通则》规定的首要原则（第 3 条）。《民法典》与之相比表述更加确切，即民事主体的平等是"法律地位"的平等而非任何地位皆平等，因为后者在任何社会阶段都不可能实现，尤其是社会主义初级阶段公民之间的贫富差距、身份落差等

---

〔1〕　参见王利明、杨立新、王轶等：《民法学》（第 6 版 上），法律出版社 2020 年版，第 35 页。
〔2〕　参见李宇：《民法总则要义：规范释论与判解集注》，法律出版社 2017 年版，第 21 页。

资源分配不均衡问题将长期存在。平等原则在民事法、刑事法的法典中均有明文的规定，它们都是《宪法》第 33 条第 2 款"中华人民共和国公民在法律面前一律平等"的具体化。宪法规定的原则之所以在部门法中重复规定：一是因为我国宪法制度本身尚不具有司法化的可能，作为宪法原则以及社会主义核心价值观要素的"平等"有必要在适用具体部门法时予以重新明确；二是因为具体部门法的立法、司法以及执法上的不平等现象也较为常见。比如，司法解释规定构成《刑法》第 133 条交通肇事罪的成立条件之一是"无能力赔偿数额在三十万元以上"，这里采用的不是"造成财产损失"这种客观统一标准而是"是否有能力赔偿"这种主观个别化标准，当事人的经济能力、贫富状况直接决定行为的罪与非罪。[1]《民法典》规定平等原则的重要性还在于，该原则是意思自治原则、公平原则的基础，否则弱势方必然无法按照自己的意思行使民事权利。比如，网络平台依自身垄断性地位优势，常常未经用户同意违法收集用户个人信息、数据，且造成注册账号容易、注销删除账号难的情况。

　　（3）《民法典》第 5 条规定的自愿原则也即意思自治，该原则是体现民法作为私法法、市民法的最基本依据。《民法典》第 130 条还明确规定："民事主体按照自己的意愿依法行使民事权利，不受干涉。"之所以在第五章"民事权利"中额外设定该条，主要是"鉴于改革开放以来的一段时间，曾发生对民事权利的保护不够、特别是对民事主体行使权利滥加限制和干涉的社会问题"[2]。民法对意思自治的肯定本质上是对人格尊严的肯定，是将公民作为一个独立、自由、理性的人来对待，公民可以按照自己的意志任意设立、变更、终止民事法律关系，民法之所以被称为私法，都是因为承认私人之间的自主决定空间。意思自治原则除保护民事主体基于利己动机的权利行使行为之外，还注重行为后果的自我承担。换言之，基于平等基础上的自愿，民事主体在作出民事决定之后，既要接受因此而来的利益，也要接受因此而来的自我损害风险及后果，承担因此而来的对外违约

---

[1]　2000 年 11 月 21 日施行的《最高人民法院关于审理交通肇事刑事案件具体应用法律若干问题的解释》第 2 条规定："交通肇事具有下列情形之一的，处三年以下有期徒刑或者拘役……（三）造成公共财产或者他人财产直接损失，负事故全部或者主要责任，无能力赔偿数额在三十万元以上的……"

[2]　梁慧星：《民法总则讲义》，法律出版社 2018 年版，第 104 页。

或侵权损害赔偿责任。这种双向的意思自治对每一个民事行为的参与方而言都是公平的，在平等协商之后实施某一行为的主体不能只想受益、拒绝风险，承认"风险接受"也是承认其处分自由的表现，只要当事人在法律强制性规定、公序良俗等范围内自主决定实施某一行为并自主选择其行为的内容、相对人，就必须充分尊重其理性的私人自治地位，让其对自己支配范围的事项承担完全的责任。概言之，根据意思自治原则，"所有自由的债均是正义的"[1]，包括自我损害风险以及损害赔偿，这是民法契约精神的完整体现。

（4）《民法典》第 6 条规定的公平原则的意义在于保障平等主体之间基于个体自治而产生的权利义务的对等性、公正性，其本质也是避免个人的意思表示不自由、不真实。例如，《民法典》第 151 条规定："一方利用对方处于危困状态、缺乏判断能力等情形，致使民事法律行为成立时显失公平的，受损害方有权请求人民法院或者仲裁机构予以撤销。"这为受到不公平待遇的当事人提供了撤销权的救济，若当事人不行使撤销权或超过一定期限行使撤销权，则民事法律行为仍然有效。此外，《民法典》第 147条"基于重大误解实施的民事法律行为"、第 148 条"一方以欺诈手段，使对方在违背真实意思的情况下实施的民事法律行为"、第 149 条"第三人实施欺诈行为，使一方在违背真实意思的情况下实施的民事法律行为，对方知道或者应当知道该欺诈行为"、第 150 条"一方或者第三人以胁迫手段，使对方在违背真实意思的情况下实施的民事法律行为"等情形，一方当事人均可以通过诉讼或仲裁的方式撤销其民事法律行为，使相关行为自始无效，这均是以公平的方式保障因各种因素处于相对弱势一方意思自治的真实性。在网络环境中，格式合同尤为常见，《民法典》第 496 条至第 498 条对格式条款进行了单独规定，赋予提供格式条款的一方"提示或者说明义务"，因为它们基本是强势方、垄断方，契约自由在该种情境中会受到很大程度的条件限制，因而法律便更加注重"遵循公平原则确定当事人之间的权利和义务"。提供格式条款一方不合理地免除或者减轻其责任、加重对方责任、限制甚至排除对方主要权利的，该格式条款直接无效，这对保障用户的平等权利和维护意思自治（意思表示真实）具有重要

---

[1]　张民安：《法国民法中意思自治原则的新发展》，载《法治研究》2021 年第 4 期，第 54 页。

的个体化价值。

在上述四种个体化价值原则之后,"诚实信用原则""公序良俗原则""绿色原则"等是第二位原则、补充原则。除"合法"原则,即"不得违背法律"外,上述内容均是从社会整体公共道德、善良风俗、价值秩序等角度对民事主体行使个体自治权的限制,是对法律未能穷尽生活之全部的补充。换言之,即便双方当事人之间法律地位平等、自愿作出相关行为、权利义务公平,但若双方之间的契约内容违反诚实信用、违背公序良俗、不符合节约或保护生态精神等集体性价值原则,那么原先的所谓私权行使也可能无效。以诚实信用原则为例,《民法典》以"一个基本原则 + 若干概括条款"的方式为行为人的自治权设定了一个框架:在民事活动中,不能以自己的利益为唯一考量而要顾及利益相关人。[1] 诚实信用原则是在法律之外设定一种禁止规范,因而常被用于填补法律规范的漏洞和合同约定的漏洞,在法律之外发挥维护民事主体之间的正义或衡平功能。比如,合同当事人在约定的内容之外还根据诚实信用原则承担"附随义务",在合同订立前后应当对相对人负有保护、照顾、保密、通知、协助等责任:在订立合同过程中,《民法典》第 500 条规定,当事人违背诚实信用导致对方损失的,应当承担缔约过失赔偿责任;在履行合同时,《民法典》第 509 条第 2 款规定,"当事人应当遵循诚信原则,根据合同的性质、目的和交易习惯履行通知、协助、保密等义务";《民法典》第 558 条还规定,"债权债务终止后,当事人应当遵循诚信等原则,根据交易习惯履行通知、协助、保密、旧物回收等义务"。

公序良俗原则指民事活动应遵守公共秩序、符合善良风俗,它显然是在民主制定的法律之外提供的一种偏向社会整体的秩序框架,它不是个人的价值观而是代表社会公众的统一价值准则。《民法典》第 153 条第 2 款直接规定"违背公序良俗的民事法律行为无效",这是从集体角度对意思自治的限制,体现了《民法典》第 1 条社会主义核心价值观对民事行为的规则指导意义。在上述传统集体化价值原则之外,《民法典》还规定了第 9 条:"民事主体从事民事活动,应当有利于节约资源、保护生态环境。"毫

---

[1] 参见于飞:《基本原则与概括条款的区分:我国诚实信用与公序良俗的解释论构造》,载《中国法学》2021 年第 4 期,第 34 页。

无疑问，该"绿色原则"体现了我国新时期的发展理念[1]，但该原则也面临很大争议。例如，有观点认为，该原则是公法的原则或社会法的原则而非作为私法的民法的原则，因为"无论是保护环境、节约资源，还是促进人与自然和谐发展，都不是发生在私人之间，而是发生在个人与社会之间，是个人对社会、对后代应尽的义务"[2]。换言之，虽然节约资源、保护生态的义务主体可以是个人，但"其权利主体却很难具体到个人头上"，不能因为这一内容重要就将属于其他部门法所调整的个人与社会之间的关系纳入民法的调整范围。其实，学者之所以反对将之作为一项私法原则，原因可归结为一点：绿色原则是基于公共整体利益（生态环境公益）考虑而诞生的私权限制性原则，一旦此类限制个人自治的原则带有较大模糊性和不确定性，则该种私权限制就可能会被滥用。即便承认《民法典》第 9 条为民法基本原则的学者，也主张"环保"不是私法的本位价值，民法并不直接追求环境公益的充分实现，绿色原则主要适用于个人私权与环境公益冲突的场合，以将民事活动的环境影响控制在符合国家基本要求、满足社会基本需要的范围内为已足，此时必须注重节约资源和保护生态之公共效益与个人权益之间的平衡，避免对后者的过度牺牲。[3] 所以，在《民法典》基本原则体系中，个体化的私权保护原则是民法的第一位价值、硬核价值，集体化的私权限制原则是民法的第二位价值、补充价值，无论是在传统社会还是网络时代，作为市民法的民法都应当遵循此种逻辑架构。

2.《民法典》网络权益保护规范的确立发展

有学者认为，如果说 1804 年《法国民法典》是 19 世纪风车水磨时代民法典的代表，1900 年《德国民法典》是 20 世纪工业社会民法典的代表，那么 2020 年我国发布的《民法典》则可谓 21 世纪网络时代民法典的代表。[4] 从内容上看，我国《民法典》在财产和人身两个方面均确立发展了新的权利（或利益）保护规范，这些新规定的确回应了互联网时代发展的新问题。

---

[1] 参见黄薇主编：《中华人民共和国民法典释义》（上），法律出版社 2020 年版，第 27 页。

[2] 赵万一：《民法基本原则：民法总则中如何准确表达？》，载《中国政法大学学报》2016 年第 6 期，第 47 页。

[3] 参见巩固：《民法典绿色原则的法理辩护与内容解析》，载《政治与法律》2021 年第 8 期，第 141 页。

[4] 参见王利明：《编纂一部网络时代的民法典》，载《暨南学报（哲学社会科学版）》2016 年第 7 期，第 8 页。

（1）关于数据、网络虚拟财产的保护规范。2017年3月15日通过的《民法总则》第五章"民事权利"第127条规定："法律对数据、网络虚拟财产的保护有规定的，依照其规定。"从《民法总则》的编纂过程可以看出，本条内容在体系位置和规范内容上经历了很大变动，主要原因就在于网络虚拟财产在存在形态、规范属性以及保护方法上均存在极其明显的特殊性，无论是国内还是国外均少有定论。起初，《民法总则》将网络虚拟财产直接作为"物权客体"加以规定，即2016年5月27日修改稿第102条规定："法律规定具体权利或者网络虚拟财产作为物权客体的，依照其规定。"后来，2016年9月13日修改稿第102条修改为"民事主体依法对收入、储蓄、房屋、生活用品、生产工具、投资、网络虚拟财产等享有的财产权利受法律保护"，虽然本条并未明确其为物权客体，但从一同列举的权利客体类型来看，实际上也承认网络虚拟财产具有物的属性。2016年10月30日，第二次审议稿第124条规定，"法律对数据、网络虚拟财产的保护有规定的，依照其规定"，这项内容最终延续成为《民法典》第127条。[1]一方面，本条规定以明文的方式确定了依法保护数据、网络虚拟财产的原则；另一方面，鉴于数据和网络虚拟财产的权利性质存在争议，仍需要根据理论和实践发展的经验对其加以进一步研究，为以后立法提供坚实基础。[2]但由于第127条的规定过于模糊和原则化，民法解释学上向来存在的无形财产说、知识产权说、新型财产权类型说、物权说以及债权说等争议，在《民法总则》生效之后仍在持续。

支持网络虚拟财产是"物权客体"的观点认为，物权具有"权利支配性"这一核心特征，物权人能够支配与此财产有关的权利义务，实施决定财产利益分配命运的行为。以网络店铺为例，虽然"网店"的设立、转让、终止等离不开平台运营商及其服务器，但现代意义上"支配权"的内涵已经扩张，运营商中央服务器对网店经营行为、处分行为的配合、协作属于技术层面的支持、响应，不存在其不响应、不支持的选择权，即网店经营者对"网店"拥有决策力并最终决定"网店"的前途和命运，而这种

---

〔1〕　参见杨立新：《民法总则规定网络虚拟财产的含义及重要价值》，载《东方法学》2017年第3期，第66—67页。

〔2〕　参见黄薇主编：《中华人民共和国民法典释义》（上），法律出版社2020年版，第250页。

"决策力"正是支配权的核心要义。[1]债权客体说认为，以网络虚拟财产为对象的民事关系根源于网络上的服务合同，网络服务协议是网络虚拟财产存在的前提，因而网络虚拟财产应当属于债权范畴，可适用债权的相关规定对此类财产予以保护。[2]新型财产权类型说则认为："与其适用既有的法律制度创造太多的例外性解释，使既有的权利体系分崩离析，破坏权利体系的内在逻辑结构，给物权和债权的二分体系带来冲击，不如正视虚拟财产权的特殊性及虚拟经济蓬勃发展的现实，将虚拟财产的权利性质认定为一种新型的财产权，即'虚拟财产权'。"[3]还有观点从利益而非权利的角度对网络虚拟财产的法律属性进行了界定，认为日常审判工作中法官并不十分关注网络虚拟财产的法律属性是物权还是债权，也并不存在基于物权或债权的裁判依据，"赋予新型财产以权利属性是需要理论洗礼、熏陶和实践检验的。在没有对网络虚拟财产等新型财产的属性充分理解前，不宜匆忙'赋权'"[4]，物债二分下的网络虚拟财产论争既没有定论也没有止境，主要是因为"先赋权、后保护"的惯性思维"极易使法律解释落入形式主义的窠臼"，因而网络虚拟财产应被界定为"利益"。

笔者认为，"虚拟财产"是一种比喻性说辞，既然冠之以"虚拟"，则它本不是一种"财产"，正如"虚拟现实"不是"现实"，在计算机系统中仅仅是一连串数字。而《民法典》将"虚拟财产"这一修辞概念正式规定为法律概念，便以明文的方式承认了虚拟财产的财产化属性，只不过未言明它究竟是特殊的"物"还是无形的"财产性利益"，上述争论对于盗窃网络虚拟财产的认定有着直接影响，对刑法中法益侵害的判断也必须以民法上的权利或利益保护内容为依据。就此而言，《民法典》第127条的规定既有立法的进步也有其根本局限，但对于民法解释学、刑法解释学来说，它确实更新了网络虚拟财产保护的学术语境。

（2）关于个人信息的保护规范。在我国，法律对个人信息的保护不是始于民法，而是始于刑法。如前所述，早在Web2.0时期，《刑法》第253

〔1〕参见林旭霞、蔡健晖：《网上商店的物权客体属性及物权规则研究》，载《法律科学（西北政法大学学报）》2016年第3期，第197页。
〔2〕参见王利明、杨立新、王轶等：《民法学》（第6版上），法律出版社2020年版，第167页。
〔3〕李岩：《"虚拟财产权"的证立与体系安排——兼评〈民法总则〉第127条》，载《法学》2017年第9期，第151页。
〔4〕高郦梅：《网络虚拟财产保护的解释路径》，载《清华法学》2021年第3期，第191页。

条之一就规定了两个侵犯公民个人信息犯罪，2015 年 8 月 29 日公布的《刑法修正案（九）》将之整合为一个独立的"侵犯公民个人信息罪"，刑法在此充当的不是"最后法"。这种"刑法优先"的思维一直延续到了民法编纂阶段，直至 2017 年，《民法总则》才在第 111 条规定了个人信息保护："自然人的个人信息受法律保护。任何组织或者个人需要获取他人个人信息的，应当依法取得并确保信息安全，不得非法收集、使用、加工、传输他人个人信息，不得非法买卖、提供或者公开他人个人信息。"后来通过的《民法典》将人格权独立成编，人格权编第六章是"隐私权和个人信息保护"，第 1034 条重复强调了"自然人的个人信息受法律保护"并规定了个人信息的定义、隐私与个人信息的关系，第 1035 条规定了个人信息的处理原则和条件，第 1036 条规定了处理个人信息不承担民事责任的情形，第 1037、第 1038 条规定了自然人与个人信息处理者的其他关系，如自然人有权请求信息处理者及时删除违法违规处理的个人信息等。

　　网络时代是信息大爆炸的时代，公民通过互联网进行互动交往时会在平台留存、聚集海量的身份信息、财产信息、生物识别信息、行踪信息等可识别特定自然人的个人信息。违法获取、随意收集、过度使用甚至非法买卖行为不仅涉及人身权损害，也涉及财产权甚至国家经济安全、国际竞争力的损害。《民法典》对个人信息保护规范的确立和发展一定程度上克服了该保护领域"刑先民后""重刑轻民"的显在弊端，为侵害公民个人信息的损害赔偿请求以及行政法、刑法等领域对个人信息的保护奠定了私法根基。《民法典》颁行之后，关于"个人信息"的法律属性也产生了诸多争论，盖因相关规定对其性质界定闪烁其词，贸然直接"赋权"分歧较大，这与上述"网络虚拟财产"的属性之争极为类似。申言之，《民法典》人格权编将"隐私权和个人信息"并列，隐私是明文规定的权利客体，"个人信息"并未配备"个人信息权"之定性，因而"个人信息"代表的究竟是一种"权利"还是"利益"，就成为解释上的最大问题。[1]《民法典》确立发展个人信息保护规范的意义还在于，上述相关规定为 2021 年 8 月 20 日通过的《个人信息保护法》提供了直接的规范指引。

　　例如：《个人信息保护法（草案）》起草说明中两次明确强调"个人信

---

〔1〕　参见程啸：《个人信息保护法理解与适用》，中国法制出版社 2021 年版，第 24 页。

息保护法"要与《民法典》相衔接；在个人信息保护的定性上，《个人信息保护法》"个人信息权益"的定位，与《民法典》人格权编将个人信息保护定位为"其他人格权益"几乎一脉相承，"自然人的个人信息受法律保护"则一字不差地复制了《民法典》第 111 条以及人格权编第 1034 条的表述。[1]《个人信息保护法》第 1 条规定的立法目的是"保护个人信息权益，规范个人信息处理活动，促进个人信息合理利用"。由此可见，一方面，本条将个人信息的性质笼统地界定为"权益"，权利说和利益说均可作为论据援引；另一方面，本条直接言明了个人信息保护规范的功能不仅是"保护个人权益"，还包括"促进个人信息合理利用"，即权益保护与信息利用、信息流通并重，因而对"个人信息"的私法属性理解失误，难免会对个人信息处理中相关侵犯行为的民事责任、刑事责任把握不准，以至于造成民事责任的模糊以及民刑分界的混乱。

（3）其他网络权益保护规范。我国《民法典》编纂的一大亮点是人格权独立成编，人格权编的特点不在于打破《德国民法典》五编制的体例，"而在于其为现代社会的人格权保护提供了一个前所未有的模式，为民法现代化提供了中国方案，不仅具有充分实现中国人主体价值的现实意义，而且具有引领人格权现代化的历史意义"[2]。在日益强调人权保障的社会主义国度，人格权编的首要价值在于贯彻落实宪法尊重人权、维护人格尊严的要求，这也是社会经济高度发展之后解决"人民日益增长的美好生活需要和不平衡不充分的发展之间的矛盾"的私法举措，是现代民法从"以物为核心"到"以人民为核心"的重要表现之一。[3]在网络时代，公民个人因大数据、互联网、人工智能等技术的"裹挟"而变得更加透明化，除前述个人信息的外泄之外，个人隐私、肖像、声音、名称、名誉等攸关个人形象（画像）的权益同样容易被侵犯，若私法保护规范语焉不详，则必然助长人们对该类侵犯习以为常的惯性思维。例如，《民法典》第 1019 条第 1 款规定："任何组织或者个人不得以丑化、污损，或者利用信息技术手段

---

〔1〕　参见周汉华：《平行还是交叉：个人信息保护与隐私权的关系》，载《中外法学》2021 年第 5 期，第 1177 页。

〔2〕　孟勤国：《论中国民法典的现代化与中国化》，载《东方法学》2020 年第 4 期，第 165 页。

〔3〕　参见王利明：《人格尊严：民法典人格权编的首要价值》，载《当代法学》2021 年第 1 期，第 3—14 页。

伪造等方式侵害他人的肖像权。未经肖像权人同意，不得制作、使用、公开肖像权人的肖像，但是法律另有规定的除外。""利用信息技术手段伪造"主要指"深度伪造"，这种高度真实性、智能化、形象化的 AI 换脸技术并不只出现在娱乐交际场合，它在直接侵害他人肖像权的同时还会滋生敲诈勒索、诈骗甚至传播淫秽物品等违法犯罪行为，《民法典》则通过明文禁止的方式防范深度伪造的肖像权侵害。

再如，《民法典》第 1023 条第 2 款规定，"对自然人声音的保护，参照适用肖像权保护的有关规定"。之所以将声音作为一种新型人格利益，也是由于语音技术及其网络应用能够在更大范围内将声音作为识别个人身份的标记。《民法典》第 1033 条规定，"除法律另有规定或者权利人明确同意外，任何组织或者个人不得实施下列行为：（一）以电话、短信、即时通讯工具、电子邮件、传单等方式侵扰他人的私人生活安宁；（二）进入、拍摄、窥视他人的住宅、宾馆房间等私密空间；（三）拍摄、窥视、窃听、公开他人的私密活动；（四）拍摄、窥视他人身体的私密部位；（五）处理他人的私密信息；（六）以其他方式侵害他人的隐私权"，本条也是针对利用网络远程偷拍、窃听等技术手段侵犯他人隐私权的行为。《民法典》第1010 条第 1 款针对性骚扰规定，"违背他人意愿，以言语、文字、图像、肢体行为等方式对他人实施性骚扰的，受害人有权依法请求行为人承担民事责任"；第 1028 条针对网络媒体报道失实规定了请求更正或删除相关内容的权利，"民事主体有证据证明报刊、网络等媒体报道的内容失实，侵害其名誉权的，有权请求该媒体及时采取更正或者删除等必要措施"。人格权编的内容在强调人格权的消极防御功能的同时，也规定了其积极利用功能，如：第 993 条规定"民事主体可以将自己的姓名、名称、肖像等许可他人使用，但是依照法律规定或者根据其性质不得许可的除外"；第 999 条规定"为公共利益实施新闻报道、舆论监督等行为的，可以合理使用民事主体的姓名、名称、肖像、个人信息等"。此外，为了明确网络侵权损害赔偿责任，《民法典》侵权责任编第 1194 条至第 1197 条等规定了网络用户、网络服务提供者的侵权责任，权利人要求网络服务提供者采取删除、屏蔽、断开链接等必要措施的权利，网络服务提供者与网络用户的连带赔偿责任等，这种私法救济为保护个人的人身权和财产权提供了私法上的直接请求权基础，也与《网络安全法》《数据安全法》等法律形成了私法救济与公法救济上的呼应。

（二）网络时代《民法典》对刑法运行的影响

我国《民法典》对于公民个人的根本意义在于保护私人的人身、财产权益并确立其背后的私人自治领域，基于前述网络时代民法的新规定，刑法条文的解释和适用是否会发生诸多立场、观念及方法上的改变以及在多大程度上影响犯罪圈的辐射范围，均需要结合权利保护观念的变化进行特别讨论，这主要表现在刑法保护客体、刑法保护时机、刑法保护手段等方面。

1.《民法典》对刑法保护客体（法益）的影响

随着我国刑法学的学术演进，知识体系的"德日化"已经由21世纪初的"星星之火"席卷为燎原之势，源自苏联的传统知识虽不说日薄西山也可谓屡受重创，很多所谓的通说都分崩离析，一些传统刑法学的重要话语或被摒弃或被以德日刑法学的口吻重新演绎。其中，法益概念的茁壮成长替代了"社会关系（犯罪客体）"、法益理论取代社会危害性理论成为认知犯罪本质的核心话语，则是刑法知识"德日化"转型的典型事例，以法益为中心的两大基础命题，即"刑法的任务是保护法益""犯罪的本质是侵犯法益"成为学界各阵营的共识，法益保护主义被视为一项刑法基本原则。[1]然而迄今为止，理论上对法益的概念莫衷一是，法益是什么？法益从哪里来？这都是刑法立法与解释任务的前提。

从法益的概念史上看，法益最早是19世纪30年代德国刑法学家费尔巴哈的徒孙比恩鲍姆在批判权利侵害说时创制的概念[2]，他主张

---

〔1〕　参见张明楷：《刑法学》（第6版 上），法律出版社2021年版，第77页。

〔2〕　比恩鲍姆之所以要批评费氏的权利侵害说，是因为他发现了该学说的两处缺陷：一方面，权利侵害说对针对个人的传统犯罪的解释并不正确，因为盗窃财产、伤害他人、限制他人自由等并没有对个人的权利造成损害，"我们的权利本身既不会减损也不会被夺走"，财产权、人身权、行动权等仍然完好无损，只是权利上的内容如金钱、身体等被侵害；另一方面，权利侵害说确实无法对宗教犯罪、道德犯罪等没有侵害权利的立法提供正当性论证理由，而这些犯罪不仅已经存在于刑法典中，且它们对于维持社会发展之目的仍属必要。[Vgl. J. M. F. Birnbaum, Über das Erfordernis einer Rechtverlazung zum Beriffe des Verbrechens（1834），in: José Luis Guzmán Dalbora/Thomas Vormbaum（Hrsg.），Zwei Aufsätze, 2011, S. 19 ff.] 由此可见，比恩鲍姆的法益论不是要"改善"或"改良"权利侵害说，他通过一个高度弹性化的"利益保护"框架彻底抛弃了费尔巴哈的理论。如果说以社会契约论为基础的权利侵害说之特点在于"对宗教伦理犯的排除不彻底"，那么法益侵害说的特点则恰恰是"主动为宗教伦理犯的处罚提供积极辩护方案"，这是二者的最大区别。

刑法所保护的是"法律上应当归属于我们的利益"[1]（ein Gut, welches rechtlich uns zusteht），"从事物的本性来看应当作为犯罪，或者根据理性（vernunftgemäßig）国家应当处罚的是，国家权力对所有的人均等保障的、可归责于人的意志的'利益'（Gutes）的侵害（Verletzung）或危险（Gefärung）"[2]。及至 1872 年，宾丁正式使用了现今德国刑法学通用的法益"Rechtsgut"，认为"法益鲜明地区别于主观权利……法益是健全共同生活的实际条件"[3]。这里的"条件"飘忽不定，因此宾丁主张"干货满满的法律在各种方面致力于对人们内心生活（Gefühlsleben）的保护"，"对上帝的虔诚感""宗教感""对动物的同情感"等心理感觉或占统治地位的价值观、世界观都是这种生活的条件——"益"（Gut）。[4]如今，德国刑法学对法益概念也缺少统一的界定。有学者认为，法益是指那些对社会具有特殊意义并因之而受到法律保护的生活利益（Lebensgut）、社会价值（Sozialwerte）以及个人或共同体的合法公认的利益。[5]有学者将之定义为："法益是对个体的自由发展、基本权利的实现以及以此目的为基础组建的国家体系的功能运行而言，必不可少的事实情况（Gegebenheiten）与目标设定（Zwecksetzungen）。"[6]可见，关于"法益是什么"的回答总是较为模糊。

　　关于法益内容的来源，许内曼教授指出，定义法益的可能方法长期以来并没有被穷尽，"对法益保护原则的常见批评都是基于错误的方法论，这仍然没有免除寻找有说服力的解释之义务，即应当发掘法益保护原则的'阿基米德支点'。对此，我的回答是：答案存在于以社会契约论为来源的刑法限制（Strafrechtsbegrenzung）基本思想中"[7]。这是一种

――――――――――

〔1〕　J. M. F. Birnbaum, Über das Erfordernis einer Rechtverlatzung zum Beriffe des Verbrechens（1834），in: José Luis Guzmán Dalbora/Thomas Vormbaum（Hrsg.），Zwei Aufsätze, 2011, S. 19.

〔2〕　J. M. F. Birnbaum, Über das Erfordernis einer Rechtverlatzung zum Beriffe des Verbrechens（1834），in: José Luis Guzmán Dalbora/Thomas Vormbaum（Hrsg.），Zwei Aufsätze, 2011, S. 24.

〔3〕　Karl Binding, Die Normen und ihre Übertretung, Bd.1, 1916, S. 339.

〔4〕　Vgl. Karl Binding, Die Normen und ihre Übertretung, Bd.1, 1916, S. 347.

〔5〕　Vgl. Johannes Wessels/Werner Beulke/Helmut Satzger, Strafrecht AT, 46. Aufl., 2016, S. 12.

〔6〕　Claus Roxin/Luis Greco, Strafrecht AT, Band I, 5. Aufl., 2020, S. 26.

〔7〕　Bernd Schünemann, Das Rechtsgüterschutzprinzip als Fluchtpunkt der verfassungsrechtlichen Grenzen der Straftatbestände und ihrer Interpretation, in: Roland Helfendel/Andrewvon Hirsch/Wolfgang Wohlers（Hrsg.），Die Rechtsgutstheorie, 2003, S.137.

从前实证（宪法框架之前）的层面探究实质法益内涵的模式，与之相类似，还有一种观点试图从社会发展现实中求解法益实质内涵："什么是法益或什么不是法益应取决于每一个社会及其构造（Verfaßtheit）、社会模式（Gesellschaftsmodell）和体制条件（Systemsbedingungen）。通过这种方式，法益的确定以及对应的可罚性界限就能适应社会发展和可能发生的价值变迁。"[1] 其实，这就是"社会存在决定社会意识""经济基础决定上层建筑"之逻辑在实质犯罪概念建构中的反映。

　　除此之外，还有一种有影响力的观点主张，宪法是高居于刑法的基本法，刑法介入的界限应受制于宪法，对法益内容具有决定性的是"它接受了当今自由主义刑法界限的任务"，"在所有基本权利保护之下，刑法应该是保护国民和平共处、自由共存的最后手段（ultima ratio）。从这一任务出发，人们必须将所有对于实现该任务不可或缺的对象均视为法益。因此，法益是生命、身体与性的完整、自由、财产等，也包括整体性的法益，如正常运转的司法系统、非伪造的货币或未受破坏的环境"。[2] 我国《宪法》第二章"公民的基本权利和义务"规定了一系列保护对象：第 33 条规定"国家尊重和保障人权"、第 36 条规定"公民有宗教信仰自由"、第 38 条规定"公民的人格尊严不受侵犯"、第 43 条规定"劳动者有休息的权利"、第 46 条规定"公民有受教育的权利"、第 49 条规定"婚姻、家庭、母亲和儿童受国家的保护"等。而且，在该章还规定了诸多针对公民个人的义务，如劳动义务、受教育义务、夫妻计划生育义务、教育未成年子女义务、赡养扶助父母义务、保卫祖国义务、服兵役义务、纳税义务等。可以说，这些宪法上明确记载的法律保护任务都可以证明已有立法条文或未来立法条文的"目的合法性"，这些宪法内容当然是重要的，但它们仍然需要部门法予以具体化，尤其是婚姻、税收等都被宪法视为社会主义国家的重要利益，它们是否可以成为刑法保护的客体还取决于法益概念之外的"手段正当性"。

　　作为经典市民法的《民法典》既是宪法框架下对公民个人权益的进一步规范确认，也符合我国 21 世纪新时代发展的社会结构要求，是确定刑

---

〔1〕　Ivo Appel, Rechtsgüterschutz durch Strafrecht?, KritV 82（1999）, S. 291 f.
〔2〕　Claus Roxin, Zur neueren Entwirklung der Rechtsgutdebatte, in: Felix Herzog/Ulfrid Neumann（Hrsg.）, Festschrift für Winfried Hassemer, 2010, S. 577 f.

法保护对象的前置法，至少从解释学的角度来说，刑法对个人权益的保护内容来源于《民法典》。例如，窃取网络虚拟财产是否构成盗窃罪？这取决于如何解释网络虚拟财产在《民法典》中的定位，因而既属于刑法解释学的问题，也属于民法解释学的问题。值得指出的是，民法和刑法都保护"法益"，但"法益"一词在民刑中的概念本身并不一致：在民法学中，"法益"即"利益"，与权利相对应；而在刑法学中，法益则既包括民法上的权利也包括民法上的利益，即法益是"权益"的同义词。换言之，"权利"和"利益（法益）"的区分在民法上是重要的，但在刑法上二者都归结为"法益"。例如，《民法典》在人格权编第二章至第五章分别规定的是"生命权、身体权和健康权""姓名权和名称权""肖像权""名誉权和荣誉权"，第六章标题为"隐私权和个人信息保护"。正是由于《民法典》未对个人信息明确"赋权"，因而民法学界产生了"个人信息法益"与"个人信息权"之争。

　　这主要分为三种观点：民事权利说认为，《民法典》总则第 111 条规定的个人信息是指个人身份信息，与隐私权保护的私人隐私信息有明确的界限，"在实践上作为一个权利保护没有障碍，在比较法上没有对个人信息作为法益保护的立法例"[1]，因而应当认定该条规定的就是自然人享有的具体人格权之一，即"个人信息权"。民事利益说（法益说）认为，《民法典》没有使用"个人信息权"这一表述，表明其并没有将个人信息作为一项具体人格权利。[2]折中说（民事权益说）认为，无论将个人信息理解为权利还是利益（法益），都不妨碍法律将其确定为自然人的人身非财产性质的人格权（权益）且具有支配性特征，因而可以笼统地称为"个人信息权（权益）"。[3]民法学中，"权利"和"利益"的区别在于保护强度不同：（1）权利的保护对象是利益，但利益并非一律对应某种"权利"（如"胎儿利益""英雄烈士等姓名、肖像、名誉"）；（2）对权利及对应利益的民法保护采用保护力度更大的"权利化模式"，即赋予权利人一般性的排他可

---

〔1〕 杨立新：《个人信息：法益抑或民事权利——对〈民法总则〉第 111 条规定的"个人信息"之解读》，载《法学论坛》2018 年第 1 期，第 34 页。

〔2〕 参见王利明主编：《中华人民共和国民法总则详解》（上册），中国法制出版社 2017 年版，第 465 页。

〔3〕 参见张新宝：《〈民法总则〉个人信息保护条文研究》，载《中外法学》2019 年第 1 期，第 54 页。

能性；而对并未被"赋权"的利益（法益）的保护采用"行为规制模式"，即从他人行为控制的角度来构建利益空间。[1] 有刑法学者认为，"面向实在法，权利概念为民法所采纳，法益概念为刑法所吸收"，《民法典》总则第五章频繁地出现"权益""利益"等表述，如第 120 条"民事权益受到侵害的"以及第 126 条"民事主体享有法律规定的其他民事权利和利益"等，都体现了民法对权利概念作广义理解的倾向，广义的权利即权益，因而民法中的权利与刑法中的法益几乎没有实质差异。[2] 不可否认，民法上增设的新型权利一定是刑法所保护的法益，但刑法上的法益不仅包括民事权利还包括民事利益，权利和利益（法益）在民法规范体系中应予区分。

比如，《民法典》第 13 条规定："自然人从出生时起到死亡时止，具有民事权利能力，依法享有民事权利，承担民事义务。"那么，未出生的胎儿、已经死去的死者显然不具有民事权利，但他们的某些利益仍然受到特定保护，如《民法典》第 994 条规定"死者的姓名、肖像、名誉、荣誉、隐私、遗体等受到侵害的，其配偶、子女、父母有权依法请求行为人承担民事责任"，这是对死者人格"利益"（法益）的保护（死者身后法益保护说）[3]，利益受损的请求权主体发生转移[4]。《刑法》第 302 条盗窃、侮辱、故意毁坏尸体、尸骨、骨灰罪保护的正是"遗体"这一人格"利益"而非"身体权"。就死者个人信息保护而言，《个人信息保护法》第 49 条规定："自然人死亡的，其近亲属为了自身的合法、正当利益，可以对死者的相关个人信息行使本章规定的查阅、复制、更正、删除等权利；死者生前另有安排的除外。"本条之所以对死者个人信息进行保护，并非为保护死者的人格权、财产权或财产利益，而是为了保护其人格利益。[5]

再如，在互联网上侵害英雄烈士姓名、肖像、名誉、荣誉的行为偶有发生，网络传播强度更是直接加大了英雄烈士上述人格"利益"的损害程

[1]　参见叶金强：《〈民法总则〉"民事权利章"的得与失》，载《中外法学》2017 年第 3 期，第 650 页。

[2]　参见夏伟：《新型权利入民法典对刑法犯罪评价的影响》，载《法学评论》2021 年第 3 期，第 151 页。

[3]　除此之外，还存在死者身后权利保护说、近亲属权利保护说、人格利益继承说等。参见曹相见：《死者"人格"的规范本质与体系保护》，载《法学家》2021 年第 2 期，第 13 页。

[4]　参见王叶刚：《论侵害死者人格利益的请求权主体——兼评〈民法典〉第 994 条》，载《清华法学》2021 年第 1 期，第 181 页。

[5]　参见王利明：《论民事权益位阶：以〈民法典〉为中心》，载《中国法学》2022 年第 1 期，第 45 页。

度。《民法典》总则第 185 条规定："侵害英雄烈士等的姓名、肖像、名誉、荣誉，损害社会公共利益的，应当承担民事责任。"2021 年 3 月 1 日生效的《刑法修正案（十一）》增加第 299 条之一规定："侮辱、诽谤或者以其他方式侵害英雄烈士的名誉、荣誉，损害社会公共利益，情节严重的，处三年以下有期徒刑、拘役、管制或者剥夺政治权利。"由于《民法典》第185 条规定的是"姓名""肖像""名誉""荣誉"而非总则第五章中的"姓名权""肖像权""名誉权""荣誉权"，因而民法上的"英雄""烈士"均是指已故者，活着的英雄不受本民法规范的调整而是适用相关人格权编中的"人格权利"条款，这既是体系解释的结果，也是目的解释的结论。[1]相应地，侵害英雄烈士名誉、荣誉罪所保护的对象也只能是已经故去的英雄烈士而不包括活着的英雄。[2]可见，民法明确保护权利和利益（法益），二者在刑法中则统称为法益（也即权益），或者说刑法所保护的法益既包括民事权利所对应的利益，也包括没有上升为权利的纯利益，但无论如何，对刑法法益的理解必须符合民法权益的内容。

2.《民法典》对刑法介入权益保护时机的影响

法益保护是所有法律的共同任务，民法是刑法的前置法之一，民事权益是刑法法益的基本来源之一，但某种权益进入民法保护范围并不意味着其一定会同时受到刑法保护，也即民法新增某个权益保护规范并不等于刑法必须同时增设相关犯罪。如前所述，民法要扩张，刑法要谦抑，民刑介入权益保护的态度并不相同，但当前刑法学中存在民刑关系（法秩序统一）的错误理解：以《民法典》增设新规范为由，主张刑法也应积极介入该权益保护。

例如，高空抛物罪便是网络时代"民法典编纂"学术波及效应的"刑法错位"，既是积极主义刑法观对刑法介入法益保护的一次误导（也可谓"迎合"），也是对"法秩序统一"原理的误用。这既是立法的问题，也是解释的问题。通常理解的"高空抛物"是指从高空（主要是高层建筑）故意抛掷某一物品（主要是固体物）的行为，它的危害性并非像故意杀人、

---

[1] 参见刘颖：《〈民法总则〉中英雄烈士条款的解释论研究》，载《法律科学（西北政法大学学报）》2018 年第 2 期，第 100 页。

[2] 参见刘艳红：《法秩序统一原理下侵害英雄烈士名誉、荣誉罪的保护对象研究》，载《法律科学（西北政法大学学报）》2021 年第 5 期，第 110 页。

故意伤害等纯粹自然犯那样自始便引起整体法秩序的高度重视，因而该类行为很长时间内没有受到我国法制建构的重视。作为民间俗语的"高空抛物"之所以成为公众关注的焦点，主要源于我国高层建筑密集化及其悲剧事件而唤起的"无妄之灾""飞来横祸"等风险意识或灾难情感。这种普遍的"共情心理"甚至直接成为高空抛物"入法"、"入罪"以及"独立入刑"的重要依据，由此衍生出了较为特殊的规制方式。对于高空抛物罪而言，所谓"与《民法典》的部分规定相衔接"等论调值得反驳。有刑法学者认为："由于刑法立法必须顾及法秩序统一性原理，刑法与前置法之间需要保持一定程度的协调关系……这次刑法修改的多数内容是为了与其他部门法相衔接，属于前置法修改之后的'不得已而为之'"，"民事侵权行为的治理手段毕竟效果有限，不足以发挥法律的一般预防效果，而且侵权责任赔偿有时不足以弥补被害人的物质损失，更难以抚慰被害人及其家属内心所受的伤害"。[1] 但笔者认为，这一观点似是而非。

首先，法秩序统一原理绝不意味着前置法规制的行为也必须一并被纳入刑法规制范围，它不是要求保持规制对象上的统一。法秩序统一原理的刑法意义在于刑法不能突破前置法直接认定某行为构成犯罪，比如应当按照《道路交通安全法》确定交通过失犯的规范保护目的[2]、不能将前置法上的正当权利行为判定为敲诈勒索等犯罪[3]。因此，《民法典》重新规定了高空抛物的归责方式绝不意味着刑法也要规定独立的高空抛物罪，更何况《民法典》第1254条中的特殊规则针对的是"经调查难以确定具体侵权人"的情形，刑法对此无能为力，从具有补偿性、连带性色彩的第1254条推导不出任何需要刑法相衔接之处。

其次，倡导刑法（入罪）的一般预防效果属于对刑法功能的迷信，治理高空抛物更有效的方式不是刑法甚至不是法律，而是法律之外的技术性预防监督等措施。"民法治理效果有限而应强化刑罚介入"这一思维仍属于刑法万能主义，是"重刑轻民"的经典措辞。对于高空抛物而言，原

---

〔1〕 周光权：《刑事立法进展与司法展望——〈刑法修正案（十一）〉总置评》，载《法学》2021年第1期，第19页。

〔2〕 参见刘艳红：《实质出罪论》，中国人民大学出版社2020年版，第209页以下。

〔3〕 参见张明楷：《妥善对待维权行为 避免助长违法犯罪》，载《中国刑事法杂志》2020年第5期，第3—19页。

《侵权责任法》的治理效果确实有限，《民法典》重新确立第 1254 条也可能难以改善原《侵权责任法》第 87 条的治理局面，但据此认为刑法治理更为有效，则过于武断。众所周知，"醉驾入刑"的经验明确宣告刑法治理效果堪忧，它并未优于侵权责任法、《道路交通安全法》。"积极主义刑法观"对刑法的预防功效过于乐观，它只是重刑主义的翻版，中国特色的"社会治理"绝对不是"刑法积极介入社会生活"，而今"共建共治共享"的社会治理格局恰恰是弱化而非强化刑法的功能，是追求协同共治而非刑法优先。

最后，高空抛物罪针对的是尚未致人伤亡的危险情形，因而它尚未产生物质损失、被害人也尚未特定化（公法益），因而"弥补物质损失、抚慰被害人"并不是增设高空抛物罪的理由。既然认为《民法典》第 1254 条的侵权赔偿和公平补偿两种规则均难以弥补被害人的物质损失，那么高空抛物罪甚至故意杀人罪等其他重罪又能为被害人提供何种损害赔偿救济？归根结底，论者仍然是基于"重典治乱"的传统思维。"刑法的提前介入"也是在"实施构成要件行为（高空抛物）之后"才介入，它始终具有"事后性"。所以，"与《民法典》相衔接"是个伪命题，它是对网络时代"民法典编纂热潮""高空抛物讨论热点"的一次"错位回应"，进一步暴露了网络时代"刑法积极参与社会治理"的短效性和欺骗性。

对于高空抛物罪的解释适用，《民法典》的影响主要体现在本罪法益的确定上：本罪仍然是针对人身财产的公共安全法益。从 2020 年 6 月《刑法修正案（十一）（草案）》一审稿到 2020 年 10 月二审稿，高空抛物罪在不到 4 个月的时间从危害公共安全罪调入妨害社会管理秩序罪。有观点认为，高空抛物罪在法益侵害的体系性位置上变化，法益侵害的实质也相应改变——社会秩序论。[1] 然而，从原《侵权责任法》到《民法典》，民法中的高空抛物始终是一种针对人身权、财产权的"侵权"行为。换言之，《民法典》第 1164 条规定，侵权责任编"调整因侵害民事权益产生的民事关系"，侵权行为的对象及其表现是人身权利和利益损害、财产权利和利益损害，在刑法上对应的是人身法益犯罪、财产法益犯罪。如前所

---

[1] 参见陈兴良：《公共安全犯罪的立法思路嬗变：以〈刑法修正案（十一）〉为视角》，载《法学》2021 年第 1 期，第 49—50 页。

述，法院最先想到的高空抛物入罪方案是，将高空抛物致人死伤抑或致财产毁坏认定为过失致人重伤罪、过失致人死亡罪、故意毁坏财物罪，这正是基于高空抛物侵害人身、财产权益且达到相当严重的程度，是侵权责任的刑罚化，被侵害法益的主体是特定自然人。

所以，高空抛物在法律上的最原始状态是民事侵权之债，那么在法益侵害内容的判断上就不能脱离侵权责任立法所保护的法益而另立新的法益，高空抛物罪的法益本体是《民法典》总则第五章中的生命权、身体权、健康权等人格权以及物权等财产权，只不过这种权益以"集合法益"（集体法益）的方式呈现为"公共安全"[1]，"公共安全"的主体可以还原为自然人。对于高空抛物危害公共安全的性质，民法学界给予了普遍认同，如《民法典》第 1254 条之所以明确提出"禁止从建筑物中抛掷物品"，也是基于"在建筑物中抛掷物品，是非常危险的危害公共安全的行为"[2]。因此，民刑法秩序的统一、衔接、协调，绝非指刑法与民法同步介入社会治理，刑法在法益保护目标与民法保持协调的基础上，何时介入、如何介入社会治理应当满足刑法最后法的手段正当性要求，积极主义刑法观对民刑关系的误解需要澄清。

3.《民法典》对权益保护"民进刑退""民刑共治"的影响

《民法典》的权利宣言既不是空泛的政治口号也不是抽象的权利记述，而是需要落实于社会生活每个领域的具体规范，"如果刑事治理仍然在国家治理中扮演着'重刑轻民'传统模式中的'重'要角色，则民法的适用势必受到影响。如何适当削弱刑事治理的作用和分量，将不该由刑事治理的领域让位于或者回归于民事治理，使得民事治理在民法典时代充分发挥作用，实现民刑共治，才是将民法典落实于社会生活和国家治理的重要途径"[3]。笔者以为，网络时代社会交往呈现主体多元化和场景复杂化，应当更加强调民事平等原则和意思自治原则，尤其是在面对一方主体受有损害时，应当优先梳理并找准民事法律关系。换言之，民法是犯罪认定的前置法，除"行政犯应当具备行政违法与刑事违法双重违法性"之外，也应强

〔1〕　参见姜涛：《论集体法益刑法保护的界限》，载《环球法律评论》2022 年第 5 期，第 126 页。
〔2〕　王利明、杨立新、王轶等：《民法学》（第 6 版 下），法律出版社 2020 年版，第 1143 页。
〔3〕　刘艳红：《民刑共治：国家治理体系与治理能力现代化路径》，载《法学论坛》2021 年第 5 期，第 44 页。

调犯罪的"民事违法与刑事违法双重属性"。这意味着，不能因一方有损失而直接将某种行为归入犯罪，要特别注重"民事权利行使"的出罪意义，相对于前述"重刑轻民"思维，民法典时代的社会治理确实应转向以"民进刑退"（先民后刑）为方向的"民刑共治"。

例如，网络时代敲诈勒索罪的认定应当首先考察犯罪嫌疑人、被告人的所谓"敲诈""勒索"行为是否具有民法上的请求权基础，权利行使行为应绝对禁止被认定为犯罪。2013 年 9 月 6 日公布的《办理网络诽谤案件的司法解释》第 6 条规定："以在信息网络上发布、删除等方式处理网络信息为由，威胁、要挟他人，索取公私财物，数额较大，或者多次实施上述行为的，依照刑法第二百七十四条的规定，以敲诈勒索罪定罪处罚。"但是，司法解释在犯罪构成要件的释明上不能在法外创设新规则，如果行为人以在网络上发帖维权的方式索取赔偿的，仍然不能直接依上述司法解释认定为敲诈勒索罪，确认民事权利义务关系仍是定罪之前提。以一起土地补偿纠纷案件为例：

被告人严某英与分宜县某采石场因施工占用林地而发生纠纷，双方一直未签署赔偿协议，严某英一家多次上访，当地乡政府因信访维稳压力，于 2008 年 8 月 8 日与严某英家签订协议。2015 年 10 月开始，采石场合并成立的盛安公司在紧邻该公司矿区西面界线的山林修建上山道路占用部分未确权的山林，严某英及其家人以采石场毁坏其竹林为由多次索取赔偿。2017 年，与乡政府协议到期之后，严某英以盛安公司采石场占用了其家 300 余亩山林为由，以上访、在互联网上发帖相威胁，向盛安公司索要 1000 万元，严某英及其 5 名子女被公安机关抓获。经过双方多次协商以及政府相关部门多次做工作，2019 年 5 月 13 日严某英与盛安公司达成赔偿协议，在盛安公司一次性支付 131 万元后，严某英等人仍然在互联网上不断发布帖文。[1]

对此，法院经审理认为，被告人因与盛安公司存在民事争议，经当地政府参与组织调解签订了有关协议，且相关协议已部分实际履行，因此虽然其在维权过程中所采取的方式不完全合法，但基于前述理由和事实尚不能认定各被告人具有非法占有的主观目的，各被告人欠缺敲诈勒索的主观

---

[1]　参见江西省新余市中级人民法院〔2020〕赣 05 刑终 48 号刑事裁定书。

故意，其行为不构成敲诈勒索罪。一审宣判后，检察院提出抗诉。二审法院认为，由于盛安公司与各被告人间的债权债务关系权利范围不明确，双方基于此进行协商达成的赔偿、补偿数额也会有不确定性，索要财物的数额即便超出一般民众的认知，仍属于民事权利行使的范畴，不能简单地以各被告人主张的赔偿数额不合理而认定其具有非法占有目的。最终，裁定驳回抗诉，维持原判。[1]

可见，一审、二审法院并未因 2013 年《办理网络诽谤案件的司法解释》第 6 条而将被告人在网上发帖曝光、发布信息维权的行为直接认定为敲诈勒索罪。笔者认为，上述判决、裁定值得肯定。《刑法》第 274 条规定的构成要件是"敲诈勒索公私财物，数额较大或者多次敲诈勒索"，本案中，被告人实施了向盛安公司"索取"林地赔偿的行为，并且也实施了信访、互联网发帖等行为，这些行为使盛安公司以及当地政府产生了一定的心理顾忌，索赔数额 1000 万元也可能超出一般赔偿数额，也即被告人的索赔手段不是"通常"的表达诉求之手段、索赔数额不是"通常"的林地赔偿之数额，但不能因此认定被告人以非法占有他人财物为目的"敲诈勒索公私财物"。对此，一审、二审法院已经将道理说得非常清楚：被告人与盛安公司之间存在债权债务关系，因林地确权范围存在争议，赔偿补偿数额也就具有不确定性，双方之间是平等的民事主体，被告人索取巨额赔偿的行为属于民事权利行使行为，索赔行为具有请求权基础。

在民事侵权纠纷中，平等原则和意思自治原则是最基本的个体化原则：一方当事人完全可以根据自己的判断就己方受损情况作出评估并据此提出索赔数额，且数额没有任何限制；而就被索赔者来说，对方的请求也不具有强制力，其同样可以根据自己的判断就是否导致他人受损、受损程度等作出是否给予赔偿、赔偿数额大小的评估。"索赔—赔偿"的过程本就是一个民事协商的过程，而一旦进入"协商"阶段，双方必定会借助一定的"理由""手段"，"如果你不赔，我就会上访 / 发帖曝光""你尽管上访 / 曝光，我一分钱不赔 / 我一定会报警"等诸如此类的说辞都是正常的协商"台词"，否则，如果手里没有筹码，如何让对方内心接受自己提出的请求？所以，本案中信访是公民的政治权利、网上发帖是公民的言论自

---

〔1〕　参见江西省新余市中级人民法院〔2020〕赣 05 刑终 48 号刑事裁定书。

由、提出巨额赔偿也是公民作为私法主体的民事权利，民事双方都不可能具有鉴定出准确赔偿数额的能力，一方"漫天要价"是民事权利的体现，一方"断然拒绝"也是民事权利的表达，这均属于私人自治的范畴。民事权利的行使不一定要诉诸司法途径，"诉讼"不是民事纠纷解决的唯一渠道，"调解"也不必司法机关介入，是否"私了"完全取决于双方当事人的自由意志，在这种民事纠纷的"讨价还价"过程中（诉讼抑或非诉讼），即便一方提出的赔偿数额过高，也不能就此认定属于"以非法占有为目的"，完全可以在双方各自的意思自治范围内解决该种请求矛盾（承认抑或拒绝）。

本案往往会被冠以"过度维权"的标签，进而通过"过度维权构成敲诈勒索罪"认定被告人有罪，但"过度维权"本身就是事先给予否定评价的"先入为主"的判断，而且是否"过度"本就不是判断敲诈勒索罪的标准。有观点认为："只要当事人是在行使正当的'财产权利'，自然也就意味着其行为处于（不违法的）权利的覆盖范围之内，该行为便不会非法地给对方的财产造成危险，属于合理行使权利，不应以敲诈勒索罪处理。如果当事人的主张的财产数额，明显超出了其财产权利的覆盖范围，此时，无论其之前的原因是否正当，也就不得称之为行使'权利'，他所行使的已经不是其'权利'，而是在进行一种不合理的索要。一旦这种索要被附加了曝光、举报、诉讼等正当手段外的逼迫手段，就具有胁迫的性质，因而能构成敲诈勒索罪。"[1] 但笔者认为，上述观点显然将公民的权利行使行为局限在非常狭小的范围内，导致对私法请求权行使的苛责化。因为损害赔偿等请求权的行使范围是否处于"财产权利的覆盖范围"，是当事人难以事先确定的。

《民法典》第 1179 条规定："侵害他人造成人身损害的，应当赔偿医疗费、护理费、交通费、营养费、住院伙食补助费等为治疗和康复支出的合理费用，以及因误工减少的收入。造成残疾的，还应当赔偿辅助器具费和残疾赔偿金；造成死亡的，还应当赔偿丧葬费和死亡赔偿金。"第 1182 条规定："侵害他人人身权益造成财产损失的，按照被侵权人因此受到的损失

---

〔1〕 蔡桂生：《合理行使权利与敲诈勒索罪的区分》，载《国家检察官学院学报》2018 年第 2 期，第 33 页。

或者侵权人因此获得的利益赔偿；被侵权人因此受到的损失以及侵权人因此获得的利益难以确定，被侵权人和侵权人就赔偿数额协商不一致，向人民法院提起诉讼的，由人民法院根据实际情况确定赔偿数额。"可见，《民法典》规定的人身财产损害赔偿的"种类"不是封闭的，请求权的行使完全可以不受上述列举情形的限制，而且"合理费用"的计算也不是事先可以准确预估的。按照《民法典》第 1182 条，即便损失是确定的，侵权人获得的利益也可能不确定，因而最终的财产损害赔偿也不具有确定性。关于违约责任的承担，《民法典》第 582 条规定："履行不符合约定的，应当按照当事人的约定承担违约责任。对违约责任没有约定或者约定不明确，依据本法第五百一十条的规定仍不能确定的，受损害方根据标的的性质以及损失的大小，可以合理选择请求对方承担修理、重作、更换、退货、减少价款或者报酬等违约责任。"据此，一方当事人提出请求的种类、范围明显也是弹性的，根本无法事先予以明确。所以，对于民事主体而言，不仅请求者难以预估请求赔偿（或返还等）的数额是否处于"财产权利的覆盖范围"，被索赔者也经常难以确定自身的赔偿范围。"严某英案"主要涉及的是林地的物权纠纷，根据《民法典》第 238 条，"侵害物权，造成权利人损害的，权利人可以依法请求损害赔偿，也可以依法请求承担其他民事责任"，且被告人完全可以自由选择"和解、调解、仲裁、诉讼等途径"解决该侵害物权的赔偿问题（《民法典》第 233 条），解决途径并无明确限定。根据《民法典》第 1184 条，"侵害他人财产的，财产损失按照损失发生时的市场价格或者其他合理方式计算"，因而除依照市场价格认定损失之外，林地损害赔偿还可以按照"其他合理方式计算"，而这种计算方式究竟是什么、是否合理，恐怕都不是请求权权利人能够确定的事项，因而也就难以对所谓的"财产权利的覆盖范围"作出预判。

由于网络时代自媒体的发达，维权方式更加多样，通过互联网发帖求助已经成为常态化选择，且因网络的便捷化、公开化、传播快，此种维权手段的成本更低，给对方造成的心理压力更大。但行为人通过互联网曝光、举报等途径积极追求的所谓"逼迫"效果不当然等于敲诈勒索罪的实行行为（敲诈之胁迫），即便"知假买假"中的"曝光""举报""诉讼"等行为，也不能被当然排除民事维权范畴。例如，被告人孟某野伙同他人到超市特意购买过期的上架食品（如爆米花、巧克力等）并先后十二次向超市索取赔偿（每次以每单 1000 元数额索赔），若超市不予赔偿便声称向工商部门举报、提起民事诉讼等，共计索赔 33200 元。2019 年 11 月，一审法院判决被告人以非法占有为目的多次勒索他人财物且数额较大，构成敲诈勒索罪，各被告人被判处有期徒刑 1 年 6 个月至 6 个月不等。孟某野提出上诉，二审法院撤销原判，改判上诉人及各原审被告人无罪。[1] 一审法院之所以认定孟某野构成敲诈勒索罪，根本原因在于没有梳理清楚被告人在民法上的请求权内容。尤其是在类似"知假买假"的案件中，司法人员先入为主地认定被告人"动机不纯""以谋利为目的""主观恶"，从而将之认定为"职业打假人"而排除在"消费者"之外，进而完全忽视适用民法、消费者权益保护法的权利义务关系的可能，这便是一种典型的重刑轻民、先刑后民。

《民法典》第 179 条第 2 款规定："法律规定惩罚性赔偿的，依照其规定。"我国《消费者权益保护法》第 55 条规定了经营者的惩罚性赔偿责任，其中第 1 款规定："经营者提供商品或者服务有欺诈行为的，应当按照消费者的要求增加赔偿其受到的损失，增加赔偿的金额为消费者购买商品的价款或者接受服务的费用的三倍；增加赔偿的金额不足五百元的，为五百元。法律另有规定的，依照其规定。"《食品安全法》第 148 条第 2 款则是上述规定的特别法条："生产不符合食品安全标准的食品或者经营明知是不符合食品安全标准的食品，消费者除要求赔偿损失外，还可以向生产者或者经营者要求支付价款十倍或者损失三倍的赔偿金；增加赔偿的金额不足一千元的，为一千元。但是，食品的标签、说明书存在不影响食品安全且不会对消费者造成误导的瑕疵的除外。"由此可见，《民法典》《消费者权益保护法》《食品安全法》都规定了消费者具有请求惩罚性赔偿的权利，而且，即便消费者主张的数额超出了"十倍价款"、"三倍损失"或者"一千元"的范围，这种民事请求权的来源仍不受影响，按照意思自治原则，经营者对于超出部分完全可以自愿给付或拒绝给付。

早在 2014 年 1 月 26 日，最高人民法院发布的第 23 号指导案例就已经明确："消费者购买到不符合食品安全标准的食品，要求销售者或者生产者依照食品安全法规定支付价款十倍赔偿金或者依照法律规定的其他赔偿

---

[1] 参见天津市第一中级人民法院（2020）津 01 刑终 78 号刑事判决书。

标准赔偿的，不论其购买时是否明知食品不符合安全标准，人民法院都应予支持。"[1]也即，"消费者"是相对于生产者、销售者而言的法律身份，只要"知假买假"不是将商品用于二次销售，即便其购买过期食品后喂狗喂猫、当作有机肥甚至扔进垃圾桶，也不能因此改变其作为"消费者"的身份。所以，孟某野等人虽然知假买假，但无论是从索赔数额还是索赔方式上看，均属于民事赔偿请求权的当然范畴，虽然举报、起诉等方式会让对方陷入心理性的"恐慌"，但这种"恐慌"只是正当维权给商家带来的附属性后果，被告人主观上的谋利目的、客观上的维权手段、过程中给对方造成的心理恐惧，均不违反《民法典》以及其他附属民法规范。

　　总之，在网络环境中，公民个人维权渠道更加多样，本处于劣势的个人可以通过信息网络与他人开展平等维权对话，以各种方式赢得维权优势，甚至可以借助自媒体、公共网络媒体的力量直接撼动某些强势人物以及垄断性企业，因而互联网维权的威力和效果让人"生畏"，但只要该维权行为不涉及侮辱、诽谤、损害商业信誉等言论犯罪的范畴，就不能以"行为人维权动机不纯""对方对网络曝光产生恐惧"为由否认其权利基础，甚至直接将损害赔偿请求认定为敲诈勒索罪等财产犯罪。网络时代是《民法典》的时代，是权利张扬的时代，在民事法律规范更加注重平等原则、权益保护原则、意思自治原则的同时，刑法也必须尽力尊重私权主体之间的私人自治、意志自由，刑法所规定的人身犯罪、财产犯罪等均以构成民事侵权为前提，因而某一行为是否构成犯罪，就需要首先厘定其在民法上究竟属于"维权行为"（权利行使）还是"侵权行为"（权益侵害）。正如陈兴良教授所言，在《民法典》颁布以后，我国刑法学者应当从前置法与后置法的意义上对刑法与民法之间的关系进行深入的思考，"在法秩序统一原理的指引下处理刑民关系时，要看某一行为在民事法律上

---

[1]　时至今日，否认"知假买假者的消费者身份"仍存在于司法实践中，这便是顽固的主观主义（"主观恶""谋利目的"决定一切）。例如，在一起知假买假赔偿纠纷中，济南市中级人民法院终审未支持惩罚性赔偿，山东省高级人民法院再审裁定济南市中级人民法院再审，理由是："食品安全涉及消费者的身体健康和生命安全，根据《中华人民共和国消费者权益保护法》第二条的规定，只要食品购买者不是为了将所购食品再次投入市场交易，即使其购买时明知该食品不符合安全标准，也不能因此否认其消费者身份，且相关食品安全立法并未对消费者的主观购物动机做出限制性规定，亦未将消费者购买食品时是否明知食品不符合安全标准作为索赔条件。"山东省高级人民法院（2021）鲁民申7001号民事裁定书。

是否合法。如果其在民事法上是合法的,那么可以排除其成立犯罪"[1]。这是网络时代私权法典化之于刑法运行的最大意义,民刑之间应是此消彼长的关系,民法规范、私权规范的发达必然强调刑法规范出场的克制,"民刑共治"是以"民进刑退"为前提的共建共治而非"民法要扩张,刑法更嚣张"。

三、网络时代"整体法秩序"中法益自决权的定罪指向

互联网技术的发展为信息资源的流通提供了理想的环境,同时"为交换诸如恐怖分子宣传品、儿童色情物和仇恨言论等非法内容,以及为非法传播受版权保护的材料提供了绝佳的场所"[2],因而网络时代确实制造了较大的社会交往风险。基于对网络社会风险的忧虑,自进入 Web3.0 时期的 10 多年来,刑法对信息网络犯罪给予了前所未有的资源投入,甚至在《民法典》人格权编系统确认隐私权保护之后不久,在刑法前置法的隐私权保护尚未充分展开之际,有学者便急切呼吁增设侵犯隐私罪。[3]如前所述,人们在风险社会中的内心独白是"我怕……"这种"人人自危"的处境似乎需要强有力的法律武器予以捍卫,但问题的关键在于,"我怕"所体现的"不安全感"(治安体感)是否足以为刑法干涉赢得正当性?所谓的"刑法防止人人自危"所体现的究竟是一种个体保护还是集体保护?刑法在追求积极治理的过程中,能否达到预期以及扭转"我怕"的局面?对信息网络的干涉是否有尽头,是否可以完满地应对不断出现的新问题、新情况?尤其是在当事人已经意识到存在损害风险时仍真实自愿处分相关权益的情况下,是否有必要将之作为"理性人"重新评价"自陷风险"中的罪与非罪?"我怕,但我仍这样做",这是否属于私人自治、意志自由的领域,进而可以阻却犯罪的成立?以《民法典》《个人信息保护法》规定的"取得同意"的个人信息处理为例:

---

[1] 陈兴良:《民法对刑法的影响与刑法对民法的回应》,载《法商研究》2021 年第 2 期,第 32 页。

[2] [德] 乌尔里希·齐白:《全球风险社会与信息社会中的刑法:二十一世纪刑法模式的转换》,周遵友、江溯等译,中国法制出版社 2012 年版,第 303 页。

[3] 参见高艳东:《增设侵犯隐私罪,斩断偷拍产业链》,载《环球时报》2021 年 12 月 28 日,第 15 版。

在互联网经济中，"电子商铺"是电子商务 B2C、C2C 等经营模式的重要载体，其同实体商铺一样蕴含着较高的经济利益，因而存在"有偿转让—有偿受让"的需求。实践中，有一种新的行为类型备受关注：店铺注册人（主动出卖人）利用自己的身份信息注册店铺账户，然后把注册的实名信息（包括身份证正反面信息、注册人手持身份证的形象照片、银行开户信息、常用电话、会员名及登录密码、店铺密保问题及答案等）出卖给"收购店铺者"（贩卖者）；还有的注册者先用个人实名身份信息注册公司并以公司名义注册"企业店铺"，随后将店铺账户以及企业营业执照、税务登记证、公章以及前述个人信息"打包"出售给贩卖者。店铺注册人与贩卖者签订"授权书"，允许贩卖者将上述店铺及其个人信息出售给其他买家（二手购买者）使用，但交易中并不进行店主信息变更。如果电子商务平台经营者在巡检中要求店铺实际使用人进行二次"实人认证"，主动出卖人便通过视频验证（刷脸）等方式帮助店铺贩卖者或二手购买者进行在线认证。由于店铺的转让未按照电子商务平台经营者的规则要求进行信息变更，出现大量店铺注册者和实际使用者不一致的情况。这种情形不仅给电商平台经营者的监管带来极大的难度，也滋生了很多利用非本人实名认证的店铺从事诈骗、出售假冒伪劣产品等违法犯罪的行为，因而出现了以刑罚惩治中间"贩卖者"的声音，侵犯公民个人信息罪成为首选罪名（以下称"有罪论"）。[1]以往侵犯公民个人信息罪多是出卖者在权利人不知情的情况下将个人信息出售或提供给第三人，如宋某等非法侵入他人计算机系统获取并出售网店客户信息[2]，如今上述"经同意后出售他人个人信息"作为一种新型案例大量出现。

2017 年 5 月 8 日，最高人民法院、最高人民检察院公布的《办理侵犯公民个人信息案件的解释》对侵犯公民个人信息罪规定了较低的入罪门槛，如非法出售财产信息 50 条以上或违法所得 5000 元以上即可定罪，这使刑罚方案很容易实现。而且，以被害人自居的电商平台经营者也力邀法律精英为积极动用刑罚手段背书，这难免影响到对本罪构成要件的理性判断。综合而言，有罪论之所以不顾个人信息主体的处分意思，根源在于其

---

〔1〕　参见广东省开平市人民法院〔2018〕粤 0783 刑初 215 号刑事判决书。
〔2〕　参见浙江省义乌市人民法院〔2016〕浙 0782 刑初 3145 号刑事判决书。

坚持认为:"侵犯公民个人信息犯罪的法益并不是公民个人的人身权利,而是社会的公共安全,具体来说是公共信息安全。"[1] 相应地,本罪的违法性不再取决于个人而是由社会秩序、公共利益这一"超个人法益"决定,出售他人个人信息的行为不因信息主体之同意而阻却犯罪的成立。

　　由此,有罪论在民法解释和刑法解释学上引发了三大疑问:第一,《刑法》第 253 条之一规定的行为对象是公民"个人信息",为何犯罪客体变成"社会秩序"法益?"超个人法益"本就招致主体不明的质疑,为何舍近求远将本可被具体化的个人信息归入模糊的超个人法益范畴,究竟谁才是本罪的被害人?第二,刑法作为"保障法"是否可以不顾《民法典》《个人信息保护法》的评价,拥有超脱于其他法秩序的独立标准?公民对个人信息法益的承诺(同意)在多大范围内可以获得刑法的认可,进而影响行为刑法违法性的判断?第三,如何正确看待《刑法》第 253 条之一中的"违反国家有关规定",本罪的成立是否需要指明"限制公民个人信息处分权"的相关规定?这些问题并非局限于个案本身,而是对合理解释侵犯公民个人信息罪的构成要件、科学划定本罪的司法边界具有整体意义,也是检验网络时代法益自决权定罪指向的重要论题。

(一)侵犯公民个人信息罪的集体法益属性之否定

　　"刑法的任务是保护法益,这是 19 世纪以来的先进理论","不存在或不容许存在与特定法益没有关联的刑罚规范"俨然已经成为刑法教义学上有利于立法者的推定。[2] 虽然关于法益概念是否具有立法批判功能越来越存在争议[3],但对于刑法条文的解释适用而言,"法益"作为构成要件目的之"缩略语"的确具有很强的"分类功能"和"解释指导功能","至少刑法分则已经根据法益这一参量被明显地结构化……即使法益不是刑法解释学上的灵丹妙药,或者不是准确处理所有解释问题的独门秘籍,法益也已

---

〔1〕 皮勇、王肃之:《大数据环境下侵犯个人信息犯罪的法益和危害行为问题》,载《海南大学学报(人文社会科学版)》2017 年第 5 期,第 120 页。

〔2〕 Günter Stratenwerth/Lothar Kuhlen, Strafrecht AT: die Straftät, 6. Aufl., 2011, S. 25.

〔3〕 Vgl. Armin Engländer, Revitalisierung der materiellen Rechtsgutslehre durch das Verfassungsrecht, ZStW 127(2015), S. 616 ff.

被视为普遍解释标准"[1]，我国学者在 21 世纪初引入法益概念时也是基于它对犯罪构成要件解释的指导意义[2]。具体到个人信息处理与侵犯公民个人信息罪的认定，对"法益保护目的"的理解不同会产生对公民个人自我处分个人信息的评价不同，也直接决定了《刑法》第 253 条之一的罪刑规范边界。笔者认为，根据《民法典》和《个人信息保护法》的相关规范，侵犯公民个人信息罪的法益内容是个人信息权益，法益属性是纯个人法益而非集体法益、超个人法益。

1. 法益体系中的"个人"与"超个人"

在法益概念史上，法益体系内部主要存在"个人法益一元论""集体法益一元论""个人法益·超个人法益二元论""个人法益·社会法益·国家法益三元论"。个人法益一元论主要基于社会契约论，主张个人是国家存在的目的，即国家源于个人，它与集体法益一元论的逻辑恰恰相反。如郑逸哲教授认为："除个人法益外，尚有所谓'超个人法益'，甚至认为别有所谓'社会法益'和'国家法益'，这种论调，值得商榷……不可能赋予所谓'公共利益'、'社会'或'国家'任何根本的价值，而是借由对之的保护，而加深加广对'个人法益'的保护。"[3]这也就否认了集体法益一元论。

但个人法益一元论过于理想化，古今中外刑法中许多熟知的法益难以由个人法益所直接解释，其与个人法益的距离太过遥远。如国家基于自我保卫而设定的颠覆国家政权罪、间谍罪等针对国家的犯罪，这里的受害者"国家"有具体代表者，即国家政权机关，但这些犯罪与个人利益损害之间的关系莫过于"政权不稳定最终受害的是个人"，其中一些"情报"最终可能完全与个人毫无关联。所以，否认国家的相对独立地位、将国家法益全部还原为个人法益是不现实的，"国家由个人所导出"之类的关于国家目的之论述，在国家政权合法性论证上具有根本意义，但既然国家"已经由个人所导出"，那么在这一"完成时态"中就很难无视被导出的国

---

〔1〕 Hans Kudlich, Relevanz der Rechtsgutstheorie im modernen Verfassungsstaat, ZStW 127（2015），S. 637 ff.

〔2〕 参见张明楷：《法益初论》（增订本 上），商务印书馆 2021 年版，第 262 页以下。

〔3〕 郑逸哲：《"法益刑法"概念下的"构成要件"和"构成要件适用"》，载《军法专刊》2008年第 6 期，第 103—114 页。

家主体。若着眼于警惕国家目的之异化，则只需对国家利益保护进行特别检讨，从而确定个人与国家的利益冲突解决规则，这也是公法学的基本任务。因此，上述法益二元论、法益三元论都难以回避"个人与国家"之间的利益关系问题，在"国家尊重和保障人权""坚持以人民为中心"的发展理念中，二者之间的龃龉也具有合理缓释的可能，个人法益一元论对解决国家利益与个人利益之冲突具有根本思想上的指示性，但在具体方法上难以直接发挥其功能。

在法益体系中最容易引起误解的概念当属"社会法益"，它被认为是集体法益、超个人法益的一种内在形态，这种法益观点也被引入侵犯公民个人信息罪。例如，有观点认为，本罪"目前多以侵犯群体个人信息为常态，在几乎所有的非法获取个人信息案件中，涉案的信息数量往往十分巨大……这么大的被害数量显然无法与具体的公民人身权利相对应，仅从保护个体被害人法益的角度难以对这些个人信息的法益作出全面的保护"，"群体性是侵犯公民个人信息罪的核心特征。更进一步而言，侵犯公民个人信息罪中的被害人是因为群体被侵害而非个体被侵害而具有刑法保护的必要性"。[1]因此，该观点主张"将侵犯公民个人信息罪的法益确立为社会信息管理秩序，并将其作为扰乱社会秩序的一种罪名"[2]。由上述观点将推出两个结论：一是行为人非法出售或提供某一单个人的个人信息，不论数量多少，因被害人数量是"一"，没有达到"群体性"标准，因而不具有本罪的法益侵害性；二是由于本罪侵犯的是群体性法益，个人就无权处分这种所谓的"社会法益"，个人是否同意他人出售其个人信息在构成要件符合性的认定上失去意义。但笔者认为，"社会"本就不是一个适格的法益持有者，"社会法益"仅仅是一种修辞上的划分，"社会"在刑法中不是一个独立的利益主体，它是"个人的集合"，乃一种数量之变而非性质之变，行为对社会公共秩序的损害不是抽象的而是具象的，侵犯公民个人信息罪仅是侵犯个人法益的犯罪，有罪论存在本末倒置之嫌。

以法益论的发展脉络为鉴，更有助于认识这一点。自法益在19世纪

---

〔1〕 王肃之：《被害人教义学核心原则的发展——基于侵犯公民个人信息罪法益的反思》，载《政治与法律》2017 年第 10 期，第 28、第 33 页。
〔2〕 凌萍萍、焦冶：《侵犯公民个人信息罪的刑法法益重析》，载《苏州大学学报（哲学社会科学版）》2017 年第 6 期，第 71 页。

30 年代产生以来，没有哪一个历史阶段能够像纳粹统治时期那样存在法益的极度滥用，这就是对"超个人法益"的崇拜，这也是集体法益一元论登峰造极的阶段。纳粹学者普遍坚称，"民族共同体是由同类人（同一种族的人）组成的有机体"[1]，"对刑法有价值的应当是，向显在的民族共同体生活中的'具体秩序'（konkreten Ordnungen）挺进"[2]。虽然"基尔学派"（Kiele Schule）曾拒斥"法益"，认为法益带有启蒙主义或古典主义的内涵，即以下述命题为基础——"国家是由个人权利推导出来的机构"[3]，但后来他们认为法益"不仅包括针对个人（Individuum）的犯罪，而且能够记录侵害共同利益（Gemeininteressen）的犯罪"，法益与共同体义务可以兼容。详言之，"由于民族社会主义的国家理念不承认对个人法律地位的保护，法益概念应被归属于民族共同体"，最终一个以"民族集体"为主体的"超个人法益"成为纳粹刑法的有力辩护工具。[4]例如，1935年《德意志血统和荣誉保护法》禁止犹太人与德意志公民或相关血统者（artverwandten Blutes）结婚以及发生婚外性行为（außerehelichen Verkehr），玷污种族者将面临苦役监禁（Zuchthaus）或徒刑监禁（Gefängnis）。[5]纳粹学者对此指出："和犹太人的种族亵渎行为是侵害法益的"，"（种族主义）立法基本意旨对法官的拘束力是毋庸置疑的……适用处罚诽谤民族、侮辱德意志民族、侮辱德意志历史、侮辱国家象征、侮辱德意志风俗、侮辱政治领导、侮辱（纳粹主义）运动等规定时，也完全适用同样的原则"。[6]

　　事实证明，这种"从集体推导出个人"或"个人依附于族群"的主张最容易被心怀不轨之人利用，成为刑法压制个人的元凶。经此灾难，"个人法益"受到前所未有的重视，一些有识之士纷纷主张，国家的目的在于保障个人而不是另有自行目的，"个人是自我目的的唯一主体，超个人法益只有在有助于个人自我实现时才具有正当性"，个人法益直接归属于个

---

〔1〕　Thomas Vormbaum, Einführung in die moderne Strafrechtsgeschichte, 3. Aufl., 2016, S. 179.

〔2〕　Thomas Vormbaum, Einführung in die moderne Strafrechtsgeschichte, 3. Aufl., 2016, S. 180.

〔3〕　Winfried Hassemer, Freiheitliches Straftrcht, 2001, S. 210.

〔4〕　Vgl. Gerhald Fiolka, Das Rechtsgut, Band 2, 2006, S. 544.

〔5〕　Vgl. Ingo Müller, Furchtbare Juristen: die unbewältigte Vergangenheit der deutschen Justiz, 2014, S. 125 ff.

〔6〕　郑逸哲：《刑法进阶》，台北瑞兴图书股份有限公司 2006 年版，第 586、第 589 页。

人、直接服务于个人，超个人法益只是个人法益的衍生。[1]这种"从社会法益到个人法益"的还原过程成为刑法教义学现代化的标记，这种看似回到启蒙时代的声音恰恰代表了法学上自由主义的一种觉醒，即重新确立和强化"人权和公民权利神圣的观念和信念，确保在各种考量中，人权和公民权利具有优先性"[2]。因此，对"超个人"的不断强化，甚至将"个人法益"也强行塑造为"超个人法益"，正是一条被摒弃的"回头路"。

还有观点认为，"社会法益"与市民社会的发达相关，承认"市民社会"的存在就应当承认"社会法益"。例如，我国学者在提倡三元论时指出："近代以来的政治哲学和社会理论都强调国家—社会的界分……将国家和社会纠结在一起对于抑制日益强大、难以撼动的国家'利维坦'，对于扶植市民社会、扩大个人生存空间都不利。"[3]但"市民社会"并不是一个独立于个人与国家的真实中间形态，"从黑格尔、马克思到托克维尔、葛兰西再到当代，市民社会概念一直以特殊利益、私人领域、私人生活世界及与之相关的一系列社会价值原则为内核而与国家共同体相区别"[4]。市民社会与政治国家的分离是从私人领域的独立开始的，以我国为例，是个人生活摆脱了东方专制主义模式下国家对个人的吞噬（国家本位）之后才可能开始的，所谓"市民法"也是调整"个人"之间关系的私法。所以，市民社会与政治国家的二元结构本质上是"个人与国家"的二元结构，只不过"市民社会"覆盖的是"很多个人"，但"很多个人"也是"个人"，而非再造了一个"超个人"主体。哈耶克就曾将一个具有主体性质的"社会"概念称为"泛灵论词汇"，并对之进行了无情的批判："'社会'一词已成为表示几乎任何人类群体的方便标签"，"用泛灵论的态度看待这样一个'社会'，或者把它人格化，赋予一种意志、一种意图或计划，却会把人引入歧途"，"任何功利'社会'都一定会表现为不是'个人的多元化组合，而是一个伟人的体现'，这真是让人惴惴不安"[5]。正是基于法益被侵害主体

〔1〕 Vgl. Michael Marx, zu Definition des Begeriffs Rechtsgut, 1972, S. 81 ff.

〔2〕 张文显：《法治与国家治理现代化》，载《中国法学》2014年第4期，第10页。

〔3〕 周光权：《刑法各论》（第4版），中国人民大学出版社2021年版，第6页。

〔4〕 马长山：《市民社会与政治国家：法治的基础和界限》，载《法学研究》2001年第3期，第20页。

〔5〕 ［英］F. A. 哈耶克：《致命的自负》，冯克利、胡晋华等译，中国社会科学出版社2000年版，第129、第130页。

难以被具体化，学者们对类似近亲性交罪等性禁忌犯罪往往持批评态度，甚至指斥该罪有违宪之嫌。[1]可以说，刑法上以保护"社会"之名所进行的立法恰恰扩大的不是个人权利而是国家权力，为刑罚权的扩张找到了另一个似是而非的幌子，它不能承担巩固个人自由空间的作用。

　　所以，"社会法益"在三元论体系中仅具有表面的分类意义，"社会"不是异于"个人"的"超个人"，而是个人之数量集合，二者仅仅是个人之单数（person）与复数（personen）的关系，个人利益并不会因数量的增加而发生性质变化。如《刑法》分则第二章危害公共安全罪中的放火、投毒、爆炸等行为直接危害的是具体个人的生命健康等，只不过这里的"个人"可能是三五个人、一二十人等，"公共安全"也绝非与个人法益无缘，脱离个人生命则不可能存在所谓的"公共生命"。正如公法学者所言，"公共利益（或公共福利）应是个人利益之集合"[2]，集合之后的利益形态不会跃升为一个超级存在体，不能从"超个人法益"的角度去阐释本就明显属于个人法益犯罪的立法，即便对于真正的超个人法益（如国家司法秩序）也应从"最终有利于单个人（Einzelner）的生活条件"这一点上予以承认或解释[3]，法益信条学不能将本已具体化的法益再次抽象化，重走"共同体崇拜"的老路。

　　2. 公民个人信息法益的个体化属性

　　"公民个人信息"与"公民个人财产""公民个人生命"一样，它本就鲜明地归属于"个人"，然而这一点却被很多理论家视为"按照'个人信息'的字面意思加以理解"[4]，因而也就被贬斥为"不求甚解"。对此，笔者不敢苟同。罪刑法定要求对犯罪构成要件的解释必须以法条的"明文规定"为基准，不论使用多么高超的解释技艺扩展"个人信息"这一用语的文义空间，也绝对不能提倡"个人信息属于超个人"，这是刑法与民法等整体法秩序中的统一结论，以下从五个方面予以说明：

---

〔1〕　Vgl. George P. Fletcher, The Relevance of Law to the Incest Taboo, in: Felix Herzog/ Ulfried Neumann（Hrsg.）, Festschrift für Winfried Hassemer, 2010, S. 321 ff.

〔2〕　韩大元：《宪法文本中"公共利益"的规范分析》，载《法学论坛》2005 年第 1 期，第 6 页。

〔3〕　Vgl. Claus Roxin, Zur neuern Entwicklung Rechtsgutsdebatte, in: Felix Herzog/Ulfried Neumann（Hrsg.）, Festschrift für Winfried Hassemer, 2010, S. 578.

〔4〕　皮勇、王肃之：《大数据环境下侵犯个人信息犯罪的法益和危害行为问题》，载《海南大学学报（人文社会科学版）》2017 年第 5 期，第 116 页。

其一，以犯罪在《刑法》分则中所处的章节位置来认定侵害公民个人信息罪的法益属于个人法益，并不足取。有学者主张，《刑法》第253条之一被置于分则第四章"侵犯公民人身权利、民主权利罪"，且附于第253条私自开拆、隐匿、毁弃邮件、电报罪之后，因而"按照刑法分则以同类法益排列章节顺序的基本法理"，本罪保护的就是个人法益。[1]笔者认为，上述理由并不足鉴，因为《刑法》中并不存在所谓"以同类法益排列"的基本原理。如前所述，计算机信息系统犯罪虽然被置于"妨害社会管理秩序罪"中，但犯罪行为针对的是个人计算机信息系统，最终受害的也是某个人，仍然指向的是个人法益。再如，《刑法》第293条寻衅滋事罪中的"随意殴打他人""追逐、拦截、辱骂、恐吓他人""强拿硬要或者任意损毁、占用公私财物"等，侵害的均是他人个人的人身权利、财产权利，这与故意伤害罪、敲诈勒索罪、故意毁坏财物罪本就存在着法条竞合关系。因此，法益性质的确认还需要从其他方面寻找论据，其中最直接有效的途径便是确定"公民个人信息"的法益本体。

其二，侵犯公民个人信息罪的法益本体不是一般性的"人格尊严或人身自由"，而是具体的"个人信息权益"。关于本罪的法益本体，除公共安全说或社会秩序说之外，还存在人格尊严说、隐私权说、个人生活安宁说、财产权（占有）说、综合说等，其中综合说将个人信息的人身性、财产性以及其他权利关联性等集于一体，构建了具有融合性质的"个人信息权"。[2]笔者提倡"个人信息权益说"[3]，但是，证立这一本体的正当性不能凭借其他权利的简单融合而应基于"实证法"的法律根据。换言之，"个人信息权"并不是在《刑法》第253条之一中的"个人信息"之后加上一个"权"字就能证立个人信息这一法益的正当性，正如"生命权""财产权"等天然地来自自然法、后经刑法前置法确认，个人信息权益则是社会发展之后由《民法典》《个人信息保护法》予以确认的。

如前所述，《民法典》第111条规定了个人信息保护规范，但个人信息

---

〔1〕 参见靳宁:《大数据背景下个人信息刑罚治理的合理边界——以侵犯公民个人信息罪的法益属性为例》，载《黑龙江社会科学》2018年第3期，第29页。

〔2〕 参见冲:《侵犯公民个人信息罪中"公民个人信息"的法益属性与入罪边界》，载《政治与法律》2018年第4期，第15—25页。

〔3〕 参见王利明主编:《中国民法典评注——人格权编》，人民法院出版社2021年版，第320页。

对应的是个人信息权利还是个人信息利益存在较大争议，但无论将个人信息理解为"权利"还是"利益"，在刑法上其都可以作为被保护对象，即"权益""法益"。因此，将侵犯公民个人信息罪的法益界定为"个人信息权益"更能兼顾各方观点。《个人信息保护法》第1条在立法目的中就明确规定，"为了保护个人信息权益，规范个人信息处理活动，促进个人信息合理利用，根据宪法，制定本法"，"个人信息权益"的表述更为妥帖。就此而言，将侵犯公民个人信息罪侵犯的法益界定为笼统的"公民人格尊严与个人自由"[1]，虽不错误但并不确切，在《民法典》设立第111条之后则没有必要再借助一般人格权。

其三，"个人信息权益"在性质上是一项具体人格权益，具有绝对私人属性。2016年11月7日，全国人大常委会审议通过的《网络安全法》第76条第5项规定："个人信息，是指以电子或者其他方式记录的能够单独或者与其他信息结合识别自然人个人身份的各种信息，包括但不限于自然人的姓名、出生日期、身份证件号码、个人生物识别信息、住址、电话号码等。"这表明，"个人信息指向信息主体，能够显现个人的生活轨迹，勾勒出个人人格形象，作为信息主体人格的外在标志，形成个人'信息化形象'"[2]。所以，个人对自己"信息形象"具有一种控制权，且因很多个人信息（如生物识别信息）并非基于财产利用之目的而不能被界定为财产权。正是由于法律规定个人信息的本质要素是"识别个人身份"，这种"身份识别信息"无关是否涉及私密性，与隐私权中的"私密信息"并不重合，"对于应由其他具体人格权予以保护的客体应置于其他人格权之下，而非将其泛泛地纳入隐私权的保护之下"[3]。早在2012年12月28日，《全国人民代表大会常务委员会关于加强网络信息保护的决定》（以下简称《关于加强网络信息保护的决定》）第1条第1款就规定："国家保护能够识别公民个人身份和涉及公民个人隐私的电子信息。"这就说明，"能够识别公民个人身份"的信息与"涉及公民个人隐私"的信息是一种并列关系。

---

〔1〕　高富平、王文祥：《出售或提供公民个人信息入罪的边界——以侵犯公民个人信息罪所保护的法益为视角》，载《政治与法律》2017年第2期，第48页。

〔2〕　张新宝：《从隐私到个人信息：利益再衡量的理论与制度安排》，载《中国法学》2015年第3期，第45页。

〔3〕　王利明：《隐私权概念的再界定》，载《法学家》2012年第1期，第120页。

《民法典》第 1034 条第 3 款重新强调："个人信息中的私密信息，适用有关隐私权的规定；没有规定的，适用有关个人信息保护的规定。"可见，《民法典》中的"个人信息"是"非私密信息"，是与"隐私权"相对应的具体人格利益。[1]

其四，个人信息法益的确认不应求助于私法法益而应求助于公法法益。刑法保护个人信息的目的不是确权而是规避风险，侵犯公民个人信息罪的法益观应该从私法角度转向公法角度，应在"公民权利与国家义务"的关系中理解，"侵犯公民个人信息罪的法益是公法上的个人信息受保护权，而不是私法上的个人信息自决权"[2]。上述观点来源于公法学者对个人信息国家保护义务的解读："个人信息保护法体系建构的基础是国家在宪法上所负有的保护义务，该义务对应着'个人信息受保护权'，而不是'个人信息权'。将个人信息作为私权客体的权利保护模式，在规范逻辑、制度功能等方面存在局限"，因此，"应以'个人信息受保护权—国家保护义务'框架建构个人信息的权力保护模式"。[3] 上述观点的公法依据是《宪法》第 33 条规定的"国家尊重和保障人权"；私法依据是，若强行将个人信息"私权化"，则会造成民法的体系混乱；现实依据是，个人信息的侵害主体拥有大规模、持续性处理数据的能力，与普通个体之间存在不对称关系，可能对相关个人进行支配或压迫。因此，有论者认为《民法典》第 1034 条规定的"自然人的个人信息受法律保护"并非确立一项私法权利，而是宪法关于个人信息国家保护义务在具体法律中的规范表述，制定与实施法律是国家保护义务履行的主要方式。[4] 不可否认，公法学者的观点为国家积极履行保护公民个人信息的义务提供了丰富的规范论证，值得肯定，但也存在问题：

从《宪法》第 33 条到《民法典》第 111 条、第 1034 条以及《个人信息保护法》第 2 条，"国家尊重和保障人权"与"自然人的个人信息受法律保护"之间的推演关系及其解说仍然笼统，也没有言明个人信息在《民

---

[1] 参见王利明：《论民事权益位阶：以〈民法典〉为中心》，载《中国法学》2022 年第 1 期，第 44—45 页。

[2] 欧阳本祺：《侵犯公民个人信息罪的法益重构：从私法权利回归公法权利》，载《比较法研究》2021 年第 3 期，第 63 页。

[3] 王锡锌：《个人信息国家保护义务及展开》，载《中国法学》2021 年第 1 期，第 145 页。

[4] 参见王锡锌：《个人信息国家保护义务及展开》，载《中国法学》2021 年第 1 期，第 157 页。

法典》中的民法属性问题。

毫无疑问，国家当然具有保护个人信息的义务，即便不承认"个人信息权"，但将其作为"个人信息利益"也不影响该国家义务的履行，因为《民法典》的公民权益是宪法上公民基本权益的部门法化、具体化，《民法典》是公民私人权益确认的直接规范，宪法只是根本性规范。在个人信息权益受到侵害时，法院有义务支持原告的请求权，但只能根据《民法典》作出裁判，因为宪法规范不具有可诉性，不能成为司法机关援引裁判个人信息纠纷的法律依据。

与"自然人的个人信息受法律保护"一样，《民法典》第 109 条规定："自然人的人身自由、人格尊严受法律保护。"本条当然对应着国家保护义务，但"人身自由、人格尊严"显然是公民的人格权益。从宪法的角度看，它们是公法上的基本权益；但从《民法典》人格权保护的角度看，它们也是私法上的公民个人权益。国家保护义务并不排斥私法权益，以上两个角度只是解读私人权益及其保护根据的两个侧面而已，这并未改变个人信息权益的私人属性，它仍然是个人法益。

根据《个人信息保护法》，国家保护义务的直接来源是第 11 条"国家建立健全个人信息保护制度"、第 12 条"国家积极参与个人信息保护国际规则的制定"以及第 33 条至第 37 条国家机关处理个人信息的特别规定等，其他国家保护义务只不过是个人信息权益的投影而已。

其五，将侵犯公民个人信息罪的法益界定为"公法上的个人信息受保护权"，与本罪的构成要件并不对应。如上所述，公法上的"个人信息受保护权"来源于《宪法》第 33 条，这其实仍然将个人信息权益当作一般人格权益，根本忽视了《民法典》个人信息保护条款的人格权意义，而且侵害"国家保护义务"的行为应当是国家机关渎职行为，即国家放弃履行相关保护义务，而《刑法》第 253 条之一的犯罪主体主要是自然人和单位等非国家主体，这些犯罪主体实施的窃取、非法提供公民个人信息等行为违反的并不是"国家的义务"而是国家法律法规设定的"公民的义务"，所谓的"个人信息国家保护义务"这一法益并未受到侵犯。如果因为国家法律规定了侵犯公民个人信息罪就意味着设定了公法上的"国家保护义务"，那么《刑法》分则每一个罪名岂不都意味着一项"国家保护义务"法益或"受国家保护权"法益？这其实等于什么都没说，对于犯罪的构成要件而言，不具有实质影响。上述从公法法益解读个人信息权益的路径，最终仍然要回到个人权益上来。因此，既然《民法典》《个人信息保护法》已经设定了相关私法规范，莫不如直接从该具体人格权益规范中确认个人信息权益的内容及其个人属性。

　　总之，刑法是其他法律的保障法，刑法本身不创制新的法益，它保护的客体与前置法上的客体（权利和利益）应当具有同体性。刑法教义学的一条历史经验是："应当尽可能精确地形塑整体法益（Universalrechtsgüter），并且通过个人法益（Individualrechtsgütern）实现它们的功能化。"[1] 侵犯公民个人信息罪的法益是个人信息权益，它是《民法典》中的具体人格权益，具有完全私人属性，法益信条学不能走"回头路"，更不能为了实现某种目的而将原本的个人法益演绎成超个人法益。若将故意杀人罪、故意伤害罪、非法拘禁罪、诽谤罪等视为侵犯个人法益犯罪，则侵犯公民个人信息罪并不因"个人信息数量之庞大"而成为超个人法益犯罪。所谓本罪对"公共利益""社会秩序"的危害仅仅是因果关系延长线上可能存在的"副产品"，正如持刀故意杀害多人也会引起大众的恐慌，但并不能因此改变生命法益侵害的个体性。

（二）信息自决与出售公民个人信息的违法性判断

　　"法益是达成个人自由之自我实现（人格的发展与完成）目标所不可缺少的要素和必要条件。换言之，值得法律加以保护的法益也是对个人实现自我发展有意义的利益。如果对某种法益的保护成为个人自我发展之桎梏，那么对该法益就没有保护的必要。这种场合，法益主体具有对法益的自由处分可能性，尊重'自己决定的自由'（自己决定权）。"[2] 承认侵犯公民个人信息犯罪属于个人法益犯罪在教义学上产生的一个后果是，权益人对自己的个人信息法益拥有处分权利，因为个人对于自己的身体、健康这种距离基本生存权最近的法益都享有一定限度的承诺权，何况是时代发展之后才予以确认的个人信息权益。

---

〔1〕　Winfried Hassemer, Freiheitliches Straftrcht, 2001, S. 232.
〔2〕　［日］曾根威彦『刑法学の基礎』（成文堂，2001 年）51 頁。

1. 信息自决中"同意"的功能指向

"'自己决定的自由'是近代自由主义社会中普遍存在的原理"[1]，法益的自我决定权具有基本人权的意义，法治发达国家尤其强调这一点，如德国在基本法实践上很早便确立了个人信息保护领域的法益自决权，即信息的自我决定（informationelle Selbstbestimmung）。

1982 年，德国联邦议院决定于 1983 年 4 月进行人口普查，但因其对公民个人信息的过多收集而很快遭遇了抵制行动，联邦宪法法院于 1983 年 4 月 13 日发布临时禁令禁止执行人口普查决议，并于 1983 年 12 月 15 日作出判决，"在这项判决中，法院从德国《基本法》第 1 条第 1 款和第 2 条第 1 款两个联合性规定中派生出'个人权利源于自决'的理念"[2]。根据宪法法院的观点，关于人口信息收集，"可以通过现代数据处理系统将零碎的数据集中在一起，从而无须花费大量时间就可以获得全面的人格特征图像"，所以"个人必须保持对其个人信息的控制并有权决定披露和使用"。[3] 人口普查案的判决对"信息的自我决定"这一"权利形象"（Rechtsfigur）的诞生具有决定意义，"这种基本权利的外在表现形式成为对现有数据保护法进行深远调整以及制定具体部门法规范的基础"[4]。可以说，"信息自决权不仅是一项对抗国家对个人数据进行调查与处理的权利，而且是防御国家知悉个人数据的权利"[5]。这充分肯定了个人信息权的私人属性，强调个人信息资料之于人格发展的绝对意义，是以公民基本权利限制或规范外部主体收集使用个人信息的宪法教义学方案，这一基本法实践为大陆法系其他地区确立信息自决权提供了范本。[6] 虽然信息自决权是德国宪法法院从德国《基本法》的角度阐发的内容，但其内容完全偏向私

〔1〕 ［日］曾根威彦『刑事違法論の展開』（成文堂，2013 年）73 頁。

〔2〕 Gerrit Hornung, Zwei runde Geburtstage: das Recht auf informationelle Selbstbestimmung und das WWW, Multimedia und Recht 1（2004），S. 3.

〔3〕 Volker Epping/Sebatian Lenz/Phillip Leydecker, Grundrechte, 8. Aufl., 2019, S. 323.

〔4〕 Gerrit Hornung, Zwei runde Gerburtstage: das Recht auf informationelle Selbstbestimmung und das WWW, Multimedia und Recht 1（2004），S. 3.

〔5〕 Bodo Pieroth/Bernhard Schlink, Grundrechte Staatrecht II, 25. Aufl., 2009, S. 94.

〔6〕 例如，我国台湾地区在"按捺指纹始发身份证案"中依照上例确认了这一人格权：人们拥有"是否揭露其个人资料及在何种范围内、于何时、以何种方式、向何人揭露之决定权"，"对其个人资料之使用有知悉与控制权及数据记载错误之更正权"。关于本案的"解释书"以及翁岳生、谢在全、杨仁寿、许玉秀等"大法官"的"意见书"，参见《中国台湾"司法院"释字 603 号》，载明德公法网，http://www.calaw.cn/article/default.asp?id=6079。

权保护，是从国家与个人利益的冲突角度界定个人权益保护，因而它是公法框架内的法益，但实质仍然是私权自治的个人法益性质。在我国《民法典》《个人信息保护法》规定个人信息权益保护之后，"个人信息自决权"就是直接的私法法益，不必再返回到传统一般人格权。

作为法益自决权的宪法实践，"信息自决"最初是为个人法益保护构建的一种"防御权"：一方面从正面肯定信息自决权的基本人格权性质；另一方面从反面提出了鲜明的限制原则，如对个人信息的使用与处理必须遵循合理性、合法性、目的限制、必要性（比例）等保护原则[1]，且应符合法律的明确规定及权利克减条款[2]。虽然我国没有将个人信息权明确为基本权利的宪法实践，但 2012 年 12 月 28 日施行的全国人大常委会《关于加强网络信息保护的决定》第 2 条已经明确提出"网络服务提供者和其他企业事业单位在业务活动中收集、使用公民个人信息，应当遵循合法、正当、必要的原则"。我国有学者否认个人信息自决权是法学意义上的权利，认为"信息自决权把自由或者意志建立在外界无法识别的、众多的、捉摸不定的个人信息之上，必然和他人的自由产生冲突"[3]。如果说"信息"本身的语义和范围较为模糊的话，那么在"个人信息"已被法律进行了统一的界定之后就不再存在这种弊端。

例如：我国 2017 年 6 月 1 日生效的《网络安全法》第 76 条通过"定义 + 列举"的方式对个人信息进行了具体化；《个人信息保护法》第 4 条也规定，"个人信息是以电子或者其他方式记录的与已识别或者可识别的自然人有关的各种信息，不包括匿名化处理后的信息"。2018 年 5 月 25 日生效的欧盟《通用数据保护条例》（General Data Protection Regulations，GDPR）第 4 条也明确规定，个人数据是指"任何已被识别或可被识别的自然人的信息，一个可识别的自然人是能够直接或间接通过特定标识如姓名、身份证号码、地址信息、网络账户或者该自然人所具有的物理、生理、基因、心理、经济、文化以及社会身份等标志中的一项或多项而被识

---

〔1〕　See Ian J. Lloyd, *Information Technology Law*, Oxford University Press, 2017, pp. 96–97.

〔2〕　See General Date Protection Regulation, Article 89.

〔3〕　杨芳：《个人信息自决权理论及其检讨——兼论个人信息保护法之保护客体》，载《比较法研究》2015 年第 6 期，第 29 页。

别的人"[1]。可见，个人信息的范围以"能否识别特定自然人"为标准，这与我国法律的界定完全一致，这一点已经没有争议。[2]因此，姓名、身份证号码、生物识别信息、行踪轨迹等个人信息都不存在认知上的难度，这种防御权的行使不会对他人设定严苛的义务。

"信息自决"也具有权利行使的积极权能，其不再局限于个人与国家之间而是扩大至个人与一切公私实体。"同意权"是个人信息自决的核心内容，"同意权"的积极权能从属于"人格权从消极防御向积极利用转变的保护趋势"，这是人格发展的重要内容。[3]从个人信息保护的比较法制度上看，更有助于认识这一点。例如：GDPR中的同意权相对方是"决定个人信息处理目的、方式""代表控制者处理个人信息"的自然人、法人、公共机关、代理机构以及其他主体。[4]GDPR第4条明确提出："同意是指数据主体通过声明或积极行动给出一个自主决定的、具体的、充分知悉的、毫不含糊的意愿性指示，以表达对处理其相关个人信息的约定或合意。"第6条规定："只有在至少满足下列条件之一的情况下，信息处理才是合法的：（a）信息主体同意基于一个或多个明确的目的而处理其个人信息……"第7条还指出："信息主体应当有权在任何时候撤回其同意。"[5]同样于2018年5月25日生效的德国最新《联邦数据保护法》（Federal Data Protection Act，BDSG）第28条规定："有关责任人只有经过数据主体的同意才能公布个人数据。"[6]第51条对"同意"的条件进行了规定："如果依据法律规定可以在得到信息主体同意（Einwilligung）的情况下处理个人数据，那么有关责任人必须能够提供信息主体同意的证据……'同意'只有基于信息主体的自由意志（freien Entscheidung）才有效。"[7]可见，GDPR、

---

[1] Denis Kelleher & Karen Murray, *EU Data Protection Law*, Bloomsbury Professional Ltd, 2018, p. 80.

[2] 参见张新宝：《〈中华人民共和国民法总则〉释义》，中国人民大学出版社2017年版，第220页。

[3] 参见王利明：《人格权的属性：从消极防御到积极利用》，载《中外法学》2018年第4期，第855页。

[4] General Date Protection Regulation, Article 4（7）/（8）.

[5] General Date Protection Regulation, Article 4（11）/Article 6（1）/Article 7（3）.

[6] Jürgen Küling/Benedikt Buchner（Hrsg.）, DS-GVO / BDSG Kommentar, 2. Aufl., 2018, S. 1426 ff.

[7] Jürgen Küling/Benedikt Buchner（Hrsg.）, DS-GVO / BDSG Kommentar, 2. Aufl., 2018, S. 1529 ff.

BDSG 制定了详细的同意权规则。

在我国，全国人大常委会《关于加强网络信息保护的决定》第 2 条以及《网络安全法》第 22 条、第 41 条均把"经被收集者同意""向用户明示并取得同意"等作为个人信息保护的重要规则。《个人信息保护法》第13 条至第 27 条明确规定了个人信息处理需要取得个人同意的使用原则和例外、个人同意的撤回等规范。所以，同意权不只是一种消极排除他人使用的权利，更是一种意思自治下允许传播使用的积极权利，对个人信息自决权的某些限制不是彻底否定这种自决权，而是为这种权利限制设定"明文"的再限制。

2. 权利人同意与出售他人个人信息的违法阻却

在"经同意后倒卖他人电子商铺"案件中，信息自决权的表现方式是信息权利人与电子商铺贩卖者之间的书面授权。笔者认为，上述"授权"是一个权利人意思表示真实的、明示的、书面同意他人有偿使用个人信息的行为，这种法益的自我决定行为产生的意思自治无可置疑地阻却相关行为的违法性。

其一，本案中的"授权书"不属于合同无效之情形。由于贩卖者、二手购买者可能怀有从事相关违法犯罪活动的目的，因而"以合法形式掩盖非法目的"是最容易被提起的授权合同无效的事由。我国《民法典》已经删除了"以合法形式掩盖非法目的"之规定，创新性地设立了"虚假的意思表示"，所谓"以合法形式掩盖非法目的"只能根据现行民事法律行为无效规则进行理解，而不能将之作为主张行为无效的"口袋化"事由。原《民法通则》第 58 条曾规定"以合法形式掩盖非法目的"，原《合同法》第 52 条也规定了此种合同无效事由，但长期以来"以合法形式掩盖非法目的"之内涵并不明确。民法理论与司法实务上存在多种理解，甚至将本事由与"违反法律、行政法规的强制性规定"等其他无效事由混为一谈，因而不少学者在民法典编纂研究中主张"民法总则立法应总结国内外立法经验，摈弃充满歧义且被混乱适用的'以合法形式掩盖非法目的'的规定，与此同时对法律行为制度作出更为完善的规定"[1]。为此，《民法典》重构了民事法律行为的效力规则，废弃了"以合法形式掩盖非法目的"之

---

〔1〕 朱广新：《法律行为无效事由的立法完善》，载《政法论丛》2016 年第 3 期，第 67 页。

用语，在第 146 条首次提出："行为人与相对人以虚假的意思表示实施的民事法律行为无效"（第 1 款）；"以虚假的意思表示隐藏的民事法律行为的效力，依据有关法律法规处理"（第 2 款）。

"以合法形式掩盖非法目的"是以"虚伪表示"（合法形式）掩盖"被隐藏的民事法律行为"（非法目的），因而它属于《民法典》第 146 条中"以虚假的意思表示实施的民事法律行为"之一，在学理上也被称为"通谋虚伪表示"。通谋虚伪表示的构成要件有三：存在意思表示；该意思表示的外表表现形式与表意人的内心真实意思不符；行为人和相对人之间存在"合意"，即一致认为该虚伪的意思表示不发生实际效力。[1]"以合法形式掩盖非法目的"也必须符合《民法典》第 146 条之规定才能延续其作为"无效事由"之能力，换言之，它必须是"行为人与相对人"的双方行为而不是单方向对方隐瞒非法使用合同标的之目的，即该类行为是一个"通谋行为"。正如有学者所言，它是"表意人与相对人通谋而为虚伪的意思表示，其适用对象包括契约、合同行为及有相对人的单独行为等，无论其为财产上的行为，或者身份行为，均有适用余地，但对无相对人的单独行为则不适用"[2]。本案中，即便购买电子商铺者有利用网店从事诈骗、销售假冒伪劣商品等非法目的，主动出卖人与贩卖者之间的买卖行为也完全不属于"以合法形式掩盖非法目的"，因为这仅仅是订立合同的一方当事人单方面的非法目的，主动出卖个人信息者与收买倒卖个人信息者之间不存在"通谋虚伪表示"。"授权书"既不符合原《合同法》第 52 条，也不符合《民法典》第 146 条，若无其他无效事由[3]，则应属有效合同。

正如双方在订立借款合同时，一方谎称借钱治病而实际上将借款用于赌博或买凶杀人，此时的借款合同就不存在"通谋"，不属于"以合法形式掩盖非法目的"，双方的借款合同不当然无效。有罪论是对"以合法形

---

〔1〕　参见张新宝：《〈中华人民共和国民法总则〉释义》，中国人民大学出版社 2017 年版，第 299—300 页。

〔2〕　杨立新：《〈民法总则〉规定的隐藏行为的法律适用规则》，载《比较法研究》2017 年第 4 期，第 97 页。

〔3〕　《民法典》中民事法律行为无效的规定还有第 153 条"违反法律、行政法规的强制性规定的民事法律行为无效。但是，该强制性规定不导致该民事法律行为无效的除外。违背公序良俗的民事法律行为无效"以及第 154 条"行为人与相对人恶意串通，损害他人合法权益的民事法律行为无效"。

式掩盖非法目的"的望文生义。既然民事法律行为有效，则双方就应当按照约定行使权利或履行义务，不因合同行为本身而产生行政违法或刑事犯罪责任。更何况，《民法典》1036 条明确规定："处理个人信息，有下列情形之一的，行为人不承担民事责任：（一）在该自然人或者其监护人同意的范围内合理实施的行为；（二）合理处理该自然人自行公开的或者其他已经合法公开的信息，但是该自然人明确拒绝或者处理该信息侵害其重大利益的除外；（三）为维护公共利益或者该自然人合法权益，合理实施的其他行为。"既然个人信息权益人已经明确同意了他人处理其个人信息，则相对人对在该同意的范围内实施的行为不承担民事责任，更无须承担刑事责任。

其二，"权利人同意"在刑法教义学上被称为"被害人承诺"（被害人同意），它在犯罪论体系上至少具有阻却违法性的功能[1]，权利人对自己个人信息的自由处分排斥相关犯罪的成立。同意之所以能够阻却违法，主要根据"法益保护阙如原理"[2]，"权利人同意"具有"排除国家刑罚干涉的机能"[3]。申言之，权利人（被害人）因具有"自我决定权"（Selbstimmungsrecht）而有权"放弃自我权利之保护"，由此也导致"刑罚制裁的理由不适用（Grundentfällt）"。[4]可见，它与信息自决权的法理基础是一脉相通的："权利人通过行使宪法所保障的一般行为自由，消除了构成要件符合和不法损害。"[5]无须赘言的是，"被害人承诺"只能针对个人法益。同样没有疑问的是，个人之生命不允许被"承诺"（如很多国家刑法明确规定了嘱托杀人罪）。[6]而名誉、自由、财产则可以被"承诺"，得权利人承诺的行为不具有构成要件符合性。就此而言，与人之生存紧迫性相关的大致法益排序是"生命—身体健康—自由、财产、名誉"，对应的承诺权效力为"彻底否定—部分否定（部分肯定）—完全肯定"。根据以

---

[1]　关于"同意的体系地位"，有"违法性说"、"构成要件一元说"以及"违法性与构成要件二元说"。若采用实质犯罪论体系，"经被害人同意"的行为不具有法益侵害性而阻却构成要件符合性，但无论采用何种犯罪论体系，得承诺的特定行为"不再具有违法性"在终局判断上是成立的。

[2]　［日］関哲夫『講義刑法総論』（成文堂，2015 年）176 頁参照。

[3]　［日］曾根威彦『刑事違法論の展開』（成文堂，2013 年）72 頁参照。

[4]　Vgl. Günter Stratenwerth/Lothar Kuhlen, Strafrecht AT: die Straftät, 6. Aufl., 2011, S. 116.

[5]　Claus Roxin, Strafrecht AT, Bd. I, 4. Aufl., 2006, S. 546.

[6]　Vgl. Dennis Bock, Strafrecht BT 1: Nichtvormögensdelikte, 2018, S. 83 ff.

往被害人教义学的认知，这里真正需要讨论的只剩下作为中间顺位的"身体承诺之限度"，即被害人承诺是否阻却伤害等犯罪之不法。当然，伤害等犯罪不在本书讨论范围之内，笔者只是强调，除身体处分之外，权利人对"个人信息"之处分如今也面临同样的难题，而"个人信息权"（新型精神性人格权）在法制史上本应处于自由权、名誉权、财产权之后，何以被前文"有罪论"哄抬至身体法益甚至生命法益（原始物质性人格权）的序列？

对何以"彻底禁止侵害生命之承诺"以及"部分禁止侵害身体之承诺"，有观点认为："人的社会性联系以及由此决定的社会性制约，决定了人对自己的生命与身体注定了不可能享有完全自主决定处分的权利"，"个体虽然应当是具有人格的生命存在，但个体同时也是社会的一员、国家的一员，个人生命的存在以及身体的完整性当然亦包括人作为个体应具有的人格与自由对于国家与社会也是重要的法益"。[1]也即，将个人生命法益向"超个人"方向靠拢，用"超个人"限制"个人"，这与前文中的有罪论如出一辙。但既然以"人之社会性"为由禁止个人处分生命和身体，那么为何允许个人处置"名誉"？殊不知个人名誉与社会的联系更为直接和紧密，因为其本身就是一种"社会评价"。当论者无法讲清楚有罪之理由时，擎起"共同体"这面大旗似乎一切问题就可迎刃而解，但这种逻辑仅仅是一种比喻性的说辞而已。个人生命只属于"个人"，它并不因"人是社会人"而变成超个人法益，正如公民私有财产绝不因其"取自社会"或被标记成"社会财富"就被"收为公有"。

本书赞同冯军、黎宏教授毫不留情的评论："把个人的生命和身体的完整性看成是国家与社会的重要法益，并从这一前提推论出个人没有处分自己的生命和身体的自由，是极权主义者常犯的谬误"[2]，"这种倾向在纳粹德国时期的刑事立法中，曾经登峰造极"[3]。所以，将个人信息视为超个人法益进而像对待生命那样彻底否定权利人之承诺，不应被被害人教义学所

〔1〕 梁根林：《医疗过失与专断医疗行为"断想"》，载刘明祥主编：《过失犯研究：以交通过失和医疗过失为中心》，北京大学出版社2010年版，第262页。
〔2〕 冯军：《病患的知情同意与违法——兼与梁根林教授商榷》，载《法学》2015年第8期，第122页。
〔3〕 黎宏：《被害人承诺问题研究》，载《法学研究》2007年第1期，第104页。

承认。侵犯公民个人信息罪中的"被害人承诺"只能与自由、财产、名誉犯罪相比较，不能与杀人罪、伤害罪等量齐观，得权利人承诺的出售（提供）、获取个人信息行为不具有《刑法》第 253 条之一的构成要件符合性与违法性。

综上，个人信息主体授权他人使用个人信息的行为并不构成行政违法而是行使个人法益自决权的行为，经承诺的个人信息出售行为也因之具有正当化事由，权益人的"同意"构筑了刑法介入的边界。在"经同意后出卖他人电子商铺"案例中，信息权益主体出售本人电子商铺而未进行注册信息变更，只是违背了电子商务平台经营者单方制定的规则，而贩卖者的出售行为没有违背法律及行政法规等个人信息保护前置法，在法秩序统一框架内难以肯定此自决行为具有侵犯公民个人信息罪的法益侵害性。毕竟，刑法不是市场经济的宏观调控法，也不是"急公好义"的社会管理法，侵犯公民个人信息罪也不是保护某一商业主体或其强势条款的恰当工具，它不专为哪一市场参与者服务而只能致力于前置性的"国家有关规定"的保障，当前置法没有相关禁止性规定时，刑法的介入必须保持充分的克制。

四、本章小结

德国学者在 20 世纪 90 年代曾指出："信息技术犯罪不再局限于经济上的犯罪，而是包含了对各种利益的侵害……在未来……刑法需要考虑两个方面：是否以及应当在何种范围内保护信息使用的排他性和信息的秘密性；应当在多大程度上保证信息的完整性、可利用性和准确性"，"避免过度犯罪化以及刑法规范的不精确性是极为重要的"。[1]时至今日，我国网络时代的过度犯罪化以及刑法规范的不精确性等问题大量存在，尤其是在《民法典》颁布之前，我国法律对私人权益的保护并不全面，导致刑法解释常常限于片面。例如，个人信息保护在民法规范中阙如，刑法"不得已"走到法益保护的最前线，这或许是立法者的一种无奈，因为民法规定某种新权

---

〔1〕 Ulrich Sieber（Hrsg.）, Information Technology Crime, 1994, S. 5 ff.

益所考虑的因素较为复杂[1]，但这种刑法优先保护恰恰是"先刑后民""刑进民退"的典型，表明在立法者的认识中，民事权益地位不明、内涵不清不影响刑法的法益保护任务，刑法可以脱离民法而独立存在。然而，刑法不能超越整体法秩序而自建一套违法性评价体系，尤其是针对个人人身财产法益的犯罪，应当事先确证民法上对应的个人权益内容，否则立法上的正当性以及刑法条文解释的合理性就会存疑，就会将民法上合法的行为甚至权利行使行为认定为犯罪，导致法律体系内的龃龉。正如佐伯仁志教授所言："法体现了对国民的行为规范，法律领域不可有矛盾，在此意义上法秩序的统一性要求是正当的。若刑法学者认为只需考虑刑法上的违法性即可，那这不过是刑法学者的怠慢。"[2]

　　在《民法典》颁行之后，刑法解释的权利观念更应强调刑法与民法规范的协调，扭转"重刑轻民"的旧思维，解释适用刑法规范不能有悖法秩序的统一性。当犯罪嫌疑人、被告人的行为具有《民法典》等前置法上的权益依据时，应当在平等原则、意思自治原则的范围内肯定权益主体的自决空间。2021年3月发布的《中华人民共和国国民经济和社会发展第十四个五年规划和2035年远景目标纲要》将"基本实现国家治理体系和治理能力现代化，人民平等参与、平等发展权利得到充分保障，基本建成法治国家、法治政府、法治社会"作为经济社会发展的主要目标之一，同时强调"提升共建共治共享水平""建设人人有责、人人尽责、人人享有的社会治理共同体"。2021年12月，国务院印发的《"十四五"数字经济发展规划》强调："充分发挥市场在资源配置中的决定性作用，构建经济社会各主体多元参与、协同联动的数字经济发展新机制。"刑法由此更要避免"孤胆英雄"之角色，参与网络时代社会治理必须遵循党和国家提出的"打造共建共治共享的社会治理格局"之要求。在多元共治的社会治理共

---

〔1〕　如究竟应规定为"权利"还是"利益"，这需要综合衡量：民事权利乃享受特定利益的法律之力，民事利益（法益）为法律所保护之利益，权利较之于利益受到法律更强、更全面的保护，权利受到法律的完全保护，兼具正面规范和反面救济，而法益相比于权利处于相对弱势的地位，法律承认法益的合法性，但不对其内涵、外延作出正面规范，保护力度较弱，二者体现了立法者的价值评价。我国隐私权的保护经历了从利益到权利的演变，"个人信息"在《民法典》中至少是一种人格利益，是否需要直接将其肯定为个人信息权利，从而避免重走隐私权的旧路？或许这也是值得思考的解释学方案，笔者暂且采纳前置法上最保守的结论。参见王利明主编：《中国民法典评注——人格权编》，人民法院出版社2021年版，第320—321页。

〔2〕　〔日〕山口厚、井田良、佐伯仁志『理論刑法学の最前線』（成文堂，2001年）94頁。

同体中，刑法只具有后发制人的作用，其表面的威慑力似乎很大，但破坏性更大。法律参与社会治理的更高明方式不是简单粗暴的刑法干预，而是"民进刑退""重民轻刑""民刑共治"的多元主体、多元规范协同治理，强调"私法自治"的法治意义才是社会治理的"现代化"的表现，刑法解释在此格局中应服务于人权的司法保障而非其他。

第五章

网络时代刑法解释的定罪态度：
严格解释论之提倡

在刑法方法论中，相对于"形式解释与实质解释""主观解释与客观解释"等范畴，"严格解释与灵活解释"作为一对概念的出现频率并不高。不少学者公然宣称自己是形式解释论或实质解释论者，也有不少学者公然提倡主观解释论、客观解释论或主观的客观解释论、修正的客观解释论，但少有学者明确表明自己是严格解释论或灵活解释论者，似乎只有论战对手才会给其挂上"严格解释""灵活解释"的名号。[1]这是因为严格解释与灵活解释是关于刑法解释态度的一对概念，在名义上本就带有很强的主观性评价，即保守抑或激进：灵活解释论追求"解释的创造性"，主张既定的刑法条文应当灵活适应社会发展需要；严格解释论则否认"解释的创造性"，主张刑法解释应当严格依据刑法用语的一般含义，本能地抵触含义扩张化的解释。[2]在刑法解释的态度上，究竟应当采用严格解释还是灵活解释？从保持刑法对社会适应性的角度看，灵活解释能够最大限度地发挥现有条文的司法功能，降低立法频率；严格解释则过于拘泥于文字，可能会限于本本主义、机械司法，导致司法能动性不足，对很多案件无从下手。从贴近罪刑法定原则的角度看，灵活解释所得出的结论可能与刑法用语的核心含义距离较远，产生绕口的硬解释，突破日常的任意解释、牵强解释；严格解释则更靠近文义的通常范围，对"明文规定"的遵循性强，但这也导致刑法适用的局限性更大。

此两种解释态度支配下的刑法解释与形式解释、实质解释、主观解释、客观解释、文义解释、目的解释的使用等存在着关联性。这些范畴虽不是一一对应的必然关系，但若采信严格解释论则往往会在入罪路径上遵照形式解释、在解释目标上朝向有迹可循的立法者意思、在刑法解释方法的位阶中更强调文义解释的终局性，而若采信灵活解释论则可能更有理由

---

[1] 解释者们要么期望灵活而又惮于灵活，要么期望严守法条而又惮于机械主义，严格解释论、灵活解释论往往借助于个案的比较分析才会更加凸显。

[2] 参见张明楷：《刑法分则的解释原理》（第 2 版 上），中国人民大学出版社 2011 年版，第 34 页。

选择入罪实质解释、客观解释、目的解释。换言之，通过上述对立解释范畴的选择及其解释结论，往往可以总结断定解释者是严格解释论者还是灵活解释论者。所以，作为解释态度的严格解释论与灵活解释论本质上是对刑法解释理念的不同理解。在网络时代变化多样、迭代升级的社会矛盾处理中，严格解释论对刑法干涉网络新型行为显然更乏善可陈，灵活解释论才更能显示解释者、司法者的聪明才智，因而在当前多数涉网络案件中，灵活解释论成为定罪量刑的主导线，解释者若总是意图束缚刑法文本进而束缚解释的空间，岂不是自废武功？但在刑法适应性与罪刑法定原则之间，尤其是二者无法妥处之时，何者更重要？奉行哪一解释理念才算端正定罪态度？这又似乎无须多言。可也正是看似不需赘言、有着标准答案的选择题，往往偷偷制造了文字游戏，浸透着不可捉摸的解释"黑箱"。本章的基本观点是，网络时代的刑法解释仍有必要恪守严格解释论。

一、网络时代的刑法解释态度：严格解释论与灵活解释论之辨

关于刑法解释适用的合法性、合理性标准，我国刑法仅规定了罪刑法定、平等适用、罪刑均衡三个基本原则，并没有明示严格解释论抑或灵活解释论。故而，如何端正解释态度便存在很大的解说余地，尤其是在解释结论面临罪与非罪的重大疑问时，入罪还是出罪，各自的支持者都能从上述基本原则中找到自洽之处，入罪者至少有理由自我评估认定为"不违背罪刑法定"。例如，在前文案例1"李某某组织刷单案"中，办案人员依据2013年《办理网络诽谤案件的司法解释》第7条认定被告人的行为构成非法经营罪，理由是"该案适用《解释》并不超出一般国民的预测可能性，并不违背罪刑法定原则"[1]。本案是全国第一例"组织刷单"被公诉的案件，办案人员无先例可循，相对于以往的刷单行为只能通过《反不正当竞争法》等行政、民事途径解决，本案选择一个"口袋罪"进行入罪兜底，也可谓"自创先例"，办案人员也引以为傲地为自己题写了八个大字，

---

[1]　徐芬、沈艺婷：《组织刷单炒信触犯法律底线——浙江省杭州市余杭区检察院办理全国首例组织刷单炒信案纪实》，载《人民检察》2017年第18期，第68页。

即"刷单获刑，影响深远"[1]。

从上述办案纪实中可以发现，司法人员在解释《刑法》第225条第4项"其他严重扰乱市场秩序的非法经营行为"时，入罪解释的思维相当灵活，并没有被"口袋罪"的固有缺陷所吓退，在从立案到判决的近3年中一路攻坚克难：先后排除了破坏生产经营罪，损害商业信誉、商品声誉罪及计算机方面的犯罪，最终找到了相关司法解释规范，确定了被告人行为"违反国家规定"，而且推翻了检察机关内部同志的反对意见，成功论证了被告人行为对市场经济秩序法益的严重侵害性。但办案人员也不得不承认，"该案在办理过程中所引起的争议折射出互联网立法的滞后性"，"在可预见的将来，现行刑法面对新型互联网犯罪总会有其局限性"[2]。正是这种志得意满之后的"结束语"，直接暴露了本案的入罪动机——突破刑法条文的局限性对组织刷单行为重拳出击，因而才会产生上述"先定罪，后找罪名"的入罪导向，不固守刑法条文、弥补刑法滞后性、追求刑法适应性的灵活解释态度跃然纸上。

对该案的灵活解释之结论，遭到了不少法学家的批评。陈兴良教授认为，提供虚假交易的炒信刷单根本就不是《互联网信息服务管理办法》规定的"互联网信息服务"，刷单服务也根本不可能会取得许可证，"在这种情况下，违反法律规定的要件就不具备"，"在刑法没有明文规定的情况下，超出法律条文的字面含义进行解释，从而为惩治新型网络违法行为提供规范根据，有悖于罪刑法定原则，因而并不可取。因此，即使在网络社会，罪刑法定原则仍然应是不可逾越的藩篱"[3]。一贯主张积极主义刑法观的周光权教授也对本案判决持否定看法，认为办案人员进行的是"软性解释"："对刷单炒信行为不宜适用非法经营罪来进行规制，因为这不但背离了该罪的规范保护目的，而且可能进一步恶化其'口袋罪名'的现状"[4]，正如卖淫行为不可能获得任何行政许可，"组织卖淫"构成组织卖淫罪，

---

〔1〕 徐芬、沈艺婷：《组织刷单炒信触犯法律底线——浙江省杭州市余杭区检察院办理全国首例组织刷单炒信案纪实》，载《人民检察》2017年第18期，第69页。

〔2〕 徐芬、沈艺婷：《组织刷单炒信触犯法律底线——浙江省杭州市余杭区检察院办理全国首例组织刷单炒信案纪实》，载《人民检察》2017年第18期，第69页。

〔3〕 陈兴良：《网络犯罪的刑法应对》，载《中国法律评论》2020年第1期，第95页。

〔4〕 周光权：《刑法软性解释的限制与增设妨害业务罪》，载《中外法学》2019年第4期，第961页。

若刑法未设置该罪名，也不能因"组织卖淫未获得许可"而认定其为非法经营罪。这里的"软性解释"其实就是本书所称的"硬解释"，是一种牵强附会的解释，是"类推解释"的近义词。在疑难案件或难办案件中，通过类推解释的方法进行入罪处罚，就必然涉及解释限度问题，灵活解释态度将解释的边界从核心文义位置向外推到最远。当面对非法经营罪等"口袋罪名"或"兜底条款"时，这种灵活的类推适用逻辑几乎不再有任何限度；当这些罪名同时属于行政犯时，灵活解释不仅会类推刑法条文本身的含义，而且很可能同时扩张前置法条文的含义，从而对行政犯的罪状作出较为广义的理解，以应对更多新型行为，保持刑法规范的包容性、适应性。

因此，个案中的灵活解释论基本是入罪导向，基本等同于入罪扩张解释，甚至也会走向入罪类推解释，解释理由更看重的是文字背后的"严重法益侵害性"：处罚必要性越大，入罪解释的需要便越大，刑法解释灵活性则越强。换言之，灵活解释论之"灵活"是指对条文含义的灵活理解，灵活处理的根据是实质的处罚妥当性。正如有学者所言："解释的实质的容许范围，与实质的正当性（处罚的必要性）成正比，与法文通常语义的距离成反比"[1]，"所以，不能只考虑行为与刑法用语核心含义的距离远近，也要考虑行为的违法性与有责性程度；处罚的必要性越高，对与刑法用语核心距离的要求就越缓和，作出扩大解释的可能性就越大"[2]。甚至认为："类推解释与扩大解释并没有绝对的界限，也可能类推解释多了就说这是扩大解释。"[3]可见，灵活解释论所要解决的问题其实是如何保证其入罪扩张结论是罪刑法定所容许的扩大解释而非所禁止的类推解释。若果真如此，灵活解释论在罪刑法定原则框架内的"自救"就是无解之题，在诸如案例1这样的疑难案件中，通过灵活解释刑法条文来创设入罪首例和解释标杆，可能根本难以摆脱违背罪刑法定原则的疑问。

对此，能否将"存疑有利于被告人"的原则纳入刑法解释学，就颇值得讨论。显然，该原则不是"一律有利于被告人"，而是存在合理怀疑时采用有利于被告人的解释结论，这种"疑点利益归于被告人"的做法便

[1] ［日］前田雅英：《刑法总论讲义》（第4版），东京大学出版会2006年版，第78—79页。
[2] 张明楷：《实质解释论的再提倡》，载《中国法学》2010年第4期，第51页。
[3] 张明楷：《刑法解释理念》，载《国家检察官学院学报》2008年第6期，第148页。

是"严格解释论"，它显然反对存疑时灵活解释刑法条文，进而作出不利于被告人的入罪判断。《法国刑法典》对这种严格解释态度作出了明文规定，该法典第一章第111-4条明文提出"刑法应严格解释之"。法国学者对此认为："在法律有'疑问'的情况下……法院无义务一定要采取'最有利犯罪人'的限制性解释。如同在法律的规定不甚明确的情况下一样，法官应当首先借助于一般的解释方法（预备性工作、传统与理性材料），从中找到法律的真正意义"，"如果疑问依然存在，法官则应当作有利被告的解释"。[1]2017年1月6日，《最高人民检察院关于充分履行检察职能加强产权司法保护的意见》第3条规定，"严格把握产权案件罪与非罪的界限标准"，"对于正在办理的涉产权刑事案件，法律和司法解释规定不明确、法律界限不明、罪与非罪界限不清的，不作为犯罪处理"。这其实也是提示司法者在法律条文含义存在重大疑问而难以明确时，要采用有利于被告人的结论，在实体上不加以入罪。所以，"存疑有利于被告人"在刑法解释上并非天方夜谭、无中生有，在国内个别司法文件中也有端倪。然而，在我国刑法解释学界，"存疑有利于被告人"整体上只被视为刑事诉讼法中的证据原则，至于它是否适用于刑法文本的解释[2]，反对论始终属于"绝对优势说"。支持者认为，当法律存疑，在法条文义限度内无法作出一致性的有说服力的解释时，应当作出有利于被告人的结论。[3]反对者则认为，

---

〔1〕［法］卡斯东·斯特法尼等：《法国刑法总论精义》，罗结珍译，中国政法大学出版社1998年版，第140页。

〔2〕双方对"存疑有利于被告人"含义本身的理解不存在分歧，只是在适用范围上存在争议，不少学者将这一争议描述为：程序法上的"存疑有利于被告人"是否仍适用于实体法。（参见袁国何：《刑法解释中有利于被告人原则之证否》，载《政治与法律》2017年第6期，第122页。）但本书认为，这种归纳有失妥当，因为作为程序法的《刑事诉讼法》条文本身也需要解释，正如怎样合理解释《刑事诉讼法》第56条中的"刑讯逼供等非法方法"，其中就存在是否"做出有利于被告人的解释"的问题。所以，只有在"事实（证据）认定"与"法律（文本）解释"两个对照面上分析该争议，才能准确反映学术现状。

〔3〕支持者的观点参见邱兴隆：《有利被告论探究——以实体刑法为视角》，载《中国法学》2004年第6期，第146—154页；邓子滨：《中国实质刑法观批判》，法律出版社2009年版，第311页；邢馨宇：《有利被告的定位》，载《法学》2012年第2期，第29—41页。

刑法解释坚持"存疑有利于被告人"是对该法谚的片面化理解。[1]综合而言，反对者主要基于两大理由：

第一，反对者认为刑法应秉持价值中立而不应给予被告人以任何偏向。例如，有学者主张，"刑法存疑有利于被告人"背离刑法的价值选择[2]，"现代法律是反映社会正义的价值中立的社会规则。刑法是法益保护的最后盾牌，其价值定位亦应当是价值中立"，"要中立地兼顾好刑法的社会保护机能和人权保障机能的关系"，"刑法的目的是维持社会秩序，保障权利也是为了维护社会秩序，二者是一致的"，"在当代社会，人权保障和社会保护都应当互相协调，从而在更大程度上实现刑法的社会机能"。[3]由此，"是否有利于被告人"从来就不是一个解释结论的甄别规则。还有学者指出："刑法要同时实现法益保护与自由保障两个机能，因此，判断解释结论是否合理，要看是否在法益保护与自由保障两方面求得均衡，是否在善良人的大宪章与犯罪人的大宪章之间寻得协调，而不可能在任何场合都作出有利于被告的解释。"[4]据此，"现代刑法以法益保护和人权保障为双重目的，二者处于同一位阶而不存在主次关系"[5]，因而以"有利于被告人"为导向的存疑处理规则，完全不符合刑法的中庸之道，刑法解释完全可以

---

[1] 反对者的观点参见张明楷：《"存疑时有利于被告"原则的适用界限》，载《吉林大学社会科学学报》2002 年第 1 期，第 54—63 页；张兆松：《"刑法存疑时有利于被告原则"质疑》，载《人民检察》2005 年第 11 期，第 51—54 页；苏彩霞：《刑法解释方法的位阶与运用》，载《中国法学》2008 年第 5 期，第 105 页；胡东飞：《刑法目的对刑法解释方向的制约——基于同刑事诉讼法目的比较的分析》，载《中国刑事法杂志》2009 年第 1 期，第 10 页；吴爽：《再论存疑有利于被告原则的适用界限》，载赵秉志主编：《刑法论丛》（第 23 卷），法律出版社 2010 年版，第 192—212 页；薛进展、蔡正华：《刑法适用解释存疑有利被告原则之否定》，载《法治研究》2011 年第 10 期，第 22—28 页；付立庆：《刑罚积极主义立场下的刑法适用解释》，载《中国法学》2013 年第 4 期，第 156 页；吴冀原：《"存疑有利于被告人原则"的正确理解适用》，载《西南政法大学学报》2014 年第 6 期，第 43—49 页；段启俊、郑洋：《论存疑时有利于被告人原则不应适用于刑法解释》，载赵秉志主编：《刑法论丛》（第 41 卷），法律出版社 2015 年版，第 115—142 页；孙谦：《援引法定刑的刑法解释——以马乐利用未公开信息交易案为例》，载《法学研究》2016 年第 1 期，第 160 页。
[2] 除特别限定或说明外，下述"存疑有利于被告人"均指刑法适用时"刑法解释存疑有利于被告人"。
[3] 张兆松：《"刑法存疑时有利于被告原则"质疑》，载《人民检察》2005 年第 11 期，第 51、第 52 页。
[4] 张明楷：《刑法格言的展开》（第 3 版），北京大学出版社 2013 年版，第 544 页。
[5] 段启俊、郑洋：《论存疑时有利于被告人原则不应适用于刑法解释》，载赵秉志主编：《刑法论丛》（第 41 卷），法律出版社 2015 年版，第 129 页。

鱼与熊掌兼得，"存疑有利于被告人"是一种迂腐之见。

第二，反对者认为"目的解释"在解释方法中处于最高位阶，解释存疑时"不利于被告人的解释"只要符合法益保护目的，就是妥当的，"是否有利于法益保护目的"而非"是否有利于被告人"是判断解释合理性的终局标准。有学者指出："当各种解释方法得出不同的解释结论时，最终起决定性作用的是目的论解释，而不是有利于被告"，"所以，当出于法益保护的目的，需要对刑法条文作出必要的扩大解释时，即使不利于被告人，也适用这种解释结论"。[1]如果支持"存疑有利于被告人"，则正是堵塞了目的解释论的"晋升"之路，造成了目的解释发挥空间受限；相反，一旦"存疑有利于被告人"被否认，目的解释论的"方法论之冠"地位就被凸显，解释者自然获得了较大的用武之地而不必顾虑重重。例如，在对《刑法》第 263 条"冒充军警人员抢劫"的解释中，有学者主张"对真正军警人员显示军警身份进行抢劫的，应当比冒充军警人员抢劫的，受到更为严厉的制裁"，因而"冒充"包含了"假冒"与"充当"，"真军警人员"属于"充当军警人员"，即符合"冒充军警人员"之加重构成。[2]我国学界对此近乎一边倒地对上述解释提出怀疑[3]，而论者对此何以固执己见？原因很简单，那就是真军警人员显示身份抢劫更值得处罚，加重处罚更有利于实现保护法益的目的。当人们对"冒充"（假冒＋充当）解释存疑时，若只考虑"法益保护目的"而舍弃"有利于被告人"，则解释空间确实被扩大了，解释的灵活性便有了发挥的余地。

再如，案例 4"第一名软件案"中，开发使用"第一名"软件的行为和结果只是网站"刷量"，虚高的数据是网站自身的点击量数据，该软件的运行并未进入百度搜索引擎服务器，它之所以影响搜索排名，是由于搜索引擎在运算时主动将这些数据纳入了排名参照依据，最终导致排名"失真"，因而这些虚高的网站点击量只是外部数据的"造假"，所"干扰"的并不是计算机信息系统内部数据运行，也没有造成搜索引擎算法系统不能正常运行，搜索排名的规则本身没有受到任何影响。因此，"第一名"软

---

〔1〕 张明楷：《"存疑时有利于被告"原则的适用界限》，载《吉林大学社会科学学报》2002 年第 1 期，第 59 页。

〔2〕 参见张明楷：《侵犯人身罪与侵犯财产罪》，北京大学出版社 2021 年版，第 287 页。

〔3〕 参见刘艳红：《走向实质的刑法解释》，北京大学出版社 2009 年版，第 221 页。

件的所谓"干扰"并不是《刑法》第 286 条中"对计算机信息系统功能进行干扰"，也没有"造成计算机信息系统不能正常运行"。类似商业场合中的网站"刷量"行为，之前一直是按照"不正当竞争"通过民事诉讼处理的。如杭州飞益公司专门提供针对爱奇艺等网站视频的刷量服务，该公司受多家电影制作者有偿委托在爱奇艺网站累计制造 9.5 亿余次虚假访问，这造成爱奇艺公司不能准确判断视频受欢迎程度，影响爱奇艺公司的视频采购、广告合作等经营决策。飞益公司的刷量行为仅仅造成原始外部数据失真，不会造成爱奇艺网站系统功能不能正常运行，爱奇艺公司也没有主张飞益公司对其服务系统功能的侵权之诉，而仅向法院提出"停止不正当竞争"等。[1] 可以说，案例 4 的有罪判决对《刑法》明文规定的"干扰""造成计算机信息系统不能正常运行"等要素的含义进行了目的性扩张解释，这种灵活处理与案例 1 "组织刷单案"的解释态度完全一致，均是将以往的非刑法处理行为"第一次"通过解释的方式纳入犯罪圈，旨在"自创案例"，意图设定"标杆"。

由此可见，"存疑有利于被告人"是检验刑法解释态度究竟属于严格解释论还是灵活解释论的"试金石"。如果否认"存疑有利于被告人"的解释原则，灵活解释刑法文义之后得出入罪判决的难度就会更小，因为这一命题被否定之后，解释者方能灵活作为。如果承认该解释原则，刑法解释边界的拓展将严格受限，这似乎不利于刑法方法论的蓬勃发展，因而被多数刑法学者不约而同地排除出解释学。然而，反对者基于上述刑法价值观与方法论位阶的考虑淘汰了"存疑有利于被告人"之后，其面临的问题不是更少而是更多：在保护社会与保障人权的双重目的上，刑法解释学是否能够一直保持平衡？刑法中"法无明文规定，不得定罪处刑"，岂是价值中立的产物？法律解释分歧的解决依靠"价值平衡"是否足以得出最终结论？尤其是，当惩罚犯罪（保护社会）与保障人权之间存在对立时，应倾向于哪一方，这难道不是一个率先的追问？否认了"存疑有利于被告人"纵然有助于解释者发挥主观能动性、灵活应对社会现实需求，但是否也由此在文本适用上突破了罪刑法定？勇气越大、步子越豪迈、走得越遥远，是否失去的也会更多？这都需要给予批判性思考，否则就会造成一些

---

〔1〕　参见上海市徐汇区人民法院（2017）沪 0104 民初 18960 号民事判决书。

混淆视听的结果。

二、价值非中立：罪刑法定原则与刑法解释存疑时的处理根据

法律价值首先是法哲学的研究议题，德国法学家拉德布鲁赫便曾提出"法哲学作为法律价值的思考"之命题。[1] 在我国，最早关注这一领域的卓泽渊教授指出："法的价值是以法与人的关系作为基础的，法对于人所具有的意义，是法对于人的需要的满足，是人关于法的绝对超越指向"，"在一般意义上，法的价值都是在应然意义上存在的"。[2] 陈兴良教授也认为："刑法的价值考察，是在刑法实然性的基础上，对刑法应然性的回答。刑法学作为一种独立学科，也是作为一门科学的诞生，正是以对刑法的应然性的关注为标志的。"[3] 法律的价值向来是以"范畴对"的形式出现的，如秩序与自由、效率与公平等，刑法价值的此种对立尤为明显，保障自由（保障人权）与维持秩序（保护社会）是刑法的两个基本价值单位，在刑法运行中谋求二元价值的平衡统一成为刑法价值考察的永恒目标。

反对者拒绝将"存疑有利于被告人"适用于刑法解释的根本理由是：现代法律的价值定位"必须是中立的，这是由它的本质特征所决定的。现代法律作为政治社会与市民社会为了平衡矛盾、减少摩擦而订立的'契约'……是反映社会正义的价值中立的社会规则"[4]。诚然，法律作为调整社会关系的规范，平衡社会利益、缓和价值冲突是它的重要使命，但问题的关键在于这种调整绝对不是"两不干涉"的中立逻辑，不同法律对矛盾纠纷的解决机制可能并不相同，"价值非中立"的取向却是无法否认的。因此，在刑法解释存疑而难以消除时，应当根据起裁判作用的刑法价值进行取舍，罪刑法定的"法典化"要求"存疑有利于被告人"的严格解释态度。

---

〔1〕 参见［德］古斯塔夫·拉德布鲁赫：《法哲学》，王朴译，法律出版社 2013 年版，第 9 页。

〔2〕 卓泽渊：《论法的价值》，载《中国法学》2000 年第 6 期，第 24、29 页。

〔3〕 陈兴良：《刑法的价值构造》（第 2 版），中国人民大学出版社 2006 年版，第 11 页。

〔4〕 张兆松：《"刑法存疑时有利于被告原则"质疑》，载《人民检察》2005 年第 11 期，第 51 页。

（一）"法律价值中立"是个伪命题

法律对"正义"的定义标准虽不是千篇一律，但归根结底都有一点——现代法律不是价值中立而是自由优位，不能混淆了"法官裁判中立"与"法律价值中立"。"现代法律"不是一个时间概念，并不是"现在的法律"就等于"现代法律"，法学领域的"现代（化）"是指"从人治社会向现代法治社会的转型过程，是人治型的价值—规范体系向法治型的价值—规范体系的变革过程"[1]。因此，"现代法律"必然具有与传统法律截然不同的价值选择。

一般认为，根据法律关系主体（法律调整对象），可将法律体系分为公法与私法，以国家这一主体为例，"当国家直接为法主体时，那法便是公法。但当国家站在与私人同样的地位而与他者相对立时，则国家在法律上为居于准私人的地位。又在国家之下的公共团体及其他赋有国家的公权者，只在其为国家的公权之主体的限度内为居于准国家的地位"[2]。私法的典型代表是民法，现代西方民法的基本原则有人格平等、私权神圣、契约自由等[3]，而在我国改革开放以前，私有制长期不被承认，公有制排斥私有权利、契约自由等，彼时不存在民法或者当时所谓的民法也只是公法而非私法，保护公有经济秩序成为法律的全部价值。从《民法通则》开始，我国民法不断向现代性转化，如今编纂通过的《民法典》正式确立了"平等原则""意思自治（自愿）原则""公平原则"，这是第一位阶原则，"诚实信用原则""公序良俗原则""绿色原则"等是第二位阶原则、补充原则。这些原则的排序也是民法价值的排序，其中"意思自治"是处于核心地位的民法原则，是民法被称为"现代市民法"的第一价值原因。[4]正如王轶教授所言："自由之于民法，犹若灵魂之于生命。没有对于自由的信仰和崇奉，民法就没有存在的必要和可能。在这种意义上，民法就是保护和确认民事主体自由的法。"[5]例如，民事主体订立的合同除买卖合同、赠与合同、借款合同等有名合同之外，《民法典》第467条还承认法律未规定的

---

〔1〕 公丕祥：《法制现代化的理论逻辑》，中国政法大学出版社1999年版，第66页。

〔2〕 ［日］美浓布吉达：《公法与私法》，黄冯明译，中国政法大学出版社2003年版，第61页。

〔3〕 参见朱勇：《私法原则与中国民法近代化》，载《法学研究》2005年第6期，第145页。

〔4〕 参见黄薇主编：《中华人民共和国民法典释义》（上），法律出版社2020年版，第21页。

〔5〕 王轶：《民法价值判断问题的实体性论证规则——以中国民法学的学术实践为背景》，载《中国社会科学》2004年第6期，第112页。

无名合同:"本法或者其他法律没有明文规定的合同,适用本编通则的规定,并可以参照适用本编或者其他法律最相类似合同的规定。"(第 1 款)所以,为了充分体现民法的契约自由价值,民法承认类推解释适用,以使民事权利义务关系受到民法的全面保护。毫无疑问,公权力的介入应当保持中立,在民事诉讼过程中,原被告双方是平等主体,法官应当"居中裁判",但这并不意味着民法本身是价值中立的,"自由价值优先"在《民法典》中是无可辩驳的。

再如,以维护社会经济秩序为使命的经济法所调整的关系框架是市场经济而非计划经济,因而必须秉承民法所一贯倡导的保障私权的上述原则,保证自由价值优先而非价值中立。自 20 世纪 80 年代以来,国家调控、政府干预仍不同程度地印刻在如今的经济法当中。从世界范围来看,对于经济干预法的性质及其功能,学者们见仁见智,我们姑且不谈凯恩斯,政府对经济的干预向来是社会主义国家的强项,我们对于市场经济发展面临的"市场失灵"自始就比西方国家存在更少的争议,从"市场失灵论"到"需要干预说","经济法是治病之法"在我国经济法学开创之初也是顺理成章的命题。[1]但是,经济法缓解经济矛盾的背景是市场经济环境,市场经济的第一表现是交易的平等与自由,经济法首先应当是政府授权法,"经济法对政府履行市场监管职能既授权又控权,严格将政府行政行为控制在法律和法定程序所预设的范围内的理念,恰是法治社会和文明发展的要义所在"[2]。由此可见,"现代法律是反映社会正义的价值中立的社会规则"的命题并不成立,现代民法、经济法以及其他政府干预法,当然以保护公民行为自由为第一价值而不是价值中立。

至于"刑法价值中立"之论断,这更是有悖于刑法现代化的精神。刑法现代化的标志是罪刑法定原则的确立,罪刑法定原则昭示《刑法》的第一价值是个人自由而非社会秩序,价值中立性在刑法中亦不存在。从罪刑法定原则的起源上看,它始终是以明文记载的法律之形式限制刑法专断,因而它对刑法解释本身也心存警惕,如贝卡里亚认为"解释法律"这种行为是罪刑擅断和徇私枉法的源泉:"'法律的精神需要探寻',再也没有比

---

[1] 参见李昌麒主编:《经济法学》(第 3 版),法律出版社 2016 年版,第 11 页。
[2] 秦国荣:《维权与控权:经济法的本质及功能定位——对"需要干预说"的理论评析》,载《中国法学》2006 年第 2 期,第 181 页。

这更危险的公理了。采纳这一公理，就等于放弃了堤坝，让位给汹涌的歧见"，"当一部法典业已厘定，就应逐字遵守，法官唯一的使命就是判定公民的行为是否符合成文法律"。[1]可见，在西方刑法启蒙的年代，最理想的法官是"无解释权的法官"，这是严格解释的最极端化，这种罪刑法定态度显然针对的首要价值是保障个人自由而不是价值中立。"人权的保障与刑罚权的限制是罪刑法定的精髓与本质所在"[2]，确立罪刑法定原则是刑法"现代化"的第一表现，它征表着刑法在秩序与自由这对法律价值范畴中首先确定的是个人自由优先而绝非"无主次关系"。

（二）"存疑有利于被告人"的严格解释论是罪刑法定之派生

"存疑有利于被告人"来源于刑法中罪刑法定原则的派生与贯彻，因为在刑法适用过程中，只有罪刑法定才是最高的刑法正义：在解释不存疑的情况下，实现罪刑法定即按照法律明文规定定罪处刑就是最基本的"有利于被告人"[3]；在解释确实存疑的情况下，实现"有利于被告人"的严格解释是最基本的罪刑法定。

有观点指出，"存疑有利于被告人"不是罪刑法定原则的派生，否则"就难以为该原则在事实存疑场合的适用提供理论基础"[4]，进而认为它来源于体现公平正义的罪刑相适应原则。本书认为，上述看法犯了"循环论证"的错误。所谓"循环论证"实际上并不是一个论证过程，而是把论证停滞在一个"圆点"上。上述论者首先确定了"存疑有利于被告人"只是一个事实存疑的认定原则，然后为这一结论寻找刑法上的理论基础（不是罪刑法定，而是罪刑相适应），而后再以该理论确定"存疑有利于被告人"只适用于事实存疑、不适用于法律存疑，这个过程完全是一种"因—果—因"的循环往复。更让人费解的是，为何执意要为诉讼程序中证据认定的"存疑有利于被告人"寻找刑法实体法上的根据？"案件事实存疑"

---

[1]　[意]切萨雷·贝卡里亚：《论犯罪与刑罚》，黄风译，北京大学出版社2008年版，第12、第13页。

[2]　梁根林：《罪刑法定的立法解读》，载梁根林、[德]埃里克·希尔根多夫主编：《中德刑法学者的对话：罪刑法定与刑法解释》，北京大学出版社2013年版，第60页。

[3]　本书从来不承认作为解释目标的"有利于被告人"，刑法解释的终极目标始终是实现罪刑法定。

[4]　薛进展、蔡正华：《刑法适用解释存疑有利被告原则之否定》，载《法治研究》2011年第10期，第23页。

意味着，对不法行为"是不是被告人所为"存在难以排除的合理怀疑，即"结果归属存疑"，正如"聂树斌案"中妇女被奸杀的结果尚无充分证据证明为聂树斌所为，因而必须断然将其排除出刑事控诉程序，它涉及的是证据采信与否的问题。与之不同，罪刑相适应原则是"刑罚的轻重，应当与犯罪分子所犯罪行和承担的刑事责任相适应"（《刑法》第 5 条），它是在确定了被告人与危害后果之间的归属关系之后的一种量刑原则，将"事实存疑有利于被告人"归结到该原则，是一种错位。"事实存疑"与"解释存疑"分别涉及"案件证据"与"刑法评价"两个层面，二者完全有各自不同的理论基础，并不因"事实存疑有利于被告人"的上位原则无法导出"解释存疑有利于被告人"而直接否认后者的正当性。

反对"存疑有利于被告人"的解释学者认为，"刑法解释需要处于刑法语词的可能语义范围内，而不必在其核心语义范围内，这是法律明确性对法律灵活性需求的不得已的让步"[1]。但是，罪刑法定原则要求刑法安定性永远优先于灵活性，罪刑法定之所以成为"铁则"正是由于它有刚性的底线。罪刑法定原则派生的明确性原则要求立法者必须明确说明行为违法性的前提，其依据在于"规范遵守者能够从法规中预见到，从事何种违法行为会面临刑罚。还需要保证的是，行为违法性的前提必须由立法者预先制定，而非由法官事后制定"[2]。英国学者宾海姆也提出，"法律必须可知且最大程度地保证可理解、明确与可预测"，"刑法的一项重要功能是劝阻犯罪行为，若我们对不该做什么一无所知或者对此难以发觉，我们就不能被劝阻"。[3]法律规范的传递既在立法阶段又在司法阶段，因而明确性原则既是对立法者提出的要求，也影响法官的解释并禁止法官造法。"存疑有利于被告人"是基于：立法不明而导致法官解释不清的后果不应当由被告人承担。换言之，"当模棱两可的措辞或者模糊的语句就其含义留下了一种合理的怀疑，而解释的原理又无法解决时，怀疑之益应当给予公民"[4]。这

---

〔1〕 袁国何：《刑法解释中有利于被告人原则之证否》，载《政治与法律》2017 年第 6 期，第 128 页。

〔2〕 ［德］克劳斯·罗克辛：《德国刑法中的法律明确性原则》，载梁根林、［德］埃里克·希尔根多夫主编：《中德刑法学者的对话：罪刑法定与刑法解释》，北京大学出版社 2013 年版，第 45—46 页。

〔3〕 Tom Bingham, *The Rule of Law*, Penguin Books Ltd, 2011, pp. 37, 38.

〔4〕 邢馨宇：《存疑时有利于被告的根据》，载《法学》2013 年第 11 期，第 45 页。

个道理其实十分明白，如同"罪责自负"一样，既然立法者没有使用让人解释得明白的用语，那么遇到疑难案件时就不能将规范适用不利的后果分担给规范的接收人。

根据罪刑法定原则，刑法规范对司法"供给不足"之时应当是解释终止之时，此时乃是"司法倒逼立法"的最佳时机，不能以"灵活应对"为由擅自创设"入罪先例"。有学者主张："对于某种'解释'结论存在疑问时不能简单适用'有利于被告'的原则，而应该正视刑法规范供给不足的现实，在不侵犯公民的基本权利的前提下，将刑法作为社会控制、社会保护的手段积极地加以适用。"[1]可是，既然认为存在"刑法规范供给不足的现实"，那么这种刑法规范"供不应求"不正是法律含混、立法滞后所产生的法律漏洞吗？为什么在刑法规范本身已经"供给不足"的情形下，不是通过立法机关继续"生产"刑法规范而是通过"解释"来"续造"刑法规范？法官不拒绝解释而进行"能动司法"，将有罪判决后果归属于被告人，这是"宁愿错判也不放纵"的司法专断思想作祟，这也是我国 1979 年《刑法》第 79 条规定"本法分则没有明文规定的犯罪，可以比照本法分则最相类似的条文定罪判刑"的主要原因，有区别的只是现在要炮制出一个所谓的"可能的文义"。既然是"可能的文义"，就意味着该解释结论只是"可能的甲文义"，也存在"可能的乙文义"。简言之，是"莫须有"（可能有）。正如考夫曼坦率指出的："当我们说，解释可能及于'可能的文义'时，其实我们已经在类推之中了，因为这种'可能的文义'既非本义亦非相当，而是一种类似。"[2]所以，当反对者认为存疑不应作出有利于被告人的解释而是应当"在不超出可能文义的范围内"作出促进刑法正义的解释时，他已经走进了类推解释之中，违背了罪刑法定这个最根本的刑法正义。

（三）"存疑有利于被告人"是刑事法的一体化原则

无论是针对事实存疑还是针对法律解释存疑，"存疑有利于被告人"均是在"可能放纵犯罪"与"冤枉无辜"之间作出一种价值取舍，前者旨

---

〔1〕　付立庆：《刑罚积极主义立场下的刑法适用解释》，载《中国法学》2013 年第 4 期，第 156 页。

〔2〕　[德] 亚图·考夫曼：《类推与"事物本质"——兼论类型理论》，吴从周译，学林文化事业有限公司 1999 年版，第 11 页。

在防止歪曲事实（疑罪从无），后者旨在防止歪曲法律（罪刑法定），二者一体化地确立了人权保障价值在刑事法中的第一顺位。反对者认为，"刑法的人权保障机能并不能成为当对刑法存疑时应做出有利于被告解释的理由。当人们对刑法的保障机能强调得过于极端，而对刑法的保护机能淡忘得较为长久之后，就逐渐以为保护机能不是刑法的应有机能"[1]，进而主张"刑法解释存在疑问时，关键不在于哪种解释结论有利于被告人就予以采纳，而在于何种解释结论在不超出可能文义的范围内能促进刑法的正义"[2]。但笔者以为，以上观点太过超前，遗忘了"正义有着一张普洛透斯似的脸（a Protean face），变幻无常，随时可呈不同形状并具有极不相同的面貌"[3]之告诫，最终导致的结果是以"刑法正义"之名抬高社会保护价值、贬抑人权保障价值。

从我国传统刑法思想看，"存疑有利于被告人"是"与其杀不辜，宁失不经"的反映，中国启蒙思想之父黄宗羲形象地指出"罪疑惟轻，则冥途有重返之魄"（《明司马澹若张公传》），因而它代表的是刑法在几千年专制夹缝中的一种有限度的"好生之德"。从现代刑法思想看，"存疑有利于被告人"是法院在"证据不足不能认定被告人有罪"时必须作出无罪判决的司法义务[4]，一如英国法学家布莱克斯通的名言——"放纵十个有罪之人，好过冤屈一个无辜之人"[5]，这是人权保障理念率先在事实认定层面的确定。然而，即便在证据法上，由于社会管理思想的根深蒂固，我国司法实践尚没有完全实现它所征表的人权保障机能，否则痛不欲生的"聂树斌们"的冤魂也不会在冥途中无处安息。所以，论者所言的"人们对刑法的保障机能强调得过于极端"从何说起呢？当论者言及"对刑法的保护机能淡忘得较为长久"，这还是在谈中国吗？中国的司法者何时会"逐渐以为保护机能不是刑法的应有机能"？其实不必从所谓的"后现代思想"去检

---

〔1〕 胡东飞：《刑法目的对刑法解释方向的制约——基于同刑事诉讼法目的比较的分析》，载《中国刑事法杂志》2009 年第 1 期，第 10 页。

〔2〕 苏彩霞：《刑法解释方法的位阶与运用》，载《中国法学》2008 年第 5 期，第 105 页。

〔3〕 ［美］E. 博登海默：《法理学：法律哲学与法律方法》，邓正来译，中国政法大学出版社 2004 年版，第 261 页。

〔4〕 See Jack B. Wenstein & Ian Dewsbury, "Comment on the Meaning of 'Proof beyond a Reasonable Doubt'", 5 *Law, Probability and Risk* 167, 170–171（2006）.

〔5〕 Federico Picinali, "Two Meanings of 'Reasonableness': Dispelling the 'Floating Reasonable Doubt'", 76 *The Modern Law Review* 845, 845（2013）.

讨这种论调，只要身处法治刚刚起步的社会主义初级阶段的中国、只要放眼环顾近年中国特色的司法景象，就必须承认"因强调人权保障机能而淡忘刑法的社会保护机能"实在是杞人忧天。

　　实际上，反对者在这里所贩卖的无非社会保护优先论甚至社会保护一元论。例如，他们一向自觉或不自觉地持有这样的说辞："打击犯罪和保障人权是现代刑事法律的两大价值追求，打击犯罪是为了更好地保障人权"[1]，"我国不少学者认为，刑法中的维持社会秩序和保障人权的关系在刑法的机能和目的上是二律背反的。但笔者认为，刑法的目的是维持社会秩序，保障权利也是为了维护社会秩序，二者是一致的……在当代社会，人权保障和社会保护都应当互相协调，从而在更大程度上实现刑法的社会机能"[2]。可见，反对者在否认"存疑有利于被告人"这一解释规则的同时，一并彻底否认了刑法的人权保障价值，刻意混淆了人权保障相对于社会保护的独立性。常言所说的刑法的"自由/人权保障"，特指对"犯罪嫌疑人/被告人"个人自由的保障，即李斯特所言的"刑法是犯罪人的大宪章"。刑法通过惩罚犯罪、预防犯罪当然可以使一般人免受犯罪侵扰，从而保护社会大众的自由，但这里的"普遍自由"属于"秩序"范畴，两个价值不能相互混淆。

　　正如英国学者伯林所言："任何事物是什么就是什么：自由就是自由，既不是平等、公平、正义、文化，也不是人的幸福或良心的安稳。"[3]如果把刑法看作经济福利那样鼓吹积极自由，妄图通过刑法积极创造更多普遍自由（更好地保障人权），那么这里的自由就不是自由本身了，而成为一种人的幸福追求、人们内心的安稳，将其他美好的东西如秩序说成自由，是在偷换概念，这种刑法福利主义实质上就是刑法工具主义或极端社会防卫论。论者将维持社会秩序作为刑法最高目的的价值取向暴露无遗，根据其逻辑，"保障权利"只是实现"维护社会秩序"目的的手段而已，当有更有利于实现社会保护目的之工具时，"保障权利"自然是要让位的，社会保护与人权保障的"一致"是偶然的而不是恒定的。所以，论者的价值

---

[1]　吴爽：《再论存疑有利于被告原则的适用界限》，载赵秉志主编：《刑法论丛》（第23卷），法律出版社2010年版，第195页。

[2]　张兆松：《"刑法存疑时有利于被告原则"质疑》，载《人民检察》2005年第11期，第52页。

[3]　［英］以赛亚·伯林：《自由论》（修订版），胡传胜译，译林出版社2011年版，第174页。

中立是极其虚伪的，是以价值中立之名掩盖将保护社会与保障人权本末倒置之实。由此也就不难理解论者何以绕口地说，A 和 B 都应当互相协调，从而在更大程度上实现刑法的 A 机能：只见社会保护，不见人权保障。

我国《国民经济和社会发展第十四个五年规划和 2035 年远景目标纲要》提出的远景目标是"基本实现国家治理体系和治理能力现代化，人民平等参与、平等发展权利得到充分保障，基本建成法治国家、法治政府、法治社会"，行动指南包括"全面推进依法治国""全面加强人权司法保护，促进人权事业全面发展"，而罪刑法定原则就是上述行动纲要的一个具体"抓手"，罪刑法定是刑法最根本的现代化。如果沿袭传统的重刑主义、刑法工具主义以及积极灵活解释刑法文本"应罚尽罚"，那么这种路径则毫无新意，无从体现国家治理体系和治理能力的"现代化""法治化"，人权的司法保障似乎也并未前进多少。罪刑法定原则的确立本身就说明刑法在人权保障与社会保护之间毫无保留地偏向了前者，可以说"法无明文规定，不得定罪处刑"就已经完成了人权保障与社会保护二元价值之间的冲突裁决，因此"现代刑法采价值中立"是个伪命题。罪刑法定原则"保障公民个人自由空间不受国家侵犯。在这个意义上，法律解释与适用中依据罪疑从无原则，对按照法律规定的字面含义无法归罪的情况不处罚，即使处罚这种行为具有合理的理由"[1]。这就是"存疑有利于被告人"能够作为一项解释原则的价值和教义来源，至此也证成了本书并不是对程序法上"存疑有利于被告人"的盲目滥用和极端造次。

三、揭开障眼法：刑法解释"平衡主义路线"及其方法论真相

支持灵活解释的观点奉行方法论上的"平衡主义路线"："任何刑法解释均应以实现法益保护和人权保障的平衡与协调为出发点"，"如果对存在争议的法律问题，一律得出有利于被告人的结论，一律援引'法无明文规定不为罪'，就无公平正义可言"[2]。诚然，当法律解释没有疑问时，解释

〔1〕［德］扬·约尔登：《两种法律思维范式与罪刑法定原则》，载梁根林、［德］埃里克·希尔根多夫主编《中德刑法学者的对话：罪刑法定与刑法解释》，北京大学出版社 2013 年版，第 72 页。
〔2〕孙谦：《援引法定刑的刑法解释——以马乐利用未公开信息交易案为例》，载《法学研究》2016 年第 1 期，第 160 页。

者完全能够按照这种路线稳步实现人权保障与社会保护之平衡（如侵犯公民个人信息罪中"个人信息"、拒不履行信息网络安全管理义务罪中法定的"信息网络安全管理义务"等要素的解释），但对于事实清楚而法律解释存疑的难办案件，法条含义是否包含待决行为，则不是靠"平衡术"即可决断的。如上所述，反对"存疑有利于被告人"的解释学者坚持的是，解释存疑时"最终起决定性作用的是目的论解释"[1]，那么目的解释在方法论上是否遵循了其自我标榜的"平衡主义"？本书认为，法律解释存疑时不选择"有利于被告人"而采用"有利于实现目的"的解释结论，是冲击罪刑法定的最大危险，所谓的"目的""中立""统一"毋宁只是一种文过饰非的修辞方法。

其一，"目的导向"系追求预防犯罪的刑事政策目的，它天然存在"悖逆刑法文本"的冲动，这是目的解释论与文义解释论之间的最大冲突。昂格尔曾指出："当仅仅乞灵于规则，并从规则推导出结论被认为足以进行每一个权威性的法律选择时，法律推理就是形式主义的；当如何适用规则的决定依赖于如何才能最有效地促进规则所要达到的目的时，这种推理就是目的性的。"[2]所以，目的解释论基本等于实质解释论，实质解释论的解释理由基本就是"有效地促进法益保护目的"。

目的解释论者承认："要使刑法实现保护法益的目的，就需要让刑法针对将来可能发生而又尚未发生的事件发挥作用。只有使刑罚对未来产生预防犯罪的效果，才能实现保护法益的目的。"[3]换言之，法益保护目的通过预防犯罪来实现，实现的手段是惩罚犯罪。因此，目的解释论始终是政策导向的（预防犯罪＝保护法益＝保护社会／保护人民），即始终有一定的倾向而非所宣称的"平衡与协调"，它围绕一个目的"功能性地"展开解释活动。目的解释论的上述政策导向，正处在与形式主义推理所对立的轨道上："如果进行语义解释不能得出符合刑法目的的结论，就要采取其他解释方法，直到得出符合刑法目的的解释结论为止。"[4]这意味着，目的解释论

---

[1]　张明楷：《"存疑时有利于被告"原则的适用界限》，载《吉林大学社会科学学报》2002年第1期，第59页。

[2]　［美］R. M. 昂格尔：《现代社会中的法律》，吴玉章、周汉华译，译林出版社2008年版，第164页。

[3]　张明楷：《刑法目的论纲》，载《环球法律评论》2008年第1期，第25页。

[4]　张明楷：《罪刑法定与刑法解释》，北京大学出版社2009年版，第92页。

最终想要的是"最有利于实现预防犯罪目的"的解释结论,"为了保护法益,必须榨干法条含义"[1],为周延、及时、灵活处罚"值得科处刑罚"的行为寻得方便。

目的解释论正是在刑法解释存疑而入罪的场合,饱受非议。目的解释论者首先指出"任何解释都必须从文理出发,达到刑法分则条文的目的",但文义解释往往并不能得出唯一结论,进而主张"当不同的解释方法得出多种结论或者不能得出妥当结论时,就必须以目的论解释为最高准则(当然应受罪刑法定原则的制约)"。[2]据此,目的解释的基本流程是以文义为起点、以法律目的为终点,从而意图达到文义与目的的珠联璧合,故"目的解释具有决定性""文理解释也具有决定性"。[3]可如果目的解释之结论与文义解释之结论发生冲突该如何选择?这两个处于解释方法体系顶层的标准难道始终能够和谐统一吗?事实上,目的解释论者对刑事政策目的的崇拜使其时常面临的艰巨任务是,"按照目的得出的结论'是否符合文义'",即面临是否符合罪刑法定原则之疑问。目的解释论喜欢从文义背后寻找入罪解释理由,然后再从法条文义上"苦下功夫",直至掏空所有文义可能性,即抬高的总是"目的(目的导向)"、牺牲的总是"文义(规则约束)"。

其二,"存疑有利于目的"是实现入罪灵活解释的最得力工具,其具体解释逻辑与类推解释难分难解。如前所述,目的解释论者从不讳言:"解释的实质的容许范围,与实质的正当性(处罚的必要性)成正比,与条文通常语义的距离成反比。"[4]质言之,行为的法益侵害性越严重,就越有处罚的必要,法益保护目的也就越强烈,因而对刑法用语含义的要求便越低,也就越不需要"严格解释",这就是目的解释论为解释存疑时提供的解决方案。

刘艳红教授指出:"如果因为扩大解释与实质的犯罪论难以截然分清并致后者遭受指责,那么,今后需要进一步讨论的问题恐怕是:以何种方式保证扩大解释进而也等于保证实质的犯罪论及实质的刑法解释不会破坏

---

[1] 张明楷:《罪刑法定与刑法解释》,北京大学出版社 2009 年版,第 3 页。
[2] 张明楷:《刑法分则解释原则》(第 2 版 上),中国人民大学出版社 2011 年版,第 353 页。
[3] 张明楷:《刑法学》(第 6 版 上),法律出版社 2021 年版,第 42 页。
[4] 张明楷:《刑法学》(第 6 版 上),法律出版社 2021 年版,第 50 页。

罪刑法定原则的人权保障机能。"[1]如果承认这一点，那么如何区分扩大解释与类推解释就是最重要的，因为要想保证扩大解释不会破坏罪刑法定原则，就必须做到根据目的解释论作出的实质入罪解释不是"不利于被告人"的类推解释。然而，从"冒充军警人员抢劫"的解释路径可以看出，类推解释与扩大解释的界限何其难以把握，二者都源于"目的性扩张"：扩大解释＝目的解释＋文义扩张；类推解释＝目的解释＋文义扩张。"没有目的的支点所提供的支持，超越概念语义的类推解释根本就不可能展开其正当性的论证"[2]，类推解释与扩张解释的逻辑基础和执行方式没有丝毫区别，二者所不同的只是对文义扩张的程度而已，这种量上的把握只能依靠是否超出"可能具有的含义"。

　　但"可能具有的含义"同时也意味着"可能不具有的含义"，"可能具有的含义"的判断也是模糊不清的，否则目的解释论者就不会无奈地指出："类推解释与扩大解释并没有绝对的界限，也可能类推解释多了就说这是扩大解释。"[3]张明楷教授就如何区分类推解释与扩大解释指出，"当解释结论被一般人接受时，就说明没有超出一般人预测可能性的范围；当一般人对某种解释结论大吃一惊时，常常表明该解释结论超出了一般人预测可能性的范围"[4]，后者就是类推解释。试看一生活场景，王甲的父亲王老甲有一个快递被送到小区"菜鸟驿站"，当王甲去替父亲取快递时，工作人员A告知他："王老甲冒充你父亲取走了快递。"B附和说："嗯，是你父亲冒充你父亲取走了快递。"C言道："对，就是你父亲取走了快递。"若"冒充"包括"充当"，那么不管语言习惯如何，"父亲＝父亲充当父亲＝父亲冒充父亲"，这至少是没有错误的，但A、B的两句让人摸不着头脑的回答，应该会让王甲"大吃一惊"吧！所以，"冒充"的本质是欺骗性的，将真军警人员抢劫认定为"冒充军警人员抢劫"是以目的导向为由而进行的类推解释，违背罪刑法定原则。

　　再如，我国《刑法》第245条规定"非法侵入他人住宅的，处……"

---

[1]　刘艳红：《刑法的目的与犯罪论的实质化——"中国特色"罪刑法定原则的出罪机制》，载《环球法律评论》2008年第1期，第47页。

[2]　劳东燕：《刑法中目的解释的方法论反思》，载《政法论坛》2014年第3期，第83页。

[3]　张明楷：《刑法解释理念》，载《国家检察官学院学报》2008年第6期，第148页。

[4]　张明楷：《罪刑法定与刑法解释》，北京大学出版社2009年版，第128页。

我国学界对此已经形成"通说":侵入住宅包括积极的侵入和消极的不退出。[1]但所谓"入"的含义仅仅是指由外到内的进入,由内到外的动作叫作"出"或者"去","消极的不退出"根本难以被"侵入"所包含。这也正是《日本刑法典》第130条、我国台湾地区所谓"刑法"第306条在条文内同时规定"无故侵入"与"受退去之要求而不退去(或仍留滞)"这两种不同行为构成的原因。[2]学者们在教科书中也是分别讨论"住居侵入罪"与"不退出罪"[3],或者"违法侵入罪"与"违法滞留罪"[4],二者的上位概念是"侵犯居住罪"或"妨害居住自由罪"[5]。无论是《日本刑法典》还是我国台湾地区所谓"刑法",它们规定的都是"侵入"和"不退去"两个并列的汉字词,二者的语义自然是相互区分的。所以,以侵害住宅安宁这种目的解释的理由,将我国《刑法》第245条中的"侵入"之文义扩张为"侵入+不退出",明显是罪刑法定所不容许的类推解释,而非罪刑法定所容许的扩大解释。就此而言,将非法吸收公众存款罪中的"吸收"分为"吸收存款"(入)和"合法存款后经要求取款而银行拒绝"(不出)[6],也不妥当。否则,把财物"盗窃进来"(入)是盗窃罪,"合法保管他人财物后经要求返还而拒不返还"(不出)难道也是不作为的盗窃罪?显然,后一行为是以性质迥异的侵占罪来定性的。

其三,如果不确立"存疑有利于被告人"的价值立场,任何旨在限制"目的解释以扩大解释之名行入罪类推解释之实"的努力必然破产。例如,有学者提出以后果考察的方式限制目的解释入罪扩张风险,认为:"刑法目的解释虽然在刑法解释方法中居于最高位阶而有助于化解不同解释结论的冲突,但亦因标准判断的实质化倾向而存在任意解释的风险,这就需要在后果考察过程中接受检验。"[7]法律方法论中的"后果考察",是指对某种解

---

[1]　参见王作富主编:《刑法》(第4版),中国人民大学出版社2010年版,第79页。

[2]　《日本刑法典》第130条规定:"无正当理由侵入……或者经要求退出但仍不从上述场所退出的,处三年以下惩役或者十万元以下罚金。"我国台湾地区所谓"刑法"第306条规定:"无故侵入……者,处一年以下有期徒刑、拘役或三百元以下罚金。无故隐匿其内,或受退去之要求而仍留滞者,亦同。"

[3]　[日]曾根威彦『刑法各論』(成文堂,2012年)79-83页参照。

[4]　参见甘添贵:《刑法各论》(上),三民书局股份有限公司2010年版,第151页。

[5]　参见林山田:《刑法各罪论》(修订5版上),北京大学出版社2012版,第139页以下。

[6]　参见张明楷:《罪刑法定与刑法解释》,北京大学出版社2009年版,第128页。

[7]　姜涛:《后果考察与刑法目的解释》,载《政法论坛》2014年第4期,第96页。

释方法及其产生的利弊进行全面的客观评估，以论证解释结论的合理性。如果不辅之以"存疑有利于被告人"的价值选择，则后果考察之"后果"永远是"有助于保护法益"。

"后果考察"来源于边沁的功利主义，即后果论。"功利原则，就是根据任何行为对于利益攸关者的幸福看起来必将产生的增减倾向而决定赞成与否的原则；或者用结果相同的话来说，就是根据任何行为对于这种幸福是促进或阻碍而决定赞成与否的原则。"[1] 因此，功利主义的逻辑是"善（good）优先于正当（right）"，评价标准就是后果，解释结论的评价标准就是对解释后果的考察。但问题的关键在于，法律方法论的后果考察应当考察哪一种"后果"？刑罚是一种必要的恶，始终面临保护法益与保障人权的博弈，前述"平衡理论家"尤其承认这一点，那么通过惩罚犯罪即入罪所考察的一个后果是保护法益、另一个后果是保障人权。张明楷教授指出："刑罚的适用，与法益保护成正比，与人权保障成反比。如何既最大限度地保护法益，又最大限度地保障自由，就成为难题。"[2] 在目的解释论这里，提倡目的解释的入罪功效，其实就是在抬高法益保护而压低人权保障，即将法益保护这一后果作为终极标准，若想对这一"后果考察"加以限制，就只能导入与之方向相反的同位力量：对人权保障的考察。

例如，《刑法》第133条规定了"交通运输肇事后逃逸"和"因逃逸致人死亡"，这里的"逃逸"构成了交通肇事罪两个法定刑升格的情节要素。我们如果把后果考察之后果视为"实现规范保护目的"、"鼓励进行救助受害人"（保护生命安全法益），那么就可能倾向于"只要行为人在交通肇事后不救助被害人的，就可以认定为逃逸"，即包含"发生交通事故后，行为人虽然仍在原地，但不救助受伤者"。[3] 如果把司法后果转向关涉被告人的重大权益，即"突破罪刑法定的后果"，就必然会反对上述解释结论；而如果我们把"后果"同时视为"法益保护"与"保障人权"，即二者的权衡，可能什么结论也导不出来。因此，对后果考察而言，最重要的是对"后果"即考察对象的一致性认识。事实总是证明，司法者以及一些解释

[1] ［英］杰里米·边沁：《论道德与立法的原则》，程立显、宇文利译，陕西人民出版社2009年版，第3页。
[2] 张明楷：《刑法学》（第6版 上），法律出版社2021年版，第25页。
[3] 参见张明楷：《刑法学》（第6版 下），法律出版社2021年版，第926页。

学者考察的是法益保护，一切有利于实现法益保护目的的解释论都是合理的或者至少值得为之呼喊。所以，需要导入的是：对被告人有利的目的解释可以采用，对被告人不利的目的解释不能采用。否则，一切为限制目的解释所提供的方案都是徒劳的。

总之，当试图在惩罚犯罪与保障人权之间保持中立的解释学者作出的结论常常导致入罪类推结局时，不禁使人怀疑"平衡主义路线"是否可以大有作为。"规范法律体系原则不可能在遵守规则和实现目的之间统筹兼顾。对目的和结果的关切会带来许多复杂的非法律问题，也会产生许多与规则相反的判决。"[1]因此，"存疑有利于目的"以及"可能的文义"毋宁是掩盖重刑主义解释逻辑的"障眼法"，正如事实存疑时不能承认"可能具有的事实"，文义存疑时也不能采信"可能具有的含义"。

四、网络时代"存疑有利于被告人"的确证：严格解释论之用

刑法解释存在重大疑问时选择"有利于被告人"之结论，这追求的是对刑法文本的严格解释态度，它在刑法适用的具体方法运用上完全能够被实现。这一解释原则面临的最大诘难是："任何法律条文都可能有疑问，即便原木没有疑问，在遇到具体案件时，也会有人为了某一方的利益而制造疑问；如果一有疑问就做出有利于被告人的解释，刑法就会变成一纸废文……刑法理论就不需要展开争论，只要善于提出疑问并知道何种解释有利于被告即可"[2]；"奉行有利被告的解释原则，则只要辩方提出不同于控方的法律解释方案，法院就必须遵从，否则就有悖有利被告的刑法解释原理，但这显然是不可能的"[3]。可以说，上述观点存在对"存疑有利于被告人"和严格解释论的误解。

"存疑有利于被告人"不是任何场合下均提倡有利于被告人的结论，而是要求刑法解释先"释疑"，若仍存在不能排除的"合理怀疑"，则应作

---

〔1〕 ［美］布赖恩·Z.塔玛纳哈：《法律工具主义：对法治的危害》，陈虎、杨洁译，北京大学出版社 2016 年版，第 320 页以下。
〔2〕 张明楷：《刑法格言的展开》（第 3 版），北京大学出版社 2013 年版，第 546 页。
〔3〕 袁国何：《刑法解释中有利于被告人原则之证否》，载《政治与法律》2017 年第 6 期，第 130 页。

出"有利于被告人"之解释结论，这与其在证据法上的运用遵循同样的流程。换言之，"法官应当首先借助于一般的解释方法，从中找到法律的真正意义……如果疑问依然存在，法官则应当作有利被告的解释"[1]，"排除合理怀疑"是"存疑有利于被告人"规则运用的前提工作。"'什么是合理怀疑'并非一个不可回答之题"[2]，它是一种建立在有理由根据和一般常识基础上的怀疑，即一种使理性之人产生犹豫的怀疑，因而排除合理怀疑的证明必须达到这样一种令人确信的程度："一个理性之人在日常生活中面临最重要的事项时不会犹豫并进而据此采取行动。"[3]所以，"排除合理怀疑"离不开社会理性一般人的认知，"因其本质是经验判断，其判断基础是经验法则，因此，在实践中，最便利有效的方法，是诉诸经验与常识，即依靠'常识、常理、常情'。因此，即使是一个普通人，但只要具备正常的思维能力，具有必要的生活经验，依其'三常'而产生的证据判断，就可能是合理的判断"[4]。就此而言，"证据存疑"与"解释存疑"的断定遵循一致的方法。我国台湾地区所谓"最高法院"也在判例中指出："诉讼之证明，须于通常一般之人均不致有所怀疑，而得确信其为真实之程度者，始得据为有罪之认定。"[5]经验法则的作用不限于事实认定，其对于法律文本概念的确定和具体化也具有重要意义，正如张卫平教授所言，要使解释"符合正当性，就只有通过经验法则，将经验法则作为解释的基础。经验法则的运用是抽象概念与具体情形对应的桥梁"[6]。因而，排除解释合理怀疑的基本工具便是一般人的经验法则。

如前所述，"存疑有利于被告人"的反对者在其他场合也承认"应当通过一般人的接受程度判断某种解释是否侵犯国民的预测可能性、是否违反罪刑法定原则"[7]。我们应当放大这种共识，对刑法文本含义是否存疑的确定，需要借助于一般人的理解，正如刑事诉讼过程中被告人、辩护人的

---

〔1〕 [法]卡斯东·斯特法尼等：《法国刑法总论精义》，罗结珍译，中国政法大学出版社 1998 年版，第 140 页。
〔2〕 James Q. Whitman, *The Origins of Reasonable Doubt*, Yale University Press, 2008, p. 206.
〔3〕 肖沛权：《排除合理怀疑及其中国适用》，载《政法论坛》2015 年第 6 期，第 55 页。
〔4〕 龙宗智：《中国法语境中的"排除合理怀疑"》，载《中外法学》2012 年第 6 期，第 1141 页。
〔5〕 林钰雄：《严格证明与刑事证据》，法律出版社 2008 年版，第 162 页。
〔6〕 张卫平：《认识经验法则》，载《清华法学》2008 年第 6 期，第 14 页。
〔7〕 张明楷：《刑法分则解释原则》（第 2 版 上），中国人民大学出版社 2011 年版，第 39 页。

质疑并不都足以动摇法官对事实的认定（否则，排除合理怀疑就没有任何意义），在刑法解释过程中也绝非善于制造疑问者就可完全获得有利于自己的结论，这里重要的是"合理怀疑"而非一切怀疑。例如，"冒充"在一般人的生活语言中就不可能存在"你父亲冒充（充当）你父亲"，所谓"冒充＝假冒＋充当"这种"可能的文义"完全是受处罚目的支配的"拆字游戏"[1]，"留在原地没有逃跑"只能叫作"等待"而不是积极行动的"逃逸"，我们完全能够对此含义提出有根据的质疑。

　　再如，《刑法》第293条规定，"在公共场所起哄闹事，造成公共场所秩序严重混乱的"构成寻衅滋事罪，对"公共场所"的解释也应当且可以做到"释疑—存疑—有利于被告人"。在案例9"彭某某寻衅滋事案"中，一审、二审认定被告人构成寻衅滋事罪的理由是"已造成公共秩序严重混乱"。[2]《刑法》第293条第1款规定："有下列寻衅滋事行为之一，破坏社会秩序的，处五年以下有期徒刑、拘役或者管制……（四）在公共场所起哄闹事，造成公共场所秩序严重混乱的。"2013年9月6日，最高人民法院、最高人民检察院公布的《办理网络诽谤案件的司法解释》第5条第2款规定："编造虚假信息，或者明知是编造的虚假信息，在信息网络上散布，或者组织、指使人员在信息网络上散布，起哄闹事，造成公共秩序严重混乱的，依照刑法第二百九十三条第一款第（四）项的规定，以寻衅滋事罪定罪处罚。"上述第293条中的"公共场所"不能被理解为"网络空间"之场所，第293条以及《办理网络诽谤案件的司法解释》中造成公共（场所）秩序严重混乱也不包括仅仅引起互联网上的"热议"或"关注"。

　　（1）"网络空间"只是一种修辞而已，脱离物理现实空间则"网络空间"并不独立存在。互联网上的所有数据都是作为实物存在的人类通过计算机、手机等进行交流的痕迹，网络只是发表言论的工具，它如报纸、期刊、电台、电视等一样，所不同的只是互联网（尤其是自媒体）与其他媒介相比具有无可比拟的便捷性和低门槛性，任何人可以自由参与到相关言

---

〔1〕 2016年1月6日，最高人民法院《关于审理抢劫刑事案件适用法律若干问题的指导意见》规定："军警人员利用自身的真实身份实施抢劫的，不认定为'冒充军警人员抢劫'，应依法从重处罚。"也就是说，有真实身份的军警人员抢劫的，不是加重情节而是法定刑幅度内的从重情节。

〔2〕 参见山东省济南市中级人民法院（2020）鲁01刑终80号刑事裁定书。

论及其评价中。这种人与人之间的交流媒介不称其为"空间"，正如我们从不将报纸、期刊等媒介视为"空间"。将"网络空间"等同于物理空间、将网络空间的秩序等同于现实空间的公共秩序，其实是基于修辞的自欺欺人，是基于主观唯心主义而非辩证唯物主义。

（2）按照一般人的日常经验，所谓"公共场所"就是如车站、码头、民用航空站、商场、公园、影剧院、展览会、运动场等现实中的场所，是人的身体可以出入的空间处所。《刑法》第291条聚众扰乱公共场所秩序罪规定的构成要件行为是"聚众扰乱车站、码头、民用航空站、商场、公园、影剧院、展览会、运动场或者其他公共场所秩序，情节严重"，本条中的"公共场所"显然是物理性场所，对第293条第1款中的"公共场所"应与之保持相同理解。人们通常所谓的"禁止在公共场所吸烟、吐痰"也绝对只是禁止在这些物理性的公共场所吸烟、吐痰，没有人会理解为包含在网络论坛、主页、留言板上吸"虚拟烟"、吐"电子痰"，"网络虚拟场所"根本就不是"公共场所"，正如"虚拟的人"根本就不是人或者只能是"加引号的人"，即"拟人"。"新东方网络课堂""沪江网校"等也仅仅是虚拟空间的教室或学校而不是"公共场所"，所以它们也只能被冠以"网络"二字。若不承认这一点，则会陷入自我矛盾。

上述司法解释的维护者，一方面承认"在信息网络系统空间中的'公共场所'编造和传播虚假信息，确实不会造成信息网络系统空间中的'公共场所'秩序混乱"，另一方面又认为"这种行为可能造成现实世界'社会秩序'的混乱"。[1]也即，将"公共场所"作了彼此不同的两种解释，但这已经违背了文本的通常含义。现实中的一切几乎都可以呈现到网络空间，将现实公共场所与网络虚拟场所进行对比进而决定可罚性，这种灵活解释显然也不是扩大解释而是类推解释。因此，我们对该司法解释的质疑就是合理的，寻衅滋事罪中编造或传播虚假信息以及聚众起哄闹事的行为必须是发生在"现实空间"的行为并引起"物理性公共秩序"严重混乱，"定义犯罪的主体是立法机构而非法院"[2]，对虚拟网络空间行为的扩张性处罚不应凭借此类灵活解释，这种解释在创设案例的同时也在创设立法。

〔1〕　曲新久：《一个较为科学合理的刑法解释》，载《法制日报》2013年9月12日，第7版。

〔2〕　Zachary Price, "The Rule of Lenity as a Rule of Structure", 72 *Fordham Law Review* 885, 909（2004）.

又如,《刑法》第 253 条之一侵犯公民个人信息罪中使用了"违反国家有关规定"的表述,司法解释对该要素的理解也存在值得怀疑之处。《刑法》第 96 条对"违反国家规定"进行了明确,即"违反全国人民代表大会及其常务委员会制定的法律和决定,国务院制定的行政法规、规定的行政措施、发布的决定和命令";而 2017 年 6 月 1 日施行的《办理侵犯公民个人信息案件的解释》第 2 条规定,"违反国家有关规定"包括"违反法律、行政法规、部门规章有关公民个人信息保护的规定"。也就是说,司法解释将"国家有关规定"作了与"国家规定"不同的解释,前者还包含了法律和国务院行政法规之外的"部门规章",而这种司法上的扩张性理解已经超出了法条中"国家有关规定"的范围,违背了语言和经验的常识,是一种为了扩大处罚范围而作出的"硬解释"。其实,"有关"是一个没有实义的虚词,若刑法没有对"国家规定"进行明确,那么究竟哪些规定属于"国家有关规定"则需要司法解释进行明确,但其本质也只是对"国家规定"本身的解答,而不能超越"国家规定"的范围。"(国家)规定"与"(国家)有关规定"是同义反复而已,其规定之主体仍然是"国家",即《刑法》第 93 条载明的"全国人民代表大会及其常务委员会、国务院"。上述用语是可以通过一般人的常识进行验证的。

上述司法解释将一个《刑法》总则已经作出规定的"旧概念"当作一个"新概念"予以重新解释违背汉语语法习惯、违背生活经验、违背《刑法》第 96 条之要求,存在违背常识的"合理怀疑"。正如刘艳红教授所言,上述灵活解释"与《刑法》第 96 条的规定形成了冲突","将原本不构成犯罪的行为犯罪化等作法,都属于司法上的犯罪化。此种犯罪化要么无成文法依据,要么直接与成文法相背离,若真如此,即使有'良法',也难以实现'善治',更遑论在公众心中留下对刑法公平正义的信仰"。[1]因此,试图绕过《刑法》总则文本的约束而对分则文本添加无实义的"虚词"来扩张入罪范围,违背罪刑法定原则,在合理怀疑之下应当根据"存疑有利于被告人",按照《刑法》第 96 条严格解释"国家有关规定"。

更需指出的是,司法机关对于"违反国家有关规定"的理解适用甚至达到了极端灵活的境地,以至于将该要素直接架空。实践中,关于"违

---

[1] 刘艳红:《刑法的根基与信仰》,载《法制与社会发展》2021 年第 2 期,第 168 页。

反国家有关规定"有四种司法操作：（1）大部分判决书在事实查明、性质
认定等环节虽然提及"国家有关规定"，但从不指明被告人究竟违反哪一
部（哪一条）"国家有关规定"，除《刑法》以及相关司法解释之外绝口不
提其他具体规范。[1]（2）有的司法人员交叉使用"违反国家有关规定"和
"违反国家规定"。例如，法官在"潘某某、洪某某案"中指出，"经审理
查明：2016 年 6 月至 9 月，被告人潘某某违反国家有关规定，利用……本
院认为，被告人潘某某、洪某某违反国家规定……"[2]再如，"朱某某案"
的判决书指出："公诉机关认为，被告人朱某某伙同他人违反国家规定……
本院认为，被告人朱某某为牟取利益，违反国家有关规定……"[3]（3）有
的判决书中只出现"违反国家规定"，而没有提及《刑法》第 253 条之一
以及相关司法解释中的"违反国家有关规定"。例如，在"相某某案"中，
判决书提出："本院认为，被告人相某某违反国家规定，向他人出售、提
供、非法获取公民个人信息，情节特别严重，其行为已构成侵犯公民个人
信息罪。"[4]（4）有的判决书中不仅不提"违反国家有关规定"，也不提"违
反国家规定"。[5]可以说，这种现象是司法人员无视"违反国家有关规定"
这一前提的最极端表现，前文案例 7 "魔蝎公司案"的判决书也属于此类。
在本案中，司法机关将"取得同意的获取"之后的"不删除""违约保存"
行为等同于《刑法》第 253 条之一第 3 款中的"非法获取"，其入罪解释
体现的是灵活解释论，即将《刑法》没有明文规定的"留存"或"不删
除"行为认定为与"窃取"并列的"以其他方法非法获取"，这里也存在
解释疑问。

---

[1]　参见江苏省南通经济技术开发区人民法院（2018）苏 0691 刑初 110 号刑事判决书。有的
　　判决书虽然指明了"国家有关规定"，但也仅是笼统性地指出了某一部规定而非某一条规定，
　　例如："本院认为，被告人华某违反《全国人民代表大会常务委员会关于加强网络信息保护
　　的决定》等国家有关规定，向他人出售公民个人信息，情节严重，其行为已构成侵犯公民个
　　人信息罪。"江苏省无锡市锡山区（2018）苏 0205 刑初 82 号人民法院刑事判决书。
[2]　江苏省徐州市云龙区人民法院（2018）苏 0303 刑初 13 号刑事判决书。
[3]　江苏省江阴市人民法院（2018）苏 0281 刑初 419 号刑事判决书。
[4]　江苏省南京市秦淮区人民法院（2018）苏 0104 刑初 113 号刑事判决书。在"李某案"中，
　　法院在判决书中只提出："本院认为，被告人李某违反国家规定，向他人购买公民个人信息，
　　其行为已触犯刑律，构成侵犯公民个人信息罪。"江苏省如皋市人民法院（2017）苏 0682
　　刑初 676 号刑事判决书。
[5]　参见江苏省南京市秦淮区人民法院（2018）苏 0104 刑初 157 号刑事判决书；江苏省南京市
　　栖霞区人民法院（2018）苏 0113 刑初 163 号刑事判决书。

根据《个人信息保护法》第 13 条，"取得个人同意"之后个人信息处理者可以处理个人信息；根据第 4 条，这里的"处理"包括"个人信息的收集、存储、使用、加工、传输、提供、公开、删除等"；根据第 47 条，如果出现"处理目的已实现、无法实现或者为实现处理目的不再必要"等情形，"个人信息处理者应当主动删除个人信息；个人信息处理者未删除的，个人有权请求删除"。据此，案例 7 中，魔蝎公司在收集、使用个人信息时已经取得他人同意，在处理目的已经实现之后应当及时删除，个人信息权益人也有权要求其删除。魔蝎公司在取得用户同意后，侵犯个人信息权益的行为是"不删除"，这一行为与"存储"是同一的，但不是"收集""加工""传输""提供""公开"，也并未"使用"。侵犯公民个人信息罪只是将"出售或者提供""窃取或者以其他方法获取"两类行为入罪，这对应着《个人信息保护法》第 4 条中的"提供""收集"，也即未经同意而将个人信息"提供出去"和"收集进来"，对于单纯的"存储""不删除"等行为并未犯罪化。

换言之，"存储""不删除"在《个人信息保护法》中是与"收集"相并列的不同类型的行为，收集时取得同意的行为并不属于侵犯公民个人信息罪的实行行为，合法获取之后的"不删除"或"存储"不是"非法获取"，更不是"窃取"。何况，本案中个人信息权益人在出于取得贷款的目的而同意提供其个人信息时，就必然会预料到个人信息可能会被 App 进行存储或不及时删除，在这种自陷风险的情景中，更应当强调个人信息权益人的民事主体性，尊重地位平等、意思自治以及自我救济、民事救济，公权力无须操之过急。所以，从《刑法》《个人信息保护法》的规定看，有理由认为收集获取时取得同意，在此之后的"不删除""存储"行为与未经同意的"窃取或者以其他方法非法获取"是不同性质的两类行为，将"不删除"解释为"以其他方法非法获取"存在合理怀疑。这很容易让人联想到，将"非法侵入"解释为包括"经允许进入后，权利人要求其退出而拒不退出"、将"非法吸收公众存款"解释为包括"金融机构经批准吸收公众存款后，经存款人要求取款而拒绝提取存款"。将两个行为样态和行为方向完全不一样的行为作出完全相同的入罪解释，这种灵活的处理方式违背罪刑法定原则，属于类推解释。由此可见，"存疑时即属类推解释"并不是搬弄是非之谣言。

五、本章小结

网络时代，刑法文本必然存在难以避免的滞后性，对于层出不穷的新型场景和新型行为，立法者注定难以周全，此时对刑法文本的含义进行适度扩大解释也不可避免，但仍有必要强调遵循严格解释之态度。严格解释论不是贝卡里亚时期的绝对罪刑法定、禁止刑法解释，而是强调解释确实存疑时采用有利于被告人的结论，尤其是不能在罪与非罪争议极大的难办案件中秉持"自创先例"的入罪态度。反对"存疑有利于被告人"的解释学者一般采用的是灵活解释论，他们的整体观察是：在欧陆法和英美法上，存疑有利于被告人"仅被视为刑事诉讼法上的证据法则，与实体法之解释无涉"[1]，"这一点在德国、日本以及英美法上没有争议"[2]。但行文至此，可以说这种认识是片面的。

对于《法国刑法典》第 111-4 条明文规定的"刑法应严格解释之"，"法国最高法院的判例对此多次申明，刑法规定只能进行严格解释，法官不能通过扩张与类推的方法进行解释……但是这一原则并不禁止对法律文本作有利于被告的扩张解释"[3]。《国际刑事法院罗马规约》也在第 22 条"法无明文不为罪"中规定："犯罪定义应予以严格解释，不得类推延伸。涵义不明时，对定义作出的解释应有利于被调查、被起诉或被定罪的人。"[4]在日本，有观点主张："禁止类推解释仍旧是罪刑法定主义的支柱。通过运用'存疑时有利于被告'的原则，以'存疑时即属类推解释'这样的严格解释的精神来面对，在实务上恐怕也是非常重要的。"[5]在英美法国家，宽大处理规则（the rule of lenity）也在为"存疑有利于被告人"辩护："宽大处理规则是一个普通法的信条，也被熟知为严格解释（strict construction），这一规则引导法院在解释法律中的含混之处时遵循有利于

---

〔1〕　袁国何：《刑法解释中有利于被告人原则之证否》，载《政治与法律》2017 年第 6 期，第123 页。

〔2〕　张明楷：《刑法学》（第 6 版 上），法律出版社 2021 年版，第 39 页。

〔3〕　卢建平：《法国刑法中的严格解释及其价值取向》，载赵秉志、张军主编：《中国刑法学年会文集（2003 年度）第一卷：刑法解释问题研究》，中国人民公安大学出版社 2003 年版，第 364 页。

〔4〕　［德］阿尔宾·埃泽尔：《解释与类推的区分》，载梁根林、［德］埃里克·希尔根多夫主编：《中德刑法学者的对话：罪刑法定与刑法解释》，北京大学出版社 2013 年版，第 211 页。

〔5〕　［日］山中敬一『刑法総論』（成文堂，2008 年）77 頁。

刑事被告人。"〔1〕所以，"存疑有利于被告人"的解释规则绝非笔者异想天开，它在外国解释学的命运也没有被终结，严格解释论与罪刑法定原则之间具有直接联系。"依罪刑法定之原则，刑法之解释应从严格，所谓罪疑惟轻，以顾全被告之利益，殆为中外古今不易之原则"〔2〕，因而当对刑法文本的解释存在一般人经验法则上的合理怀疑而难以排除时，应当作有利于被告人之解释。网络时代的犯罪认定，不仅涉及事实与规范符合关系的判断，重要的还在于为了最大限度地避免刑罚错用的网络社会风险，体现国家对公民权利的尊重。案件事实（证据的采信）与刑法规范（解释的采用）的符合关系必须达到一定程度，"在这个意义上，无论是案件事实认定上坚持'确实、充分标准'，还是事实与刑法条款符合关系'充足性'或'充分性'的判断，秉持的是一致性的法治逻辑"〔3〕。

　　刑法解释既是一个方法论问题，也是一个价值立场问题，刑法对罪刑法定原则的确立已经否认了解释过程中的"价值中立"，所谓法益保护与人权保障的"平衡主义路线"最终践行的是"存疑有利于（法益保护）目的"，这种网络时代的风险刑法取向产生的功能主义无助于限定类推解释、目的解释、实质解释所带来的刑法扩张风险。因此，当对刑法文本的解释存在一般人经验法则上的合理怀疑而难以排除时，应当作有利于被告人之解释，我们不必对此羞于启齿。"若怀疑，勿行动"〔4〕，"刑法存疑有利于被告人"与"事实存疑有利于被告人"是对司法者的一体化要求，从刑法运行的角度共同保证国家治理的"现代性"。如上所述，《最高人民检察院关于充分履行检察职能加强产权司法保护的意见》第3条已经体现了严格解释论的态度，对此特定案件的解释适用规则应当予以原则化的放大："严格把握罪与非罪的界限标准"，"对于正在办理的刑事案件，法律和司法解释规定不明确、法律界限不明、罪与非罪界限不清的，不作为犯罪处理"。这种"存疑有利于被告人"的刑事一体化原则，对于网络时代刑法解释学知识转型、全面强化人权的刑事司法保障等任务更显必要。

〔1〕 Zachary Price, "The Rule of Lenity as a Rule of Structure", 72 *Fordham Law Review* 885, 885–942（2004）.
〔2〕 韩忠谟：《刑法原理》，北京大学出版社2009年版，第61页。
〔3〕 何荣功：《刑法适用也应遵循"排除合理怀疑"》，载《检察日报》2017年7月6日，第3版。
〔4〕 Tom Bingham, *The Rule of Law*, Penguin Books Ltd, 2011, p. 210.

第六章

网络时代刑法解释的程序正义：
证明简化论之辩驳

在入罪方面，扩张解释既有合理的结论，也有不合理的结论，前者往往被命名为罪刑法定原则所容许的"扩大解释"，后者则被视为罪刑法定原则所不容许（不利于被告人）的"类推解释"。但无论扩大解释还是类推解释，二者的方向都是对文义的扩张、扩展，二者在"解释技巧"上并无差异，区别仅在于"解释理由"及其位阶判断不同，即究竟基于目的解释、文义解释、合宪性解释、体系解释还是历史解释来取舍最终结论，因而二者的界限是极其模糊的，"罪刑法定允许扩大解释"成为掩饰类推解释的最常见说辞。有学者主张，处罚必要性越大则解释的容许范围就越大，解释结论就可以离通常文义更远。[1] 笔者认为，上述命题只是对刑法解释者处罚范围扩张冲动的实然描写，是"以社会危害性决定实质入罪限度"的重复（危害性愈大则入罪必要性愈大，愈需要灵活解释），其最终结局无非：对于具有同样或更大危害的行为，刑法若没有明确规定，则完全可以比照与其最相类似的规定进行处罚。不可否认，解释学者在刑法文本的范围认知上可能存在语文阅读理解的水平差异，但跳出刑法文本而将目光转向程序法，则有一点毫无非议，即对刑法用语的扩张解释是为了降低定罪的证明难度，将证明对象构成要件 A 替换为边缘要素 B，用于证明被告人犯罪事实清楚的证据数量需求更小，追诉的证据成本更低。但是，刑法解释的程序法规则及其后果值得探析。

一、网络时代的扩张解释与证明简化：入罪效率一体化

刑法解释是以文义为起点、以文义为终点的严格解释，文义解释应在解释方法的位阶中居于裁判者位置，只有当目的解释、体系解释、合宪性解释等得出的结论处于文义的通常范围之内时，它们才具有辅助说理的正当意义。随着互联网的兴起，大量传统侵权行为可以通过网络实施，侵权

〔1〕 参见张明楷：《刑法学》（第 6 版 上），法律出版社 2021 年版，第 49—50 页。

成本降低、法益损害扩大，入罪解释、目的解释、实质解释等解释理由崛起，文义解释被弱化，犯罪圈既在实体法上被扩张，也在程序法上可能突破"犯罪事实清楚，证据确实、充分"的底线。

例如，通过信息网络侵犯著作权的行为日益多样，《著作权法》在进入网络时代以后已经过两次修正，但《刑法》第 217 条侵犯著作权罪自 1997 年《刑法》设立之后并未及时调整，这对侵犯著作权罪的司法适用提出了挑战，为了降低证明难度、提升入罪效率，扩张解释大行其道。在《刑法修正案（十一）》之前，《刑法》第 217 条规定："以营利为目的，有下列侵犯著作权情形之一，违法所得数额较大或者有其他严重情节的，处三年以下有期徒刑，并处或者单处罚金……（一）未经著作权人许可，复制发行其文字作品、音乐、电影、电视、录像作品、计算机软件及其他作品的……"关于本条中的"复制发行"，最高司法机关均给予了所谓的"扩大解释"，但本质就是类推解释。这涉及三个司法解释：① 2004 年 12 月 22 日《最高人民法院、最高人民检察院关于办理侵犯知识产权刑事案件具体应用法律若干问题的解释》第 11 条第 3 款规定："通过信息网络向公众传播他人文字作品、音乐、电影、电视、录像作品、计算机软件及其他作品的行为，应当视为刑法第二百一十七条规定的'复制发行'。"② 2007 年 4 月 5 日《最高人民法院、最高人民检察院关于办理侵犯知识产权刑事案件具体应用法律若干问题的解释（二）》第 2 条第 1 款和第 2 款规定："刑法第二百一十七条侵犯著作权罪中的'复制发行'，包括复制、发行或者既复制又发行的行为。侵权产品的持有人通过广告、征订等方式推销侵权产品的，属于刑法第二百一十七条规定的'发行'。"③ 2011 年 1 月 10 日最高人民法院、最高人民检察院、公安部《关于办理侵犯知识产权刑事案件适用法律若干问题的意见》第 12 条规定，"发行"包括"总发行、批发、零售、通过信息网络传播以及出租、展销等活动"。由此可见，侵犯著作权罪中的"复制发行"范围极广。

但我国《著作权法》第 10 条将复制权、发行权、出租权、信息网络传播权作为并列的著作权类型，"复制""发行"的含义十分明确：第 5 项规定，"复制权，即以印刷、复印、拓印、录音、录像、翻录、翻拍、数字化等方式将作品制作一份或者多份的权利"；第 6 项规定，"发行权，即以出售或者赠与方式向公众提供作品的原件或者复制件的权利"；第 7 项规定，"出租权，即有偿许可他人临时使用视听作品、计算机软件的原件或者复制件的权利，计算机软件不是出租的主要标的的除外"；第 12 项规定，"信息网络传播权，即以有线或者无线方式向公众提供，使公众可以在其选定的时间和地点获得作品的权利"。据此，在《著作权法》中，发行的对象是有体性的著作原件或复制件（即"物化载体"），信息网络传播的对象是著作的电子版，出租的对象则是视听作品、计算机软件的有体原件或复制件。[1] 三者的区分是非常明晰的，"信息网络传播""出租"既不是"复制"，也不是"发行"，更不是"复制且发行"。但上述三个司法解释却将所有侵犯著作权的行为一律灵活解释为"复制发行"，甚至依据《著作权法》，出租视听作品、计算机软件的有体原件或复制件外的不属于著作权民事侵权的行为也被解释为犯罪。如此一来，定罪时只需证明被告人实施了"复制、发行、复制且发行"之一即可，且在举证时也不必局限于《著作权法》限定的复制、发行的侵权内容，即便证明其仅实施了利用网络传播他人作品、出租他人作品也可直接入罪。上述司法解释大大降低了侵犯著作权罪的证明难度，但完全无视《著作权法》的规定，违背法秩序统一性，纯属重刑轻民，在知识产权案件"三合一"审理格局中也注定会造成民事侵权与刑事犯罪概念认定冲突的荒诞。[2] 也正是基于此种矛盾，《刑法修正案（十一）》对第 217 条作出重大修改，在"复制发行"行为之外，第 1、第 3、第 4 项明文增设了"通过信息网络向公众传播"这类侵犯著作权的实行行为[3]，也正是立法者修改本条时将二者并列规定，足以印证最高司法机关将后者强硬解释到"复制发行"之中，属于类推解释无

---

[1]　参见吴汉东：《知识产权法》，法律出版社 2021 年版，第 204—209 页。

[2]　参见王迁：《论著作权保护刑民衔接的正当性》，载《法学》2021 年第 8 期，第 14 页。

[3]　现行《刑法》第 217 条规定："以营利为目的，有下列侵犯著作权或者与著作权有关的权利的情形之一，违法所得数额较大或者有其他严重情节的，处三年以下有期徒刑，并处或者单处罚金；违法所得数额巨大或者有其他特别严重情节的，处三年以上十年以下有期徒刑，并处罚金：（一）未经著作权人许可，复制发行、通过信息网络向公众传播其文字作品、音乐、美术、视听作品、计算机软件及法律、行政法规规定的其他作品的；（二）出版他人享有专有出版权的图书的；（三）未经录音录像制作者许可，复制发行、通过信息网络向公众传播其制作的录音录像的；（四）未经表演者许可，复制发行录有其表演的录音录像制品，或者通过信息网络向公众传播其表演的；（五）制作、出售假冒他人署名的美术作品的；（六）未经著作权人或者与著作权有关的权利人许可，故意避开或者破坏权利人为其作品、录音录像制品等采取的保护著作权或者与著作权有关的权利的技术措施的。"

疑[1]，它为实现定罪处罚提供了实体法和程序法上的一体化便利。

更为典型的例子，则是帮助信息网络犯罪活动罪的适用。本罪为 2015 年 11 月 1 日施行的《刑法修正案（九）》所增设，该修正案生效后的第四年，即 2019 年 11 月 1 日，《最高人民法院、最高人民检察院关于办理非法利用信息网络、帮助信息网络犯罪活动等刑事案件适用法律若干问题的解释》（以下简称《办理帮助信息网络犯罪活动案件的解释》）实施，从此之后，办案机关在查证其他犯罪时发现的客观帮助行为很容易被入罪，尤其是在"净网""断卡""严厉打击治理电信网络诈骗"等执法司法行动中，本罪的适用呈现极强的蔓延性。关于帮助信息网络犯罪活动罪，自 2015 年 11 月 1 日《刑法修正案（九）》生效至 2019 年，每年发生的案件数分别为 1 例、2 例、10 例、22 例、81 例，2020 年上升到 2371 例（约为前 5 年总和的 20.44 倍），2021 年则为 17299 例（约为前 6 年总和的 6.96 倍）。[2] 本罪从偶尔适用的"小众罪名"一跃成为"黑马罪名"，无数人（包括大量青年学生）因"帮助行为"而坠入本罪法网。笔者认为，案件激增的根本原因在于前文述及的积极主义刑法观、网络黑灰产源头治理的观念。

早在 2000 年，第九届全国人民代表大会常务委员会第十九次会议通过的《全国人民代表大会常务委员会关于维护互联网安全的决定》（2009 年已修正）就已确定了网络侵害行为的基本范畴，即纯粹侵害网络社会衍生新利益新秩序的行为（如网络黑客）与利用网络新技术实施的传统犯罪。当前网络犯罪呈现的高发态势主要集中在后者，如电信网络诈骗、网络传销、网络赌博、网络谣言等。对于上述为网络犯罪提供帮助行为，则可以通过帮助犯进行处理。例如，《办理诈骗案件的解释》第 7 条规定："明知他人实施诈骗犯罪，为其提供信用卡、手机卡、通讯工具、通讯传

---

[1] 当然，侵犯著作权罪在实践中还存在很多问题，比如：将"复制发行"进行扩张解释之后（包括零售、批发行为），本罪完全覆盖了《刑法》第 218 条销售侵权复制品罪，第 218 条被架空；将提供计算机软件注册序列号的行为等同于通过网络传播他人作品的行为，进而将该行为归入"复制发行"，认定为侵犯著作权罪，但从《刑法修正案（十一）》单独增设第 6 项的行为可以看出，上述解释也属于层层类推解释无疑。

[2] 该数据为笔者在中国裁判文书网以"帮助信息网络犯罪活动罪"（案由）、"帮助信息网络犯罪活动"（全文）、"判决书"（文书类型）三个主题要素进行检索所得，检索日期：2022 年 2 月 12 日。

输通道、网络技术支持、费用结算等帮助的，以共同犯罪论处。"上述规定符合共同犯罪原理，借助传统共犯归责路径只不过是对共犯条款的"注意规定"。但不同于 20 多年前，网络技术应用的普及和帮助门槛的降低导致帮助者与被帮助者之间不必"一对一"单线连接，他们在漫长的链条上往往不再是直接的上下游关系，实行犯与帮助者虽缺少传统的具体意思联络，但联合产生的危害性却丝毫不减，帮助行为累积的危害性更加凸显。如果以正犯为中心"倒查"帮助犯，那么可能面对"正犯无法到案""帮助犯无法追责""共同犯罪故意取证障碍"等特殊情况。

因此，对网络犯罪越来越强调斩断黑灰色产业全链条，从传统的实行犯向前追溯到预备犯、向外扩张到帮助犯并采取单独立法，试图通过新的刑罚措施在传统犯罪之前进行"源头治理"。[1] 例如，为斩断电信网络诈骗犯罪产业链，从 2020 年 10 月开始各地公安机关部署开展"断卡行动"，将贩卖电话卡、银行卡等行为视为"打击整治电信网络诈骗犯罪的要害，为从源头治理电信网络诈骗犯罪提供了指引和思路"[2]。各地"打击两卡犯罪"的核心罪名就是帮助信息网络犯罪活动罪，类似出售"两卡"的帮助行为人往往对被帮助者的具体犯罪行为无从知晓，也不需知晓。对这些帮助行为的积极、严厉、源头整治态度和刑事政策目标，是决定本罪案件数井喷的根本动因。除此之外，在司法技术或技巧上，导致本罪定罪证明简化、追诉效率空前释放的具体原因还有：

其一，灵活的扩张解释方法直接助推了本罪的膨胀，替换了证明对象、降低了证明标准。根据《刑法》第 287 条之二，本罪的主观要件是"明知他人利用信息网络实施犯罪"，客观要件是"为其犯罪提供……支付结算等帮助"，"情节严重"则是整体评价要素。上述客观帮助行为与以往帮助犯没有差别，实践中争议不大。例如：林某因向诈骗罪团伙提供网络语音群呼系统平台（被用于拨打诈骗电话 180 多万次）而被以诈骗罪判处9 年有期徒刑[3]；李某因提供短信群发业务（查实的诈骗短信 14673 条）而被以帮助信息网络犯罪活动罪判处有期徒刑 1 年,缓刑 1 年 6 个月[4]。两名

〔1〕 参见喻海松：《网络犯罪二十讲》，法律出版社 2018 年版，第 100—101 页。
〔2〕 丁丁宁：《推进"断卡"行动要多管齐下》，载《人民公安报》2020 年 11 月 19 日，第 3 版。
〔3〕 参见福建省晋江市人民法院（2014）晋刑初字第 580 号刑事判决书。
〔4〕 参见浙江省松阳县人民法院（2018）浙 1124 刑初 168 号刑事判决书。

被告人都在客观上实施了为诈骗犯罪提供通信传输的帮助行为，之所以最终的定罪量刑存在如此大的差异，是由于对本条中的其他要素的理解。如上所述，立法增设帮助信息网络犯罪活动罪主要针对网络犯罪帮助行为的特殊性，首要体现在共同犯罪故意证明困难，但本罪在构成要件中其实并没有删减任何入罪上的因素，《刑法》第 287 条之二第 1 款与 2011 年《办理诈骗案件的解释》第 7 条的结构没有丝毫差别，均包括"明知他人实施（网络）犯罪 + 为犯罪提供帮助"。

既然如此，刑法解释如何回应网络帮助行为刑事归责的特殊性？[1] 解释者首先考虑的是对"明知"作出与共同犯罪故意之"明知"不同的解释。按照共犯归责原理，无论是否承认片面帮助犯，帮助犯的成立总需要犯罪故意，这种"故意"按照《刑法》第 14 条是指"明知自己的行为会发生危害社会的结果，并且希望或者放任这种结果发生"。换言之，帮助犯的"明知"与《刑法》第 14 条故意犯罪的"明知"完全一致，这里的"明知"一定是"实际认识到"，这在第 14 条中是不存在分歧的。那么，帮助犯的主观方面应当是"明确知道"（明知＝确知）自己的帮助行为必然或可能发生促成正犯的法益侵害性，并且希望或放任这种帮助结果的发生。然而，对于《刑法》第 287 条之二中的"明知"，司法上普遍认为包括"知道或应当知道"。如齐某某被一审法院认定为帮助信息网络犯罪活动罪，齐某某上诉称其"不明知他人犯罪"，二审法院认为，"齐某某以营利为目的，不审查他人用其身份信息办理的营业执照和对公账户是否合法使用，即为他人办理营业执照和对公账户，任由他人使用，致使其账户被他人用来实施电信网络诈骗……据此可以认定，齐某某应当知道他人使用其提供的对公账户用于犯罪活动"[2]。将"明知"解释为"知道或应当知道"明显在《刑法》第 14 条之外纳入了新的主观要素，属于扩张解释方法，因为"应当知道"毕竟包括了"应当知道且实际上知道"（有认识）和"应当知道但实际上不知道"（无认识），后者本就是"不知"而非"明知"。解释者之所以要对《刑法》分则中的"明知"作出与第 14 条"明

---

〔1〕 这就是帮助信息网络犯罪活动罪生效之后的最大争议，加之办案人员对"情节严重"的认知也十分模糊，因而在 2019 年 11 月 1 日《办理帮助信息网络犯罪活动案件的解释》实施之前，本罪的案件量并没有明显提升。

〔2〕 河南省洛阳市中级人民法院（2021）豫 03 刑终 327 号刑事裁定书。

知"不同的解释，显然是为了通过"应当知道"扩大犯罪圈，这是实体上的解释理由和解释技巧。

在构成要件被扩张之后，证明对象自然被改变，这也是扩张解释的程序目的。例如，有观点认为，网络黑色产业链中的帮助者只需知道自己的工作内容将促使下游产业"有较大可能实施犯罪活动"即可，"明知"的含义应落脚于："帮助者明确知道或应当知道自己的行为具有非法性，且相信自己的帮助行为能极大程度、高概率引起无意思联络的受助者借以利用信息网络实施犯罪活动。"[1]还有观点主张，帮助信息网络犯罪活动罪的"明知"包含"知道"和"或许知道"。[2]但是，"或许知道"包括"可能知道""可能不知道"两种情况，该观点将本罪的主观状态从"确知"（一定有认识）扩张到"莫须有"（也许有认识），这在扩张解释的同时也显然降低了对主观罪过的证明：只要行为人对帮助行为的"不正当"有大致心理认识即可。比如，在"全国首例微信解封案"中[3]，被告人雇用他人为大量限制登录的微信号进行解封。微信账号之所以被平台封号，是平台管理者对违反规则行为的处罚。按照上述扩张解释路径，只要被告人"可能知道"被封账号被用于犯罪即可，即便其实际上并不知道被帮助者究竟违规、违法还是犯罪。因此，入罪扩张解释在证据上的连带表现就是替换了原先的证明对象：只要证明被告人认识到微信平台提示的被封账号涉嫌违规、违法或犯罪（没干好事）即可，根本不需要更多证据证明被告人"确实知道"被帮助者"利用信息网络实施犯罪"。基于上述"便捷的"司法方法，本罪的爆炸式增长是必然的。

其二，认罪认罚从宽制度在一定程度上缓解了"控辩对立"，但"控辩平衡"并未同步实现。在所有诉讼环节，无罪抗辩被主动放弃、有罪指控畅通无阻，这是带动本罪激增的司法程序制度因素。2018年10月26日，新修改的《刑事诉讼法》正式确立了认罪认罚从宽制度；2019年10月11日，最高人民法院、最高人民检察院、公安部、国家安全部、司法

---

[1] 江溯：《帮助信息网络犯罪活动罪的解释方向》，载《中国刑事法杂志》2020年第5期，第93页。

[2] 参见郝川、冯刚：《帮助信息网络犯罪活动罪的"明知"应包含"或许知道"》，载《检察日报》2020年9月23日，第3版。

[3] 参见浙江省杭州市江干区人民法院（2020）浙0104刑初413号刑事判决书。

部联合印发的《关于适用认罪认罚从宽制度的指导意见》进一步推动了该制度的落实。

从规范目的上看，认罪认罚从宽制度旨在实现两大预期：一是通过控辩协商机制充分实现"宽严相济"的从宽要求，引导和激励被追诉人认罪认罚，从而在惩治犯罪的诉讼中最大限度地实现人权保障；二是以认罪认罚为前提实现案件繁简分流、快速办理，从而最大限度地提高司法效率。所以，认罪认罚从宽制度不局限于实体法或者程序法的单一视角，而是充分考虑实体与程序之间的内在联系以兼顾实体公正、诉讼经济等多种价值目标。[1]但由于我国控辩协商制度存在控辩平衡结构的天然不足（如刑事辩护率低、审前羁押率高、值班律师制度虚化），"认罪认罚从宽"在实践中往往片面强调了"案多人少"情势下的"效率优先"（从简从快），这可能导致上述两大预期主次颠倒，"若隐若现地关联着'权力便宜化'的价值选择"[2]。基于诉讼效率的考虑，办案机关适用认罪认罚从宽制度有两个直接动机：一是在案件存在定罪困难或不确定性时，通过司法协商，促使被追诉人认罪认罚，从而克服这种困难，消除不确定性；二是通过协商性司法"简化证据调查"，免除或简化审判。[3]上述动机也明显体现在帮助信息网络犯罪活动罪的定罪实践中，大致可以对应为两种表现：

（1）通过被告人认罪认罚消解网络犯罪"帮助意思"的证明困难，以"从宽"为条件协商换取被告人自认"明知"。例如，帮助解封微信账号的行为属于《办理帮助信息网络犯罪活动案件的解释》第11条"其他足以认定行为人明知"的兜底情形，这种"明知"的认定本就模糊。判决书指出："被告人高某、张某在侦查阶段认罪认罚……上述事实，被告人高某、张某在开庭审理过程中并无异议。"因而，基于被告人对"指控事实"的自愿认可，办案人员可以不必对如何认定"其他足以认定行为人明知"进行任何的"证明"，甚至法官最终在裁判依据中也不需要对第11条作出

---

〔1〕 参见孙长永：《认罪认罚从宽制度的基本内涵》，载《中国法学》2019年第3期，第221页。

〔2〕 左卫民：《认罪认罚何以从宽：误区与正解——反思效率优先的改革主张》，载《法学研究》2017年第3期，第175页。

〔3〕 参见龙宗智：《完善认罪认罚从宽制度的关键是控辩平衡》，载《环球法律评论》2020年第2期，第6页。

任何的"说明"。[1] 将被告人对事实的认可转化为法律适用上的罪名认可（认罪），但被告人未必对犯罪主观要件有多少理解（如"明知"是否包括"应当知道"）[2]，被告人很可能基于"尽早"认罪认罚从宽而不进行构成要件符合性的抗辩[3]，这解决了定罪上的最大困难，消除了不确定性。

（2）虽然《刑事诉讼法》并未降低认罪认罚案件的证明标准，可一旦被告人放弃抗辩，办案人员在效率优先的引导下，必然简化对构成要件符合性的证据审查。比如，认罪认罚案件可以适用速裁程序、简易程序，不受证据出示程序等限制，甚至不需要进行法庭调查、法庭辩论，因而在这些案件中法官对被告人"明知"的认定不必给出任何证据上的证明。[4] 而且，我国认罪认罚从宽制度贯穿于侦查、公诉、审判的全流程，《刑事诉讼法》第 201 条中规定，"对于认罪认罚案件，人民法院依法作出判决时，一般应当采纳人民检察院指控的罪名和量刑建议"。这意味着被告人认罪认罚之后，"法院对起诉罪名的接纳成为定局"[5]，消除了无罪处理的可能性，为"高定罪率"扫清了追诉上的障碍——最大限度地简化定罪证明。

二、证明简化的刑法解释学方法辨析：以"明知"为例

通过扩张解释将范围更小的构成要件 A 替换为范围更大的构成要件 B，则定罪时只需证明达到最低限度的构成要件符合性即可。如案例 3 中，公诉机关指控被告人构成帮助信息网络犯罪活动罪的理由是，其知道或者应当知道他人可能实施违法行为。[6] 这意味着，只需从一般客观要求上证明被告人有预见义务、应当知道即可，即便其实际并不知道也可以定罪。

---

[1] 参见浙江省杭州市江干区人民法院（2020）浙 0104 刑初 413 号刑事判决书。法院只对被告人的行为符合"情节严重"作出了裁判依据的说明，即依照《办理帮助信息网络犯罪活动案件的解释》第 12 条第 1 款第 1 项、第 4 项。

[2] 有的案件中，尽管被告人对指控的犯罪事实、罪名无异议且自愿签署认罪认罚具结书，但辩护人也会就"不构成明知"提出辩护意见。参见河南省信阳市浉河区人民法院（2021）豫 1502 刑初 71 号刑事判决书。

[3] 《关于适用认罪认罚从宽制度的指导意见》第 9 条规定："在刑罚评价上，主动认罪优于被动认罪，早认罪优于晚认罪，彻底认罪优于不彻底认罪，稳定认罪优于不稳定认罪。"

[4] 简易／速裁程序在省略审理程序的同时也一并省略判决说理，"判决书简短化"成为常态（既然被告人已认罪，故多说无益），有的判决书正文仅 900 字。参见湖南省怀化市鹤城区人民法院（2021）湘 1202 刑初 341 号刑事判决书。

[5] 陈瑞华：《刑事诉讼法》，北京大学出版社 2021 年版，第 344 页。

[6] 参见陕西省平利县人民法院（2021）陕 0926 刑初 22 号刑事判决书。

帮助信息网络犯罪活动罪的客观要件是没有定型的客观帮助行为，因而在2019年《办理帮助信息网络犯罪活动案件的解释》出台之前，对本罪构成要件的理解难题主要集中于"明知"不明、"情节严重"模糊。《办理帮助信息网络犯罪活动案件的解释》第12条以"6个具体＋兜底"的常规方式规定了"情节严重"的范围，虽然将"二年内曾因……受过行政处罚，又帮助信息网络犯罪活动"作为整体入罪标准面临一定争议，但包括该项在内的所有罗列情形（如对象个数、支付结算金额）都不存在证明障碍，因而也无证明简化之动因。于是，本罪在解释学上"大有可为"之处主要是"明知"，扩张解释该主观要素的出发点和落脚点均在于简化定罪证明。

（一）"明知"要素的范围：平义说之提倡

对"明知"的理解可分为两个问题，即"什么是明知"与"明知的对象是什么"。对于前者，《办理帮助信息网络犯罪活动案件的解释》第11条并未像传统司法解释那样将"明知"解释为"知道或应当知道"，而是采用"6个具体＋兜底＋允许反证"的方式进行了细化。但这并不意味着传统解释在司法中消失，尤其是当行为不符合前六项具体规定时，应如何理解第7项"其他足以认定行为人明知的情形"，司法解释并未明确解答而是采用裁量型的综合认定[1]，因而"知道或应当知道"等解释思维依然活跃。

实践中，办案人员对"明知"的把握主要有四种情况：第一，在列举相关事实之后，直接认定"明知"，不触及"知道或应当知道"之类的争议标准，这种"简化"是有罪认定的常态，在认罪认罚案件中尤甚。但是，这并不意味着控辩审各方对"明知"的范围认知清晰。第二，继续使用"知道或应当知道"。例如，在"邓某出借支付宝账号案"中，邓某辩称"对他人利用信息网络实施犯罪不明知"，法院则认为，"邓某多次将其支付宝借给他人使用，每次都有大额资金走账，并将走账记录予以删

---

[1] 2021年6月17日，《最高人民法院、最高人民检察院、公安部关于办理电信网络诈骗等刑事案件适用法律若干问题的意见（二）》第8条规定，涉银行卡、电话卡等帮助行为的"明知"应根据行为人行为的"次数、张数、个数，并结合行为人的认知能力、既往经历、交易对象、与实施信息网络犯罪的行为人的关系、提供技术支持或者帮助的时间和方式、获利情况以及行为人的供述等主客观因素，予以综合认定"。

除，因此可以看出被告人邓某知道或者应当知道他人利用信息网络实施犯罪"。[1]第三，仅使用"应当知道"。例如，在"宋某出售'两卡'案"中，公诉机关指控的内容是，被告人主观上应当知道他人利用信息网络实施犯罪，而为他人犯罪提供支付结算帮助，情节严重。[2]又如，在"齐某某出售银行卡案"中，齐某某上诉称"不明知他人犯罪"，二审法院则认为，"齐某某以营利为目的，不审查他人用其身份信息办理的营业执照和对公账户是否合法使用……据此可以认定，齐某某应当知道他人使用其提供的对公账户用于犯罪活动"。[3]第四，将"明知"与"应当知道"并列使用。[4]例如，在"罗某出借银行卡案"中，法院认为罗某明知或应知他人利用信息网络实施犯罪，为其提供支付结算账户，情节严重。[5]甚至有法院直接指出，明知包括明知和应当知道。[6]可见，司法人员对"明知"的认知相当不明，甚至为了定罪可以将"应当知道"作为"明知"的"编外替补"。

除了《刑法》第287条之二，"明知"在我国《刑法》分则中还有44处，理论上对该要素的理解也相当多样，基本可以分为广义说和狭义说。

广义说除前文述及的"知道＋应当知道"和"知道＋或许知道"外，还有其他不同理解，但几乎都以二者为中心。例如，有观点认为，"明知"包括"确知＋或知"，"或知"是根据案件的具体情况可以判断行为人可能知道的概率很大，可能知道的盖然性远远高于可能不知道。[7]这基本是"知道＋或许知道（很大可能知道）"的翻版。还有观点主张用"有理由知道"代替"应知"，即"明知"包括"知道或有理由知道"，但正如论者自认的那样，"有理由知道"与"应当知道"并无实质对立，只是比"应知"

〔1〕 上海市浦东新区人民法院（2020）沪0115刑初5591号刑事判决书。
〔2〕 参见四川省成都市双流区人民法院（2020）川0116刑初622号刑事判决书。
〔3〕 河南省洛阳市中级人民法院（2021）豫03刑终327号刑事裁定书。
〔4〕 《刑法修正案（十一）》颁布之前，《刑法》第219条第2款规定："明知或者应知前款所列行为，获取、使用或者披露他人的商业秘密的，以侵犯商业秘密论。"这表明，"明知"与"应当知道"是并列关系而不是包含关系。《刑法修正案（十一）》删除了"或者应知"而仅保留"明知"，这意味着"应当知道"从构成要件中消失，不能将"应当知道"归入"明知"。
〔5〕 参见福建省建瓯市人民法院（2021）闽0783刑初115号刑事判决书。
〔6〕 参见河北省吴桥县人民法院（2021）冀0928刑初39号刑事判决书。
〔7〕 参见阴建峰:《准确把握帮助信息网络犯罪活动罪"明知"之内涵》，载《人民法院报》2021年6月24日，第2版。

更为贴切而已。[1]

狭义说则认为，"明知"就是"明确知道"，属于直接故意、确定的故意。例如，有学者主张应将《刑法》第 287 条之二中的"明知"仅理解为明确的认识，如果仅对他人网络犯罪存在可能性认识和间接故意即可能构成犯罪的话，那么这会导致网络服务提供者必须挨个审查其所服务的对象，以免面临刑事风险，这与目前被广泛承认的基本原则——网络服务提供者对他人违法内容不承担主动监督、调查义务相冲突。[2]还有学者指出，"明知"即对他人正在或将要利用信息网络实施犯罪行为"明确知道"，如果只是因为行为人知道他人可能利用其帮助行为进行犯罪就认定行为人成立本罪，那么就过于扩大了本罪的适用范围，这种严苛的刑罚提高了网络服务提供者的经营成本且加大了经营风险。[3]在上述"齐某某出售银行卡案"中，法院定罪的实质就是赋予被告人（普通自然人）审查义务，当不审查被帮助者是否合法使用（不管不顾）时，就被认定为"明知"（应当知道）。这种主动审查义务比《办理帮助信息网络犯罪活动案件的解释》第 11 条的"经监管部门告知后仍然实施有关行为""接到举报后不履行法定管理职责"等被动审查监管作为义务更加严格。因此，狭义说对广义说的批评具有合理之处。

但是，狭义说将"明知"限定为"直接故意""确定的故意"存在处罚范围过小的弊端，这涉及《刑法》总则中"明知"与分则中"明知"的关系问题。总则中的"明知"即第 14 条故意犯罪的"明知"，分则中的"明知"是具体个罪的特殊认识，如第 310 条窝藏、包庇罪中的"明知是犯罪的人"。本书认为，二者在"什么是明知"这一问题上没有不同，理论上对两类"明知"功能地位的分歧是关于第二个问题，即"明知的对象是什么"的理解不同。将《刑法》总则第 14 条"明知自己的行为会发生危害社会的结果"理解为"明知自己的行为必然会发生……"或"明知自

---

〔1〕 参见李亚琦：《审慎认定帮助信息网络犯罪活动罪中的"明知"》，载《人民检察》2019 年第 3 期，第 78 页。

〔2〕 参见王华伟：《网络语境中帮助行为正犯化的批判解读》，载《法学评论》2019 年第 4 期，第 138 页。

〔3〕 参见孙运梁：《帮助信息网络犯罪活动罪的核心问题研究》，载《政法论坛》2019 年第 2 期，第 84 页。

己的行为可能会发生……"[1]，即"明知＝认识到必然会或认识到可能会"，就认识要素而言，二者都是已经"实际知道"而非应当知道、可能知道（"知道可能……"≠"可能知道……"）。[2]分则中的"明知"是对某种特定要素的认识，它是相关犯罪主观罪过的前置条件，如在《刑法》第138条教育设施重大安全事故罪中是成立"有认识过失"之前提，在其他故意犯罪中是成立犯罪故意之前提。

行为人只有明知他人利用信息网络实施犯罪，才会进一步"知道自己提供帮助的行为会发生促进网络犯罪实施的危害结果，希望或放任这种结果的发生"；行为人只有明知校舍有危险，才会进一步成立"预见自己的行为会发生危害公共安全的结果，但轻信能够避免"。因此，分则中的"明知"与总则中的"明知"在"什么是明知"这一问题上的答案是完全一致的，即"知道必然……"或"知道可能……"。两个"明知"的不同之处是：总则中"明知"的对象是行为的社会意义和法益侵害结果，代表实质故意概念；分则中"明知"的对象仅是具体事实（如"假药""盗伐滥伐的林木""犯罪所得及其产生的收益"），它是《刑法》第14条故意犯罪的"明知"和第15条"过于自信的过失"中"已经预见"的认定前提。就此而言，帮助信息网络犯罪活动罪的"明知"是指知道他人必然会或者可能会利用信息网络实施犯罪，前者是直接故意（确定的故意）之"明知"的前提，后者是间接故意（未必的故意）之"明知"的前提，本罪完整包括两类犯罪故意，即《刑法》第287条之二的"明知"包括"知道必然……"或"知道可能……"两种情形。这种理解既不是广义说也不是狭义说而是平义说，兼顾了"明知"的含义范围和帮助信息网络犯罪活动罪的处罚范围。

（二）"应当知道"：将故意犯解释成过失犯

在广义说中，"应当知道"是理论和实务上的较强势说。将"明知"从"知道"向"应当知道"扩张的过程，实际上是替换犯罪构成要件的过

---

[1]　参见王爱立主编：《中华人民共和国刑法条文说明、立法理由及相关规定》，北京大学出版社2021年版，第31页。

[2]　前者意为 B 认识到 B 可能会利用信息网络实施犯罪；后者涵盖"A 认识到，也可能未认识到"B 可能会利用信息网络实施犯罪，"可能未认识到"意味着"不知道""不明知"。

程，即将证据要求更高、证明难度更大的"实际知道"替换为不必行为人实际知道的"应当知道"。这种只要证明"应当知道""应当认识""应当预见"的解释结论，其实是将故意犯扩张到过失犯。也许有人会质问：按照上述观点，司法解释、立法解释将"明知"解释为包括"应当知道"岂不都是在进行罪刑法定所不容许的类推解释？本书认为，"明知是指知道或应当知道"被写进立法解释、司法解释，该命题似乎也已凝集成某种共识或潜意识认知，进而不自觉地将之带入有罪判决，但超越了"明知"的含义，确实违背罪刑法定原则。

对于《刑法》分则中的"明知"，立法解释、司法解释的规定方式有两类。第一类即成文的"知道或应当知道"，这是最原始、最有影响的理解。如《刑法》第 145 条规定的犯罪情形之一是"销售明知是不符合保障人体健康的国家标准、行业标准的医疗器械、医用卫生材料……对人体健康造成严重危害的"。2008 年 6 月 25 日《最高人民检察院、公安部关于公安机关管辖的刑事案件立案追诉标准的规定（一）》第 21 条第 2 款规定："医疗机构或者个人知道或者应当知道是不符合保障人体健康的国家标准、行业标准的医疗器械、医用卫生材料而购买并有偿使用的，视为本条规定的'销售'。"这也反映在立法解释中，如 2014 年 4 月 24 日《全国人民代表大会常务委员会关于〈中华人民共和国刑法〉第三百四十一条、第三百一十二条的解释》明确强调："知道或者应当知道是刑法第三百四十一条第二款规定的非法狩猎的野生动物而购买的，属于刑法第三百一十二条第一款规定的明知是犯罪所得而收购的行为。"在诸如此类的解释惯例下，"明知 = 知道或应当知道"根深蒂固。

第二类方式是不明文解释为"知道或应当知道"，而是强调"明知"的综合认定。例如，2009 年 11 月 11 日施行的《最高人民法院关于审理洗钱等刑事案件具体应用法律若干问题的解释》（以下简称《审理洗钱案件的解释》），第 1 条对《刑法修正案（十一）》修改前的洗钱罪之"明知"提出了"综合认定 + 列举"的方式："应当结合被告人的认知能力，接触他人犯罪所得及其收益的情况，犯罪所得及其收益的种类、数额，犯罪所得及其收益的转换、转移方式以及被告人的供述等主、客观因素进行认定。具有下列情形之一的，可以认定被告人明知系犯罪所得及其收益，但有证据证明确实不知道的除外……（六）协助近亲属或者其他关系密切的人转换或者转移与其职业或者财产状况明显不符的财物的;(七)其他可以认定行为人明知的情形。"虽然该司法解释没有规定"应当知道",但司法实践中办案人员仍会以"应当知道"为由定罪,综合认定仍指向"应当知道"。

例如,揭某珍系车管所民警,将自己的一张银行卡和股票账号交给父亲揭某春,揭某春将股票变现并将钱款转入自己银行卡,后因女儿揭某珍犯受贿罪等,揭某春被指控为女儿洗钱。办案机关的理由是,结合揭某珍车管所民警的公职身份以及刑拘前后揭某春在揭某珍家中居住的事实,从一般社会常识和揭某春的认知出发,揭某春知道或应当知道上述款项极有可能与揭某珍的受贿行为有关。揭某春辩称,其并不明知女儿的钱款是犯罪所得,不能根据一般常识认定其应当知道,而且揭某春系喉癌晚期患者,子女有事情,家属有可能不告诉他,这也是人之常情。[1]

在本案中,有罪判决显然是依据上述《审理洗钱案件的解释》第1条第6项推定被告人存在"应当知道",即构成"明知"。但问题的关键在于,身患绝症的父亲完全可能对女儿的财产状况一无所知,更何况"炒股"等理财渠道的存在完全有可能使财产状况与薪资不成正比,认识到"收入大于薪资"也并不意味着认识到"多余财产系犯罪所得",因此本案并没有做到"排除合理怀疑"。司法机关将"明知"解释为"应当知道",被证明的对象从故意犯要求的"揭某春认识到、预见到"转向了更容易证明的"揭某春应当知道"(即"应当预见"),主观认识的认定标准从故意要求的"行为人"标准(被告人实际知道)转向了"抽象一般人"或"行为人所属的一般人"标准,用"一般社会常识"推定被告人"明知",可被告人的抗辩也十分有力,即女儿不会将所有事尤其是"坏事"告诉身患绝症的老父亲,这也是社会常情。因此,本案是用客观一般人的行为标准推定"应当知道""应当预见",即便行为人"应当预见而没有预见"他人利用网络实施犯罪,也未影响到定罪。这其实转向了最低限度的主观规则,即疏忽大意的过失,证明责任大大降低。

近些年的司法解释对"明知"的认定趋向于第二类方式,如2021年6月17日公布的《办理网络诈骗案件的意见(二)》第8条对帮助信息网络犯罪活动罪中的"明知",2021年8月11日施行的《最高人民法院、最

---

[1] 参见江西省南昌市中级人民法院(2017)赣01刑终92号刑事判决书。

高人民检察院关于办理窝藏、包庇刑事案件适用法律若干问题的解释》第5条对窝藏、包庇罪中的"明知"等均采取"结合行为人的认知能力……主客观因素予以综合认定"的思路。在此类解释中，原始的第一类方式即"应当知道"从条文中被抹去，这值得肯定，但固有的认定观念仍未消失，"应当知道"始终会被理解为"明知"的下限。[1] 这实现了定罪证明的简化，但却以入罪类推解释为代价，最终将帮助信息网络犯罪活动罪等故意犯解释进了过失犯的疆界：主观罪过要件被替换，实行行为的重心连带变异为违反审查注意义务（例如，应审查"两卡"的用途而未审查）。

三、证明简化的刑事证据规则之检视：刑事推定的尺度

主观方面并不是客观呈现出来的而是借助于客观事实推知的，"明知"的认定同样如此，但"明知"的推知在证据方面仍然需要遵循刑事诉讼法上的证据法则和证明标准。为了解释"明知"，学者们制造出不少名词，如将主观认识的层级划分为"确知—实知—或知—应知—确实不知"或者"确实知道—应当知道—确实不知道"，除"确实不知"以外，其他分类都被认为是"明知"的范畴。[2] 有的论者认为："确知"是有口供等证据直接证明被告人确切知道；"实知"是没有口供等直接证据但有其他证据足以证明被告人确实知道；"或知"是根据案件具体情况可以判断被告人"可能知道"的概率很大，盖然性远高于"可能不知道"；"应知"是非典型明知，其中绝大多数情形属于"实知"、少数是"推定的明知"。[3] 姑且不论这些概念在汉语上能否被区分（如"应知"与"确实不知"是否重合），单从分类标准上可明显看出，上述分类是基于"明知"的证明方法而不是"明知"的实体内涵，即混淆了"证明的对象"（犯罪主观要件 A）和"证明 A 的方法"。实际上，从"确知"到"应知"的分级过程是越发不需要直接证据的过程，最终是为了降低证明难度和证明标准。若以此倒推"明

---

〔1〕　主观"明知"的淡化也意味着客观归罪的强化，比如，办案人员往往是因他人实施犯罪而查证转账银行卡，由银行卡倒查出租出售者，缺少"明知"要素的门槛作用，出租出售者便会因客观上帮助他人的行为而被客观归罪。

〔2〕　参见刘宪权、房慧颖：《帮助信息网络犯罪活动罪的认定疑难》，载《人民检察》2017 年第 19 期，第 12 页；周光权：《明知与刑事推定》，载《现代法学》2009 年第 2 期，第 109 页。

〔3〕　参见周光权：《明知与刑事推定》，载《现代法学》2009 年第 2 期，第 109 页。

知"的含义，进而再将包括"应当知道"等多重含义的"明知"推广到个罪适用，实有循环论证之嫌。因此，如何解释帮助信息网络犯罪活动罪中的"明知"，还需程序法上的专门思考，"证明简化"应接受程序规则的特别检验。

（一）实践中"推定"的证明标准：优势证据抑或排除合理怀疑？

有观点认为，应当保守或善意地解读司法解释中"明知是指知道或应当知道"这一命题，司法文件规定"应当知道"的本意是"推定行为人明知（知道）"。[1]这种对司法解释的"再解释"属于一厢情愿且不符合刑法解释学的研究方法，因为如上所述，对"明知"的解释属于实体法上的"证明对象"（构成要件）而非"证明方法"，前者是后者的前提，后者不能用于论证前者存在的合理性。更何况，只要承认"明知包括应当知道"，办案人员总会找到退而求其次的办法——从"推定知道"后退为"推定应当知道"。不过值得认同的是，上述观点也揭示了"明知"的司法证明方法：刑事推定。

在证据法理论上，刑事推定尽管常常面临与"推断""推论""推理"等概念的纠缠[2]，但作为犯罪构成要件要素的司法认定方法[3]，理解刑事推定的关键不在于定义而在于方法本身。具体而言，为了证明犯罪构成要件中某一犯罪事实 A，"推定"的结构是：先证明事实 B，然后根据 B 来认定 A。其中，B 是"基础事实"，A 是"推定事实"，基础事实是推定事实成立的前提，推定事实的成立并不是根据证据事实直接推导出来的结论，而是裁判者借助"基础事实"和"推定规则"进行综合裁定的结果，基础事实与推定事实之间并没有建立起必然的因果关系而是存在逻辑推理上的跳跃。因此，"推定对司法证明具有一种替代作用，是以特殊方式认定案

---

〔1〕 参见王新：《我国刑法中"明知"的含义和认定——基于刑事立法和司法解释的分析》，载《法制与社会发展》2013 年第 1 期，第 73 页。

〔2〕 参见窦璐：《刑事推定辨正》，载《政治与法律》2017 年第 11 期，第 104—107 页。

〔3〕 "推定"分为法律推定（立法型推定）和事实推定（司法型推定），前者是立法者在法律中规定的推定（如《刑法修正案（十一）》推定不满 12 周岁的儿童对所有犯罪行为无刑事责任能力，巨额财产来源不明罪中的"不能说明来源的，差额部分以非法所得论"），后者是司法上作为特殊证明方法的推定（如对"明知""非法占有目的"等主观要素的推定），本书的"推定"即指事实推定、司法型推定。

件事实成立的方法"[1]。

　　例如，《刑法修正案（十一）》之后，对于"他洗钱"其实仍需"明知"要素。[2]《审理洗钱案件的解释》第 1 条第 2 款规定了"可以认定被告人明知系犯罪所得及其收益"（推定事实 A）的七类情形，除第 7 项为兜底条款之外，前六类情形是认定推定事实成立的基础事实。比如，将第 1 项"知道他人从事犯罪活动，协助转换或者转移财物"（基础事实 B）认定为"明知"，这便是客观推定而非直接证据证明，因为"他洗钱"需要明知"犯罪的所得及其产生的收益"，"知道他人实施犯罪而协助转换转移"并一定知道该财物来源于该犯罪（B ≠ A），因而从 B 到 A 的认定过程不是直接证明，而是在两者之间通过某种规则架起了联系桥梁，完成从事实 B 到事实 A 的客观推定。之所以规定第 1 项基础事实，是因为从实务办案经验上看，被告人知道他人正在实施某种上游犯罪时，仍然协助对方转移财产，该财产"很大可能"就是该次犯罪所得，此种情形下被告人往往被证实为上游犯罪掩饰隐瞒赃款，这种将"往往明知""很可能明知"直接认定为"明知"便是推定，除非被告人有证据证明其确实不知道。[3]司法解释起草者也认为："这一推定结论明显符合常理……《解释》在此予以明确，是为了消除实践中在该问题理解和认定上可能出现的种种疑虑。"[4]可见，在基础事实 B 与推定事实 A 之间发挥"架桥功能"的依据是经验（包括办案经验、生活常理等），"明知"的推定规范是在 B 与 A 之间创设了不可名状的"特定证明关系"，"明知"的成立只需以经验为凭据的常态联系，除非被告人能够提出反证。

　　有学者认为，"推定"本质上是推测、假定、想象的范畴，这种替代性、辅助性的证明方法表达的恰恰是"证明过程的中断"。[5]本书深以为是。司法上的推定规范之所以要强行弥合该"中断"，是为了解决特定犯

---

[1]　陈瑞华：《论刑事法中的推定》，载《法学》2015 年第 5 期，第 106 页。
[2]　参见刘艳红：《洗钱罪删除"明知"要件后的理解与适用》，载《当代法学》2021 年第 4 期，第 3—14 页。
[3]　被告人在此承担的举证责任是"证明'无'（不知道）"，等于"证明自己无罪"，这种反证的成功率可想而知。
[4]　刘为波：《〈关于审理洗钱等刑事案件具体应用法律若干问题的解释〉的理解与适用》，载《人民司法》2009 年第 23 期，第 25 页。
[5]　参见张保生：《推定是证明过程的中断》，载《法学研究》2009 年第 5 期，第 193 页。

罪事实的证明困难、提高有罪追诉的效率，这种以"经验"为"架桥规则"的证明方法首先面临"证据是否确实、充分"的疑问，带有降低证明标准的本性。例如，被告人协助近亲属转移与其职业或者财产状况明显不符的财物，可以被推定为"明知是犯罪所得"，司法解释主要考虑的是："从行为人与上游犯罪人之间存在的近亲属或者其他密切关系，已经足以判断出行为人对上游犯罪人的经济状况以及所处理财物的性质存在主观明知。"[1]

一方面，因为控诉机关只需承担证明基础事实的举证责任，之后便可"足以判断被告人主观明知"。被告人若否认该判断，必须承担"推翻推定"的举证责任，否则便因"推定明知"而被"推定有罪"，因而被告人变相承担了证明自己无罪的责任，这与无罪推定（Presumtion of innocence）存在天然的方向对立。在"控诉方证明基础事实—推定事实成立—证明责任转移给被告人（举证推翻推定事实）—证明责任再次转移给控诉方"的举证责任转移的过程中，有罪证明的标准更应坚持刑事诉讼的法定标准。

另一方面，"足以判断"的依据只是被告人与犯罪人之间的熟悉程度而已。由"关系亲密"所能得出的只是被告人"很可能知道"，这样的证明标准最多达到的是高度盖然性，实践中往往未能遵守《刑事诉讼法》第55条"对所认定事实已排除合理怀疑"。因为该基础事实：①不意味着被告人必然知道该关系密切人的薪资状况、投资状况等所有个人事项；②不意味着被告人必然知道该财产是犯罪所得；③更不意味着被告人必然知道该财产是贪污贿赂、金融诈骗、走私等八类犯罪的所得。若推定成立洗钱罪之"明知"，则难免会存在合理例外，如何排除这种合理例外，应是有罪判决所不能省略的证明重点。例如，在前述"揭某春洗钱案"中，法院的"架桥规则"仅仅是"从一般社会常识和揭某春的认知出发，揭某春知道或应当知道上述款项极有可能与揭某珍的受贿行为有关"，但"一般社会常识"和"极有可能"代表的只是一种高度可能性。而且，被告人辩称自己系喉癌晚期患者、女儿并未将犯罪之事告知自己[2]，这样的反证同样属于"极有可能发生"的社会常情，即"合理的怀疑"。

---

〔1〕 刘为波：《〈关于审理洗钱等刑事案件具体应用法律若干问题的解释〉的理解与适用》，载《人民司法》2009 年第 23 期，第 26 页。
〔2〕 参见江西省南昌市中级人民法院（2017）赣 01 刑终 92 号刑事判决书。

当法院在两种"可能发生"的事实中选择了证明力占优（更有可能发生）的情况，且并未就该选择进一步举证时，这采纳的便是民事诉讼法上的优势证据[1]，而没有认真对待刑事诉讼法上的"排除合理怀疑"。再如，武某系某集团金融部负责人，后犯贪污罪，检察院指控其女友赵某明知武某转给她的款项与武某职业收入状况不符，而将大部分钱款用于理财投资、购买房产等，一审法院认定赵某成立洗钱罪。赵某上诉否认"明知"并提交了新证据，二审法院对被告人提出反证的回应只有简单一句话，即根据《审理洗钱案件的解释》的相关规定，协助近亲属或者其他关系密切的人转换或者转移与其职业或者财产状况明显不符的财物的，可以认定被告人明知系犯罪所得及其收益。可见，二审法院直接将司法解释列举的"基础事实"作为"不证自明"的裁定标准，直接抹杀了被告人的反证空间，把或然当作必然。这并不是一个单纯说理不充分的问题，而是对"推定"的性质存在误解，忽视了"证明跳跃""证明中断"之本性，在证明过程中止步于"很可能知道"，实际采纳了盖然性标准。

（二）"主客观综合认定"的经验尺度

刑事诉讼上的"推定"不可避免，但司法上的"推定"往往借助于高度盖然性的经验，极有可能未达到排除合理怀疑的程度，带有先天的有罪推定偏向，这种辅助性证明方法难免会出现实体认定错误。为了消解司法"推定"的刑事诉讼危机，长期以来一直有两种对策：一是将"推定"视为"排除合理怀疑"的例外，从而直接跳出该证明标准的评判框架。[2]二是将"推定"主要用于民事诉讼，在刑事诉讼中则限制该方法的使用，主张刑事推定仍要符合"确信无疑"标准。[3]由前可知，办案人员采用的往往是第一个对策，推定中的"经验判断"及其盖然性标准、优势证据标准占据入罪主导，如"明知"的成立只需达到"很可能知道"的程度。

本书认为，刑事证明标准只有一个，即《刑事诉讼法》第55条规定的"证据确实、充分"及其项下的"排除合理怀疑"，所有犯罪事实的认定都要接受该标准的检验，因而应当在第二种对策下正面回应"推定"的

---

[1] 参见霍海红：《提高民事诉讼证明标准的理论反思》，载《中国法学》2016年第2期，第276页。
[2] 参见劳东燕：《认真对待刑事推定》，载《法学研究》2007年第2期，第34页。
[3] 参见张保生：《推定是证明过程的中断》，载《法学研究》2009年第5期，第192页。

缺陷。帮助信息网络犯罪活动罪中"明知"的推定最早由 2019 年《办理帮助信息网络犯罪活动案件的解释》以列举基础事实的方式予以规定，2021 年《办理网络诈骗案件的意见（二）》第 8 条补充提出了"结合……主客观因素，予以综合认定"。这里的"综合认定"系综合推定，仍是经验判断的范畴，经验认定程序本身的正当性就成为杜绝有罪推定、疑罪从轻的根本途径，需要注重"三个不能简化"。

其一，依靠"经验法则"推定"明知"，这种不利于被告人的入罪推定必须达到"排除合理怀疑"的心证程度，刑事证明标准不能简化。"经验判断"属于归纳逻辑，除自然规律及定理以外，这种对以往情状的总结性认识只是多数情况或者多数人的归纳性认识，依据经验所得出的结论具有"似真性"而没有"全真性""必然性"。[1]这正是"经验主义"的最大短板，因而经验"知识"若要成为"法则"，必须通过一定标准框架的检验。例如，《最高人民法院关于适用〈中华人民共和国民事诉讼法〉的解释》（以下简称《适用民事诉讼法的解释》）第 93 条、《最高人民法院关于民事诉讼证据的若干规定》第 10 条均规定："下列事实，当事人无须举证证明……（四）根据已知的事实和日常生活经验法则推定出的另一事实……"这意味着，法官与当事人均可在证明"基础事实 A"之后，借用日常生活经验而直接证明"推定事实 B"成立，且对此无须有多余举证。日常生活经验之所以在民事诉讼中成为免证事实的依据，是因为民事诉讼的证明标准是优势证据或高度盖然性，如《适用民事诉讼法的解释》第 108 条第 1 款明确规定："对负有举证证明责任的当事人提供的证据，人民法院经审查并结合相关事实，确信待证事实的存在具有高度可能性的，应当认定该事实存在。"所以，通过日常生活经验法则推定的事实本身具有"似真性"，即高度可能性，因而完全可以胜任该标准。诸如"彭宇案""许云鹤案"等经典民事案件都曾直接用"日常生活经验""社会情理"等确认相关事实成立，最终判决被告承担民事赔偿责任，法官借助经验判断可以在双方各执一词时衡量哪一方提供的证据的证明力更大、哪一

---

〔1〕 参见琚明亮：《论经验法则在司法证明中的展开及适用》，载《法制与社会发展》2021 年第 5 期，第 213 页。

方所主张的事实可能性更大。[1]然而，刑事诉讼则绝对禁止以"很可能实施了犯罪"对被告人定罪，如不能以"情理""生活经验"等直接认定被告人"很可能撞了人"而认定其构成交通肇事罪，否则便是纯粹的有罪推定。

我国《刑事诉讼法》一向偏重客观真实，对客观化证据的重视程度远超于《民事诉讼法》。《刑事诉讼法》第 55 条明确提出"对一切案件的判处都要重证据，重调查研究，不轻信口供"并规定了"证据确实、充分"的三个条件："（一）定罪量刑的事实都有证据证明；（二）据以定案的证据均经法定程序查证属实；（三）综合全案证据，对所认定事实已排除合理怀疑。"因此，对于"明知"的推定应当达到该标准：基础事实（如出售手机卡的次数、被告人的认知能力、既往经历、交易对象等要素）都有证据证明；从基础事实到推定事实之间的"推定过程"需要经过法定程序明示而非"不证自明"；对于凭借经验最终认定的推定事实，在形成内心确信时必须重视"排除合理怀疑"，"合理怀疑"同样可能来源于经验。在刑事诉讼中，不能因为哪一方提供的证据证明力更大就直接采用该证据结论，"更可信""更可能存在"这种优势证据标准不符合"证据确实、充分"的要求，"明知"的经验认定不能仅停留于"很大可能知道"，而要证明到"明确知道""明明知道"的程度，其中最基本的判断标准就是排除合理的怀疑。

其二，为防止"明知"经验判断的失误，应当在程序上提供和扩大"经验抗辩"的机会与空间，被追诉方的辩护权不能简化。如前所述，推定的三个要素是基础事实、推定事实以及二者之间的推定关系，而实践中的办案逻辑则相对简化，即先单纯"列举"基础事实，然后直接得出"本院认为，被告人明知他人利用信息网络实施违法犯罪"，其中的推定过程谈及甚少，对于辩方否认"明知"的辩护意见通常也不予回应。

例如，被告人陈某因帮助他人解封微信账号 40 万个（每个获利 1元），被指控构成帮助信息网络犯罪活动罪，辩护人称陈某主观上不存在明知、客观上不存在帮助信息网络犯罪活动的行为，认定本罪的证据不

---

[1] 参见曹志勋：《经验法则适用的两类模式——自对彭宇案判决说理的反思再出发》，载《法学家》2019 年第 5 期，第 31 页。

足。办案人员在未查明被解封的账号是否被用于犯罪活动的情况下，便直接根据两个基础事实认定"明知"：一是为他人解封被冻结的微信号"并非社会正常活动所需，而系为违法犯罪活动提供帮助的专门服务"；二是"被告人长期频繁销毁手机和电脑中的电子数据，规避调查"。换言之，法院认定被告人行为符合《办理帮助信息网络犯罪活动案件的解释》第11条第4项、第5项基础事实，故被告人对其服务对象系可能涉嫌犯罪主观上实际是明知的，根据《办理帮助信息网络犯罪活动案件的解释》第11条之规定，将此种情形推定为主观明知。[1]本案中，法院至少存在三个问题：第一，将"基础事实"作为直接证明依据援引，忽视了基础事实与"明知"之间的跳跃性，因而也就无法正视被告人的反证权利。第二，偏离《办理帮助信息网络犯罪活动案件的解释》第11条明文规定的"基础事实"。"帮助解封微信账号"并非该解释第11条规定的"提供专门用于违法犯罪的程序、工具或者其他技术支持、帮助"，因为解封账号本身也是腾讯平台提供的"官方服务"，"帮助解封"不是"专门帮助违法犯罪"，仅是在对方申请官方渠道的解封过程中提供了支持，完全不同于提供专门用于侵入计算机的程序工具。第三，未正视被告人基于生活经验的抗辩。被告人辩称删除手机数据是因为玩游戏时经常卡顿，一周一次或两三天一次删除数据是为了清理内存。这种行为本就是日常生活中手机用户的常见行为，几乎所有安卓智能机都预装"手机管家"App，最常用的服务就是"清理"，直接将这种生活行为理解为"规避调查"需要更多的事实支撑，毕竟这种数据的删除太过简便。所以，办案人员一方面对司法解释规定的基础事实的证明没有达到"证据确实、充分"的程度，甚至偷换明文的基础事实；另一方面在推定过程中没有正面对待来自生活经验的"合理怀疑"，对"明知"的认定显然是武断的。

《办理网络诈骗案件的意见（二）》规定的主客观综合推定模式没有列举具体的基础事实，因而在司法实践中表现得更为混沌。例如，孙某以每月500元的价格开办并出租给徐某一张银行卡，因该卡被用于诈骗犯罪（诈骗金额中有106万元转至该账户），孙某被指控构成帮助信息网络犯罪活动罪。孙某辩称其不知道对方进行犯罪活动，但法院最终认定其成

---

〔1〕 参见广东省陆丰市人民法院（2020）粤1581刑初886号刑事判决书。

立本罪，原因在于："主观明知的认定，应结合被告人的认知能力、既往经历、交易对象情况及相关行为是否违反法律法规的禁止性规定等方面来综合判断……孙某为获取非法利益，根据他人要求开立银行账户、手机卡并开通网银服务后一并出租给一名身份不明的陌生人，孙某作为具有高中文化程度的成年人，在出租银行卡、手机卡的方式、价格方面明显异常，且其在出租时已经意识到他人可能从事违法犯罪活动，但其仍对危害结果的发生持放任的态度。"可见，在上述"综合推定"中，办案人员也尽量向《办理帮助信息网络犯罪活动案件的解释》第 11 条靠拢（如第 3 项"交易价格或者方式明显异常"），但出售"两卡"这种"黑灰产"本就不存在合法市场及"正常的交易价格"，也就无所谓"价格异常"，判决书所言的"认知能力、既往经历"等"基础事实"也只剩下几句空文。其实，法院在判决中已经确认："上述事实，有下列证据予以证实……11. 被告人孙某供述证实：'……孙某问小徐办卡干什么，小徐说用来在网上买彩票这类活动，因其从 2019 年开始也在网上博彩平台买彩票挣钱，就认为没什么问题。'"[1] 既然被告人的口供已经证实其只知道对方利用银行卡"买彩票"而非"彩票类诈骗"，转入的 106 万元赃款也不是彩票犯罪所得而是在 QQ 群冒充受害公司经理的传统诈骗所得，那么法官究竟如何推翻被告人的"明知"抗辩呢？判决书语焉不详。最终，法院的判决显现了如下结论——"行为人违规出售两卡"等于"明知对方利用两卡实施犯罪"，"主客观综合推定"变成"主客观混为一谈"，"明知"失去了独立意义，帮助信息网络犯罪活动罪成为单纯的"出售银行卡、电话卡罪"。

其三，在认罪认罚案件中，应从实质上保障被告人"明知供述"的自愿性，"以审判为中心"的基本原则不能简化。认定"明知"的直接证据是被告人供述，这是有罪追诉的首要突破口，被告人一旦供述，其他综合性主客观事实的有罪印证随即也会水到渠成；反之，若被告人始终否认"明知他人利用信息网络实施犯罪"，综合性推定的结论就会面临障碍。虽然《刑事诉讼法》第 55 条规定"没有被告人供述，证据确实、充分的，可以认定被告人有罪"，但问题的关键就在于"推定"往往难以达到或需耗费更多控诉成本才能达到该证明标准。因此，基于缓解证据不足、实现

---

[1]　参见天津市滨海新区人民法院（2021）津 0116 刑初 332 号刑事判决书。

高效定罪，办案人员有充分的动力推动认罪认罚程序，以量刑优惠换取被追诉人主观明知的口供。此外，被追诉人在"压制型法"的司法环境中处于绝对劣势，控辩协商缺少平等地位的前提、证据知悉的保障，"理性的被追诉人除了认罪认罚争取从宽处理以外，基本上没有任何其他选择"[1]，因而难以杜绝无辜者认罪认罚。

《刑事诉讼法》第 222 条规定认罪认罚案件可以适用速裁程序，速裁程序对庭审的最主要简化是"一般不进行法庭调查、法庭辩论"，即便按照《关于适用认罪认罚从宽制度的指导意见》第 46 条适用简易程序，法庭调查、法庭辩论、证据出示、裁判文书等都会被大幅简化，审前程序重于庭审程序，这对推进庭审实质化的"以审判为中心"的诉讼改革产生直接冲击。由此，认罪认罚案件在庭审阶段趋向于"确认式庭审""书面式庭审"，对认罪具结自愿性的审查基本流于形式，这成为"协商性刑事司法错误"的根源所在。[2] 所以，"发现屈从型自愿认罪""避免认罪认罚异化为制度性欺骗手段""拒绝为庭前认罪背书"成为庭审的中心任务。[3] 笔者认为，认罪认罚案件的程序简化不是审判中心主义的例外，审判机关不能因庭前认罪认罚而影响审判权独立行使、弱化司法审查职能，认罪认罚案件庭审实质化是以审查自愿性为核心推动法定证明标准的落实。例如，帮助信息网络犯罪活动罪的被告人并非一律知悉本罪的构成要件，尤其对于"明知"究竟能否包括"应当知道""可能知道"多属茫然无知，因而在庭前"认罪"时，"自愿如实供述自己的罪行""对指控的事实及罪名均不持异议"等难免存在偏差。

在审判中心主义的框架内：第一，对被告人自认"明知"的案件，严格按照《关于适用认罪认罚从宽制度的指导意见》第 39 条进行审查与矫正，检验被告人对所控之罪的认识、对认罪认罚性质与后果的理解以及司法机关对认罪认罚权利的告知等是否全面准确，充分释放《刑事诉讼法》第 215 条、第 223 条"其他不宜适用简易程序 / 速裁程序审理"的裁量情

---

〔1〕 孙长永：《认罪认罚从宽制度实施中的五个矛盾及其化解》，载《政治与法律》2021 年第 1 期，第 3 页。

〔2〕 参见王迎龙：《协商性刑事司法错误：问题、经验与应对》，载《政法论坛》2020 年第 5 期，第 46 页。

〔3〕 参见郭烁：《认罪认罚背景下屈从型自愿的防范——以确立供述失权规则为例》，载《法商研究》2020 年第 6 期，第 137 页。

形。第二，对审判阶段认罪反悔的案件，应及时进行程序转换。第三，对被告人自始否认"明知"的案件，应重点审查控诉机关推定"明知他人利用信息网络实施犯罪"是否存在经验上的合理怀疑，作出有罪判决时应完整展示推定过程，从程序上区隔"刑事推定"与"有罪推定"。

四、网络时代的帮助行为之追诉限制：重释共犯从属性

无论在前网络时代还是网络时代，基于某种犯罪的帮助行为的特殊性，立法者多青睐"帮助行为正犯化"立法，如2015年《刑法修正案（九）》修改了第120条之一帮助恐怖活动罪，使该罪的成立不再要求查证被帮助者实际实施恐怖活动犯罪。从案例的分析来看，帮助信息网络犯罪活动罪在司法适用中也存在不要求查证被帮助者实际实施犯罪的情况，帮助行为被认为具有独立可罚性，甚至直接将本罪等同为"意图帮助违法活动罪"，实体犯罪门槛和程序证明要求全面降低，在有罪推定思维导向下表现出主观归罪的倾向。换言之，根据本罪"明知"的对象要件，如果被告人不知道"他人利用信息网络实施犯罪"或仅知道他人实施一般违法行为甚至只是一般平台违规行为，那么被告人便不构成本罪。然而，在司法实践中，实体与程序上的入罪底线变成：只要证明被追诉人"明知对方没干好事"而提供帮助，便成立本罪。因此，除将"明知"扩张解释至"应当知道"以及由此引起证明标准的偏差之外，证明简化还呈现出独特的定罪现象：一是仅要求被告人明知（知道或应当知道）他人"实施违法行为"；二是若证实被告人在该主观认识下实施帮助行为，则不必查实他人是否实际"实施违法行为"，更不必查实"实施犯罪"。

例如，法院认定郭某出售两张银行卡构成帮助信息网络犯罪活动罪，依据是"其本人供述称当时就知道小涛他们可能用来做违法的事情"[1]。但是，该供述仅表明郭某明知对方可能"实施违法行为"，即便后来因担心对方"违法"而注销了银行卡，也难以推出"明知对方犯罪"，而法官将"做违法的事情"与"利用信息网络实施犯罪"无条件混同。再如，在"陈某帮助微信解封案"中，办案人员并未查实被解封的微信号是否被他人用于实施犯罪，在"被帮助的犯罪"未查清时，帮助解封的行为被认定

---

[1]　河南省郑州高新技术产业开发区人民法院（2020）豫0191刑初1489号刑事判决书。

独立可罚。因此，本罪证明简化的第三大问题是明知"对象"的降格：将"利用信息网络实施犯罪"降格为"实施违法行为"，且降格为纯主观要素，不要求他人实际"实施违法行为"，更不要求"实施犯罪"。

上述主客观要素及其证明程度的分歧涉及对帮助信息网络犯罪活动罪性质的理解，对此主要存在三种观点。第一种观点认为，《刑法》第 287 条之二规定了独立的主客观构成要件及法定刑，最高司法机关也赋予本条独立的罪名，因而本罪属于典型的"帮助行为正犯化"，这也是理论和实务上的多数说。[1]第二种观点认为，《刑法》分则对帮助犯设置独立法定刑（独立罪名）并不足以说明其是正犯，也可能是配备了特定刑罚的共犯，《刑法》第 287 条之二不是帮助犯的正犯化而是量刑规则。[2]第三种观点则提倡"第三条道路"，认为本罪是"将共犯与非共犯这两种类型的帮助行为容纳在一个法条之中"，应将其定性为"共犯与非共犯的帮助行为共存的兜底罪名"，主要解决的是"不能以传统共犯处理的帮助行为（非帮助犯之网络帮助行为），在达到罪量标准时，以本罪处理"。[3]上述争议的焦点在于，不符合帮助犯构成原理的行为能否成立本罪。比如，被帮助者未利用信息网络实施犯罪（包括未实施任何行为或仅实施了一般违法行为），那么帮助者是否成立帮助信息网络犯罪活动罪？根据第一种观点，本罪是独立正犯形态，可以构成本罪；根据第三种观点，本罪包括"非共犯"，上述情形也具有独立可罚性；而根据第二种观点，本罪实质上仍是帮助犯形态，具有从属性，"无正犯"的情形不成立本罪。笔者原则上赞同第二种解释逻辑，认为本罪的追诉范围应受到限制，但基于"量刑规则说"面临不少质疑，本书回应如下：

其一，《刑法》第 287 条之二表面上符合正犯化的立法形式，但根据本条明文规定的罪状内容，帮助信息网络犯罪活动罪仍从属于其他犯罪，

---

[1] 参见刘艳红：《网络犯罪帮助行为正犯化之批判》，载《法商研究》2016 年第 3 期，第 19—20 页；孙运梁：《帮助信息网络犯罪活动罪的核心问题研究》，载《政法论坛》2019 年第 2 期，第 82—83 页。

[2] 参见张明楷：《论帮助信息网络犯罪活动罪》，载《政治与法律》2016 年第 2 期，第 3 页；黎宏：《论"帮助信息网络犯罪活动罪"的性质及其适用》，载《法律适用》2017 年第 21 期，第 35—37 页。

[3] 江溯：《帮助信息网络犯罪活动罪的解释方向》，载《中国刑事法杂志》2020 年第 5 期，第 84 页。

独立化的立法并未更改其帮助犯的本质。必须承认，本条已被最高司法机关确立为 483 个独立罪名之一，除"量刑规则"的功能外，它还具有"定罪规则"的指示意义，行为人实施本条之行为，既要按本条量刑，还要按本条的罪名定罪，因而"量刑规则说"显然不够全面。但"量刑规则说"充分注意到了本条的特殊性，这是最可取之处。详言之，根据构成要件之文义，《刑法》第 287 条之二要求主观上"明知他人利用信息网络实施犯罪"、客观上"为其犯罪"提供帮助，"他人实施犯罪"既存在于行为人的主观认识中，也是实际发生的客观情况，否则，"为犯罪提供帮助"就只是一种可能发生的想象，完全不存在帮助犯罪的因果性，社会危害性也无从体现。例如，甲明知乙利用网络实施诈骗犯罪，仍将自己的一张银行卡出租给乙，如果乙客观上没有实施犯罪，则甲提供一张银行卡的行为对侵害他人财产法益有何危险可言？如果所有银行卡租赁人都像乙一样并不实施犯罪，则出租出借银行卡的违法性便仅停留在《银行卡业务管理办法》第 28 条规定的"银行卡及其账户只限经发卡银行批准的持卡人本人使用，不得出租和转借"，对应罚则只是"责令其改正，并对其处以 1000 元人民币以内的罚款"（《银行卡业务管理办法》第 59 条），以及根据中国人民银行系列通知对其施加"五年内暂停其非柜面业务"等惩戒。

　　根据全国人大常委会法工委刑法室有关人员的解读，"网络犯罪的帮助行为相较于传统的帮助行为，其对于完成犯罪起着越来越大的决定性作用，社会危害性凸显，有的如果全案衡量，甚至超过实行行为"，因而"有关方面建议在刑法中对各种网络犯罪帮助行为作出专门规定"。[1] 作为立法背景的说明，上述解读是妥当的，但从该解读中并不能推出"正犯化"之结论，因为它表达的只是：首先，与常规帮助犯不同，网络犯罪帮助行为缺乏明确犯意联络；其次，与常规帮助犯相同，本罪仍被定性为"网络犯罪"的帮助行为，若缺少"他人利用信息网络实施犯罪"，便不存在"网络犯罪"之帮助行为；最后，帮助行为的社会危害性凸显必须得到承认，但"帮助行为的危害性超过实行行为"只具有相对意义，这种对比只在不同案件之间成立（此帮助犯的危害性大于彼正犯），不意味着同一

---

〔1〕　王爱立主编：《中华人民共和国刑法条文说明、立法理由及相关规定》，北京大学出版社 2021 年版，第 1119、第 1120 页。

案件的帮助行为脱离于实行行为而具有更大的危害性。因此，上述解读并未否认本罪仍以正犯为前提，本罪帮助行为的这一特性与常规帮助犯的共犯从属性没有本质差别，独立法定刑、独立罪名不等于完全独立的正犯化，在定罪证明上抛开"他人利用信息网络实施犯罪"的做法违背了本条文义。

其二，为最大限度减少对立，理论上的定性不必纠缠于"量刑规则"之说辞，只需同等强调"从属性"即可。张明楷、黎宏二位教授提倡"量刑规则说"，稍有不同的是：前者将配置独立法定刑的帮助犯划分为"帮助犯的绝对正犯化""帮助犯的相对正犯化"以及"帮助犯的量刑规则"三类。[1]后者则提出"不遵循共犯从属性原则的帮助行为正犯化""遵循共犯从属性原则的帮助行为正犯化"两类，第二类本质上是"帮助犯的量刑规则"。[2]换言之，两位教授的分类依据都是法益侵害的从属性，分析进路的差异表现在，张明楷教授自始未将"帮助犯的量刑规则"称为"帮助行为正犯化"，黎宏教授则先承认了这种特殊的"帮助行为正犯化"，后又更换为"帮助犯的量刑规则"。

所以，《刑法》第 287 条之二究竟能否被称为"正犯化"，在两位教授的分析中只剩下形式化的标签意义，但只要在问题的核心（帮助行为法益侵害的从属性）上达成共识即可。更何况，"量刑规则"及其内涵本身就曾引起争议[3]，且在此也没有概括出无可争辩的"定罪规则"部分，"量刑规则说"反而"会淡化刑法分则的罪名设置功能而只突出其刑罚设置功能"[4]，对第 287 条之二的完整定位应是"帮助犯的特殊定罪量刑规则"。不过，只要承认本罪之于正犯的从属性，这种称谓与"特殊的帮助行为正犯化"也就不再有区别。有学者虽然反对"量刑规则说"而支持"帮助行为正犯化说"，但仍然注重对本罪进行限缩解释，比如坚持"部分的事实从属性仍然存在"、将本条中的帮助对象即"犯罪"解释为"违法的犯罪"

---

〔1〕 参见张明楷：《刑法学》（第 6 版 上），法律出版社 2021 年版，第 573 页。
〔2〕 参见黎宏：《论"帮助信息网络犯罪活动罪"的性质及其适用》，载《法律适用》2017 年第 21 期，第 34—35 页。
〔3〕 参见王彦强：《犯罪成立罪量因素研究》，中国法制出版社 2018 年版，第 297 页。
〔4〕 刘艳红：《网络犯罪帮助行为正犯化之批判》，载《法商研究》2016 年第 3 期，第 20 页。

（该当构成要件且违法的行为）[1]、该"犯罪"原则上还应符合罪量要素要求等[2]，这些限缩解释结论与"量刑规则说"趋同。因此，本书提倡放大不同观点之间的共识，从构成要件文义解释以及法益侵害目的解释的角度强调本罪的正犯从属性，只要承认这一特殊性，"帮助犯的量刑规则""帮助行为正犯化"的分歧将得到弥合，毕竟解释学的落脚点在于实践中的定罪量刑而非学术上的称谓之争。

其三，"第三条道路"的出发点是"应罚尽罚""除恶务尽"，这种解释既忽视了法条文义的范围、制造了更大的"口袋罪"，也未认清司法实践的现状，其解释方向值得商榷。该观点认为，"为了应对网络共同犯罪中侦办与取证的种种困难，化解法律适用上的争议……本罪所重点关注的是'难以解释为帮助犯的网络帮助行为'"，"如果回归传统共犯理论分析其结构样态，成立共同犯罪需要具备以下条件：第一，共同犯罪的主体必须是两个以上达到刑事责任年龄、具有刑事责任能力的人或单位；第二……必须二人以上具有共同的犯罪行为；第三……必须二人以上具有共同的犯罪故意。"因而，传统共犯理论无法囊括大量"非共犯"的帮助行为，只有将本罪解释为"共犯与非共犯帮助行为共存的兜底罪名"，本罪的适用"才能在司法实践中被激活，从而更好地打击网络帮助行为"。[3]对此，笔者认为，共犯的成立并不需要回到完全犯罪共同说，宜将共犯的从属性理解为"限制从属性"（die limitierte Akzessorietät），正犯"只要达到构成要件符合性和违法性阶段即可"，不是必须具备有责性[4]，而且根据因果共犯论，片面帮助犯也会得到认可，因而将本罪界定为帮助犯不会过度限缩犯罪圈。

论者之所以认为共犯理论难以容纳"非共犯"，正是以"源头治理"

---

〔1〕《办理帮助信息网络犯罪活动案件的解释》第12条第2款规定："实施前款规定的行为，确因客观条件限制无法查证被帮助对象是否达到犯罪的程度，但相关数额总计达到前款第二项至第四项规定标准五倍以上，或者造成特别严重后果的，应当以帮助信息网络犯罪活动罪追究行为人的刑事责任。"这并不意味着无须查证被帮助对象的任何犯罪行为，根据从属性之要求，仍需要查证对方利用信息网络至少实施了符合《刑法》分则构成要件且违法的行为。

〔2〕参见王华伟：《网络语境中帮助行为正犯化的批判解读》，载《法学评论》2019年第4期，第135—137页。

〔3〕江溯：《帮助信息网络犯罪活动罪的解释方向》，载《中国刑事法杂志》2020年第5期，第81—82、第83、第93页。

〔4〕Vgl. Rudolf Rengier, Strafrecht Allgeiner Teil, 2018, 10. Aufl., S. 424.

为目标，意图将黑灰产业链条上的一切行为纳入刑法打击范围。但如前所述，帮助信息网络犯罪活动罪中的帮助行为的法益侵害性依赖于正犯实施犯罪，"非共犯"与帮助犯的危害程度难以齐平，将出租出借银行卡等链条前端的"非共犯"认定为本罪，实际上是将违反《银行卡业务管理办法》的行为直接定罪。而且，帮助信息网络犯罪活动罪在司法实践中已足够活跃，不存在"激活"的迫切性，相反，一些司法机关正在为有罪追诉设定"慎诉"机制。例如，2021年4月，《重庆市高级人民法院、重庆市人民检察院、重庆市公安局关于办理电信网络诈骗及其关联犯罪案件法律适用问题的会议纪要》针对帮助信息网络犯罪活动罪追诉标准明确划定了"从属性"的程度："'为其犯罪提供帮助'，指上游犯罪达到刑法追诉标准，能够认定为犯罪。如上游犯罪为电信网络诈骗犯罪，则指利用电信网络技术手段实施诈骗，诈骗公私财物价值三千元以上"；诈骗犯罪嫌疑人尚未到案、尚未被依法判决或因未达到刑事责任年龄等依法未被追究刑事责任的，不影响本罪的认定，但也必须"有证据证明电信网络诈骗的危害结果达到追诉标准三千元"。

上述会议纪要就"两卡"案件也提出："对于行为人系未成年人、在校学生、老年人，或者贩卖信用卡、电话卡达不到多次、多张，危害不大的，要以教育、挽救、惩戒、警示为主，一般不认为是犯罪。"2021年6月，《最高人民检察院、教育部关于印发在校学生涉"两卡"犯罪典型案例的通知》强调："对于明知他人利用信息网络实施犯罪，仍然收购、贩卖他人手机卡的'卡头''卡商'，构成犯罪的，要依法追究刑事责任。对于仅出售自己手机卡的，一般不作为犯罪处理。"可见，基于本罪过度活跃，近些年的解释取向不是"激活罪名"而是凸显部分情形的追诉限制。这种境遇如同"醉酒型危险驾驶罪"在"一律入罪"之后普遍加剧"人案矛盾"，倒逼司法机关逐步筹划慎诉或不诉的过滤程序。

其四，对帮助信息网络犯罪活动罪的帮助行为（帮助犯之帮助），因与正犯的法益侵害关联性过于松弛，应否认其刑事可罚性。按照"帮助行为正犯化说"，《刑法》第287条之二中的"提供互联网接入"等帮助行为（第一帮助）是正犯行为，帮助正犯实施上述行为（第二帮助）的，便属于典型的帮助犯。根据限制的正犯概念，帮助犯是刑罚扩张事由，上述"帮助之帮助"（第二帮助）具有从属于正犯（第一帮助）的处罚根据，这里也就存在着"三环犯罪"：①帮助信息网络犯罪活动罪的帮助犯，②帮助信息网络犯罪活动罪，③利用信息网络实施的犯罪（如诈骗罪、洗钱罪）。正是在这种刑罚扩张的意义上，"帮助行为正犯化"受到了普遍的批评，因为一旦将第一帮助行为正犯化，原本的第二帮助就会被升格为直接帮助犯，第二帮助行为的可罚性将名正言顺。

　　我国《刑法》并未规定"连锁帮助"条款，这为理论和实务上主张追诉"第三帮助行为"（帮助信息网络犯罪活动罪的帮助犯之帮助）留出了解释空间。比如，德国刑法学倾向于处罚所有连锁共犯（Kettenbeteiligung）[1]，承认"帮助之帮助"（Beihilfe zur Beihilfe）是对正犯的间接帮助[2]，甚至对该种行为不适用刑罚的双重减轻（doppelte Strafmilderung），即在帮助犯基础上再减刑[3]。这是因为德国刑法没有规定该共犯类型，不存在法典上的障碍而只需根据理论逻辑进行演绎。我国刑法也未规定连锁共犯，若借鉴德国理论，则连锁共犯也会得到追诉。如此一来，以《刑法》第 287 条之二为中心的犯罪圈就会越划越大。连锁共犯的可罚性争议在日本更为典型，《日本刑法典》第 61 条、第 62 条明确规定了教唆之教唆、帮助之教唆的可罚性，而帮助之帮助等其他连锁共犯的可罚性则存在有力的否定声音，如山口厚教授主张，既然刑法只规定了部分连锁共犯而没有规定帮助之帮助，"恐怕不能无视这样立法上特意为之的区别……这种帮助并没有对正犯行为起到促进、强化的作用，没有必要将其作为'帮助的帮助'予以处罚"[4]。

　　笔者认为，是否承认连锁帮助的可罚性，归根结底要回到共犯的处罚根据上来。如前所述，第 287 条之二实质上是从属于诈骗罪等正犯的帮助犯，其处罚的根据在于通过正犯行为间接引起同一个法益侵害。而帮助犯之帮助直接从属于帮助犯而非正犯，"既然不能说是'帮助正犯者'，就不能作为帮助犯处罚"[5]。例如，乙将搭建的 IP 跳转程序大量出售，该程序被甲用于诈骗犯罪，乙搭建该程序需要从各地收购宽带账号，其中丙将从某

---

〔1〕 参见［德］乌尔斯·金德霍伊泽尔：《刑法总论教科书》（第 6 版），蔡桂生译，北京大学出版社 2015 年版，第 392 页。

〔2〕 Vgl. Rolf Schmidt, Strafrecht AT, 18. Aufl., 2017, S. 451.

〔3〕 Vgl. Claus Roxin, Strafrecht AT II, 2003, S. 231.

〔4〕 ［日］山口厚：《刑法总论》（第 3 版），付立庆译，中国人民大学出版社 2018 年版，第 334 页。

〔5〕 ［日］井田良：《刑法总论的理论构造》，秦一禾译，中国政法大学出版社 2021 年版，第 318 页。

电信公司购买的十个宽带账号出售给乙使用（未审核实名信息），法院认定乙构成帮助信息网络犯罪活动罪。[1]那么，丙是否构成本罪的帮助犯？违规出售宽带账号只是甲实施诈骗的条件之一，条件关系的存在不等于因果归属的成立，甲利用该程序实施诈骗直接得益于乙借用宽带账号成功研发出该程序，不通过乙这个中介，丙的行为没有财产法益侵害性，即使抽象的危险也不存在。在帮助之帮助的场景中，若肯定其帮助犯性质，则等于在正犯（诈骗罪）之外重建了新的"归责中心"或"从属依据"，只要连锁帮助的链条够长，"归责中心"将无穷尽，对帮助行为的追诉范围便无止境。[2]此外，即便违规出售宽带账号的丙明知乙将宽带账号用于搭建IP跳转程序，其主观上对甲实施诈骗也缺乏明知，因为IP跳转程序用途多样，并非通常用于犯罪。若将丙认定为帮助信息网络犯罪活动罪的帮助犯，等于以该罪为违规出售宽带账号行为"兜底"：只要违规提供某种程序／工具／服务，便推定行为人明知对方"不干好事"，进而推定其成立不特定犯罪的帮助犯。承认"帮助之帮助"构成本罪（帮助犯），是极端的定罪证明简化。

五、本章小结

在严厉打击治理诸如电信网络诈骗等网络犯罪的背景下，入罪扩张解释因其灵活入罪方案而易于被司法者所接受，这种灵活性不仅体现在实体上构成要件对应的犯罪圈之包容扩展，更体现在程序上证明标准的降低、证据数量的减少，二者的一体性大幅提高了定罪追诉的效率，实践中不乏"从严""从快""从重""用足用好刑法"的倾向。在应对网络犯罪产业化、链条化的过程中，帮助行为的危害性凸显，帮助信息网络犯罪活动罪正在迅速成为容纳线上线下违规违法产业行为的"口袋"，成为"共犯与非共犯并存"的兜底罪名，而不断高涨的适用率表明了网络犯罪"越打越多"的尴尬处境，背后伴随着以"证明简化"为导向的定罪正当性危机。网络犯罪的帮助行为确实具有诸如"帮助对象不特定""犯意联络缺失"

---

〔1〕 参见河南省濮阳市华龙区人民法院（2020）豫0902刑初429号刑事判决书。

〔2〕 参见王昭武：《共犯最小从属性说之再提倡——兼论帮助信息网络犯罪活动罪的性质》，载《政法论坛》2021年第2期，第170页。

等特征，黑灰产业链条上的"片面帮助"增多，但《刑法》第287条之二未突破共犯从属性的束缚，本罪仍停留在帮助犯形态。因此，笔者认为，对"明知"的解释以及经验推定、对"他人利用信息网络实施犯罪""为其犯罪提供……帮助"的查证仍要回到共犯理论框架和传统刑事法原则内，不能因证明困难而模糊主客观要件、盲目推行认罪认罚从宽、任意降低法定证明标准。网络时代的刑法解释除要接受刑法观念、刑法方法论的检验之外，还要从证据规则的层面检讨入罪解释的程序正义。网络时代的犯罪需要刑法与非刑法措施、法律与技术措施综合治理，包括帮助信息网络犯罪活动罪在内的一切涉网犯罪刑法规范都不应成为单纯违反行政管理法规甚至违背网络平台自治规则的兜底条款，不能借刑罚间接要求产业链条上的每个参与者均承担额外的审查监管义务。

结 语

网络时代是个新的时代，并因此而涌现了诸多令人眼花缭乱的新概念，法学似乎也成了"新概念法学"，"互联网法学"、"人工智能法学"、"计算法学"、"数字法学"甚至"元宇宙法学"等新名词层出不穷。面对变化迅速的高精尖技术，向来以"保守性""稳定性""最后性"见称的刑法也被不少学术上的新技巧鼓动得热血沸腾起来，仿佛刑法解释学研究的对象不再以"明文的规定"为中心而以"诡谲的技术"为中心。1784年，康德定义"何谓启蒙"（Aufklärung）的名言是："敢于求知！鼓起勇气使用自己的智慧吧！这就是启蒙的箴言。"如今，人们完全可以仿照此说："敢于解释！鼓起勇气使用自己的解释智慧吧！这就是网络时代刑法解释的箴言。"综观解释学的理论与实践，科技的舞台有多大，刑法文本的容量就有多大，刑法解释的边界就有多宽，否则，刑法的"安定性"就被怀疑为"滞后性"。若刑法可以有人格、有性情，那么在众多解释者的眼中，刑法的基本性格就不再是谦和、忍让，更不是安逸、闲适，而是敏锐、勇敢、爱打抱不平。所以，"网络空间不是法外之地"之类的说辞广泛出现在刑法解释学中，成为论证刑法干预合理性的口号。在遇到互联网新型行为，尤其是疑难案件、首例案件时，入罪解释、扩张解释、目的解释、实质解释、客观解释、灵活解释以及功能主义、积极主义等成为理念和方法的主导，多以"创办标杆"为己任发挥司法上的大智慧。然而，这究竟是"化干戈为玉帛"还是"化干戈为干戈"，并非没有疑问。

一、网络时代的刑法解释更需理解"贝卡里亚命题"

"法律解释是一个不连贯、不稳定并因此而声名狼藉的领域"[1]，对于当今的刑法解释而言，罪刑法定说是最根本的解释标准，但它也常常面临

---

[1] Zachary Price, "The Rule of Lenity as a Rule of Structure", 72 *Fordham Law Review* 885, 885（2004）.

挑战。尤其是在经济社会发展日新月异的技术革新时代，行为的可罚性明显、解释者的处罚欲望强烈，而刑法文本时常掣肘，深思熟虑之后以下思维自始至终都是强势命题：解释的实质容许范围与实质正当性成正比，与条文通常语义的距离成反比。也就是说，"处罚的必要性越高，对与刑法用语核心距离的要求就越缓和，作出扩大解释的可能性就越大"[1]。例如，根据最高人民检察院数据统计，因全链条打击、一体化防治，2021 年起诉利用网络实施诈骗、赌博、传播淫秽物品等犯罪 28.2 万人，同比上升98.5%；起诉非法买卖电话卡和银行卡、帮助提款转账等犯罪 12.9 万人，是 2020 年的 9.5 倍。[2] 起诉人数最多的 5 个罪名是危险驾驶罪（35.1 万人）、盗窃罪（20.2 万人）、帮助信息网络犯罪活动罪（12.9 万人）、诈骗罪（11.2 万人）、开设赌场罪（8.4 万人）[3]，帮助信息网络犯罪活动罪由最初每年几例判决数的极小众罪名蹿升为起诉数排名第三的常见罪名。涉网络犯罪的增长除因客观危害行为的实际增长以外，还受到"解释""评价"的主观影响，如执法司法机关"全链条、全方位、一体化"的打击政策、认罪认罚从宽制度的快速推进，这都成为助长犯罪构成要件解释入罪宽松化的司法因素。

不可否认，入罪解释的扩张推动了刑法方法论的发展与发达，如果奉行绝对罪刑法定原则，基本可以宣告刑法解释学的死亡，但刑法解释学不能走向另一个极端。贝卡里亚认为："严格遵守刑法文字所遇到的麻烦，不能与解释法律所造成的混乱相提并论。暂时的麻烦会引起立法者对充满疑问的词句进行必要的修改、力求准确，并且阻止人们进行致命的自由解释，这正是擅断与徇私的源泉。"[4] 如果说 18 世纪"允许法律解释等于放弃了堤坝，让位给汹涌的歧见"是启蒙刑法学家的执念，那么"法律需要解释"在今日不仅已达成全面共识，而且"法律必须被解释，且解释必须灵活"则成为网络时代刑法适用的宣言。然而，无论何种时代，上述"贝卡里亚命题"的价值都不过时，"贝氏命题"值得认真对待。贝卡里亚在

---

〔1〕　张明楷：《实质解释论的再提倡》，载《中国法学》2010 年第 4 期，第 51 页。

〔2〕　参见张军：《最高人民检察院工作报告——2022 年 3 月 8 日在第十三届全国人民代表大会第五次会议上》，载最高人民检察院网 2022 年 3 月 15 日，https://www.spp.gov.cn/gzbg/202203/t20220315_549267.shtml。

〔3〕　参见《2021 年全国检察机关主要办案数据》，载《检察日报》2022 年 3 月 9 日，第 8 版。

〔4〕　[意] 切萨雷·贝卡里亚：《论犯罪与刑罚》，黄风译，北京大学出版社 2008 年版，第 10 页。

严格遵守刑法文本所造成的"滞后性"问题与自由解释刑法文本所造成的"擅断性"问题之间,宁愿选择前者而鲜明反对后者。虽然这种推崇罪刑法定的做法较为极端,但"极端的罪刑法定"总胜过"架空的罪刑法定",归根结底这是两种解释理念之间的较量与权衡,而且妄图在二者之间"走钢丝"、意图鱼和熊掌兼得,必然(而非往往)是徒劳的。

网络时代千变万化,这只是表明刑法解释的环境或刑法适用的场景是新颖的,但刑法解释的理念和方法终究是个老问题。只要我们还认可罪刑法定是刑法基本原则,那么"严格遵守刑法文本"就是唯一选项,即便由此造成刑法文本对当下案件的无能为力,也必须如此而为。例如,有观点认为,帮助信息网络犯罪活动罪是"共犯与非共犯的帮助行为共存的兜底罪名","解释者要擅于运用'活的主观解释论',在不违背罪刑法定原则的前提下……提出更能激活罪名并发挥其最大效用的解释"。[1]在解释理由的表达上基本无人会反对或者遗忘罪刑法定,但却并未将之贯彻到解释实践中,"在不违背罪刑法定原则的前提下"之类的表述基本成为装点解释正当性门面的空洞符号。其实,不论立法者的立法本意为何,刑法解释都要首先以落实到法典中的"明文规定"为起点。"活的主观解释论"可能恰好违背了罪刑法定原则,而没有实现"以罪刑法定原则为前提",因为帮助信息网络犯罪活动罪的构成要件完全照搬了2011年《办理诈骗案件的解释》第7条"以共同犯罪论处"的行为模式,如果本罪包括"非共犯",那么必然要在主观上替换"明知"要件、降低"明知"的证明标准,在客观上取消"为其犯罪提供帮助"的限制,最终或者因"只有行为人明知,被帮助者未利用信息网络实施犯罪"而定罪(主观归罪),或者因"对方已利用信息网络实施犯罪,行为人并不明知"而定罪(客观归罪)。

二、网络时代的刑法解释更要避免代行刑事立法权

网络时代的刑事司法不可避免地要应对风险处理任务,实体法上的"难办案件"多为条文适用存疑。"贝卡里亚命题"的可取之处在于宣告了坚持罪刑法定这一解释前提的一个基本态度:只有严格遵守刑法文本才是

---

〔1〕 江溯:《帮助信息网络犯罪活动罪的解释方向》,载《中国刑事法杂志》2020年第5期,第84、第93页。

对罪刑法定原则最忠诚的坚守，绕过刑法文本而探求其背后的"法律精神"是对罪刑法定堤坝的放弃。贝卡里亚还指出："只有法律才能为犯罪规定刑罚，只有代表根据社会契约而联合起来的整个社会的立法者才能拥有这一权威。任何司法官员都不能自命公正地对社会的另一成员科处刑罚。"[1] 以前述帮助信息网络犯罪活动罪为例，"非共犯型的帮助行为""意图帮助他人实施犯罪"是单纯的"犯罪促进"，即便具有普遍可罚的社会危害性，这也是立法论的讨论范畴，是最高立法机关和人大代表们应予以关注解决的问题。刑法解释者、司法机关不能将 A 罪解释为"准 A 罪"甚至"B 罪"，一旦进行入罪扩张解释，就必须首先追问是否突破了罪刑法定原则，而不是默认已遵守罪刑法定原则，直接进行入罪妥当性的论证。

为此，今日应提倡"严格解释"，警惕入罪的实质解释、目的解释、灵活解释、客观解释等"反文义解释"。严格解释虽然也是一种对刑法的解释，但更看重对刑法解释的限制，落实了罪刑法定的要求，保障了刑法明文设定的堤坝。比如，罪刑法定的明确性"要求立法者必须在法条或者解释中明确说明行为违法性的前提，也就是构成要件的应用范围。依据在于，规范遵守者能够从法规中预见到，从事何种违法行为会面临刑罚。还需要保证的是，行为违法性的前提必须由立法者预先制定，而非由法官事后制定"[2]。英国法学家宾汉姆也提出："法律必须可知且最大限度地保证可理解、明确与可预测……刑法的一项重要功能是劝阻犯罪行为，若我们对不该做什么一无所知或者对此难以发觉，我们就不能被劝阻。"[3] 法律规范的传递既在立法阶段又在司法阶段，因而明确性原则既是对立法者提出的要求，也影响法官的解释并禁止法官造法。严格解释主张因立法不明而导致法官解释不清的不利后果，不应当由被告人承担。

以网络型破坏生产经营为例，基于明确性之前提，对兜底条款的解释就需要严格遵守刑法文本，而不能从解释学的角度变相创立"妨害业务罪"。作为一个兜底规定，《刑法》第 276 条中的"其他方法"直接涉及刑

---

[1]〔意〕切萨雷·贝卡里亚：《论犯罪与刑罚》，黄风译，北京大学出版社 2008 年版，第 10 页。

[2]〔德〕克劳斯·罗克辛：《德国刑法中的法律明确性原则》，载梁根林、〔德〕埃里克·希尔根多夫主编：《中德刑法学者的对话：罪刑法定与刑法解释》，北京大学出版社 2013 年版，第 45—46 页。

[3] Tom Bingha, *The Rule of Law*, Penguin Books Ltd, 2011, pp. 37-38.

法规定的犯罪圈的大小，尤其是在经济犯罪中，此类兜底条款事关经济自由、私法自治的边界，"对于市场领域中的市场主体，法无明文禁止当可为，应当是一种常态，也是一条铁则"[1]，那么贯彻罪刑法定的唯一可行方法就是进行同类解释的入罪限制。有学者认为："刑法首先是对国民宣告的行为规范，对'其他'进行同类解释时，不应只参考'其他'前面的表述，更应关注'其他'后面的表述——结尾的定性描述、法定刑设置。"[2]可是，既然将刑法视为一种行为规范，那么难道不应将禁止或命令的行为方式向公众表达清楚吗？按照"向前看"的同类解释规则，破坏生产经营罪的构成要件行为是有迹可循的，即"其他方法"应当被理解为与毁坏机器设备、残害耕畜相当的方法，这种"相当"既是一种强度的同类，也是一种行为类型的同类：一方面，"其他方法"必须是毁坏、残害等物理毁损行为，这是"破坏"行为强度的具体表现；另一方面，破坏的对象是机器设备、耕畜等现实存在的生产经营工具。

　　换言之，"毁坏机器设备、残害耕畜或者以其他方法破坏生产经营"包含了行为方式本身（强度与模式）以及行为对象，"同类规则"同时包含了这两个要素的同类。所以，"其他方法"应是"与毁坏机器设备、残害耕畜相类似的毁坏财物的方法，而不是泛指任何方法。本罪实际上是以毁坏财物的方法破坏他人的生产经营"[3]。实践中也存在其他久经讨论的案件，例如，被告人在担任某公司销售员、店长等职务期间，出于扩大销售业绩以助个人升职的动机，违反公司限价规定，擅自低于进价销售电脑产品，造成公司亏损 500 余万元。上海市静安区人民法院认为，被告人的行为不符合破坏生产经营罪以及故意毁坏财物罪的构成要件，根据罪刑法定原则判决被告人无罪。宣判后公诉机关未抗诉，一审判决生效。（《刑事审判参考》第 736 号指导案例）如果按照"向后看"的标准，认为"决定破坏生产经营罪中'其他方法'外延的，不是前面的'毁坏机器设备、残害耕畜'，而是'其他方法'之后的'破坏'，只要是对生产经营的破坏行

〔1〕 蔡道通：《经济犯罪"兜底条款"的限制解释》，载《国家检察官学院学报》2016 年第 3 期，第 84 页。

〔2〕 高艳东：《破坏生产经营罪包括妨害业务行为——批量恶意注册账号的处理》，载《预防青少年犯罪研究》2016 年第 2 期，第 20 页。

〔3〕 张明楷：《刑法学》（第 6 版 下），法律出版社 2021 年版，第 1346 页。

为，就是'其他方法'，不一定是对物的暴力"[1]，那么《刑法》第 276 条就失去了行为方式的提示，本罪的行为规范中就只剩下法益侵害性，即禁止以任何方式破坏生产经营，并且何为"破坏生产经营"这种法益侵害本身也变得不可捉摸。根据这种理解，上述擅自更改公司产品价格的行为造成公司亏损 500 余万元，已经具有严重危害公司经营业务的后果，就可以认定被告人构成破坏生产经营罪，这样一来，《刑法》第 276 条就变成了"妨害业务罪"。

三、网络时代的刑法解释更应强化人权法治保障

在刑法解释学、刑法教义学中，我们经常听到"回到塔甘采夫""回到贝林""回到古典时代""回到……"的声音，法学家也会提醒我们"那种时代一去不复返了"，可是刑法现代化进程中的某些精神价值是永存的。[2]中外法治文明发展至今，后起国家需要牢记的是，在本国国情发展基础上，看清人类走过的历史弯路，拾取已被总结的实践经验，找准适合社会现实的妥当方案，唯此才能后起而勃发。毫无疑问，我国今日的网络技术发展与普及应用具有世界领先性，也正是这种在百年未有之大变局中引领未来的姿态和处境，注定我们会比他人率先面对新的技术产品、新的交往场景、新的社会关系及社会矛盾，很多案件可能不只是"全国第一案"，也可能是"世界第一案"。在这种全新的、全方位的探索中，理念和方法至为重要：理念决定方向，方法决定效果。值得肯定的是，理念和方法已经明确，从"法无明文规定，不得定罪处刑"入典到"尊重和保障人权"入宪，再到"全面依法治国"被确定为党的百年奋斗重大成就和历史经验，法治成为治国理政的基本方式，也是刑法解释的根本遵循。

但我们也不能忘记，我国刑事司法中长期盛行实质主义的思维方式，

[1] 高艳东：《破坏生产经营罪包括妨害业务行为——批量恶意注册账号的处理》，载《预防青少年犯罪研究》2016 年第 2 期，第 20 页。
[2] 例如，诸多刑事法原则的滥觞都可以追溯到 1215 年：是年，罗马教皇英诺森三世（1160—1216 年）召集第四次拉特兰宗教会议，宣布禁止教士参与神明裁判，由此推动了英国陪审团程序的扩大适用以及排除合理怀疑原则的发展；是年，英王约翰被迫签订的《自由大宪章》成为罪刑法定的精神起源，如第 39 条规定的"未经与其同等地位者（组成的陪审团）之依法裁判或未依据国法，任何自由人皆不得被逮捕，监禁，剥夺财产，驱逐流放，以任何方式使之生活破产，或者施加暴力、使其入狱"。

"处罚必要性优先"始终是与罪刑法定、刑事法治对立的因素，而且学理上总是乐于制造"文字游戏"来回避这种"破坏力"。例如，为了兼顾处罚必要性和罪刑法定，有学者针对破坏生产经营罪提出了新实质解释论："实质解释为了将该行为入罪将'其他方法'作类推解释超出了用语的通常含义，而形式解释固守立法时规定的破坏工农业生产资料的方法，没有考虑到保护法益这一刑法目的"，"新实质解释从保护法益出发，认为只要是侵犯生产经营者法益的行为，都可入罪，不限于破坏工农业生产资料的'其他方法'，也就不需要把'降低淘宝搜索排名'类推解释为类似于破坏生产资料的'其他方法'，因此，新实质解释优于时常侵犯国民自由的实质解释和不考虑行为可罚性的形式解释"。[1]

　　上述观点自认为解决了如何说明"法律有明文规定"的难题，但其论证逻辑值得商榷。一方面，论者认为适用"其他方法"是超出文义的类推解释，对实质解释进行了反驳；另一方面，论者又主张只要是侵犯生产经营者法益的行为都可入罪。易言之，认定破坏生产经营罪只要行为具备侵害生产经营这一实质侵害性，就可以不管《刑法》第276条中"毁坏机器设备""残害耕畜""其他方法"这些明文规定的文字，这难道不是比实质解释论走得更远？实质解释论尚且在法条明文规定的"其他方法"上苦思冥想，而所谓新实质解释论却直接抛开所有文字，不要求形式只要求实质法益侵害性，全程只考虑法益侵害等价性、行为可罚性。这也导致犯罪构成要件失去定型性，《刑法》第276条中的"毁坏机器设备、残害耕畜或者以其他方法"终究沦为可有可无的赘言。按照上述意见，法条莫不如直接规定："妨害生产经营的，处……"如此构成要件包罗万象，入罪门槛几近于无。因此，网络时代的刑法解释学应当提倡出罪解释方向优先，采纳严格解释态度，绝对禁止类推解释；在文义解释与目的解释的方法位阶中，主张前者的一元决定地位；在形式解释与实质解释中倡导实质出罪而非实质入罪，强调主观解释之于刑法安定性的意义；重视刑法解释的合宪性判断，在刑法解释与刑事政策之间重拾"李斯特鸿沟"，反对功能解释论和其背后的积极主义刑法观，发挥刑法教义法学的优势、利用社科法学

---

〔1〕　李凌旭、阎二鹏：《新实质解释视域下的破坏生产经营罪之构成要件——以"恶意好评"行为入罪为视角》，载《湖南师范大学社会科学学报》2016年第2期，第97页。

的思维弥补其弱势，最终实现法、理、情的统一。

中共中央《法治中国建设规划（2020—2025 年）》明确提出："坚持法治建设为了人民、依靠人民，促进人的全面发展，努力让人民群众在每一项法律制度、每一个执法决定、每一宗司法案件中都感受到公平正义，加强人权法治保障，非因法定事由、非经法定程序不得限制、剥夺公民、法人和其他组织的财产和权利。"笔者认为，这就是网络时代刑法解释的"自由大宪章"，以人民为中心，发挥"共建共治共享"的中国力量，理性看待刑法的功能及定位，守好刑法文本之堤坝，不因互联网、人工智能、元宇宙以及算法社会、风险社会、数字社会等新形势、新名词、新案件而遗忘刑法解释的现实基础和法治根基，继而动摇刑法解释之理念、乱用刑法解释之方法。

参考文献

一、中文文献

（一）著作类

陈兴良：《教义刑法学》（第 3 版），中国人民大学出版社 2017 年版。

陈瑞华：《刑事诉讼法》，北京大学出版社 2021 年版。

陈新民：《法治国公法学原理与实践》，中国政法大学出版社 2007 年版。

程啸：《个人信息保护法理解与适用》，中国法制出版社 2021 年版。

储陈城：《出罪机制保障论》，法律出版社 2018 年版。

邓子滨：《中国实质刑法观批判》（第 2 版），法律出版社 2017 年版

邓正来：《中国法学向何处去——建构"中国法律理想图景"时代的论纲》，商务印书馆 2011 年版。

杜宣：《二元结果无价值论》，法律出版社 2018 年版。

高铭暄、马克昌主编：《刑法学》（第 10 版），北京大学出版社、高等教育出版社 2022 年版。

葛恒浩：《刑法解释基础理论研究》，法律出版社 2020 年版。

姜涛：《刑法解释的基本原理》，法律出版社 2019 年版。

劳东燕：《功能主义的刑法解释》，中国人民大学出版社 2020 年版。

劳东燕：《风险社会中的刑法：社会转型与刑法理论的变迁》，北京大学出版社 2015 年版。

刘艳红：《网络犯罪的法教义学研究》，中国人民大学出版社 2021 年版。

刘艳红：《实质出罪论》，中国人民大学出版社 2020 年版。

刘艳红：《实质刑法观》（第 2 版），中国人民大学出版社 2019 年版。

刘艳红：《实质犯罪论》（第 2 版），中国人民大学出版社 2022 年版。

刘守芬等:《技术制衡下的网络刑事法研究》,北京大学出版社 2006 年版。

梁云宝:《我国犯罪论体系的阶层化改造》,法律出版社 2020 年版。

李琳:《风险刑法的反思与批判》,法律出版社 2018 年版。

马长山:《迈向数字社会的法律》,法律出版社 2021 年版。

欧阳本祺等:《实质刑法基本立场与方法》,法律出版社 2021 年版。

瞿同祖:《中国法律与中国社会》,商务印书馆 2010 年版。

帅奕男:《智慧社会的司法范式转型》,知识产权出版社 2021 年版。

吴汉东:《知识产权法》,法律出版社 2021 年版。

王利明、杨立新、王轶等:《民法学》(第 6 版 下),法律出版社 2020 年版。

王彦强:《犯罪成立罪量因素研究》,中国法制出版社 2018 年版。

喻海松:《网络犯罪二十讲》,法律出版社 2018 年版。

许玉秀:《当代刑法思潮》,中国民主法制出版社 2005 年版。

周光权:《刑法各论》(第 4 版),中国人民大学出版社 2021 年版。

张明楷:《刑法学》(第 6 版 上、下),法律出版社 2021 年版。

张明楷:《侵犯人身罪与侵犯财产罪》,北京大学出版社 2021 年版。

张明楷:《法益初论》(增订本 上),商务印书馆 2021 年版。

张明楷:《责任刑与预防刑》,北京大学出版社 2015 年版。

张明楷:《刑法格言的展开》(第 3 版),北京大学出版社 2013 年版。

张明楷:《行为无价值论与结果无价值论》,北京大学出版社 2012 年版。

张明楷:《刑法分则的解释原理》(第 2 版 上、下),中国人民大学出版社 2011 年版。

张明楷:《罪刑法定与刑法解释》,北京大学出版社 2009 年版。

公丕祥主编:《法理学》(第 3 版),复旦大学出版社 2016 年版。

梁根林、[德]埃里克·希尔根多夫主编:《中德刑法学者的对话:罪刑法定与刑法解释》,北京大学出版社 2013 年版。

李良荣、方师师主编:《网络空间导论》,复旦大学出版社 2018 年版。

雷磊编:《拉德布鲁赫公式》,中国政法大学出版社 2015 年版。

许玉秀、陈志辉主编:《不移不惑献身法与正义》,新学林出版股份有限公司 2006 年版。

黄薇主编:《中华人民共和国民法典释义》(上),法律出版社 2020 年版。

王利明主编:《中国民法典评注——人格权编》,人民法院出版社 2021 年版。

何渊主编:《数据法学》,北京大学出版社 2020 年版。

周雪峰、李平主编：《网络平台治理与法律责任》，中国法制出版社 2018 年版。

（二）论文类

蔡道通：《经济犯罪"兜底条款"的限制解释》，载《国家检察官学院学报》2016 年第 3 期。

蔡桂生：《合理行使权利与敲诈勒索罪的区分》，载《国家检察官学院学报》2018 年第 2 期。

陈金钊：《民法典意义的法理诠释》，载《中国法学》2021 年第 1 期。

陈兴良：《民法对刑法的影响与刑法对民法的回应》，载《法商研究》2021 年第 2 期。

陈兴良：《网络犯罪的类型及其司法认定》，载《法治研究》2021 年第 3 期。

陈兴良：《互联网帐号恶意注册黑色产业的刑法思考》，载《清华法学》2019 年第 6 期。

陈兴良：《注释刑法学经由刑法哲学抵达教义刑法学》，载《中外法学》2019 年第 3 期。

陈兴良：《刑法阶层理论：三阶层与四要件的对比性考察》，载《清华法学》2017 年第 5 期。

陈兴良：《形式解释论的再宣示》，载《中国法学》2010 年第 4 期。

陈璇：《法益概念与刑事立法正当性检验》，载《比较法研究》2020 年第 3 期。

车浩：《法教义学与社会科学——以刑法学为例的展开》，载《中国法律评论》2021 年第 5 期。

储槐植、何群：《刑法谦抑性实践理性辨析》，载《苏州大学学报（哲学社会科学版）》2016 年第 3 期。

高铭暄、孙道萃：《网络时代刑法解释的理论置评与体系进阶》，载《法治研究》2021 年第 1 期。

高铭暄、孙道萃：《预防性刑法观及其教义学思考》，载《中国法学》2018 年第 1 期。

高艳东：《信息时代非法经营罪的重生——组织刷单案评析》，载《中国法律评论》2018 年第 2 期。

高郦梅：《网络虚拟财产保护的解释路径》，载《清华法学》2021 年第 3 期。

龚向和：《人的"数字属性"及其法律保障》，载《华东政法大学学报》2021 年第 3 期。

付立庆：《论积极主义刑法观》，载《政法论坛》2019 年第 1 期。

何荣功：《社会治理"过度刑法化"的法哲学批判》，载《中外法学》2015 年第 2 期。

劳东燕：《网络时代刑法体系的功能化走向》，载《中国法律评论》2020 年第 2 期。

梁根林：《传统犯罪网络化：归责障碍、刑法应对与教义限缩》，载《法学》2017 年第 2 期。

刘艳红：《网络时代社会治理的消极刑法观之提倡》，载《清华法学》2022 年第 2 期。

刘艳红：《人工智能时代网络游戏外挂的刑法规制》，载《华东政法大学学报》2022 年第 1 期。

刘艳红：《刑法的根基与信仰》，载《法制与社会发展》2021 年第 2 期。

刘艳红：《民刑共治：国家治理体系与治理能力现代化路径》，载《法学论坛》2021 年第 5 期。

刘艳红：《积极预防性刑法观的中国实践发展——以〈刑法修正案（十一）〉为视角的分析》，载《比较法研究》2021 年第 1 期。

刘艳红：《人性民法与物性刑法的融合发展》，载《中国社会科学》2020 年第 4 期。

刘艳红：《Web3.0 时代网络犯罪的代际特征及刑法应对》，载《环球法律评论》2020 年 5 期。

刘艳红：《论刑法的网络空间效力》，载《中国法学》2018 年第 3 期。

刘艳红：《网络时代刑法客观解释新塑造："主观的客观解释论"》，载《法律科学（西北政法大学学报）》2017 年第 3 期。

刘艳红：《网络时代言论自由的刑法边界》，载《中国社会科学》2016 年第 10 期。

刘远：《论司法刑法学的观念》，载《江海学刊》2021 年第 2 期。

李晓明：《诽谤行为是否构罪不应由他人的行为来决定——评"网络诽谤"司法解释》，载《政法论坛》2014 年第 1 期。

李川：《基于风险管控刑事政策的刑罚机制之展开》，载《法学评论》2020 年第 4 期。

龙宗智：《完善认罪认罚从宽制度的关键是控辩平衡》，载《环球法律评论》2020 年第 2 期。

卢建平、姜瀛：《犯罪"网络异化"与刑法应对模式》，载《人民检察》2014 年第 3 期。

贾宇：《数字经济刑事法治保障研究》，载《中国刑事法杂志》2022 年第 5 期。

姜涛：《社会风险的刑法调控及其模式改造》，载《中国社会科学》2019 年第 7 期。

姜涛：《网络谣言的刑法治理：从宪法的视角》，载《中国法学》2021 年第 3 期。

姜涛：《论集体法益刑法保护的界限》，载《环球法律评论》2022 年第 5 期。

姜涛：《法教义学的基本功能：从刑法学视域的思考》，载《法学家》2020 年第 2 期。

姜涛：《中国刑法走向何处去：对积极刑法立法观的反思》，载《国家检察官学院学报》2021 年第 5 期。

姜涛：《需罚性在犯罪论体系中的功能与定位》，载《政治与法律》2021 年第 5 期。

江溯：《帮助信息网络犯罪活动罪的解释方向》，载《中国刑事法杂志》2020 年第 5 期。

马长山：《智能互联网时代的法律变革》，载《法学研究》2018 年第 4 期。

欧阳本祺：《论虚拟财产的刑法保护》，载《政治与法律》2019 年第 9 期。

欧阳本祺：《论网络时代刑法解释的限度》，《中国法学》2017 年第 3 期。

苏力：《中国法学研究格局的流变》，载《法商研究》2014 年第 5 期。

桑本谦：《如何完善刑事立法：从要件识别到变量评估（续）》，载《政法论丛》2021 年第 2 期。

孙国祥：《新时代刑法发展的基本立场》，载《法学家》2019 年第 6 期。

孙运梁：《帮助信息网络犯罪活动罪的核心问题研究》，载《政法论坛》2019 年第 2 期。

魏超：《预防刑法：辩证、依据与限度》，载《苏州大学学报（哲学社会科学版）》2022 年第 1 期。

王俊：《积极刑法观的反思与批判》，载《法学》2022 年第 2 期。

王华伟：《网络时代的刑法解释论立场》，载《中国法律评论》2020 年第 1 期。

王华伟：《网络语境中帮助行为正犯化的批判解读》，载《法学评论》2019 年第 4 期。

王华伟：《刷单炒信的刑法适用与解释理念》，载《中国刑事法杂志》2018 年第 6 期。

王钢：《德国近五十年刑事立法述评》，载《政治与法律》2020 年第 3 期。

王利明：《人格尊严：民法典人格权编的首要价值》，载《当代法学》2021 年第 1 期。

王淑敏:《全球数字鸿沟弥合:国际法何去何从》,载《政法论丛》2021 年第 6 期。

王锡锌:《个人信息国家保护义务及展开》,载《中国法学》2021 年第 1 期。

王迁:《论著作权保护刑民衔接的正当性》,载《法学》2021 年第 8 期。

王昭武:《共犯最小从属性说之再提倡——兼论帮助信息网络犯罪活动罪的性质》,载《政法论坛》2021 年第 2 期。

谢晖:《法律的模糊 / 局限性与制度修辞》,载《法律科学(西北政法大学学报)》2017 年第 2 期。

夏伟:《新型权利入民法典对刑法犯罪评价的影响》,载《法学评论》2021 年第 3 期。

徐剑锋:《互联网时代刑法参与观的基本思考》,载《法律科学(西北政法大学学报)》2017 年第 3 期。

杨志琼:《数据时代网络爬虫的刑法规制》,载《比较法研究》2020 年第 4 期。

杨志琼:《非法获取计算机信息系统数据罪"口袋化"的实证分析及其处理路径》,载《法学评论》2018 年第 6 期。

杨柳:《"诽谤信息转发 500 次入刑"的法教义学分析——对"网络诽谤"司法解释质疑者的回应》,载《法学》2016 年第 7 期。

叶良芳:《法秩序统一性视域下"违反国家有关规定"的应然解释——〈关于办理侵犯公民个人信息刑事案件适用法律若干问题的解释〉第 2 条评析》,载《浙江社会科学》2017 年第 10 期。

于飞:《基本原则与概括条款的区分:我国诚实信用与公序良俗的解释论构造》,载《中国法学》2021 年第 4 期。

于冲:《侵犯公民个人信息罪中"公民个人信息"的法益属性与入罪边界》,载《政治与法律》2018 年第 4 期。

袁国何:《刑法解释中有利于被告人原则之证否》,载《政治与法律》2017 年第 6 期。

周汉华:《平行还是交叉:个人信息保护与隐私权的关系》,载《中外法学》2021 年第 5 期。

周光权:《论通过增设轻罪实现妥当的处罚——积极刑法立法观的再阐释》,载《比较法研究》2020 年第 6 期。

周光权:《刑法软性解释的限制与增设妨害业务罪》,载《中外法学》2019 年第 4 期。

周光权：《积极刑法立法观在中国的确立》，载《法学研究》2016 年第 4 期。

周佑勇：《推进国家治理现代化的法治逻辑》，载《法商研究》2020 年第 4 期。

张明楷：《〈刑法修正案（十一）〉对司法解释的否认及其问题解决》，载《法学》2021 年第 2 期。

张明楷：《刑法学中的概念使用与创制》，载《法商研究》2021 年第 1 期。

张明楷：《增设新罪的观念——对积极刑法观的支持》，载《现代法学》2020 年第 5 期。

张明楷：《电信诈骗取款人的刑事责任》，载《政治与法律》2019 年第 3 期。

张文显：《习近平法治思想的政理、法理和哲理》，载《政法论坛》2022 年第 3 期。

张文显：《新时代中国社会治理的理论、制度和实践创新》，载《法商研究》2020 年第 2 期。

张文显：《治国理政的法治理念和法治思维》，载《中国社会科学》2017 年第 4 期。

（三）译著类

［德］拉德布鲁赫：《法哲学导引》，雷磊译，商务印书馆 2021 年版。

［德］卡尔·拉伦茨：《法学方法论》（全本·第 6 版），黄家镇译，商务印书馆 2020 年版。

［德］克劳斯·罗克辛：《刑事政策与刑法体系》（第 2 版），蔡桂生译，中国人民大学出版社 2011 年版。

［德］亚图·考夫曼：《类推与"事物本质"——兼论类型理论》，吴从周译，学林文化事业有限公司 1999 年版。

［德］乌尔里希·齐白：《全球风险社会与信息社会中的刑：二十一世纪刑法模式的转换》，周遵友、江溯等译，中国法制出版社 2012 年版。

［德］汉斯·韦尔策尔：《目的行为论导论：刑法理论的新图景》（增补第 4 版），陈璇译，中国人民大学出版社 2015 年版。

［德］冯·李斯特：《论犯罪、刑罚与刑事政策》，徐久生译，北京大学出版社 2016 年版。

［德］弗兰茨·冯·李斯特：《李斯特德国刑法教科书》，徐久生译，北京大学出版社 2021 年版。

［德］埃里克·希尔根多夫：《德国刑法学：从传统到现代》，江溯、黄笑岩等译，北京大学出版社 2015 年版。

［德］汉斯·海因里希·耶赛克、托马斯·魏根特:《德国刑法教科书》(上),徐久生译,中国法制出版社 2017 年版。

［德］安塞尔姆·里特尔·冯·费尔巴哈:《德国刑法教科书》(第 14 版),徐久生译,中国方正出版社 2010 年版。

［英］约翰·密尔:《论自由》,许宝骙译,商务印书馆 2015 年版。

［美］R. M. 昂格尔:《现代社会中的法律》,吴玉章、周汉华译,译林出版社 2008 年版。

［美］戴维·亚瑟·琼斯:《犯罪学的历史》,郭建安、宋金莹译,法律出版社 2019 年版。

［美］布赖恩·Z. 塔玛纳哈:《法律工具主义:对法治的危害》,陈虎、杨洁译,北京大学出版社 2016 年版。

［法］亨利·列斐伏尔:《空间的生产》,刘怀玉等译,商务印书馆 2021 年版。

［法］亨利·列斐伏尔:《空间与政治》(第 2 版),李春译,上海人民出版社 2015 年版。

［英］约翰·阿米蒂奇、乔安妮·罗伯茨编著:《与赛博空间共存:21 世纪技术与社会研究》,曹顺娣译,江苏凤凰教育出版社 2016 年版。

［意］切萨雷·贝卡里亚:《论犯罪与刑罚》,黄风译,北京大学出版社 2008 年版。

［日］上田宽:《犯罪学》,戴波、李世阳译,商务印书馆 2016 年版。

［日］西原春夫:《刑法的根基与哲学》(增补版),顾肖荣等译,中国法制出版社 2017 年版。

［日］平野龙一:《刑法的基础》,黎宏译,中国政法大学出版社 2016 年版。

［日］井田良:《刑法总论的理论构造》,秦一禾译,中国政法大学出版社 2021 年版。

［日］松井茂记:《互联网法治》,马燕青、周英译,法律出版社 2019 年版。

二、外文文献

Anrd Koch und Martin Löhnig(Hrsg.), die Schule Franz von Liszts, 2016.

Axel Montenbruck, Deutsche Straftheorie, 2018.

Bodo Pieroth/Bernhard Schlink, Grundrechte Staatrecht Ⅱ, 2009.

Claus Roxin/Luis Greco, Strafrecht AT, Band Ⅰ, 5. Aufl., 2020.

Eva Schumann（Hrsg.），Das strafende Gesetz im sozialen Rechtsstaat, 2010.

Günter Stratenwerth/Lothar Kuhlen, Strafrecht AT Ⅰ: die Straftat, 6. Aufl., 2011.

Kai Ambos, Nationalsozialistisches Strafrecht, 2019.

Jens Puschke/Tobias Singelnstein（Hrsg.），der Staat und die Sicherheitsges-ellschaft, 2018.

Johannes Wessels/Werner Beulke/Helmut Satzger, Strafrecht AT, 46. Aufl., 2016.

Niklas Funcke-Auffermann, Symbolische Gestzgebung im Lichte der Positiven Generalprävention, 2007.

Rudolf Rengier, Strafrecht Allgeiner Teil, 10. Aufl., 2018.

Suanne Ehret, Franz von Liszt und das Gestzlichkeitsprinzip, 1996.

Therese Stäcker, Die Franz von Liszt-Schule und ihre Auswirkungen auf die deutsche Strafrechtsentwicklung, 2012.

Thomas Vormbaum, Einführung in die moderne Strafrechtsgeschichte, 3. Aufl., 2016.

Tatjana Hörnle, Straftheorie, 2017.

Volker Epping/Sebastian Lenz/Philipp Leydecker, Grundrechte, 8. Aufl., 2019.

Winfried Hassemer, Freiheitliches Straftrcht, 2001.

Claus Roxin, Zur neuern Entwicklung Rechtsgutsdebatte, in: Felix Herzog/Ulfried Neumann（Hrsg.），Festschrift für Winfried Hassemer, 2010.

Carl-Friedrich Stuckenberg, Rechtsgüterschutz als Grundvoraussetzung von Strafbarkeit?, ZStW 129（2017）.

George P. Fletcher, The Relevance of Law to the Incest Taboo, in: Felix Herzog/Ulfried Neumann（Hrsg.），Festschrift für Winfried Hassemer, 2010.

Klaus Tiedemann u.a.（Hrsg.），Die Verfassung moderner Strafrechtspflege, 2016.

Karl Larenz, Rechtsperson und subjektives Recht-zur Wandlung der Rechtsgrundbegriffe, in: Georg Dahm u.a.（Hrsg.），Grundfragen der neuen Rechtswissenschaft, 1935.

J. M. F. Birnbaum, Über das Erfordernis einer Rechtverlatzung zum Beriffe des Verbrechens（1834），in: José Luis Guzmán Dalbora/Thomas Vormbaum（Hrsg.），Zwei Aufsätze, 2011.

Alan M. Turing, "Computing Machinery and Intelligence", in Robert Epstein, Gary Roberts & Grace Beber eds., *Parsing the Turing Test*, Springer, 2009.

Marcelo Corrales, Mark Fenwick & Nikolaus Forgó eds., *Robotics, AI and the Future of*

Law, Springer, 2018.

Jacob Turner, *Robot Rule: Regulating Artificial Intelligence*, Palgrave Macmillan, 2019.

Denis Kelleher & Karen Murray, *EU Data Protection Law*, Bloomsbury Professional Ltd, 2018.

Ian J. Lloyd, *Information Technology Law*, Oxford University Press, 2017.

Jürgen Küling/Benedikt Buchner（Hrsg.）, DS-GVO/BDSG Kommentar, 2. Aufl., 2018.

Markus Dirk Dubber & Tatjana Hörle, *Criminal Law: A Comparative Appraoach*, Oxford University Press, 2014.

Tom Bingham, *The Rule of Law*, Penguin Books Ltd, 2011.

［日］関哲夫『講義刑法総論』（成文堂，2015 年）。

［日］平野龍一『刑法総論 I』（有斐閣，1972 年）。

［日］曽根威彦『刑法学の基礎』（成文堂，2001 年）。

［日］曽根威彦『刑事違法論の展開』（成文堂，2013 年）。

［日］曽根威彦『刑法各論』（成文堂，2012 年）。

［日］山口厚、井田良、佐伯仁志『理論刑法学の最前線』（成文堂，2001 年）。

［日］山中敬一『刑法総論』（成文堂，2008 年）。